SERVIÇO SOCIAL DO COMÉRCIO
Administração Regional no Estado de São Paulo

Presidente do Conselho Regional
Abram Szajman
Diretor Regional
Danilo Santos de Miranda

Conselho Editorial
Áurea Leszczynski Vieira Gonçalves
Rosana Paulo da Cunha
Marta Raquel Colabone
Jackson Andrade de Matos

Edições Sesc São Paulo
Gerente Iã Paulo Ribeiro
Gerente Adjunto Francis Manzoni
Editorial Clívia Ramiro
Assistente: Maria Elaine Andreoti
Produção Gráfica Fabio Pinotti
Assistente: Ricardo Kawazu

O FUNK NA BATIDA

BAILE, RUA E PARLAMENTO

Danilo Cymrot

edições sesc

© Danilo Cymrot, 2022
© Edições Sesc São Paulo, 2022
Todos os direitos reservados

1ª reimpressão, 2023

Preparação Bibiana Leme
Revisão Tatiane Godoy, Leandro dos Santos Rodrigues
Capa, projeto gráfico e diagramação Tuut
Imagem da capa Sombra dos "funkeiros" no baile funk da equipe de som Chatubão Digital do DJ Byano no Fazenda F.C. em São João do Meriti, Rio de Janeiro, 2011. © Vincent Rosenblatt

Dados Internacionais de Catalogação na Publicação (CIP)

C9926F   Cymrot, Danilo
            O funk na batida: baile, rua e parlamento / Danilo
        Cymrot. – São Paulo: Edições Sesc São Paulo, 2021. –
            384 p.

            ISBN 978-65-86111-66-8

            1. Música.   2. Funk Brasil.   3. População jovem
        periférica. 4. Controle social.   I. Título.

                                                CDD 780

Ficha catalográfica elaborada por Maria Delcina Feitosa CRB/8-6187

Edições Sesc São Paulo
Rua Serra da Bocaina, 570 – 11º andar
03174-000 – São Paulo SP Brasil
Tel.: 55 11 2607-9400
edicoes@sescsp.org.br
sescsp.org.br/edicoes
🇫 🇹 🄾 ▶ /edicoessescsp

Este livro é dedicado a
Marielle Franco, socióloga,
militante dos Direitos Humanos,
vereadora do Rio de Janeiro
e funkeira.

*Como entender as multidões se elas
não falam, não pensam, não sabem
e vivem da pura e irresponsável
euforia numérica?*

Nelson Rodrigues

10 Apresentação: Fluxos estéticos
Danilo Santos de Miranda
12 Prefácio: O mistério da poesia
Sergio Salomão Shecaira
16 Introdução

24 FUNK E ESPAÇO PÚBLICO

25 Funk carioca?
30 Fabricando um arrastão
34 O medo de aglomerações negras
41 O lugar do pobre
52 Gestão de riscos e tolerância zero
60 Os rolezinhos
71 O aspecto político do funk
84 Um bonde chamado "terror": a subcultura da "zoação"
92 A polícia e a imposição da ordem
105 "É o fluxo": funk e poluição sonora
120 As tentativas de disciplinar os bailes funk
134 Funk e carnaval: a ordem na desordem

144 FUNK E VIOLÊNCIA

145 Galeras funk
149 O baile de corredor
155 Música e violência
163 "Nós e os alemão vamos se divertir": o aspecto lúdico do baile de corredor
168 Os concursos de galeras
172 A repressão aos bailes de clube no Rio de Janeiro
183 A subordinação das galeras às facções

192 SEXO, DROGAS E FUNK

193 Armados no baile: o financiamento e a segurança dos bailes de comunidade
209 MCs, "bandidos" e "otários"
232 O bandido "Robin Hood"
243 A história não oficial
250 Funk em tempos de "pacificação"
262 A repressão aos "proibidões"
283 As acusações de incitação e apologia de crime em outros gêneros musicais
297 Baile funk e drogas
309 A repressão às raves
313 "Que é isso, novinha?": o funk "putaria"
345 Funk e machismo

358 Conclusões
368 Agradecimentos
370 Bibliografia fundamental
376 Linha do tempo
380 Lista de siglas dos partidos
382 Sobre o autor

APRESENTAÇÃO: FLUXOS ESTÉTICOS

Danilo Santos de Miranda   *Diretor do Sesc São Paulo*

Os regimes de legitimação, reconhecimento e enunciação das expressões artísticas implicam a noção prévia de um campo estético partilhado por um corpo social. Tais diretrizes regem aquilo que é aceito como modo de fazer, sentir e dizer num determinado contexto histórico, e, concomitantemente a esses modos, também são estabelecidos os grupos que têm voz, aqueles que são calados ou mesmo excluídos desses espaços. Tais ditames estão em constante transformação, uma vez que dependem e resultam da disputa entre inúmeros agentes sociais, discursos e ideias.

No âmbito da música brasileira, uma das expressões mais ilustrativas quanto à contenda característica da relação entre arte e política pode ser encontrada no funk. Ao convocar e problematizar elementos estruturais do país – como o racismo, a desigualdade social e as territorialidades dos centros urbanos –, esse gênero musical traz à tona questões como o protagonismo negro, a performatividade dos corpos da população jovem periférica e as tensões decorrentes da presença dessas pessoas em locais usualmente ocupados pelas classes mais favorecidas, como as praias cariocas da zona Sul ou os *shoppings centers* paulistanos. Mas, ainda que possamos traçar elementos capazes de caracterizar essa expressão musical, sua definição é dificultada por conta de sua complexidade estilística, tanto em termos de sonoridade quanto de discurso, como se evidencia em vertentes como "ostentação", "proibidão" ou "consciente" – essa última, tematicamente mais próxima ao rap por conta de suas letras, que oferecem uma crônica politizada do cotidiano das comunidades.

No presente volume, o pesquisador Danilo Cymrot analisa tal complexidade, estabelecendo distinções temporais, expressivas e contextuais. O estudo dos aspectos formais do gênero ocorre paralelamente à análise de eventos que compreendem desde as repressões exercidas contra a população negra no Rio de Janeiro no século XIX até as ações policiais em bailes periféricos efetuadas no passado recente, passando pelo contexto dos anos 2000, quando a expressão musical se populariza.

O estudo desenvolvido em *O funk na batida: baile, rua e parlamento* sugere que pensar o funk pode ser uma forma de analisar o Brasil segundo um viés metonímico, uma vez que as batidas sincopadas, os gestos do passinho e os versos cantados por inúmeros MCs nas diversas cidades do país expressam modos de ser sistematicamente silenciados ou criminalizados ao longo da história da nação. Ensejar tais debates, reflexões e considerações críticas consiste numa ação educativa de relevo para o Sesc enquanto instituição engajada com a efetivação da democracia cultural.

Sergio Salomão Shecaira
Professor da USP nas áreas de direito penal, medicina forense e criminologia

PREFÁCIO:

O MISTÉRIO DA POESIA

Fora do ritmo, só há danação.
Fora da poesia não há salvação.
[...]

Quem faz um poema abre uma janela.
Respira, tu que estás numa cela
abafada,
esse ar que entra por ela.
Por isso é que os poemas têm ritmo
– para que possas profundamente respirar.

Quem faz um poema salva um afogado.

Mário Quintana

O funk na batida é um livro de poesia, história e estórias. De quebra, ele respira criminologia. Danilo Cymrot é um mestre de cerimônias do funk a contar a história da repressão às manifestações culturais no Brasil. Nosso país foi useiro e vezeiro em reprimir os movimentos que nasceram do povo. Perseguiu sambistas e skatistas, cada um a seu tempo. Reprimiu capoeiras – com o direito penal – e MCs do funk. Parece que nossas elites têm a antevisão daquilo que o povo gosta ou gostará e reprime tais iniciativas.

Para falar da repressão ao funk, ele usa sua dissertação em criminologia, defendida com brilho na Faculdade de Direito da USP em 2011, como base para reescrever a história antiga e recente dessa manifestação cultural. Mas o livro é muito mais que isso, pois enthrea pelas estórias da música, olhando para os rolezões e rolezinhos como expressões da sociedade brasileira em movimento. Conta muito do funk, sendo claro para os que não são iniciados e profundo para os iniciados. É, ao mesmo tempo, um livro de história das elites brasileiras, que sempre se insurgiram contra os insurgentes, quiseram abafar o grito das ruas e sufocar os poemas que abrem janelas, salvam afogados e permitem o respiro de quem está numa cela abafada. Por isso o livro de Danilo é um pequeno manifesto de liberdade para aqueles que sonham um mundo melhor.

Seu principal instrumento, o instrumento para falar do funk, foi a criminologia da libertação. Tomando como referência duas escolas de pensamento que partem da premissa do dissenso, a teoria da rotulação social e a teoria crítica, Danilo desnuda os conflitos da sociedade brasileira. Não oculta nada da estupidez das elites e de como o funk foi perseguido com propostas de criminalização. Fala da perseguição da polícia, da tentativa de proibir os bailes da periferia e de como a resposta dada pela sociedade foi a popularização do funk. Aquilo que existia como um nicho das comunidades desce os morros, entra pelo asfalto e envolve Leblon e Perdizes, Higienópolis e Ipanema; espalha-se e passa de uma manifestação racial para um todo da juventude. O medo que a classe média tinha dos arrastões, que ocorreriam supostamente porque a comunidade desceria do morro, acabou sendo uma guerra de conquistas que fizeram do funk muito mais do que uma manifestação periférica, mas uma poesia que fazia com que quem ficasse fora dela só encontrasse danação, e quem se apartasse desse novo mundo não tivesse salvação.

Mas por que Danilo escolhe um ritmo da poesia (permitam-me tentar assim definir o funk) para narrar a história da insurgência no Brasil? A meu juízo por ele ser, também, um refinado poeta, de uma poesia marginal, que narra a vida dos insurretos. Digo "também" porque ele é doutor em criminologia pela USP e sabe o que é a ciência tanto quanto o que é a poesia. Por isso escolhe os poemas que têm ritmo, e o ritmo que provoca a ira dos acomodados.

O livro de Danilo, em boa hora publicado pelas Edições Sesc, é pra ser lido, relido e treslido por ensinar e encantar.

São Paulo, no inverno de 2021, segundo da pandemia.

INTRODUÇÃO

Em março de 2019, a cantora de funk Anitta tornou-se a artista latina mais ouvida no mundo na plataforma Spotify. Em junho de 2019, a *superstar* internacional Madonna lançou o álbum *Madame X*, com a participação da funkeira na faixa "Faz gostoso"[1]. No mesmo mês, o canal de funk KondZilla alcançou 50 milhões de inscritos no YouTube, tornou-se o quinto maior do mundo e único brasileiro a ter um vídeo com 1 bilhão de visualizações, "Bum bum tam tam", de MC Fioti[2]. DJ Rennan da Penha e Nego do Borel foram indicados ao Grammy Latino pelo clipe de "Me solta", em setembro daquele ano[3]. Em outubro, Rennan da Penha e MC Livinho ganharam o Prêmio Multishow, na categoria Melhor Canção, por "Hoje eu vou parar na Gaiola".

No mesmo ano de 2019, em março, a Justiça havia decretado a prisão do DJ Rennan da Penha e de mais dez envolvidos no Baile da Gaiola, maior baile funk do Rio de Janeiro da época, por associação ao tráfico de drogas[4]. Em 10 de novembro daquele ano, uma jovem ficou cega de um olho após ser atingida por uma bala de borracha da polícia na dispersão de um baile funk em Guaianases, São Paulo. Na madrugada do dia 1º de dezembro, nove jovens morreram pisoteados no Baile da Dz7, na favela de Paraisópolis, a segunda maior de São Paulo, após uma ação policial em que foram utilizadas bombas de gás lacrimogêneo e balas de borracha. Na mesma madrugada, um homem morreu baleado pela polícia em um baile funk na favela de Heliópolis, a maior da cidade[5]. Só de janeiro a dezembro de 2019, foram realizadas mais de 7,5 mil operações policiais em bailes funk no estado de São Paulo, por meio da Operação Pancadão, com um saldo de 1.275 presos e mais de 1,7 tonelada de drogas apreendidas, segundo a Secretaria da Segurança Pública[6].

1_____"Anitta supera Shakira como a artista latina mais ouvida no mundo", *Rolling Stone*, São Paulo: 29 mar. 2019.

2_____"Kondzilla alcança 50 milhões no YouTube e reflete: 'não é apenas música'", *O Estado de S. Paulo*, São Paulo: 25 jun. 2019.

3_____"Nego do Borel é indicado ao Grammy Latino", *O Dia*, Rio de Janeiro: 24 set. 2019.

4_____"Preso, DJ Rennan da Penha vence canção do ano no Prêmio Multishow", *UOL*, São Paulo: 30 out. 2019.

5_____Marina Pinhoni, Glauco Araújo e Graziela Azevedo, "Vítima de baile funk em Heliópolis é identificada; homem de 38 anos levou dois tiros", *G1*, São Paulo: 4 dez. 2019.

6_____Gil Alessi, "Repressão a bailes funks em São Paulo tem tiro no olho e 1.275 presos só neste ano", *El País*, São Paulo: 3 dez. 2019.

Esse breve compilado de notícias relacionadas ao funk expressa uma de suas mais fortes contradições: trata-se de um gênero musical de imenso sucesso popular, incorporado com tensões pela grande mídia, que gera recursos financeiros e empregos direta e indiretamente e é admirado no exterior, ao mesmo tempo que é fortemente identificado com a favela e associado à criminalidade, sendo alvo de repressão policial. O gênero remete à diversão, a uma batida irresistível, amigos, liberdade, sensualidade, protagonismo negro e periférico, mas também aciona imagens relacionadas a violência, tráfico de drogas, confusão, arrastão, apologia de crime, barulho, vulgaridade e pobreza musical. Mas o que é esse fenômeno que desperta tantos ódios, paixões e narrativas conflitantes?

A quem olha de longe e de fora, para utilizarmos a expressão de Magnani[7], todos os funks podem parecer iguais. No entanto, um olhar de perto e de dentro mostrará a imensa diversidade presente no universo do funk, tanto nos temas abordados nas letras (amor, sexo, violência, tráfico, religião, amizade, bailes, crítica social, coreografias, consumo de produtos de marca, relações de gênero) quanto na batida (volt mix, tamborzão, beatbox, rasteirinha, 150 BPM). Tratando-se de um gênero musicalmente tão heterogêneo e hibridizado com outros, como o pop, o axé e o reggaeton, o funk parece ter se tornado muito mais uma identidade assumida para fins políticos ou mercadológicos.

A história do funk acompanhou mudanças sociais mais amplas que fizeram com que mulheres e LGBTQIA+ conquistassem espaços antes interditados, ampliando ainda mais a diversidade. A pluralidade de espaços pelos quais o funk transita, por sua vez – bocas de fumo, Grammy Latino, série da Netflix, bailes em favelas, prova de ginástica artística nas Olimpíadas de Tóquio de 2020, programas da Rede Globo, clubes de subúrbio, festas universitárias, YouTube –, reflete-se na variedade de públicos e no tipo de letra e batida apresentados. Há funks que duraram apenas um verão e outros que, contrariando o discurso sobre a suposta descartabilidade do gênero, marcaram gerações.

Afinal, o que têm em comum Claudinho & Buchecha, Tati Quebra Barraco, Ludmilla, Mr. Catra, MC Mascote, MC Guimê, MC Livinho e

---

7＿＿José Guilherme Cantor Magnani, "De perto e de dentro: notas para uma antropologia urbana", *Revista Brasileira de Ciências Sociais*, São Paulo: jun. 2002, v. 17, n. 49.

MC Daleste, senão a identidade funkeira e a origem social? Tendo em vista a diversidade no universo do funk, qual é a razão da persistência de um discurso que vincula o gênero à violência e à criminalidade? Seria esse vínculo algo exclusivo do funk? Qual o ponto em comum entre o funk e outros gêneros musicais, como o samba, que já sofreram repressão policial?

A criminologia atentou-se para o fato de que uma das mais significativas formas de lazer da juventude pobre e negra foi e ainda é sistematicamente reprimida. No entanto, assim como há diversos tipos de funk, há diversos tipos de criminologia. O objeto de estudo da criminologia moderna é o crime, o criminoso, a vítima e o controle social. As diversas teorias criminológicas de orientação sociológica focaram mais em um ou em outro objeto.

A grande quebra de paradigma da criminologia se deu na década de 1960, com a teoria do etiquetamento social (*labelling approach theory*), aprofundando-se na década de 1970, com a teoria crítica. Até então, a pergunta fundamental da criminologia era: quais são as causas da criminalidade, ou seja, por que as pessoas cometem crimes e como podemos evitá-los? A partir da teoria do etiquetamento social, a pergunta-base da criminologia passa a ser outra: por que algumas condutas são criminalizadas e outras não? Por que algumas pessoas são tratadas como criminosas e outras, mesmo tendo cometido crimes, não são?

A contribuição da teoria crítica é apontar que há dois níveis de criminalização, ambos fortemente marcados pela seletividade, e que essa seletividade é movida por interesses de classe, em uma sociedade dividida e conflitiva, na qual o que deve ser considerado crime para um grupo não necessariamente é o mesmo que deve ser considerado para outro. A criminalização primária consiste na escolha, movida por interesses políticos e econômicos, de quais condutas devem ser criminalizadas. Já a criminalização secundária consiste na escolha, também movida por interesses políticos e econômicos, de quais indivíduos, dentre todos que cometeram crimes, serão de fato criminalizados, ou seja, tratados como criminosos e apenados. É nesse paradigma que se insere este livro, ainda que teorias do paradigma etiológico, que busca estudar as causas do crime, também tenham sido utilizadas para analisar diversas faces do funk.

Afinal, se são válidas as perguntas "o que leva jovens a brincar de brigar em uma espécie de corredor polonês dentro do baile funk?" e "o que leva jovens a se identificar com um gênero musical que faz apologia das facções criminosas?", também são válidas as perguntas "por que as brigas ocorridas dentro das boates de classe média alta não recebem da polícia o mesmo tratamento que as brigas ocorridas nos bailes funk?" e "por que a apologia da violência em programas televisivos e filmes é admitida pelo Poder Judiciário e não em um funk?".

Este livro é fruto da revisão, ampliação e atualização de minha dissertação de mestrado "A criminalização do funk sob a perspectiva da teoria crítica", orientada por Sergio Salomão Shecaira e defendida em 2011 na Faculdade de Direito da Universidade de São Paulo. Esta obra não tem a intenção de fazer uma defesa acrítica, militante e panfletária do funk, mas parte da hipótese de que determinadas práticas culturais produzidas e/ou consumidas predominantemente por determinada parcela da população brasileira, isto é, a juventude pobre e negra, foram e são objeto de uma política penal em detrimento de uma política cultural e que tal repressão se insere em uma lógica mais ampla de criminalização dessa população.

Busca-se compreender os mecanismos que legitimam e explicam o tratamento penal do funk, situá-lo em seu contexto histórico-social e comparar a forma como o Poder Público atua para disciplinar o funk e outras manifestações culturais, como as raves e o carnaval de rua. Ao mesmo tempo, não se quer aqui apenas vitimizar os funkeiros e ocultar situações socialmente negativas relacionadas ao ambiente do funk, até porque há conflitos internos e queixas dos próprios funkeiros sobre o comportamento de colegas que contribuem para a criminalização dessa manifestação cultural.

O termo "criminalização do funk", por sua vez, bastante em voga no debate público, deve ser problematizado tecnicamente para ser melhor compreendido. Juridicamente, a criminalização no sentido técnico se dá quando o Poder Legislativo Federal, necessariamente por meio de uma lei penal, obedecendo a uma série de requisitos técnicos de redação que diminuem o âmbito de arbitrariedade do Estado, torna uma conduta criminosa. Nesse sentido mais estrito, não se pode falar em criminalização do funk, como ocorreu com a capoeira pelo Código Criminal de 1890, embora tenha havido em 2017 uma ideia legislativa que chegou ao Senado Federal com o objetivo de criminalizar formalmente o funk e um projeto de lei de 2020 da Câmara dos Deputados com o objetivo de criminalizar formalmente a organização de bailes funk sem autorização da autoridade competente.

No Brasil, ao contrário de países como os Estados Unidos, a legislação penal, com sanções previstas mais graves, como a pena privativa de liberdade, e maiores garantias processuais de defesa, é de atribuição exclusiva do Congresso Nacional. As Assembleias Legislativas estaduais, Câmaras de Vereadores e Poderes Executivos municipais e estaduais atuaram para disciplinar e reprimir o funk por meio do direito administrativo (leis, decretos, portarias, resoluções), com sanções menos graves do que a pena privativa de liberdade, e da atuação direta das Polícias Militares e das Guardas Civis Metropolitanas. Isso se dá, por exemplo, quando a polícia reprime um baile que ocorre sem autorização na rua por violar a legislação relativa à poluição sonora.

No caso do Poder Judiciário, a criminalização de funkeiros se dá por meio de seu enquadramento em crimes que já existem, como a associação para o tráfico de drogas e a apologia de crime. O conceito de apologia, porém, é aberto; e a interpretação do juiz varia conforme seus valores, ideologia etc. Afinal, se a apologia de crime é um crime contra a paz pública, o conceito e a abrangência de "paz pública" não são objetivamente definíveis, como os de morte cerebral, no caso do crime de homicídio, o que aumenta o âmbito de discricionariedade estatal. Por fim, não se pode desprezar a criminalização, em sentido amplo, desempenhada pela imprensa, ao construir e reproduzir discursos que reforçam a associação do funk com a criminalidade e que legitimam o tratamento policial.

A primeira parte do livro enfocará a relação do funk com o espaço público, analisando os arrastões das praias cariocas, os "rolezinhos", o significado de "zoação" e a constituição de galeras, a segregação urbana, os projetos de lei que buscaram disciplinar os bailes funk de rua de São Paulo e, como base comparativa, o carnaval de rua. A segunda parte analisará a relação do funk com a violência, principalmente por meio de um fenômeno específico ocorrido no Rio de Janeiro na década de 1990 e já extinto, o baile de corredor; a forma como o Poder Público e o próprio funk reagiram a ele e a importância da violência para a constituição das galeras. Por fim, os objetos da terceira parte são os bailes de comunidade do Rio de Janeiro, a relação dos funkeiros com traficantes, o funk "proibidão" e as razões de seu sucesso, os projetos de lei para coibir a apologia de crime nas músicas, a prisão de MCs, as acusações de corrupção de menores, de apologia da pedofilia e de machismo dentro do funk.

Liberta, DJ!

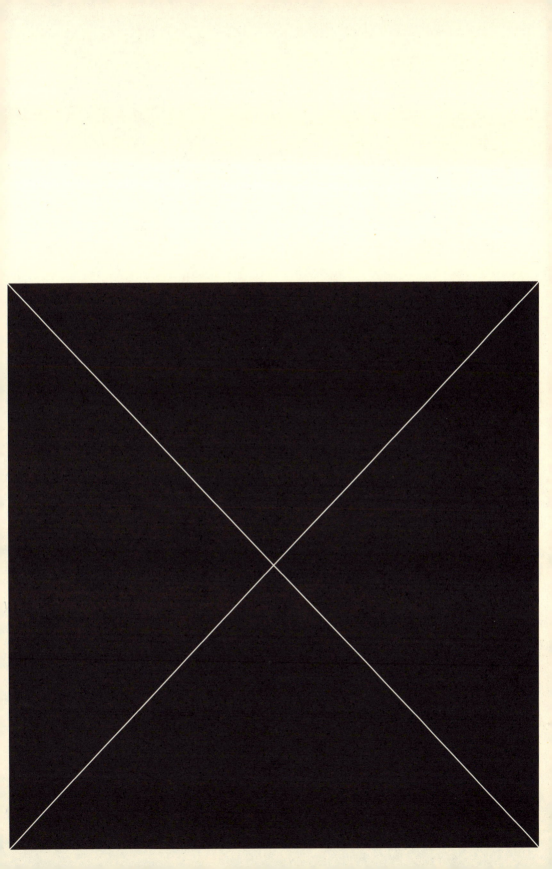

FUNK E ESPAÇO

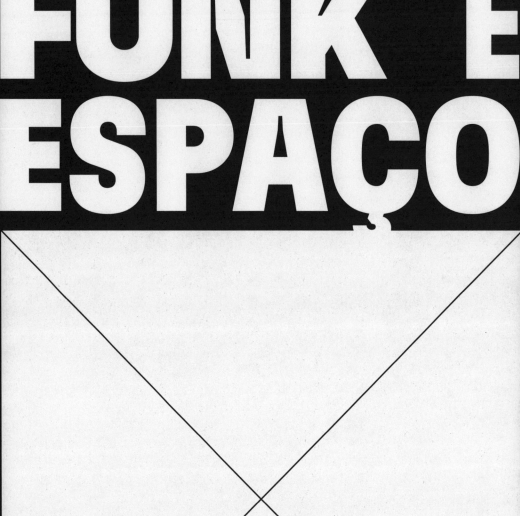

PÚBLICO

FUNK CARIOCA?

Até outubro de 1992, para muita gente no Brasil, funk era apenas o tipo de música feita por cantores como James Brown, e o funk carioca, no máximo, o som de Tim Maia, Sandra de Sá, Tony Tornado e Banda Black Rio. A música que passou a ser conhecida e reconhecida como funk carioca na década de 1990, apesar das acusações de que nada tinha a ver com o funk dos Estados Unidos dos anos 1960, visto como o "funk de raiz", autêntico, era sua filha, ainda que "vira-lata". De fato, os primeiros bailes funk do Rio de Janeiro eram chamados de bailes black e tocavam o funk e o soul estadunidenses. O mais famoso deles era o Baile da Pesada, organizado pelos DJs Big Boy e Ademir Lemos no início da década de 1970. Esse baile ocorria no Canecão, casa de shows da zona Sul carioca, e reunia um público heterogêneo em termos de classe social e cor de pele. No entanto, com a decisão do Canecão de se transformar no templo da MPB, o baile foi convidado a se retirar e passou a ocorrer nos subúrbios e nas favelas cariocas, adquirindo uma identificação ainda mais forte com a população pobre e negra.

Equipes de som, como as célebres Furacão 2000, Cash Box, Pipo's e Soul Grand Prix, formaram-se e competiam entre si para mostrar que tinham o equipamento mais potente, montando verdadeiros paredões de caixas de som nos bailes. A equipe Soul Grand Prix, em um esforço didático e militante de introdução à cultura *black is beautiful*, entremeava em seus bailes slides de personalidades negras com cenas dos pilotos de Fórmula 1[1].

O Brasil vivia os anos de ditadura militar, e uma multidão afirmando o orgulho negro não era bem-vista, especialmente em um momento em que todos os conflitos sociais e raciais eram abafados por um espírito cívico e patriota. A polícia política acreditava que por trás das equipes de som existiam grupos clandestinos e radicais de esquerda. DJs e organizadores de baile contam que foram encapuzados e levados para o Departamento de Ordem Política e Social (Dops) para interrogatórios, que pessoas estranhas ao movimento se infiltraram nos bailes e que equipamentos de som foram destruídos pela polícia.

As entidades do movimento negro apoiavam os dançarinos a fim de que os bailes e a música fossem um meio para a superação do racismo, mas o discurso das equipes – que não tinham nada a ver com nenhuma espécie de movimento negro – era de que a finalidade dos bailes era apenas a pura diversão. A aglomeração de muitas pessoas negras, porém, assustava, conferindo um tom político aos bailes. Foi o *Jornal do Brasil*

1_____Silvio Essinger, *Batidão: uma história do funk*, Rio de Janeiro: Record, 2005, p.23; Micael Herschmann, *O funk e o hip-hop invadem a cena*, Rio de Janeiro: Editora UFRJ, 2000, p.21. Cf. também Carlos Palombini, "Musicologia e direito na Faixa de Gaza", em: Carlos Bruce Batista (org.), *Tamborzão: olhares sobre a criminalização do funk*, Rio de Janeiro: Revan/ Instituto Carioca de Criminologia, 2013, pp.145-6.

que inventou o nome "Black Rio" e acabou chamando a atenção para o "movimento"[2].

As tentativas de se desenvolver, naquele momento, qualquer movimento étnico, porém, foram enterradas não só com a repressão implementada pelo regime militar, mas também com o *boom* da discoteca, uma música apreciada tanto na zona Sul como na zona Norte da cidade, de espírito mais hedonista, comercial e despolitizado, mais europeizada, "domesticada" e adaptada ao gosto branco. Os militantes esqueceram os bailes, pois não mais os consideravam um espaço propício para a conscientização[3].

Musicalmente, o funk foi pouco a pouco bebendo de outras fontes da música negra dos Estados Unidos e transformando-se. O termo "MC", que identifica o cantor de funk, por exemplo, vem da cultura hip-hop e significa *master of ceremonies*, ou seja, mestre de cerimônias. Da mesma forma, no começo da década de 1990, quando o funk carioca ainda não tinha se afirmado completamente como gênero musical, as músicas eram conhecidas como raps, outro termo oriundo da cultura hip-hop.

Outras grandes influências musicais no funk foram o electro, um gênero híbrido por si só, de artistas como Afrika Bambaataa, e o miami bass, de artistas como o 2 Live Crew, cuja batida, a volt mix, passou a ser hegemônica no funk carioca a partir da segunda metade da década

---

2_____*Apud* José Manuel Valenzuela Arce, *Vida de barro duro: cultura popular juvenil e grafite*, trad. Heloisa B. S. Rocha, Rio de Janeiro: Editora UFRJ, 1999, pp. 87 ss.; Manoel Ribeiro, "Funk'n Rio: vilão ou big business?", *Revista do Patrimônio Histórico e Artístico Nacional*, Rio de Janeiro: Instituto do Patrimônio Histórico e Artístico Nacional, 1996, n. 24, p. 287; Silvio Essinger, *Batidão: uma história do funk*, op. cit., pp. 35-6; Hermano Vianna, *O mundo funk carioca*, 2ª ed., Rio de Janeiro: Zahar, 1997, pp. 27-9; Fátima Cecchetto, *Violência e estilos de masculinidade*, Rio de Janeiro: Editora FGV, 2004, pp. 184 ss. Alguns projetos de lei (PLs) da Assembleia Legislativa e da Câmara Municipal do Rio de Janeiro reconheceram o Black Rio como patrimônio cultural e/ou o homenagearam. Cf. o PL n. 3.894/2018, de autoria do deputado estadual Zaqueu Teixeira (PSD); a lei estadual n. 8.188/2018, de autoria do deputado Waldeck Carneiro (PT); a lei estadual n. 8.413/2019, de autoria dos deputados André Ceciliano (PT) e Eliomar Coelho (Psol); a lei municipal n. 6.342/2018, do vereador Renato Moura (PDT); e o PL n. 1.010/2018, do vereador Marcelo Arar (PTB).

3_____Micael Herschmann, *O funk e o hip-hop invadem a cena*, op. cit., p. 22; Silvio Essinger, *Batidão: uma história do funk*, op. cit., pp. 42-4; Hermano Vianna, *O mundo funk carioca*, op. cit., p. 32.

de 1980. Até fins dessa década, o funk que tocava nos bailes era instrumental ou com letras em inglês, que os frequentadores muitas vezes substituíam espontaneamente por palavras em português que tinham uma sonoridade parecida, mas não eram nada fiéis à tradução. É assim que "You talk too much", do Run-DMC, virou a melô (melodia) do "taca tomate". Em 1989, o DJ Marlboro lança o disco *Funk Brasil*, considerado um marco na história do funk carioca por trazer, pela primeira vez, MCs cantando com letras em português aquele tipo de funk que tocava nos bailes[4]. Embora os MCs muitas vezes sejam acusados por seus críticos de serem desafinados e cantarem de forma esganiçada, "a música funk carioca é uma fala cantada ou um canto falado sobre uma base rítmica" e "seu melodismo deriva tanto das inflexões da própria fala quanto do espaço sonoro local, recortado e colado", as áreas suburbanizadas do estado do Rio de Janeiro[5].

A volt mix, a partir de 2001, foi sendo progressivamente substituída pelo tamborzão, batida de forte influência dos atabaques do candomblé, que, por sua vez, foi substituída pelo beatboxing a partir de 2011[6]. Sempre em transformação, o funk ganhou uma nova batida a partir de 2016, quando o DJ Polyvox acelerou a cadência clássica, composta tradicionalmente de 130 batidas por minuto, para 150 BPM, após acompanhar no computador a batucada de seu filho pequeno em uma garrafa pet de Coca-Cola. O "tambor Coca-Cola" começou a tocar no Baile da Nova Holanda, no complexo da Maré, e de lá se espalhou para outros lugares.

O funk 150 BPM deu mais visibilidade a DJs como o próprio Polyvox, Henrique da VK, Rennan da Penha e Iasmin Turbininha, que passaram a divulgar seus trabalhos de maneira independente em podcasts pela internet, sem tanta necessidade da mediação de equipes de som para empresariá-los. Em contraposição ao funk surgido em São Paulo, considerado pelos rivais cariocas um funk de playboy, mais comercial, profissional e superproduzido, o funk 150 BPM é considerado por seus

---

4_____Sobre a história do funk e do baile funk, cf. Hermano Vianna, *O mundo funk carioca, op. cit.*; Silvio Essinger, *Batidão: uma história do funk, op. cit.*

5_____Guillermo Caceres, Lucas Ferrari e Carlos Palombini, "A era Lula/tamborzão: política e sonoridade", *Revista do Instituto de Estudos Brasileiros*, São Paulo: jun. 2014, n. 58, p. 177.

6_____*Ibidem*, pp. 182 ss.; Adriana Carvalho Lopes, *Funk-se quem quiser: no batidão negro da cidade carioca*, Rio de Janeiro: Bom Texto/Faperj, 2011, pp. 28-9.

defensores mais artesanal, "sujo", mais dançante, com vozes distorcidas e uma batida mais acelerada, que combina melhor com letras de "putaria", o que o fez ficar conhecido como "ritmo louco" e "putaria acelerada"[7].

Curiosamente, se nos anos 1970 o funk era visto como uma ameaça importada à segurança nacional, nos anos 2010 ele já havia sido incorporado por parte de parlamentares brasileiros como legítimo símbolo da cultura carioca, fluminense e nacional. Nesse sentido, o projeto de lei (PL) n.1.677/2016, de autoria da deputada estadual do Rio de Janeiro Daniele Guerreiro (PMDB), dispõe sobre a destinação de 20% da grade musical das emissoras de rádio AM e FM no estado do Rio de Janeiro à divulgação de trabalhos e obras de músicos e compositores fluminenses. Na justificativa, a deputada destaca o funk e outros gêneros como "bastante enraizados na cultura popular fluminense" e acusa a mídia de privilegiar "muito mais os compositores e artistas estrangeiros do que os nossos próprios"[8].

Já o PL n. 311/2017, do vereador do Rio de Janeiro Marcelo Arar (PTB), produtor de eventos e radialista, declara o ritmo funk como patrimônio cultural imaterial do povo carioca e estabelece que o Poder Executivo, por seus órgãos competentes, deve apoiar as iniciativas que visem à valorização e à divulgação desse gênero musical no âmbito do município. Apesar de críticos recorrentemente acusarem o funk de ser imposto goela abaixo pela indústria cultural, o vereador alega, na justificativa, justamente querer preservar o funk "da ação imposta dos meios de comunicação, responsáveis pela apresentação e divulgação dos ritmos, culturas e costumes, que ameaçam as nossas mais genuínas manifestações culturais, entre as quais se insere o 'funk'"[9].

Com a expansão do funk para além das fronteiras da cidade do Rio de Janeiro e o particular sucesso que o gênero alcançou na Baixada Santista e na cidade de São Paulo, com especificidades que serão abordadas posteriormente, a terminologia "funk carioca" ficou obsoleta para definir o funk que é feito no Brasil, mas apresenta características comuns suficientes, dentro de sua diversidade, para ser reconhecido como um

---

7_____Yuri Eiras, "Como o 150 BPM se tornou o ritmo dominante do funk carioca", *Vice*, São Paulo: 12 jun. 2018.

8_____O PL foi arquivado em fevereiro de 2019, após o término da legislatura anterior.

9_____O PL ainda tramitava em julho de 2021.

só gênero musical e se distinguir do funk tradicional estadunidense. Por essa razão, neste livro o termo adotado será "funk", simplesmente[10]. Ainda que o funk esteja presente no Brasil inteiro, o foco deste livro será como se desenvolveu e como o poder político reagiu a ele nos estados do Rio de Janeiro e São Paulo.

FABRICANDO UM ARRASTÃO

Hermano Vianna identifica um marco na história da relação entre o funk do Rio de Janeiro e o desenvolvimento da percepção da violência (e das causas dessa violência) na vida da cidade. Trata-se do "arrastão" que aconteceu na praia do Arpoador, no domingo ensolarado de 18 de outubro de 1992[11]. O tumulto causado na praia da zona Sul foi noticiado histericamente pelos meios de comunicação, e a responsabilidade foi atribuída a jovens frequentadores de bailes funk do subúrbio e favelas, rotulados de "gangues urbanas", "bárbaros", "animais", "juventude transviada, desajustada, revoltada e desesperançada", "criadores de pânico e terror".

Em 1992, antes do episódio do Arpoador, a polícia já se preocupava com os arrastões praticados por funkeiros na saída dos bailes dos subúrbios, descritos como uma "modalidade de assalto em que ladrões se lançam em bando sobre as vítimas, arrancando delas tudo o que veem", bem como com a associação entre essas ações e as facções criminosas das favelas. O dono da equipe de som Furacão 2000, Romulo Costa, convocou em abril daquele ano, na Cinelândia, uma passeata de protesto contra a proibição dos bailes. Em agosto, impedido pela polícia de realizar seu baile na Associação Atlética Vicente de Carvalho, ele fez a festa na rua. No mesmo mês, o Clube do Balanço, que reunia equipes de som, protestou contra a interdição de bailes pelo Estado-Maior de Segurança do Rio de Janeiro[12].

10____Cf. Guillermo Caceres, Lucas Ferrari e Carlos Palombini, "A era Lula/ tamborzão: política e sonoridade", *op. cit.*, p.177.

11____Hermano Vianna, "O funk como símbolo da violência carioca", em: Gilberto Velho e Marcos Alvito, *Cidadania e violência*, Rio de Janeiro: UFRJ/FGV, 2000, p.180.

12____*Ibidem*, p.123.

Ainda que os arrastões nas saídas dos bailes já não fossem tolerados nem pelo Estado nem pela grande mídia, a violência em certos espaços da cidade pode ser menos tolerada do que em outros. Até 1992, o arrastão era um fenômeno exclusivo das noites sem lei dos bailes funk nos subúrbios. Ocorreu, então, que as galeras de Vigário Geral e de Parada de Lucas, que haviam se estranhado em um baile funk, marcaram um encontro no dia seguinte em Ipanema, um dos destinos favoritos dos funkeiros, devido também à linha de ônibus que tinha seu ponto final na praça do Arpoador. A própria polícia reconheceu que o "arrastão" não teve o propósito de roubar os banhistas[13], embora o número reduzido de roubos registrados tenha sido hiperdimensionado pela mídia como "a maior sucessão de arrastões da história do Rio de Janeiro"[14].

Segundo a polícia, as galeras lotearam parte das duas praias, havia muito tempo, e uma das turmas invadiu o espaço delimitado pela outra. Esses adolescentes geralmente brigavam quando se encontravam, seja num baile funk, na praia ou no Maracanã. E alguns tentavam reproduzir a guerra travada entre as facções criminosas[15]. O encontro das turmas rivais provocou um corre-corre, assustando os banhistas, que também passaram a correr. O tumulto ainda foi potencializado devido ao número insuficiente de ônibus nos pontos finais para levar os jovens de volta a seus bairros.[16]

Vianna interpreta o episódio do "arrastão" como uma tentativa das galeras de diferentes favelas cariocas de "encenar na areia da praia o 'teatro da violência' que inventaram nas pistas de dança das centenas de bailes funk realizados semanalmente em quase todos os bairros da cidade"[17]. Antes do "arrastão", os bailes funk, apesar de mobilizarem multidões de jovens todo fim de semana no Rio de Janeiro, eram um fenômeno desconhecido pelas classes média e alta da cidade e relativamente

---

13____Silvio Essinger, *Batidão: uma história do funk*, op. cit., pp. 124-5.

14____Kleber Mendonça, "A onda do arrastão: produção de sentidos na mídia impressa", *op. cit.*, p. 275; Manoel Ribeiro, "Funk'n Rio: vilão ou big business?", *op. cit.*, p. 288.

15____Olívia M. G. Cunha, "Bonde do mal: notas sobre território, cor, violência e juventude numa favela do subúrbio carioca", em: Yvonne Maggie e Cláudia B. Rezende (org.), *Raça como retórica: a construção da diferença*, Rio de Janeiro: Civilização Brasileira, 2002, p. 97.

16____Micael Herschmann, *O funk e o hip-hop invadem a cena*, op. cit., p. 96.

17____Hermano Vianna, "O funk como símbolo da violência carioca", *op. cit.*, p. 180.

ignorado pela mídia, que, quando tratava do assunto, não focava tanto no aspecto da violência. Analisando 125 artigos sobre funk na mídia impressa, Micael Herschmann atestou que o gênero praticamente inexiste no cenário midiático antes de 1992 e que, de 1990 a 1996, 56% das menções estavam nos cadernos policiais e sobre a cidade dos jornais *O Globo*, *Jornal do Brasil*, *O Dia* e *Folha de S. Paulo*, e 44%, nos cadernos culturais[18]. Mesmo reconhecendo que uma redação de jornal não é homogênea, Vianna questiona o que fez com que, aparentemente de uma hora para outra, os jornais passassem a retratar o funk como um fenômeno, antes de qualquer coisa, violento; quais grupos sociais e interesses estiveram envolvidos na criação dessa nova imagem e o que, no funk, tornou mais fácil sua aplicação[19].

Analisando um suposto arrastão provocado em Cascais, Portugal, por filhos de imigrantes africanos, Sylvia Moretzsohn assinala que a invenção de um acontecimento falso se torna possível e plausível quando ele já era de certo modo esperado e desejado pela máquina social de fabricação e de interpretação dos acontecimentos. Tem-se necessidade de acontecimentos, mesmo falsos, porque suas interpretações preexistem e chamam esses acontecimentos. E, assim, a fabricação de arrastões pela mídia ajuda a difundir o ódio contra um determinado setor da população já estigmatizado e a legitimar ações repressivas[20].

Enfim, pode-se indagar se o que ocorreu naquele 18 de outubro de 1992 foi mesmo um acontecimento violento ou criminoso. Afinal, muito do que os sujeitos acreditam ser "crime moral" não é "crime legal". O crime moral corresponde às ideias populares, ou melhor, fora da legislação estatal, acerca do que agentes e grupos sociais compreendem ser uma

---

18____Cf. Micael Herschmann, *O funk e o hip-hop invadem a cena*, op. cit., pp. 93 ss. e 102. Sobre a origem e os sentidos do termo "arrastão", cf. Kleber Mendonça, "A onda do arrastão: produção de sentidos na mídia impressa", *Discursos Sediciosos: Crime, Direito e Sociedade*, Rio de Janeiro: Instituto Carioca de Criminologia/Freitas Bastos, 1999.

19____*Ibidem*, pp. 181 ss.

20____Sylvia Moretzsohn, "De Carcavelos ao Leblon: arrastões do preconceito", *Discursos Sediciosos: Crime, Direito e Sociedade*, Rio de Janeiro: Instituto Carioca de Criminologia/Freitas Bastos, 2007, n. 15-6, pp. 359 ss.; Vera Malaguti Batista, *O medo na cidade do Rio de Janeiro: dois tempos de uma história*, 2ª ed., Rio de Janeiro: Revan, 2003, p. 21.

conduta ou atitude criminosa[21]. Pequenas incivilidades cometidas no espaço público, quando não a simples presença de pessoas vistas como ameaçadoras, podem gerar o sentimento de insegurança. Nesse sentido, o pânico causado pelo "arrastão" talvez esconda, no fundo, apenas a intolerância à presença de determinados grupos sociais em certos espaços da cidade que gozam de status em virtude de sua frequência habitual, como é o caso das praias da zona Sul carioca. O "arrastão", dessa forma, é associado à invasão ruidosa de suburbanos "selvagens"[22].

Os grupos sociais excluídos são automaticamente suspeitos, e sua mera aparição num contexto tenso pode gerar uma atitude violenta[23]. Deve-se sublinhar que, assim como as galeras, a Polícia Militar faz arrastões violentos para demonstrar força, mas nos morros, tratando todos como criminosos[24].

Olívia Cunha nota, assim, que o termo "arrastão", que compreendia inicialmente assaltos e ações coletivas e rápidas envolvendo jovens em praias, trens, ônibus e ruas, passa a referir-se à "presença de uma parcela distinta da população como ameaça de violência e desordem"[25]. Para George Yúdice, o arrastão colocou os funkeiros "no meio de um conflito que vem sendo travado sobre o espaço do pobre, seu acesso a bens e serviços de cidadãos e a sua vulnerabilidade ao vigilantismo/vigilância e à violência do Estado". Funkeiros passaram a ser encarados de forma maniqueísta como suburbanos invasores, tentando obter o que pertence às elites e à classe média por meio do medo, o que justifica a repressão[26].

21___Cf. Rejane Valvano Corrêa da Silva e Luiz Alberto Couceiro, "'Pega o bandido corno!': práticas e representações de crime e violência num bairro da zona sul do Rio de Janeiro", *Discursos Sediciosos: Crime, Direito e Sociedade*, Rio de Janeiro: Instituto Carioca de Criminologia/Freitas Bastos, 2007, n. 15-6, pp. 221 ss.

22___Olívia M. G. Cunha, "Bonde do mal: notas sobre território, cor, violência e juventude numa favela do subúrbio carioca", *op. cit.*, pp. 85-6.

23___Kleber Mendonça, "A onda do arrastão: produção de sentidos na mídia impressa", *op. cit.*, p. 273.

24___Glória Diógenes, "Gangues e polícia: campos de enfrentamento e estratégias de diferenciação", em: Carlos Alberto Messeder Pereira *et al.* (org.), *Linguagens da violência*, Rio de Janeiro: Rocco, 2000, pp. 206 e 218.

25___Olívia M. G. Cunha, "Bonde do mal: notas sobre território, cor, violência e juventude numa favela do subúrbio carioca", *op. cit.*, pp. 91-2.

26___George Yúdice, "A funkificação do Rio", em: Micael Herschmann (org.), *Abalando os anos 90: funk e hip-hop – globalização, violência e estilo cultural*, Rio de Janeiro: Rocco, 1997, pp. 44-5.

O MEDO DE AGLOMERAÇÕES NEGRAS

A repressão policial ao lazer de populações negras no Brasil não é novidade do fim do século XX. O Livro V das Ordenações Filipinas já proibia os bailes de escravizados. O Código Criminal de 1830, por sua vez, criou o crime de insurreição e passou a punir a propaganda desta, bem como a penalizar celebração, propaganda ou culto de confissão religiosa que não fosse a oficial, além de criminalizar a vadiagem e a mendicância[27]. Esse código foi promulgado na esteira do medo de revoltas, de que a independência alcançada em 1822 alimentasse tentativas de radicalizar o liberalismo, garantir direitos plenos à população mestiça e proclamar a República. A circulação e a movimentação dos escravizados e pretos forros eram consideradas ameaçadoras.

Segundo Vera Malaguti Batista, muito mais do que a legalidade, a polícia garantia na primeira metade do século XIX a ordem e a disciplina, enfrentava o ambiente das revoltas e atuava basicamente nas ofensas à ordem pública: vadiagem, mendicância, embriaguez, capoeiragem. O sistema penal controlava escravizados, africanos livres, pobres sem patrão, ciganos, mendigos, vadios e crianças abandonadas para que as ruas da cidade pudessem servir às crescentes atividades do comércio e da indústria. Em 1850, as prisões permaneciam superlotadas de pobres e escravizados: 65% das detenções eram por ofensas à ordem pública, e não por crimes[28].

Em 1835, ano da revolta dos escravizados malês, na Bahia, havia a suspeita e o temor de que os escravizados das províncias do Rio de Janeiro e de Minas Gerais tentassem um movimento insurrecional. As autoridades policiais receberam ordens no sentido de "dissolver qualquer ajuntamento de escravos e prender os que nele se encontrarem". Afinal,

---

27___Hédio Silva Jr., "Direito penal em preto e branco", *Revista Brasileira de Ciências Criminais*, São Paulo: jul.-set. 1999, ano 7, n. 27, pp. 328-9.

28___Vera Malaguti Batista, "A arquitetura do medo", *Discursos Sediciosos: Crime, Direito e Sociedade*, Rio de Janeiro: Instituto Carioca de Criminologia/Revan, 2002, ano 7, n. 12, pp. 100 ss. Cf. Andrei Koerner, "O impossível 'panóptico tropical-escravista': práticas prisionais, política e sociedade no Brasil do século XIX", *Revista Brasileira de Ciências Criminais*, São Paulo: jul.-set. 2001, n. 35, pp. 212 ss.

a cidade codificada e desejada pelos brancos se opunha à cidade-esconderijo instituída pelos negros, na qual a condição social era escondida, dificultando a distinção entre escravizados, libertos e pretos livres. Todos os negros, portanto, eram alvo de suspeição generalizada.

O Código de Posturas da Câmara Municipal do Rio de Janeiro de 1830 proíbe que os donos de casas de negócio consintam na presença "em suas portas [de] pessoas cativas sentadas, ou a jogarem, ou paradas por mais tempo do que necessário para fazerem as compras". Já o Código de Posturas da Câmara Municipal do Rio de Janeiro de 1838 recomenda aos donos das tavernas que não permitam o "ajuntamento de mais de quatro escravos" e estabelece que "todo o escravo que for encontrado das sete horas da tarde em diante, sem escrito de seu senhor, datado do mesmo dia, no qual declare o fim a que vai, sofrerá oito dias de prisão, dando-se parte ao senhor". Há vários registros, porém, inclusive policiais, de negros escravizados circulando livremente pelas ruas à noite ou permanecendo longo tempo em quiosques ou botequins[29].

Muitas práticas de rua seriam controladas e outras até mesmo quase extintas em nome do combate aos "crimes contra a polícia e a economia dos municípios". Quatro artigos do Código de Posturas municipais de Belém de 1848 se referiam diretamente ou à reunião de escravizados ou à possibilidade de sua participação em folguedos de rua. Pelo artigo 76, fica proibida a ocorrência de "vozerias na rua ou mesmo em casa nas horas de silêncio". O artigo 82 dispõe que "os donos ou administradores de qualquer casa de venda, não consentirão aí o ajuntamento de mais de dois escravos, nem batuques ou vozerias deles dentro da casa, ou em frente dela".

Todas essas proibições, sob o pretexto de assegurar a "ordem pública", possivelmente refletiam o receio, por parte dos escravocratas, de uma possível rebelião de escravizados, e mesmo de homens livres, mediante sua aglomeração. Alguns jornais do período, porém, denunciavam o desrespeito ao código de postura em Belém e cobravam uma

---

29___Sidney Chalhoub, "Medo branco de almas negras: escravos libertos e republicanos na cidade do Rio", *Discursos Sediciosos: Crime, Direito e Sociedade*, Rio de Janeiro: Instituto Carioca de Criminologia/Relume-Dumará, 1996, ano 1, n.1, pp.172 ss. Cf. Eugenio Raúl Zaffaroni *et al.*, *Direito penal brasileiro*, v.1: *Teoria geral do direito penal*, 3ª ed., Rio de Janeiro: Revan, 2006, pp.425-6.

tomada de atitude dos responsáveis pela segurança pública contra a "algazarra" dos capoeiras, associados a vadios, vagabundos e desordeiros que bebiam e jogavam em plena noite, "em tempo de ociosidade", e causavam "insultos ofensivos à moral pública"[30].

Além da vadiagem, mendicância e capoeiragem, o Código Penal de 1890 criminalizou o charlatanismo, o curandeirismo e o espiritismo, visando às religiões afro-brasileiras. Os republicanos talvez tenham tido a intenção de transformar os pobres urbanos da cidade negra em trabalhadores assalariados disciplinados, civilizados moralmente e higienizados para a nascente indústria[31].

Em 12 de agosto de 1904, o jornal *O Paiz* recomendava aos trabalhadores que não se levantassem contra as autoridades legalmente constituídas e a ordem social, que não buscassem sua ruína e miséria com *meetings* injustificados. Esses *meetings* poderiam "descambar para a rebelião, e esta levar a todos para as profundezas do penhasco, cujo resultado final seria a própria extinção da vida em sociedade". A população deveria incorporar o dogma positivista de que a manutenção da ordem constituía elemento primordial para o progresso social. Caso a multidão não assimilasse o lema da bandeira nacional por bem, contestasse a ordem social e semeasse a desordem e a baderna, a elite apelava para a ação da polícia e do Exército, a fim de assegurar a estabilidade pública[32].

O eugenista Nina Rodrigues asseverava que "o negro crioulo conservou vivaz os *instinctos brutaes* do africano: é rixoso, violento nas suas impulsões sexuais, muito dado à embriaguez e esse fundo de caráter

---

30___Luiz Augusto Pinheiro Leal, "Vozerias, assuadas e capoeira em Belém (1848-1850)", *Discursos Sediciosos: Crime, Direito e Sociedade*, Rio de Janeiro: Instituto Carioca de Criminologia/Freitas Bastos, 1999, ano 4, n. 7-8, pp. 245 ss.

31___Sidney Chalhoub, "Medo branco de almas negras: escravos libertos e republicanos na cidade do Rio", *op. cit.*, pp. 172, 184 e 187.

32___Adjovanes Thadeu Silva de Almeida, "O olhar da elite sobre a multidão nas reformas urbanas da Primeira República", *Discursos Sediciosos: Crime, Direito e Sociedade*, Rio de Janeiro: Instituto Carioca de Criminologia/Freitas Bastos, 2000, v. 9-10, pp. 285 ss. Cf. Boris Fausto, *Crime e cotidiano: a criminalidade em São Paulo (1880-1924)*, 2ª ed., São Paulo: Edusp, 2001, p. 44.

imprime o seu cunho na criminalidade colonial atual"[33]. A criminalização da vadiagem mereceu esfuziante aclamação por parte de Rodrigues, como medida de combate à indolência da população mestiça, atribuída à "riqueza nativa do solo, que dispensa qualquer trabalho"[34].

Boris Fausto enxerga no aumento da perseguição à vadiagem um "claro exemplo de criminalização de um comportamento com o propósito de reprimir uma camada social específica, discriminada pela cor". Por outro lado, ele enxerga a grande incidência proporcional das desordens nas prisões efetuadas entre 1892 e 1896 à presença em massa de novas levas de imigrantes na cidade. As novas formas de lazer introduzidas pelos imigrantes representavam "[a] quebra dos padrões do bom comportamento na ótica da 'sociedade respeitável' e de seus quadros dirigentes". Surgiam de fato muitos conflitos "entre gente apinhada nos cortiços, precariamente liberada aos domingos das normas do trabalho", e as alegrias do domingo eram muitas vezes "a outra face das tensões a que estava submetida a população imigrante, na luta por adaptar-se e ascender socialmente na nova terra"[35].

Já a criminalização da capoeira pelo Código Penal de 1890 estava ligada em particular à conjuntura histórica do Rio de Janeiro do período imediatamente posterior à Abolição. Os capoeiras profissionais formavam organizações de escravizados e libertos, ameaçadores e instrumentais para a elite branca. Eram definidos por Assis Cintra como capangas políticos que viviam à custa dos cabos eleitorais ou como desordeiros e ladrões que atacavam os transeuntes. Os amadores, por sua vez, eram "meninos bonitos avalentoados, filhos de gente rica e importante", gente como o Barão do Rio Branco e Floriano Peixoto, que praticavam capoeira

---

33___Raimundo Nina Rodrigues, *As raças humanas e a responsabilidade penal no Brasil*, Rio de Janeiro: Guanabara, 1894, p. 124. Sobre a permanência dos postulados de matiz lombroso-rodriguiana na literatura jurídica penal contemporânea, cf. Hédio Silva Jr., "Direito penal em preto e branco", *op. cit.*, p. 336.

34___Raimundo Nina Rodrigues, *As raças humanas e a responsabilidade penal no Brasil*, *op. cit.*, p. 141.

35___Boris Fausto, *Crime e cotidiano: a criminalidade em São Paulo (1880-1924)*, *op. cit.*, pp. 46 ss.

por simples esporte. A polícia perseguiu tanto os profissionais como os amadores, mas o alvo principal da repressão foram os primeiros[36].

Havia indícios sugestivos de que a monarquia gozava de popularidade entre as pessoas negras da cidade, o que explicaria, de certa forma, tanto alguns atos de manifesta hostilidade da administração republicana contra os setores mais pobres da população – perseguição a capoeiras e bicheiros, destruição de cortiços etc., logo nos primeiros anos da República – quanto a reação popular desfavorável a ações aparentemente benéficas do governo republicano – como a luta contra a vacina obrigatória, em 1904[37].

O imperador talvez tenha sido bem-sucedido em seus esforços de vender a imagem de defensor da causa da liberdade dos negros e, portanto, o medo branco da cidade negra parece ter aumentado com o fim da escravidão e da monarquia. Sendo assim, os republicanos construíram todo um belo discurso para justificar as suas ações contra a cidade negra. Agiram em nome da higiene, da moral e dos bons costumes, do progresso e da civilização[38].

O atual Código Penal, de 1940, revogou a criminalização da capoeiragem, do espiritismo e da magia, mas conservou os delitos de curandeirismo e charlatanismo. Mendicância e vadiagem passaram a ser contravenções penais, ilícitos penais de menor gravidade e com uma pena mais leve[39]. Quando os meios de comunicação de massa fizeram a cobertura dos "arrastões" de 1992, o que esteve de maneira explícita em jogo não foi propriamente a cor dos jovens envolvidos, mas o fato de serem "desordeiros" e/ou "delinquentes". Há, no entanto, um subtexto que se apoia nas imagens que foram veiculadas e que associa a presença de grupos de "jovens de cor" à turba e a um clima de pânico.

Em contraposição aos jovens que pediam o impeachment do presidente Fernando Collor e foram chamados de "caras-pintadas", os que participaram do "arrastão" foram taxados de "caras-pintadas da periferia",

---

36____Eugenio Raúl Zaffaroni *et al.*, *Direito penal brasileiro*, v. 1: *Teoria geral do direito penal*, *op. cit.*, pp. 442 e 458.

37____*Apud* Sidney Chalhoub, "Medo branco de almas negras: escravos libertos e republicanos na cidade do Rio", *op. cit.*, pp. 169-70.

38____Sidney Chalhoub, "Medo branco de almas negras: escravos libertos e republicanos na cidade do Rio", *op. cit.*, pp. 185-6.

39____Hédio Silva Jr., "Direito penal em preto e branco", *op. cit.*, p. 333.

os caras pintadas "naturais", que não precisam de tinta, e sua pele escura foi enfatizada em muitas reportagens. Os noticiários tanto associavam o funk a organizações criminosas como caracterizavam, de forma indireta ou implícita, essas manifestações culturais como sendo práticas dos segmentos negros ou, pelo menos, "pobres" da cidade[40].

Olívia Cunha destaca que, em um contexto no qual parte da mídia alardeava um discutível aumento da criminalidade no Rio de Janeiro, as imagens de jovens – na maioria não brancos – chegando aos milhares às praias se misturavam com as imagens do recrutamento maciço de jovens nas favelas pelas quadrilhas do tráfico e geravam o temor da desordem urbana, presumivelmente associada a um confronto racial, como o dos distúrbios de Los Angeles no mesmo ano, causados pela absolvição de quatro policiais brancos que haviam sido filmados espancando o taxista negro Rodney King.

Os jornalistas assinalaram que as prováveis diferenças entre a massa juvenil periférica descontrolada e os moradores da zona Sul da cidade não estariam relacionadas somente ao poder aquisitivo ou à cor da pele, mas, sobretudo, a diferenças culturais. No entanto, termos como "cultura da periferia", "cultura suburbana" e "cultura da favela", muitos deles incorporados pelos próprios marginalizados como sinal de orgulho e resistência, "resvalam uma inocente intenção de marcar e naturalizar desigualdades sociais e raciais"[41].

O que parece ser frequentemente destacado como causa da desordem é a origem e o comportamento desses "suburbanos desordeiros", que "gritam e têm hábitos alimentares bizarros". Atribui-se essa "diferença cultural" ao desregramento, à falta de ética, à certeza da impunidade[42].

40___Micael Herschmann, *O funk e o hip-hop invadem a cena*, op. cit., pp. 65-7; George Yúdice, "A funkificação do Rio", op. cit., p. 34.

41___Olívia M. G. Cunha, "Conversando com Ice-T: violência e criminalização do funk", em: Micael Herschmann (org.), *Abalando os anos 90: funk e hip-hop – globalização, violência e estilo cultural*, Rio de Janeiro: Rocco, 1997, pp. 90-1; Kleber Mendonça, "A onda do arrastão: produção de sentidos na mídia impressa", op. cit., p. 272; Adriana Carvalho Lopes, *Funk-se quem quiser: no batidão negro da cidade carioca*, op. cit., p. 38.

42___Olívia M. G. Cunha, "Bonde do mal: notas sobre território, cor, violência e juventude numa favela do subúrbio carioca", op. cit., pp. 92 e 95. Cf. Loïc Wacquant, *Punir os pobres: a nova gestão da miséria nos Estados Unidos*, Rio de Janeiro: Freitas Bastos, 2001, p. 141.

Nesse momento, observou-se um processo de "'criminalização do funk', no qual, no lugar de estigmatizar seus consumidores preferenciais, 'demonizou-se' o próprio estilo, como fonte e estímulo da violência"[43].

O gosto musical dos "funkeiros" era bastante eclético. A identidade de "funkeiro" praticamente inexistia entre os frequentadores de bailes, e o funk acabava sendo preferido por ser a única opção de lazer desses adolescentes ou por ser o gênero favorito para dançar. Contudo, a imprensa criou justamente uma identidade de grupo ao utilizar o termo "funkeiro" para se referir aos participantes do "arrastão" e a todo um segmento social (negro, pobre e suburbano) cujas práticas culturais quase sempre são tratadas com um "sotaque de racismo" e um alto grau de estranheza pelos jornalistas[44].

Ainda que enfatizando a "democracia racial" do funk, tanto organizadores como frequentadores do baile salientam que existe uma associação entre a cor negra e o funk, entre a dança e o ser negro. O baile funk não é um reduto de construção de uma identidade negra, tal como alguns bailes da década de 1970 ou o hip-hop, mas é um lugar onde o negro pode se sentir à vontade, onde o corpo e o visual negros não são criminalizados, mas sim, muitas vezes, premiados. A forma pela qual se dá a desinibição do negro está expressa nas experimentações com o visual, no uso do corpo, e não nas formas sugeridas pela militância negra mais ortodoxa[45].

James Brown, aliás, foi um ícone negro, condenado na adolescência por assalto à mão armada, que cantava hinos à sexualidade aflorada e à busca por direitos iguais para os negros[46]. A gíria *"funky"*, que remetia ao odor do ato sexual, deixou de ter significado pejorativo para se tornar

---

43___Olívia M. G. Cunha, "Conversando com Ice-T: violência e criminalização do funk", *op. cit.*, pp. 91-2; Micael Herschmann, *O funk e o hip-hop invadem a cena, op. cit.*, p. 100.

44___Kleber Mendonça, "A onda do arrastão: produção de sentidos na mídia impressa", *op. cit.*, p. 271; Hermano Vianna, *O mundo funk carioca, op. cit.*, pp. 91-2; Yuri Eiras, "Como o 150 BPM se tornou o ritmo dominante do funk carioca", *op. cit.*

45___Livio Sansone, "Funk baiano: uma versão local de um fenômeno global?", em: Micael Herschmann (org.), *Abalando os anos 90: funk e hip hop: globalização, violência e estilo cultural*, Rio de Janeiro: Rocco, 1997, pp. 179-80; Suylan Midlej e Silva, "O lúdico e o étnico no funk do 'Black Bahia'", *op. cit.*, pp. 203 e 211.

46___Silvio Essinger, *Batidão: uma história do funk, op. cit.*, pp. 9 ss.

um símbolo do orgulho negro, de música "revolucionária", de alegria[47]. No começo dos anos 2000, Fátima Cecchetto e Patrícia Farias observavam que os funkeiros não afirmavam expressamente sua identidade negra, mas a sugeriam, "através de sua própria presença, da visibilidade que adquirem, colocando em cena seus corpos coreograficamente arranjados". Essa provocação não verbal do conflito, no entanto, poderia levar à armadilha do estereótipo que associa o corpo negro à sexualidade e os negros à irracionalidade[48].

O começo dos anos 2010, no entanto, marcou o fortalecimento de movimentos "identitários", como os movimentos feminista, negro e LGBTQIA+. Conectados às redes sociais, apropriaram-se do debate sobre a ocupação dos espaços públicos como estratégia de resistência e sobre a importância das expressões culturais como forma de "empoderamento". Foi nesse contexto que, em 2014, surgiu em Salvador a festa Batekoo, criada pelos produtores e DJs Maurício Sacramento e Wesley Miranda. Trata-se de uma festa considerada alternativa, voltada para o público jovem, negro, LGBTQIA+ e periférico. A festa ganhou edições em Brasília, São Paulo e Rio de Janeiro. Nela são tocados exclusivamente ritmos negros, como funk, rap, R&B, twerk e kuduro e, de simples diversão, o evento passou a reivindicar-se como parte do movimento negro, criando pontes com intelectuais e celebrando um espaço de liberdade e protagonismo para corpos negros[49].

O LUGAR DO POBRE

Deve-se ter em mente o contexto sociopolítico e econômico do início dos anos 1990, em que se dá o processo de criminalização do funk. Diante do fim da ameaça comunista e do excesso de força de trabalho, o capital móvel, globalizado e volátil desafiou o movimento operário, consideravelmente enfraquecido. Na empresa pós-moderna, a palavra

---

47___Hermano Vianna, *O mundo funk carioca*, op. cit., p.20; Micael Herschmann, *O funk e o hip-hop invadem a cena*, op. cit., p.19.

48___Fátima Cecchetto e Patrícia Farias, "Do *funk* bandido ao *pornofunk*: o vaivém da sociabilidade juvenil carioca", op. cit., pp.55-6.

49___Murilo Busolin, "'Batekoo' marca o fortalecimento do movimento negro no Brasil", *O Estado de S. Paulo*, São Paulo: 24 jun. 2016.

de ordem é flexibilizar, cortar custos, buscar a mão de obra mais barata possível onde quer que ela esteja. Racionalizar significa, dessa forma, cortar empregos, e não os criar[50].

A crescente informatização das linhas de produção, o avanço da terceirização e o advento de novos modos de inserção no mundo do trabalho fazem com que a mão de obra progressivamente se desloque para o setor terciário e para atividades que antes não eram reconhecidas socialmente como empregos[51], caracterizadas pela flexibilidade e precariedade dos direitos. Grande parte da população foi obrigada a sobreviver de "bicos", trabalhos informais, temporários, não tutelados por direitos trabalhistas, ou recorrer a atividades no limite da ilegalidade[52]. O Estado neoliberal, sob a justificativa de "livrar" os pobres da dependência, melhorar a eficiência do Estado e reduzir custos, dilapida garantias sociais do Estado de bem-estar social. Na proporção em que vão sendo retirados da educação, da saúde e da assistência social, os gastos do Estado neoliberal são aumentados no setor de segurança, policiamento e presídios. Prender os pobres é simbólica e eleitoralmente lucrativo para um Estado desacreditado devido à insegurança material por ele gerada. Os enormes custos com encarceramento são pouco conhecidos e nunca submetidos a debates públicos, quando não apresentados como ganhos pelo fato de "reduzirem" o custo do crime[53].

O desemprego, que corresponde à falta de trabalho assalariado, não é uma fatalidade, e sim desencadeado por um problema de organização social. Os desocupados são vítimas da grande contradição entre o desemprego e a ética do trabalho imposta e, consequentemente, sofrem de uma sensação de indignidade e inutilidade. Quando há desemprego em massa, porém, é mais difícil responsabilizar os próprios desempregados

---

50___Zygmunt Bauman, *O mal-estar da pós-modernidade*, Rio de Janeiro: Jorge Zahar, 1997, p. 50.

51___Alessandro De Giorgi, *A miséria governada através do sistema penal*, Rio de Janeiro: Revan, 2006, p. 17.

52___Alessandro Baratta, *Criminologia crítica e crítica do direito penal: introdução à sociologia do direito penal*, Rio de Janeiro: Revan, 1997, p. 196.

53___Loïc Wacquant, *Punir os pobres: a nova gestão da miséria nos Estados Unidos, op. cit.*, p. 82; Zygmunt Bauman, *O mal-estar da pós-modernidade, op. cit.*, p. 25.

por sua condição[54]. Nesse sentido político, o encarceramento também seria uma forma de o Estado reafirmar sua legitimidade e autoridade em face daquela camada da população jovem, ativa, desempregada, teoricamente mais ameaçadora, que demonstra que o sistema capitalista não vai bem[55].

Apenas entre os dias 30 de setembro e 18 de outubro de 1992, houve o massacre do Carandiru, o "arrastão" do Arpoador e a autorização para o processo de impeachment de Fernando Collor[56]. Outubro de 1992 também foi o mês da abertura da Comissão Parlamentar de Inquérito (CPI) que investigou as denúncias da privatização da Viação Aérea São Paulo (Vasp), revelando atos irregulares do ex-governador paulista Orestes Quércia. Em relação à economia, no dia 22 de outubro, a estatal Aços Especiais Itabira (Acesita) foi vendida em leilão 29,5% acima do preço mínimo para a Caixa de Previdência dos Funcionários do Banco do Brasil (Previ) e um consórcio de bancos. Esses dados apontam para alguns fatos que podem ter sido ofuscados pelo excesso de desdobramentos do "arrastão".

O pesquisador da área de comunicação Kleber Mendonça observa que a hiperdimensão dada pela mídia aos arrastões do início da década de 1990 permite que eles sejam definidos como a causa de muitos dos problemas brasileiros, por exemplo, a imagem comprometida do país no exterior e as crises no turismo, no mercado imobiliário e na economia. Quando aponta o arrastão como causa de problemas brasileiros, o jornal lhe confere muito mais destaque do que se fosse veiculado isoladamente. Por outro lado, a opção editorial silencia a presença da crise política, econômica e social na origem desses mesmos problemas. A inserção do tema "arrastão" na seção "Brasil" e "Política e Economia" dos jornais fez com que o evento fosse visto como o retrato do Brasil naqueles dias e associou o país à decadência. A ode às praias dos anos 1970 pode ser lida como uma exaltação do milagre econômico da época da ditadura,

---

54___Nils Christie, *A indústria do controle do crime*, Rio de Janeiro: Forense, 1998, pp. 54 ss.

55___Theodore G. Chiricos e Miriam A. Delone, "Labor Surplus and Punishment: a Review and Assessment of Theory and Evidence", *Social Problems*, New York: nov. 1992, v. 39, n. 4, p. 424.

56___George Yúdice, "A funkificação do Rio", *op. cit.*, pp. 29 ss.

de uma "cidade maravilhosa" em que os conflitos sociais eram abafados e as praias ainda "eram nossas"[57].

É importante destacar que o "arrastão" do Arpoador ocorreu às vésperas do segundo turno das eleições municipais do Rio de Janeiro de 1992. A candidata negra e moradora de favela Benedita da Silva, do Partido dos Trabalhadores (PT), tinha chances reais de vencer o candidato Cesar Maia (então no PMDB), o que fez com que muitos enxergassem intenções eleitorais no hiperdimensionamento do "arrastão" pela mídia, além do objetivo de enfraquecer politicamente o então governador Leonel Brizola (PDT)[58]. Brizola criticava o racismo e o preconceito que permeavam o debate e propunha como solução de ordem prática a criação de piscinas olímpicas nos Centros Integrados de Educação Pública (Cieps) para o lazer da "população carente".

Benedita da Silva defendia o direito de ir e vir de todos os moradores da cidade, em especial daqueles das periferias e favelas. Cesar Maia, por sua vez, que já fora brizolista e do PDT entre 1981 e 1991, exaltava a manutenção da ordem, anteviu a necessidade de convocação das Forças Armadas para tal e popularizou, durante a campanha eleitoral, o conceito de "cidade dual", dividida entre a ordem e a desordem, sendo esta última associada ao lado pobre, representado pela candidata Benedita da Silva[59].

Kleber Mendonça relata que os setores conservadores da sociedade não deixaram barato a invasão do seu "espaço sagrado de lazer" por "hordas de suburbanos selvagens". Surgiram milícias formadas por lutadores de jiu-jítsu, militares reformados e profissionais de organizações antissequestro, intituladas Anjos da Guarda, que – paradoxalmente, pelo uso da força – tinham a suposta missão de garantir o direito dos "legítimos

---

57____Kleber Mendonça, "A onda do arrastão: produção de sentidos na mídia impressa", *op. cit.*, pp. 277 ss.; Zuenir Ventura, *Cidade partida*, *op. cit.*, p. 97.

58____Hermano Vianna, "O funk como símbolo da violência carioca", *op. cit.*, pp. 180-1; Paulo Sérgio do Carmo, *Culturas da rebeldia: a juventude em questão*, São Paulo: Editora Senac, 2001, p. 168; Kleber Mendonça, "A onda do arrastão: produção de sentidos na mídia impressa", *op. cit.*, pp. 277 ss.; Vera Malaguti Batista, *O medo na cidade do Rio de Janeiro: dois tempos de uma história*, *op. cit.*, pp. 19-20.

59____Olívia M. G. Cunha, "Bonde do mal: notas sobre território, cor, violência e juventude numa favela do subúrbio carioca", *op. cit.*, pp. 98-9; Zuenir Ventura, *Cidade partida*, *op. cit.*, p. 90.

frequentadores" da praia, conter a violência crescente e reduzir o pânico social incentivado pela imprensa.

A estratégia foi bem-sucedida em fazer com que vários banhistas habituais da praia deixassem de frequentá-la por serem suburbanos, negros ou excluídos e temerem agressões ou ser confundidos com organizadores de arrastões[60]. Uma vez que os jovens suburbanos costumavam ir sempre em grupos para a praia e assim eram pejorativamente identificados, os jovens do Cantagalo, uma favela da zona Sul, passaram a ir sozinhos, em virtude da repressão pós-"arrastão", e, no máximo, encontrar com os amigos já na praia, para não serem confundidos com baderneiros[61].

Outros importantes reflexos do "arrastão" foram a demanda por pena de morte e pela presença do Exército nas ruas, invocando-se a experiência da Conferência Rio-92; a fabricação de mapas da cidade que propunham identificar a proveniência desses jovens e alertar sobre quais eram as "áreas de risco" nas praias ou mesmo na cidade; e a tentativa frustrada de impedir a circulação dos ônibus que faziam o trajeto Norte/Oeste-Sul nos fins de semana, uma vez que várias linhas da periferia tinham seu ponto final na praça do Arpoador[62].

Embora a praia carioca seja vendida simbolicamente como o território mais democrático da cidade, espaço de congraçamento de classes e raças diferentes, estando em sintonia, portanto, com o mito brasileiro da democracia racial, nem todos os cariocas são considerados frequentadores legítimos das praias da zona Sul, tidas pelos habitantes desses bairros como verdadeiras extensões de suas casas, a ponto de a praia ser loteada não entre galeras funks rivais, conforme alardeado pela mídia, mas entre os condomínios residenciais e hotéis, em uma prática

---

60___Kleber Mendonça, "A onda do arrastão: produção de sentidos na mídia impressa", *op. cit.*, pp. 273-5; Glória Diógenes, "Rebeldia urbana: tramas de exclusão e violência juvenil", em: Micael Herschmann (org.), *Abalando os anos 90: funk e hip-hop – globalização, violência e estilo cultural*, Rio de Janeiro: Rocco, 1997, pp. 125-6.

61___Olívia M. G. Cunha, "Bonde do mal: notas sobre território, cor, violência e juventude numa favela do subúrbio carioca", *op. cit.*, p. 106.

62___Micael Herschmann, *O funk e o hip-hop invadem a cena*, *op. cit.*, p. 100; Silvio Essinger, *Batidão: uma história do funk*, *op. cit.*, p. 126.

privatizante[63]. Praias tranquilas, limpas, de areia branca, água límpida, frequentadas apenas por gente "bonita", "de família" e nível social elevado (incluindo turistas, apesar de serem de fora), são opostas à presença de gente "feia", barulhenta, mal-educada, "selvagem" e grosseira, que gosta de confusão e faz com que as praias fiquem lotadas, sujas e decadentes. A presença dos suburbanos, despejados dos ônibus lotados e associados pela mídia à dejeção, contamina o ambiente, desvalorizando a praia e o próprio mercado imobiliário, ainda mais levando-se em consideração o incremento da violência ou, pelo menos, da sensação de insegurança. Se na década de 1980 a figura demonizada nas areias da zona Sul era a das famílias de "farofeiros", na década de 1990 passou a ser a do jovem "funkeiro", filho bastardo do "farofeiro" e do "pivete", ou seja, uma figura igualmente incômoda, mas muito mais violenta[64].

É interessante perceber como o ano de 1984 marca ao mesmo tempo a intolerância à invasão dos "farofeiros" e o movimento das Diretas Já. Para Teresa Caldeira, entretanto, não se trata de uma contradição, uma vez que é justamente a democratização do país que possibilita que setores antes excluídos reivindiquem seus direitos de cidadania e ocupem espaços antes interditados a eles na cidade[65]. É esse movimento que pode explicar a busca das classes médias e altas por novas formas de segregação, em resposta aos avanços dos movimentos sociais após a abertura política.

Quando a ampliação da capacidade de deslocamento urbano permite que os pobres assumam a cidade como sua, eles topam com fronteiras sociais, raciais ou geracionais que os expulsam[66]. As mesmas classes média e alta que reivindicavam o seu direito de ir e vir à praia,

---

63___Olívia M. G. Cunha, "Bonde do mal: notas sobre território, cor, violência e juventude numa favela do subúrbio carioca", *op. cit.*, pp. 87-90, 101 ss. e 145-6; Kleber Mendonça, "A onda do arrastão: produção de sentidos na mídia impressa", *op. cit.*, p. 273.

64___Kleber Mendonça, "A onda do arrastão: produção de sentidos na mídia impressa", *op. cit.*, pp. 271-2; Olívia M. G. Cunha, "Bonde do mal: notas sobre território, cor, violência e juventude numa favela do subúrbio carioca", *op. cit.*, pp. 96 ss.

65___Teresa Caldeira, *Cidade de muros: crime, segregação e cidadania em São Paulo*, São Paulo: Editora 34/Edusp, 2000, p. 327.

66___José Manuel Valenzuela Arce, *Vida de barro duro: cultura popular juvenil e grafite, op. cit.*, pp. 94-5.

limitado pela sensação de insegurança no espaço público, queriam limitar o direito de ir e vir das camadas baixas da população. Segundo Bauman, o que marca a pós-modernidade é justamente a contraposição entre mobilidade para as classes altas (flexibilidade da produção, liberdade de mercado, liberdade de iniciativa, mobilidade do capital financeiro, fim das barreiras comerciais, meios de transporte e de comunicação tecnologicamente avançados encurtando as distâncias etc.) e imobilidade para as classes baixas (sujeição a empregos precários, restrições pesadas para os imigrantes, índices elevados de encarceramento etc.)[67].

Para Milton Santos, o arrastão pode ser entendido como uma luta pelo espaço, uma vez que os pobres são prisioneiros de seus bairros e a transversalidade depende do propósito segundo o qual uma pessoa se move de uma área para outra, sendo vedada, por exemplo, para fins de lazer e permitida para fins de trabalho, como é o caso das empregadas domésticas que trabalham na zona Sul e moram "lá longe"[68]. Já para Olívia Cunha, como a praia ainda é o lazer mais barato no Rio de Janeiro, o arrastão seria a divisão do bolo[69].

Hermano Vianna, contudo, alerta que os jovens de diferentes classes sociais ficariam separados e se desconheceriam "se a realidade social não fosse muito mais complexa e surpreendente do que mandam as cartilhas de um certo planejamento urbano multicultural". Nem a mídia, nem a elite, nem os funkeiros são entidades homogêneas. Novas mediações são criadas a todo instante, onde menos se espera. O programa da Xuxa, por exemplo, foi fundamental na década de 1990, época da demonização do funk pela mídia, para torná-lo popular entre crianças moradoras de condomínios da zona Sul carioca. "O exótico pode viver dentro do quarto de nossos familiares, bem ao lado de nossos próprios quartos"[70].

Em 1994, Xuxa inaugurou em seu programa semanal *Xuxa Park* o quadro Xuxa Park Hits, uma espécie de parada de sucessos, com a

---

67___Cf. Zygmunt Bauman, *Globalização: as consequências humanas*, Rio de Janeiro: Jorge Zahar, 1999, p. 129.

68___*Apud* George Yúdice, "A funkificação do Rio", *op. cit.*, p. 38.

69___Olívia M. G. Cunha, "Bonde do mal: notas sobre território, cor, violência e juventude numa favela do subúrbio carioca", *op. cit.*, p. 96.

70___Hermano Vianna, "O funk como símbolo da violência carioca", *op. cit.*, pp. 185-6.

participação, em caráter experimental, do DJ Marlboro[71]. Além das duplas de MCs que cantavam raps sobre suas comunidades, o programa da Xuxa recebia regularmente MCs de funk melody, vertente de funk mais melódica, pop e romântica, mais comportada e palatável ao gosto da classe média, com arranjos musicais mais elaborados e que obteve grande espaço na TV e nas rádios a partir do início dos anos 1990. O primeiro álbum de Claudinho & Buchecha, uma das mais importantes duplas de funk melody, vendeu 1,2 milhão de cópias em 1996[72]. As músicas da dupla já foram gravadas por Ivete Sangalo ("Nosso sonho"), Kid Abelha ("Quero te encontrar") e Adriana Partimpim ("Fico assim sem você"), mostrando que dialogam com outros gêneros musicais, incluindo a respeitada MPB, e com todas as classes sociais, ganhando o reconhecimento inclusive da Assembleia Legislativa do Estado do Rio de Janeiro (Alerj).

Na moção n. 5.745/2005, a pastora e deputada estadual pelo Rio de Janeiro Edna Rodrigues (PMDB) congratula MC Buchecha e manifesta a ele seus votos de louvor, apreço e reconhecimento em comemoração ao Dia Estadual da Juventude. O MC é retratado pela deputada como "exemplo de homem batalhador, de garra e de vitória, alegre, que vem espelhando comportamento, trazendo sempre alegria e esperança pra nossa juventude" e que, com seu parceiro Claudinho, "transformou o funk em mania nacional, modificando a mentalidade do senso comum quanto ao aspecto marginalizado que este ritmo refletia".

Outros nomes do funk melody, muitos deles da primeira geração do funk e produzidos pelo DJ Marlboro, são Latino ("Me leva"), MC Marcinho ("Glamurosa"), MC Andinho ("Já é sensação") MC Koringa ("Dança sensual"), MC Sapão ("Eu tô tranquilão"), Perlla ("Tremendo vacilão"), Naldo Benny ("Amor de chocolate") e MC Leozinho, que chegou a cantar seu sucesso "Ela só pensa em beijar (Se ela dança, eu danço)" junto com Roberto Carlos, em seu especial de fim de ano de 2006. Sendo uma vertente de funk mais comportada, o funk melody também esteve presente no especial de Roberto Carlos em 2013, quando Roberto cantou com Anitta um medley que incluía "Show das poderosas", e em 2015, quando cantou "Hoje" com Ludmilla.

71____Silvio Essinger, *Batidão: uma história do funk*, op. cit., p.135.

72____Julio Ludemir, *101 funks que você tem que ouvir antes de morrer*, Rio de Janeiro: Aeroplano, 2013, p.31.

Em 1994 também estreava, nas tardes de sábado, o programa de TV da Furacão 2000, com a presença de galeras no auditório. A atração chegou a atingir treze pontos no Ibope e, em outubro de 1995, entrou em rede nacional, sob a direção do global Roberto Talma[73]. Já na década de 2000, o programa da TV Globo *Caldeirão do Huck*, de Luciano Huck, dava espaço a funkeiros, assim como, na década de 2010, o também global *Esquenta!*, de Regina Casé. Em 1990, apenas um ano após o lançamento de *Funk Brasil* pelo DJ Marlboro, considerado o primeiro álbum de funk carioca, o funk "Feira de Acari", de MC Batata, que fala de forma bem-humorada de uma famosa feira conhecida por vender produtos roubados, entrou na trilha sonora da novela global *Barriga de Aluguel*, de Glória Perez. Mas foi em 2005, na novela das oito *América*, também de Glória Perez, que o funk alcançou o horário nobre da TV Globo, por meio da personagem interpretada por Mariana Ximenes, Raíssa, uma patricinha que subia o morro para curtir o baile funk.

Já na década de 1990, enquanto os funkeiros eram condenados por invadir as praias da zona Sul nos fins de semana, outra invasão acontecia, mas no sentido inverso: assim como a personagem Raíssa, os jovens da zona Sul subiam o morro para curtir o funk. O baile de comunidade exerceu o papel de "zona de contato" entre segmentos sociais diversos, fazendo com que jovens de classes média e alta conhecessem a favela e desnaturalizassem a ideia de que ela é um "território necessariamente marcado pela violência e pelo medo". A aproximação entre jovens de diferentes classes sociais, no entanto, pode ter ocorrido preferencialmente no plano simbólico, tendo em vista que a estrutura social excludente permanece e que alguns bailes frequentados por jovens de classes média e alta, receosos de integração social e de frequentar bailes de comunidade, são inacessíveis a jovens das classes baixas[74].

Segundo Nils Christie, em uma sociedade urbana mais complexa e plural, em que os indivíduos ganham anonimato, aumenta a distância social e, consequentemente, a tendência a atribuir a certos atos

---

73____Silvio Essinger, *Batidão: uma história do funk*, op. cit., p. 137.

74____Micael Herschmann, *O funk e o hip-hop invadem a cena*, op. cit., pp. 236-9; Manoel Ribeiro, "Funk'n Rio: vilão ou big business?", op. cit., p. 290; Arthur Coelho Bezerra, "Apontamentos sobre o consumo de funk carioca pelas elites urbanas", em: XIII Congresso Brasileiro de Sociologia, 29 maio-1 jun. 2007, Universidade Federal de Pernambuco, Recife, pp. 9-11.

o significado de crimes e às pessoas o atributo de criminosas. Não se conhecem mais o contexto no qual a conduta foi praticada, a história de vida do infrator e suas qualidades positivas, o que favorece sua demonização[75]. Isso explica em parte a relação ambígua que moradores de favelas têm com traficantes, velhos conhecidos[76].

Setores da classe média, por sua vez, ao ver que seus filhos passaram a frequentar os bailes funk de comunidade, relativizaram sua visão criminalizante do fenômeno. Afinal, seus filhos não tinham nada a ver com aqueles "bandidos". Eram, quando muito, adolescentes vivendo nos bailes a fase de rebeldia desculpável da idade[77]. Setores conservadores, por outro lado, consideraram perigosa essa aproximação de classes, essa "promiscuidade" entre segmentos sociais, e exigiram o fechamento dos bailes pela polícia[78]. Assim como nos Estados Unidos o blues era tocado somente em algumas estações de rádio e em horários específicos para os negros, sendo uma música proibida para a juventude branca, cujos elementos mais progressistas a escutavam às escondidas dos pais[79], o funk, ao ser consumido pelos jovens de classe média, passa a significar não mais o som do "inimigo público número um", mas o ritmo da "juventude dourada" da zona Sul, segundo Adriana Lopes Carvalho. Fica implícito, assim, que o grande problema não é o gênero musical, o funk, mas sim quem o consome[80].

Na década de 1980, havia uma propensão funkeira na zona Norte e nos subúrbios do Rio de Janeiro, assim como uma opção roqueira na zona Sul, embora os "negros suburbanos" também gostassem de rock, e os "brancos do asfalto" da zona Sul, de funk[81]. Para Herschmann, a incorporação do funk pela indústria cultural e seu sucesso entre as camadas médias e altas da população não fizeram com que ele perdesse força

---

75___Nils Christie, *A indústria do controle do crime*, op. cit., pp. 13-4.

76___Maria Cecília de Souza Minayo *et al.*, *Fala, galera: juventude, violência e cidadania no Rio de Janeiro*, Rio de Janeiro: Garamond, 1999, pp. 159-60.

77___Silvio Essinger, *Batidão: uma história do funk*, op. cit., p. 134.

78___Micael Herschmann, *O funk e o hip-hop invadem a cena*, op. cit., pp. 103 e 172.

79___José Manuel Valenzuela Arce, *Vida de barro duro: cultura popular juvenil e grafite*, op. cit., p. 85.

80___Adriana Carvalho Lopes, *Funk-se quem quiser: no batidão negro da cidade carioca*, op. cit., pp. 44-5.

81___Cf. Hermano Vianna, *O mundo funk carioca*, op. cit., pp. 32-3.

como "espaço de ressignificação dos jovens das periferias e favelas das cidades", pois o funk negocia "identidades culturais mistas, híbridas ou transicionais"[82]. Já no México, o funk chegou como a música da elite mexicana e o rock foi apropriado pelos jovens das colônias populares, o que o introduz em âmbitos proscritos, ainda que a indústria cultural também tenha encontrado a dimensão "vendável" do rock, que circula de maneira transclassista. Nesse caso, de acordo com Arce, "a estigmatização não é construída contra o gênero musical em si mesmo (ainda que o façam alguns dos setores mais reacionários da sociedade), mas contra o grupo social que dele se apropria"[83].

É justamente quando o funk sai de seu *locus* natural, no episódio do "arrastão" de 1992, que a exigência de medidas repressivas em relação aos bailes torna-se mais frequente. A recepção das classes médias e altas ao funk carioca foi ambígua, pois o exótico, ao mesmo tempo que assusta, seduz. Setores da sociedade se incomodavam em ver galeras de jovens suburbanos e favelados instalando o caos nas areias frequentadas pelas classes média e alta. Contudo, incomodavam-se também com a adesão de parte da juventude dessas classes sociais a esse tipo de música e festa, o que teria motivado a interdição dos bailes de comunidade[84].

Glamorização e criminalização são duas faces da mesma moeda. É nos momentos em que o funk se torna mais popular, fazendo sucesso entre a juventude das classes média e alta, que ele se torna mais ameaçador e é mais duramente reprimido. E, no sentido inverso, quanto mais reprimido, mais glamorizado ele é. Se, por um lado, há a necessidade de nomear e a tendência de demonizar o desconhecido e o exótico, por outro, à medida que o "outro" se integra culturalmente e se torna mais parecido e próximo, paradoxalmente surge mais forte a necessidade de restabelecer o quadriculamento social, as diferenças, distâncias e divisões. As pessoas, com medo, tornam-se excludentes e preocupam-se

---

82___Micael Herschmann, *O funk e o hip-hop invadem a cena, op. cit.*, pp. 50 e 220. Cf. Juarez Dayrell, *A música entra em cena: o rap e o funk na socialização da juventude*, Belo Horizonte: Editora UFMG, 2005, pp.141-2; Olívia M. G. Cunha, "Conversando com Ice-T: violência e criminalização do funk", *op. cit.*, p.109.

83___José Manuel Valenzuela Arce, *Vida de barro duro: cultura popular juvenil e grafite, op. cit.*, pp.99 ss.

84___Silvio Essinger, *Batidão: uma história do funk, op. cit.*, p.135.

em manter o "outro" a distância, desenhando fronteiras novas e fortes, aptas a garantir a homogeneidade cultural, e tentando reafirmar valores como absolutos morais[85].

GESTÃO DE RISCOS E TOLERÂNCIA ZERO

De acordo com Glória Diógenes, o fenômeno das gangues juvenis traz embutido um conteúdo simbólico similar àquele associado aos vagabundos da Idade Média. São rebeldes urbanos, transgressores odiados, sem lugar, domicílio nem papel social definido, nômades, forasteiros, que circulam ágil e constantemente e "instauram outra ordem de valores, em que a 'vagabundagem', o 'ócio', a exaltação do 'lazer' e a desvalorização da ética do trabalho parecem pôr em xeque os pilares básicos da sociedade contemporânea"[86].

Por outro lado, em um contexto socioeconômico de alto desemprego no qual amplas parcelas da população constituem o excesso de mão de obra ou exército industrial de reserva, elas se tornam supérfluas, descartáveis. A lógica da disciplina, que guiou a modernidade e servia para tornar os corpos dóceis para o trabalho produtivo nas fábricas, é substituída pela lógica do mero controle[87]. Não há por que investir mais em instituições disciplinares como a escola nem em uma política criminal que busque a reintegração dos condenados aos setores

---

85___Jock Young, *A sociedade excludente: exclusão social, criminalidade e diferença da modernidade recente*, Rio de Janeiro: Revan/Instituto Carioca de Criminologia, 2002, pp. 34 e 47 ss. Cf. Teresa Caldeira, *Cidade de muros: crime, segregação e cidadania em São Paulo, op. cit.*, p. 327; Fátima Cecchetto e Patrícia Farias, "Do *funk* bandido ao *pornofunk*: o vaivém da sociabilidade juvenil carioca", *Interseções: Revista de Estudos Interdisciplinares*, Rio de Janeiro: PPCIS/Uerj, 2002, ano 4, n. 2, p. 62; Silvio Essinger, *Batidão: uma história do funk, op. cit.*, pp. 213-4.

86___Glória Diógenes, "Gangues e polícia: campos de enfrentamento e estratégias de diferenciação", em: Carlos Alberto Messeder Pereira *et al.* (org.), *Linguagens da violência*, Rio de Janeiro: Rocco, 2000, p. 206.

87___Alessandro De Giorgi, *A miséria governada através do sistema penal, op. cit.*, pp. 47 ss. Cf. Gilles Deleuze, *Conversações, 1972-1990*, Rio de Janeiro: Editora 34, 1992, pp. 219 ss.

produtivos, uma vez que nem todos podem ser produtivos nem consumir na pós-modernidade[88].

A criminologia da pós-modernidade não busca mais estudar, como na modernidade, as causas da criminalidade para combatê-la, mas tem em relação ao crime uma atitude de gestão de riscos e, por isso, é chamada de criminologia administrativa ou criminologia atuarial. Assume-se a criminalidade simplesmente como um dado inevitável e buscam-se meios para minorar seus riscos e danos, rearranjando a distribuição de criminosos na sociedade e afastando-os das áreas nobres da cidade[89]. Em outras palavras, para que uma pessoa seja alvo da polícia, não é necessário que ela tenha cometido crime algum. Basta que pertença a um grupo considerado perigoso e suspeito. A polícia busca se antecipar, calculando os riscos de aquela pessoa vir a cometer um crime com base no seu perfil, ou seja, a pessoa não é alvo por algo que fez, mas por algo que é, por pertencer a um determinado grupo social e racial. É esse cenário um tanto quanto distópico que explica que a polícia pare mais em blitzes pessoas com perfis determinados, como homens, jovens e negros[90].

A prevenção primária do crime é aquela que enfrenta suas causas mais profundas, como a desigualdade socioeconômica. A prevenção secundária, por outro lado, atua quando a vontade de praticar o crime já surgiu, mas antes de ela se exteriorizar. Seguindo a lógica de que "a ocasião faz o ladrão", busca dificultar a prática do crime, diminuir as situações mais favoráveis a que ele ocorra. Por essa razão, também é chamada de

---

88___Cf. Alessandro Baratta, *Criminologia crítica e crítica do direito penal: introdução à sociologia do direito penal*, op. cit., pp.195-6.

89___Malcolm Feeley e Jonathan Simon, "The New Penology: Notes on the Emerging Strategy of Corrections and its Implications", *Criminology*, nov. 1992, v.30, n.4, p.458. Cf. também Jock Young, *A sociedade excludente: exclusão social, criminalidade e diferença da modernidade recente*, op. cit., p.43; Alessandro Baratta, *Criminologia crítica e crítica do direito penal: introdução à sociologia do direito penal*, op. cit., p.196.

90___Malcolm Feeley e Jonathan Simon, "The New Penology: Notes on the Emerging Strategy of Corrections and its Implications", op. cit., p.452; Alba Zaluar, *A máquina e a revolta: as organizações populares e o significado da pobreza*, São Paulo: Brasiliense, 1985, p.168; Jock Young, *A sociedade excludente: exclusão social, criminalidade e diferença da modernidade recente*, op. cit., pp.38 ss.; Vera Malaguti Batista, "Intolerância dez, ou a propaganda é a alma do negócio", *Discursos Sediciosos: Crime, Direito e Sociedade*, Rio de Janeiro: Instituto Carioca de Criminologia, 1997, v.2, n.4, p.217.

prevenção situacional. Isso se dá, por exemplo, por meio da dissuasão policial, da iluminação pública, da colocação de grades de segurança em condomínios. É com esse tipo de prevenção, principalmente, que a criminologia atuarial trabalha, ao assumir que o crime pode até ocorrer, contanto que não seja em determinados lugares, como bairros nobres[91].

Jock Young aponta que a política atuarial forma um grande cordão sanitário que filtra, exclui defensivamente e marca espacialmente uma determinada subclasse, apesar de a heterogeneidade da cidade tornar muito difícil isolar populações diferentes, tanto em termos de habitação urbana como pela necessidade de transmitir a dispersão urbana por razões de trabalho e lazer. Cria-se um sistema de barreiras para prevenir ou administrar o crime, por meio da privatização do espaço público, fortificações externas, patrulhas de segurança, câmeras de vigilância, planejamento urbano, gradeamento de propriedades privadas e bloqueio de áreas para evitar o acesso fácil, inclusive com a elevação do custo do transporte público[92]. Nas operações Verão do Rio, por exemplo, os policiais paravam suspeitos e os impediam de chegar à zona Sul tanto por falta de documentos ou de camisa como por contar uma história que não os convencesse[93].

A repressão aos arrastões que ocorrem nas praias, nas saídas de estádios de futebol e de bailes funk, para ser compreendida, deve ser, ainda, devidamente contextualizada com as chamadas políticas urbanas de tolerância zero, supostamente inspiradas na teoria das janelas quebradas, divulgada em um artigo de James Q. Wilson e George Kelling em 1982. Segundo tal teoria, o crime mais grave é resultado de um *continuum* de pequenas desordens e incivilidades, que, se toleradas, geram a sensação de abandono do espaço público e, consequentemente, de anomia, ou seja, de ausência de normas. Se janelas quebradas em um edifício não são consertadas, as pessoas que gostam de quebrar janelas terão a impressão de que ninguém se importa com seus atos de incivilidade e continuarão a quebrar mais janelas.

91___Cf. Luiz Flávio Gomes e Antonio García-Pablos de Molina, *Criminologia*, 7ª ed., São Paulo: Editora Revista dos Tribunais, 2010, pp. 360-1.

92___Jock Young, *A sociedade excludente: exclusão social, criminalidade e diferença da modernidade recente*, op. cit., p. 38 ss.

93___Olívia M. G. Cunha, "Bonde do mal: notas sobre território, cor, violência e juventude numa favela do subúrbio carioca", op. cit., p. 92.

Para evitar que a sensação de impunidade em relação às infrações menos graves crie um ambiente de insegurança e anomia, as políticas de tolerância zero atribuem ao Poder Público o dever de punir com rigor os distúrbios contra a "qualidade de vida", pequenas desordens e incivilidades do cotidiano praticadas no espaço público, como atos de vandalismo, música alta, brigas entre vizinhos, pichações, violações de leis de trânsito e de toques de recolher etc.[94]. Os primeiros efeitos dessa política em Nova York fizeram com que em um só trimestre de 1994 o número de prisões de mendigos, bêbados e limpadores de para-brisas subisse 38%. Promoveu-se um colossal "arrastão punitivo" contra a prostituição, mendicância, festas de rua, guardadores de carro, baderneiros em geral, pessoas que pulavam as catracas do metrô e que faziam barulho excessivo na rua[95].

As políticas de tolerância zero, assim, reprimem seletivamente aqueles acusados de privatizar o espaço público, degradá-lo e gerar a sensação de insegurança. Os principais alvos, inclusive dos abusos policiais, são os excluídos da economia capitalista, os não consumidores, o subproletariado que vive do mercado informal e representa uma ameaça[96].

A dicotomia público-privado, no entanto, é muito pobre e pouco segura para explicar a metrópole pós-moderna. Não se pode mais pensar, como as políticas de tolerância zero fazem, a dicotomia público-privado por meio da dicotomia rua-casa. O "pedaço" é justamente o espaço

---

94___Benoni Belli, *Tolerância zero e democracia no Brasil: visões da segurança pública na década de 90*, São Paulo: Perspectiva, 2004, p. 64; Sergio Salomão Shecaira, "Tolerância zero", *Revista Internacional de Direito e Cidadania*, Erechim: 2009, v. 2, n. 5, pp. 166 ss.; Vera Malaguti Batista, "Intolerância dez, ou a propaganda é a alma do negócio", *op. cit.*, p. 219; David H. Bayley e Jerome H. Skolnick, *Policiamento comunitário: questões e práticas através do mundo*, São Paulo: Edusp, 2006, pp. 98-9.

95___Vera Malaguti Batista, *O medo na cidade do Rio de Janeiro: dois tempos de uma história, op. cit.*, p. 98. Da mesma forma, no início da década de 1990, as maiores preocupações com a ordem pública na Inglaterra eram em relação a desordens que ocorriam em uma variedade de contextos de lazer; Robert Reiner, *A política da polícia*, São Paulo: Ford Foundation/NEV/Edusp, 2004, pp. 112-3.

96___Benoni Belli, *Tolerância zero e democracia no Brasil: visões da segurança pública na década de 90*, São Paulo: Perspectiva, 2004, p. 68; Loïc Wacquant, "A globalização da 'tolerância zero'", *Discursos Sediciosos: Crime, Direito e Sociedade*, Rio de Janeiro: Instituto Carioca de Criminologia/Freitas Bastos, 2000 v. 9-10, pp. 111-2 e 116-7.

territorial demarcado que se torna "ponto de referência para distinguir determinado grupo de frequentadores como pertencentes a uma rede de relações". Trata-se do "espaço intermediário entre o privado (a casa) e o público, onde se desenvolve uma sociabilidade básica, mais ampla que a fundada nos laços familiares, porém mais densa, significativa e estável que as relações formais e individualizadas impostas pela sociedade"[97].

Conforme se verá adiante, os bailes funk de rua da periferia de São Paulo, conhecidos como "pancadões" ou "fluxos", foram alvo de repressão policial e de uma legislação bastante restritiva, sob a justificativa de que atrapalham o trânsito e de que o som que vêm dos carros estacionados na rua ou em postos de gasolina é ensurdecedor. No entanto, em alguns "pedaços" da Vila Olímpia, bairro nobre da cidade, colocar o som do carro no volume máximo ou passar cantando pneu, por exemplo, também era uma forma de jovens se comunicarem, reconhecerem iguais, transmitirem mensagens e valores, estabelecerem relações, conferirem status etc.[98].

Assim como o crime é uma construção social e cultural, o conceito de "desordem" tampouco é natural. É mais fácil, ademais, atribuir a criminalidade, as desordens, as incivilidades e a decadência de "bairros sensíveis" à degeneração moral dos indivíduos, à decadência dos valores tradicionais da família, à "falta de vergonha na cara", à "vagabundagem" e à ausência do Estado policial do que ao desemprego, à crise econômica, à ausência do Estado social ou a quaisquer outras razões sociais ou coletivas[99].

Em vez de investir em políticas públicas de combate à pobreza e de revalorização de um espaço público democrático em que a integração

---

97 ___José Guilherme Cantor Magnani, "De perto e de dentro: notas para uma antropologia urbana", *Revista Brasileira de Ciências Sociais*, São Paulo: jun. 2002, v. 17, n. 49, pp. 14 ss. e 21.

98 ___Ana Luiza Mendes Borges e Clara de Assunção Azevedo, "A mancha de lazer na Vila Olímpia", em: José Guilherme Cantor Magnani e Bruna Mantese (org.), *Jovens na metrópole: etnografias de lazer, encontro e sociabilidade*, São Paulo: Terceiro Nome, 2007, pp. 92-5, 102-3, 109-11. Cf. também Paulo Cesar Rodrigues Carrano, *Os jovens e a cidade: identidades e práticas culturais em Angra de tantos reis e rainhas*, Rio de Janeiro: Relume-Dumará/Faperj, 2002, p. 47.

99 ___Benoni Belli, *Tolerância zero e democracia no Brasil: visões da segurança pública na década de 90*, op. cit., pp. 66 ss.; Loïc Wacquant, "A globalização da 'tolerância zero'", op. cit., p. 114.

comunitária seja estimulada, as políticas de tolerância zero optam por um caminho excessivamente repressivo, ainda que não tenham apresentado resultados convincentes que justifiquem sua adoção. O espaço público não é encarado como o espaço da convivência com o diferente, da diversidade de identidades e da igualdade de direitos, mas como o espaço da suspeita, da violência e do crime[100].

Almejando escapar de todos esses inconvenientes, as classes médias e altas teriam abandonado a rua, o espaço público por excelência, e se encerrado em enclaves fortificados que garantem a segurança e evitam o risco de contato com as classes baixas, consideradas perigosas e simbolicamente contaminadoras. O carro, fechado para o mundo externo, é eleito pelas classes mais abastadas o meio de transporte indispensável. No âmbito da moradia, os condomínios fechados garantem a segurança e a homogeneidade de classe[101].

Verifica-se, porém, que a relação de parte da elite com o espaço público é bastante ambígua. Por um lado, há aversão ao convívio plural, democrático e heterogêneo da rua moderna e resistência a se submeter a regras cívicas básicas de convivência que afrontem seus privilégios de classe. A forma como alguns jovens de classe alta lidam com as regras de trânsito e as convenções dos condomínios fechados é emblemática[102]. Por outro lado, nota-se, por trás das demandas por tolerância zero, uma vontade das camadas altas e médias de reconquistar o espaço público das ruas, em uma atitude nostálgica[103].

Na mancha de lazer da Vila Olímpia, em São Paulo, os donos das baladas fechadas utilizavam diversos artifícios, como preços abusivos, exigência de determinado tipo de vestimenta, listas VIP de pessoas "bem selecionadas" e privilégios obtidos somente por meio da internet a fim de manter do lado de fora jovens pobres, seres contaminadores que

---

100__Paulo Cesar Rodrigues Carrano, *Os jovens e a cidade: identidades e práticas culturais em Angra de tantos reis e rainhas*, op. cit., p. 48.

101__Cf. Teresa Caldeira, *Cidade de muros: crime, segregação e cidadania em São Paulo*, op. cit.

102__*Ibidem*, pp. 275 ss. e 321-3.

103__Loïc Wacquant, "A globalização da 'tolerância zero'", *op. cit.*, p. 113.

curtiam o mesmo tipo de música e desejavam se igualar aos de *status* social superior[104].

Em seu estudo sobre o forró em São Paulo, Daniela Alfonsi constatou uma divisão entre o forró eletrônico, o forró pé de serra e o forró universitário. O forró universitário, antes de sua popularização pelos meios de comunicação, era considerado por seu público um forró frequentado por pessoas de classe média, sem violência e confusão, que recuperava e seguia a tradição do forró, com a manutenção do trio básico de instrumentos (sanfona, triângulo e zabumba) e a incorporação de outros, como violão, baixo, bateria e percussão. Por sua vez, o forró eletrônico, na visão do público do forró universitário, era associado a um público de classe baixa, formado por "baianos" (forma pejorativa como são chamados migrantes nordestinos ou pessoas que pareçam pobres em São Paulo), porteiros e empregadas domésticas. Seus bailes eram vistos como território de confusão, tiroteios e brigas, por essa razão chamados de "risca faca", realizados em locais considerados inseguros e violentos, como o largo da Batata. Sua música, em que prevalecia o teclado eletrônico, era acusada de deturpar o forró tradicional.

Após a popularização do forró universitário, seu público se viu "invadido" por pessoas de classe baixa, que supostamente frequentariam espaços pela moda, e não por dar valor ao forró como música e dança, consumiriam bens culturais massificados e aceitariam "qualquer tipo de música". Nesse momento, o público de classe média do forró universitário se refugiou no forró pé de serra, que julgava pertencer ao passado, passando a vê-lo como um local frequentado por pessoas que valorizavam o forró como música e dança, que se preocupavam com a autenticidade dos bens culturais consumidos, "gente bonita" e de classe média[105].

Da mesma forma, o pesquisador Rodrigo Moreira Magalhães foi constantemente alertado por pessoas de classe média, moradoras de bairros centrais de Belém e que nunca estiveram em uma festa de aparelhagem, para tomar cuidado com a segurança durante sua pesquisa

---

104__Ana Luiza Mendes Borges e Clara de Assunção Azevedo, "A mancha de lazer na Vila Olímpia", *op. cit.*, pp. 98 ss.

105__Daniela do Amaral Alfonsi, *Para todos os gostos: um estudo sobre classificações, bailes e circuitos de produção do forró*, dissertação (Mestrado em Antropologia Social) – Faculdade de Filosofia, Letras e Ciências Humanas, Universidade de São Paulo, São Paulo: 2007, pp. 44-5 e 53.

sobre essas festas em bairros estigmatizados como Jurunas, Guamá e Terra Firme, pois tais eventos seriam "lugar de traficante e ladrão", com brigas constantes. Embora a maioria das festas ocorra em áreas da cidade que de fato apresentam estatísticas alarmantes de violência, em grande parte devido ao tráfico de drogas e à ação de milícias, os frequentadores, DJs e produtores, que admitem a existência de brigas nesses eventos, rejeitam a ideia de que as festas de aparelhagem sejam perigosas. Eles defendem que as pessoas que "sujam a imagem" delas são minoria, e que incidentes violentos podem ocorrer em qualquer tipo de festa, de qualquer classe social[106].

Na esfera do lazer, portanto, os enclaves fortificados da classe média também imperam, como se pode notar pelo abundante número de shopping centers na cidade e de serviços por eles oferecidos, como praça de alimentação, cinemas e teatros. Seguranças privados arbitrariamente selecionam quem entra e quem não entra nesses templos do consumo. Há, inclusive, uma importante diferenciação entre shoppings conforme o público frequentador[107]. Segundo Vera Malaguti Batista, higiene, limpeza e ordem são três princípios fundamentais da estética do shopping e da configuração urbana do capitalismo tardio. Quando a pobreza e a sujeira autolocomotora entram no shopping, há a quebra do encanto e da ilusão proporcionados pelo projeto estético consumista, o que gera mal-estar, perplexidade, angústia, apreensão, medo[108]. Já Alexandre Barbosa Pereira sustenta que a busca por uma ideia de segurança em meio a um espaço urbano violento foi justamente uma das motivações para a construção dos shopping centers no Brasil. Jovens, negros e pobres, para se encaixar nessa ideia de segurança, poderiam

---

106__Rodrigo Moreira Magalhães, *Experiências do lugar: uma etnografia de festas de aparelhagem nas periferias de Belém do Pará, focada em seus frequentadores*, dissertação (Mestrado em Música) – Escola de Música, Universidade Federal de Minas Gerais, Belo Horizonte: 2017, pp. 78-9 e 95-7.

107__Paulo Cesar Rodrigues Carrano, *Os jovens e a cidade: identidades e práticas culturais em Angra de tantos reis e rainhas*, op. cit., pp. 60-1.

108__Sobre a "invasão estética" de integrantes do Movimento dos Trabalhadores Sem Teto (MTST) no Shopping Rio Sul para passear, em 4 de agosto de 2000, e as reações intolerantes desencadeadas, cf. Vera Malaguti Batista, *O medo na cidade do Rio de Janeiro: dois tempos de uma história*, op. cit., pp. 107-9.

até frequentá-los em grupos, desde que fosse para consumir de modo disciplinado e vigiado, "sempre na condição de subalterno"[109].

OS ROLEZINHOS

Se as praias da zona Sul carioca foram o palco de um suposto "arrastão" em outubro de 1992, os shopping centers da periferia de São Paulo foram o palco de cenas semelhantes em dezembro de 2013 e janeiro de 2014. O fenômeno dos rolezinhos, encontros marcados em redes sociais por MCs de funk ou por jovens "famosinhos" das redes sociais, que reuniam multidões de jovens em busca de lazer e reconhecimento, deu ensejo a cenas de pânico e repressão policial, da mesma forma como as brigas de galeras funk nas praias do Rio de Janeiro.

"Dar um rolê" ou "um rolezinho" significa circular pela cidade em busca de lazer[110]. Passear nos shopping centers já era uma das maiores alternativas de lazer de jovens pobres da periferia de São Paulo pelo menos desde a década de 1990, como fica claro na letra de "Chopis centis", gravada em 1995 pela banda Mamonas Assassinas, de Guarulhos. Não se pode ignorar que São Paulo não tem praia e que os shoppings passaram a concentrar cada vez mais serviços, como praça de alimentação, cinemas, jogos eletrônicos e teatros. Na letra de "Chopis centis" já estava expresso o sonho das classes média e baixa de consumir, ainda que fosse com "um crediário nas Casas Bahia". Em paralelo, já em 2002 Carrano relatava que era comum que a segurança dos shoppings acompanhasse com maior proximidade a movimentação daqueles que se pareciam com funkeiros, talvez com receio de que roubassem as lojas ou brigassem dentro do estabelecimento[111].

109__Alexandre Barbosa Pereira, "Os 'rolezinhos' nos centros comerciais de São Paulo: juventude, medo e preconceito", *Revista Latinoamericana de Ciencias Sociales, Niñez y Juventud*, Manizales, Colômbia: 2016, v. 14, n. 1, p. 550.

110__Alexandre Barbosa Pereira, "As imaginações da cidade: práticas culturais juvenis e produção imagética", *Iluminuras*, Porto Alegre: jan.-jul. 2017, v. 18, n. 44, p. 32. A expressão "rolê" também é utilizada para denominar o ato de pichar; *ibidem*, p. 20.

111__Paulo Cesar Rodrigues Carrano, *Os jovens e a cidade: identidades e práticas culturais em Angra de tantos reis e rainhas*, op. cit., pp. 60-1.

Rosana Pinheiro-Machado e Lucia Mury Scalco ponderam o quanto a escolha do shopping como local do rolezinho, mais do que denunciar a falta de espaços de lazer na periferia, afirma a estreita relação do lazer com o consumo no início da década de 2010[112]. Por outro lado, mais do que a ascensão de uma suposta nova classe média pelo consumo durante o governo Lula ou a expressão do desejo de consumo, reconhecimento e visibilidade, o que havia de novo nos rolezinhos de dezembro de 2013 e janeiro de 2014 era a grande capacidade de jovens MCs do funk ostentação para mobilizar seus seguidores, por via das redes sociais, para encontros nos shopping centers, ou seja, "o movimento de maior conexão de jovens pobres com as novas tecnologias de informação e comunicação, o que implica uma potencialidade maior para encontros e usos do espaço urbano"[113].

O funk ostentação é um subgênero de funk surgido por volta de 2008, em São Paulo e na Baixada Santista, caracterizado por letras que exaltam produtos de marca, como roupas, carros, motos, bebidas e acessórios. Seu primeiro sucesso foi "Bonde da Juju", dos MCs Backdi e Bio G3, de 2008, que faz referência ao modelo de óculos de sol Juliet, da marca Oakley. Seus principais representantes eram os MCs Guimê, Dede, Bio G3, Daleste e Boy do Charmes. Conforme dito, os jovens de periferia já iam ao shopping para encontrar os amigos, conhecer pessoas, paquerar, dar uns beijos e "zoar". O fato de os rolezinhos ocorrerem especificamente em shopping centers, no entanto, expressa sua forte relação com o mundo do consumo e com o tipo de funk que era cantado, uma vez que nos shoppings os jovens desfilavam coletivamente exibindo os produtos exaltados nas letras das músicas e mapeavam os novos lançamentos nas vitrines.

Quanto mais produtos de marca um jovem exibia, mais status ele tinha no grupo e maiores eram as chances de atrair admiradores. Assim como os MCs de funk, ao convocar rolezinhos, buscavam visibilidade, mais seguidores e, consequentemente, o agendamento de shows em casas noturnas, os jovens que iam aos rolezinhos muitas

---

112___Rosana Pinheiro-Machado e Lucia Mury Scalco, "Rolezinhos: marcas, consumo e segregação no Brasil", *Revista de Estudos Culturais*, São Paulo: 2014, n.1, p.9.

113___Alexandre Barbosa Pereira, "As imaginações da cidade: práticas culturais juvenis e produção imagética", *op. cit.*, p.31.

vezes expressavam o seu desejo de serem notados, perguntando nas redes sociais por quem os tinha visto nos eventos[114].

É importante destacar que os rolezinhos não ocorreram em shoppings frequentados pela elite paulistana, como o Iguatemi, mas naqueles das periferias de São Paulo, alguns com acesso direto ao metrô, como o Shopping Metrô Itaquera e o Shopping Metrô Tatuapé, e em Guarulhos, justamente a cidade dos Mamonas Assassinas. Os jovens que deles participaram já frequentavam habitualmente esses shoppings, sozinhos ou em pequenos grupos[115]. No entanto, o fato de os rolezinhos reunirem uma multidão de jovens negros, pobres e periféricos cantando funk, "zoando", fazendo barulho e bagunça causou pânico entre lojistas e outros frequentadores dos shoppings[116].

Alexandre Barbosa Pereira relata a seguinte cena, ocorrida no rolezinho no Shopping Interlagos, em 22 de dezembro de 2013: uma quantidade desproporcional de policiais aguardava os jovens. Seguranças privados mandavam os jovens se dispersarem, seguiam-nos para vigiá-los, revistavam-nos enfileirados e encostados na parede com as mãos na cabeça. Lojistas deixavam as portas das lojas semicerradas, com medo de arrastão. Frequentadores corriam assustados com o barulho e a concentração dos jovens, chegando a abandonar seus lanches no meio, na praça de alimentação. Alguns sustentavam que ocorrera um inexistente arrastão e condenavam os jovens por não trabalharem.

Os policiais, armados com espingardas de balas de borracha e cassetetes, abordavam todos os meninos que apresentavam um perfil bastante específico: pele preta ou parda, corte de cabelo ou penteados diferentes (ao estilo moicano, raspados no lado ou descoloridos), com acessórios como bonés, correntes ou camisas de gola. Alguns jovens foram levados para uma área restrita do shopping. Seguranças e outros homens que

---

114___*Ibidem*; *idem*, "Os 'rolezinhos' nos centros comerciais de São Paulo: juventude, medo e preconceito", *op. cit.*, pp. 547 e 555; Teresa Caldeira, "Qual a novidade dos rolezinhos? Espaço público, desigualdade e mudança em São Paulo", *Novos Estudos Cebrap*, São Paulo: mar. 2014, ed. 98, v. 33, n. 1, p. 19. Cf. também Rosana Pinheiro-Machado e Lucia Mury Scalco, "Rolezinhos: marcas, consumo e segregação no Brasil", *op. cit.*, p. 9.

115___Alexandre Barbosa Pereira, "Os 'rolezinhos' nos centros comerciais de São Paulo: juventude, medo e preconceito", *op. cit.*, p. 549.

116___Teresa Caldeira, "Qual a novidade dos rolezinhos? Espaço público, desigualdade e mudança em São Paulo", *op. cit.*, pp. 17-8.

não portavam identificações nem uniformes fotografavam, filmavam, intimidavam e expulsavam do shopping os jovens que apresentavam aquele perfil, considerados suspeitos de participar do rolezinho, ainda que nem houvessem entrado ainda no shopping. A chegada da polícia fez com que os jovens corressem para fugir da repressão, gerando ainda mais pânico, justificando os discursos, reproduzidos pela grande mídia, de que aquilo se tratava de um arrastão e, consequentemente, em um círculo vicioso, justificando a repressão policial.

Assim como os arrastões nas praias da zona Sul do Rio de Janeiro haviam sido responsabilizados pela queda do turismo na cidade, comentários na internet e na grande mídia, permeados de racismo, culparam os rolezinhos, realizados às vésperas do Natal, pelo prejuízo ao fluxo de consumidores e, portanto, aos lojistas. Enquanto os lojistas eram retratados como trabalhadores e os demais frequentadores do shopping como pessoas que têm o legítimo direito de passear e fazer suas compras em paz, os "rolezeiros" eram retratados como "vagabundos" e/ou criminosos, que não teriam interesse em fazer rolezinhos em bibliotecas, ainda que fossem trabalhadores e/ou estudantes e fizessem rolezinhos nos fins de semana, expressando a visão de que esses jovens pobres não têm o direito ao ócio ou que seu ócio seria perigoso, ao contrário do ócio de meninos de classes média e alta[117].

A repercussão dos rolezinhos fez com que alguns proprietários de estabelecimentos comerciais conseguissem o direito na Justiça de proibir sua realização, barrando o acesso dos jovens. O assunto foi o tema mais debatido nas redes sociais e na mídia impressa entre dezembro de 2013 e janeiro de 2014. Pesquisa Datafolha da época mostrou que 82% dos paulistanos eram contrários à realização dos rolezinhos; 77% viam os rolezinhos como atividade promovida pelos jovens com o objetivo de provocar tumultos; 80% defendiam que os shoppings estavam certos ao proibirem os rolezinhos por meio da Justiça, porque esses encontros provocavam medo nos demais frequentadores. Por outro lado, 73% avaliavam que os shoppings não tinham o direito de escolher quem

---

117___Alexandre Barbosa Pereira, "Os 'rolezinhos' nos centros comerciais de São Paulo: juventude, medo e preconceito", *op. cit.*, pp. 546 ss.; Rosana Pinheiro-Machado e Lucia Mury Scalco, "Rolezinhos: marcas, consumo e segregação no Brasil", *op. cit.*, pp. 9-13.

frequentava seus espaços. Por fim, 73% entendiam que a Polícia Militar deveria agir para reprimir os rolezinhos[118].

Curiosamente, no Rio de Janeiro, no mesmo período, foram apresentados projetos de lei que buscavam proibir a discriminação de jovens em razão do uso de acessórios associados ao funk. O PL n. 2.999/2014, transformado na lei estadual n. 7.991/2018, de autoria do deputado Zaqueu Teixeira (PSD), alterou a lei n. 6.717/2014, de autoria da deputada estadual Lucinha (PSDB) – que proibia o ingresso ou permanência de pessoas utilizando capacete ou qualquer tipo de cobertura que ocultasse a face nos estabelecimentos comerciais, públicos ou abertos ao público – de forma a permitir o uso de bonés, capuzes e gorros, desde que não impedissem a identificação visual da face do usuário, estabelecendo que a abordagem a quem estiver de boné, capuz ou gorro deve ocorrer de forma a não causar constrangimento ou discriminação. Na justificativa, o deputado assinala que "o boné é usado como forma de expressão da cultura e pensamento ou mesmo de um modo de vida de diferentes grupos da sociedade como artistas, fashionistas e atletas"[119].

Por outro lado, a vereadora Veronica Costa (PMDB), a Mãe Loira do Funk, havia apresentado em 2008 o PL n. 1.727/2008, que determina a colocação de detectores de metais nas entradas dos mercados, supermercados, shopping centers e similares no município, sob a justificativa de "inibir a ação de criminosos e trazer mais tranquilidade e segurança para esses frequentadores de estabelecimentos fechados com aglomeração e grande circulação de pessoas"[120]. O PL estadual n. 2.164/2016, de autoria do deputado pelo Rio de Janeiro Jorge Felippe Neto (PSD), por sua vez, proíbe a comercialização de produtos utilizados na realização de procedimentos odontológicos por estabelecimentos e em locais que não possuam a devida autorização de âmbito municipal, estadual e federal. Na justificativa, o deputado faz referência ao modismo de adolescentes

---

118___Rosana Pinheiro-Machado e Lucia Mury Scalco, "Rolezinhos: marcas, consumo e segregação no Brasil", *op. cit.*, pp. 1-2; pesquisa publicada em: https://datafolha.folha.uol.com.br/opiniaopublica/2014/01/1401676-82-dos-paulistanos-sao-contra-rolezinhos-em-shoppings.shtml.

119___Cf. também o PL n. 794/2014, do vereador pelo Rio de Janeiro Marcelo Piuí (PHS).

120___Com o término da legislatura anterior, o PL foi enviado ao arquivo em janeiro de 2009.

de colocar aparelhos metálicos fixos coloridos por motivos estéticos, sem recomendação médica ou acompanhamento de dentistas. O deputado faz constar que tais aparelhos são conhecidos em São Paulo como "diferenciados" ou "chavosos", uma expressão conhecida nas letras de funk, que significa "se vestir com ostentação"[121].

Tanto Alexandre Barbosa Pereira quanto Rosana Pinheiro-Machado, Lucia Mury Scalco e Teresa Caldeira contextualizam a rejeição aos rolezinhos dentro de um quadro mais amplo de rejeição à ascensão social dos mais pobres pelo consumo, aos programas de crédito, de cotas raciais e de transferência de renda ocorridos nos anos dos governos de Luiz Inácio Lula da Silva (2003-2010) e Dilma Rousseff (2011-2016), do PT, bem como de irritação da elite de ver os pobres ocupando espaços que antes eram exclusivos às pessoas de alta renda, como universidades e aeroportos.

Teresa Caldeira atribui o desagrado de parcela considerável da população com os rolezinhos ao fato de a ostentação de produtos de luxo por parte desses jovens borrar as fronteiras de distinção de classe que estabelecem hierarquias e separações[122]. Não se pode esquecer, porém, que os jovens perseguidos pelos seguranças dos shoppings exibiam estereótipos de classe e de raça bem marcados. Rosana Pinheiro-Machado e Lucia Mury Scalco acreditam que, mais do que o tumulto, a causa da irritação das classes média e alta com os rolezinhos tinha um fundo classista, pois na realidade sentiam a sua paz ameaçada em um lugar até então protegido da desigualdade[123]. Os rolezinhos incomodariam as classes média e alta mais do que os bailes funk, pois, enquanto nos rolezinhos os jovens rompem as fronteiras segregacionistas de classe e raça e ganham visibilidade, nos bailes funk que frequentam à noite eles se mantêm em seus limites territoriais, longe do contato com as camadas mais abastadas[124].

Essa afirmação, no entanto, deve ser relativizada pelo fato de que os rolezinhos não ocorreram em shoppings frequentados pela elite tradicional de São Paulo, mas em shoppings da própria periferia. O conflito

---

121___O PL ainda estava tramitando em julho de 2021.

122___Teresa Caldeira, "Qual a novidade dos rolezinhos? Espaço público, desigualdade e mudança em São Paulo", *op. cit.*, pp. 17-8.

123___Rosana Pinheiro-Machado e Lucia Mury Scalco, "Rolezinhos: marcas, consumo e segregação no Brasil", *op. cit.*, pp. 11-3.

124___*Ibidem*, p. 6.

que o rolezinho realça nas redes sociais pode ser de classes sociais, mas no local em que o rolezinho ocorre parece realçar mais os vários conflitos existentes dentro das classes sociais mais baixas, como entre velhos e jovens, brancos e negros, "cidadãos de bem" e "bandidos", frequentadores de bailes funk e vizinhos que abominam esses eventos.

No final de janeiro de 2014, após encontros de protesto surgidos em repúdio ao que se denominou *apartheid* social, a grande mídia mudou o enfoque criminalizante sobre os rolezinhos, dando voz aos participantes em entrevistas e tratando os eventos como um movimento de jovens que só queriam se divertir e consumir[125]. Após a repressão, surgiram iniciativas da Prefeitura de São Paulo, de empresas e de produtores culturais que tentaram capturar os rolezinhos, organizando-os em parques e outros espaços mais protegidos e isolados, longe dos shopping centers[126].

Na época, a Associação Brasileira de Lojistas de Shopping (Alshop) cobrou dos governos estadual e municipal de São Paulo a criação de "rolezódromos", espaços públicos exclusivos para os rolezinhos, inclusive oferecendo patrocínio para os equipamentos. O prefeito Fernando Haddad (PT), por sua vez, respondeu que havia "exagero" na reação de entidades comerciais e que era "mais uma questão de conversa, pactuação e acordo do que propriamente repressão"[127]. Uma das grandes dificuldades do Poder Público ao negociar com os jovens residia justamente na falta de uma organização com uma liderança representativa. Em São Paulo, quem cumpriu pelo menos parcialmente essa função de ponte entre os jovens e a Prefeitura foi a Associação Rolezinho A Voz do Brasil.

Em fevereiro de 2014, foi negociada a realização de um rolezinho no parque Ibirapuera com o apoio do Governo Municipal, que cedeu estrutura de luz, som e palco. Outros locais negociados para os eventos foram os Clubes da Comunidade (CDCs) e os Centros Educacionais Unificados (CEUs). O prefeito Fernando Haddad aproveitou para pedir para que a

---

125__Alexandre Barbosa Pereira, "Os 'rolezinhos' nos centros comerciais de São Paulo: juventude, medo e preconceito", *op. cit.*, p. 556.

126__*Idem*, "As imaginações da cidade: práticas culturais juvenis e produção imagética", *op. cit.*, p. 26.

127__Tatiana Santiago, "Após apelo de lojistas, Haddad diz que há exagero contra 'rolezinhos'", *G1*, São Paulo: 22 jan. 2014.

associação dos jovens "rolezeiros" intermediasse as reclamações que chegavam à Prefeitura em relação aos "pancadões", bailes funk de rua[128].

O fato de os rolezinhos ocorrerem em parques públicos no período vespertino não impediu, porém, que houvesse problemas e conflitos. No dia 17 de janeiro de 2016, cerca de 12 mil jovens apareceram no "Rolezinho do Beijo", na marquise do parque Ibirapuera. Houve denúncias de dois estupros na área conhecida como "bananal" (ainda que não necessariamente relacionados com o rolezinho), relatos de menores de idade consumindo bebidas alcoólicas e conflitos com skatistas que antes ocupavam a marquise e se sentiram expulsos. Darlan Mendes, presidente da Associação Rolezinho A Voz do Brasil, afirmou que mais de trinta atividades da ONG já haviam sido realizadas até então, sem nenhuma ocorrência registrada, e que não se deveriam usar exceções para retratar o comportamento da maioria dos participantes, embora reconhecesse e lamentasse a venda descontrolada de bebidas alcoólicas para os jovens, problema que transcendia os rolezinhos[129].

Em 28 de fevereiro de 2016 ocorreu o "Rolezinho da Cidadania", organizado atrás da marquise do parque Ibirapuera pela Associação Rolezinho A Voz do Brasil, com o aval da Prefeitura de São Paulo, presença da Guarda Civil Metropolitana, palco com apresentações de MCs de funk, banheiros químicos, distribuição de preservativos, testes gratuitos de HIV, paquera, selfies e youtubers famosos[130]. No dia 25 de março de 2017, já na gestão de João Doria (PSDB), houve, por outro lado, relatos de jovens que teriam sofrido xingamentos, revistas discriminatórias e agressões físicas por parte de homens da Guarda Civil Metropolitana em um rolezinho com aproximadamente 1,5 mil jovens no parque do Carmo, zona Leste de São Paulo.

A Prefeitura alegou, à época, que desde 12 de março de 2017 vinha realizando uma força-tarefa intersecretarial nos parques da capital para "conscientizar os jovens sobre os malefícios do álcool e das drogas" e orientá-los a "aproveitar o espaço dos parques da melhor forma, por meio de

---

128__*Idem*, "Jovens marcam 'rolezinho' no Ibirapuera com apoio da Prefeitura", *G1*, São Paulo: 13 fev. 2014.

129__Marie Declercq, "O rolezinho no parque Ibirapuera ficou feião", *Vice*, São Paulo: 20 jan. 2016.

130__Pedro Chavedar, "Pra ficar tudo tranquilo e favorável, legalizaram o rolezinho no Ibirapuera", *Vice*, São Paulo: 1º mar. 2016.

atividades esportivas, culturais e de lazer". A Prefeitura efetuava ações de orientação sobre sexualidade, inclusive com a instalação de unidades móveis do Centro de Cidadania LGBTI, distribuição de água para hidratar os jovens, disponibilização de ambulâncias para atender eventuais emergências, repressão ao comércio ilegal de bebidas alcoólicas e ao consumo destas por adolescentes[131].

Apesar da repressão aos rolezinhos, o mercado não ficou indiferente à onda do funk ostentação e à sanha consumista dos jovens "rolezeiros". O kit, conjunto básico para a produção de um MC de funk ostentação e objeto de desejo de seus fãs, era composto por itens como corrente de ouro ou prata, camisa da Lacoste ou da Abercrombie, bermuda e óculos de sol da Oakley, tênis da Mizuno, boné da John John, moto Honda Hornet ou Suzuki Hayabusa e carro Chevrolet Camaro. As marcas eram citadas espontaneamente nas letras das músicas, o que configurava propaganda gratuita. No entanto, nem todas as marcas viram com bons olhos a sua associação com o público funkeiro, tido como contaminador, ou com os rolezinhos, com receio de uma desvalorização.

Outras marcas, no entanto, aproximaram-se do funk, como a Mercedes-Benz, que lançou em 2013 o clipe do seu modelo Classe A ao som de "Passinho do volante (Ah lelek)", do grupo MC Federado & Os Leleks, do Rio de Janeiro. Já a Red Bull é uma das empresas que passaram a pagar para ser citadas e ter seu produto mostrado nos clipes de MC Guimê. Não é à toa. Segundo o Data Popular, o poder de consumo anual dos 9 milhões de jovens brasileiros de 16 a 24 anos de idade, em 2014, era estimado em aproximadamente R$130 bilhões[132]. Esse mercado já havia incentivado o surgimento de marcas de roupas e acessórios voltadas especificamente para os funkeiros, como a Black Blue, lançada no final de 2011, com investimento inicial de R$400 mil e participação de MC Nego Blue entre os sócios. Em 2014, era vendida em mais de 430 lojas multimarcas, em seis lojas próprias em São Paulo e em sua loja virtual. Foram comercializadas naquele ano de 20 mil a 30 mil peças por

---

131___Paulo Eduardo Dias, "Jovens acusam guardas municipais de agressões físicas e verbais durante rolezinho", *Ponte*, São Paulo: 29 mar. 2017.

132___André Jankavski e Luciele Velluto, "O rolezinho das marcas", *IstoÉ Dinheiro*, São Paulo: 24 jan. 2014; Camila Neumam, "Marcas de grife têm vergonha de seus clientes mais pobres, diz Data Popular", *UOL*, São Paulo: 3 fev. 2014.

mês, entre elas cintos de R$70, moletons de R$380, bonés de R$150 e camisas polo de R$200[133].

A repressão aos rolezinhos gerou um debate sobre se eles poderiam ser considerados um movimento social, político ou cultural. O vereador de São Paulo Andrea Matarazzo (PSDB) escreveu na época um artigo em que defendia que os rolezinhos e as Jornadas de Junho de 2013 tinham aspectos comuns, como a mobilização pelas redes sociais e oportunistas que tentam pegar carona na notoriedade dos movimentos, mas rechaçou que apoiar os rolezinhos seria uma postura de esquerda e condená-los, de direita. Posicionou-se contra a ideologização e politização dos rolezinhos e alertou para o risco de depredações, agressões, sustos, correrias, atropelos e tumultos que colocam em risco a segurança das pessoas quando uma multidão ocupa um local fechado, ainda mais sem planejamento[134].

Já o governo de Dilma Rousseff (PT) defendeu os "rolezeiros" e criticou a ação policial, bem como as liminares que proibiam rolezinhos, apontando seu teor preconceituoso e o risco de que as reações acirrassem os ânimos e as manifestações fossem apropriadas por vândalos e black blocs[135]. Em compensação, em abril de 2016, a equipe de som Furacão 2000 organizou, com a Frente Brasil Popular, um baile funk na orla de Copacabana contra o impeachment de Dilma Rousseff, um indício de que o funk também tem se politizado e feito alianças políticas[136]. Em 2014, aliás, o Dream Team do Passinho, grupo de dançarinos de funk, já havia participado da campanha pela reeleição de Dilma[137].

Teresa Caldeira classifica os rolezinhos como protestos e relaciona alguns pontos em comum com as primeiras manifestações das Jornadas de Junho de 2013, lideradas pelo Movimento Passe Livre (MPL): ambos expressaram o desejo de circular com mais qualidade; usaram as mídias sociais para se organizar e ignoraram as formas instituídas de

---

133__Larissa Coldibeli, "Grife de funk ostentação busca clientes da Abercrombie com camisas a R$200", *UOL*, São Paulo: 20 maio 2014.

134__Andrea Matarazzo, "O seu, o meu, o nosso 'rolezinho'", *Folha de S.Paulo*, São Paulo: 18 jan. 2014.

135__Fábio Guibu, Tânia Monteiro e Vera Rosa, "Dilma já usa 'rolezinho' contra a oposição", *O Estado de S. Paulo*, São Paulo: 17 jan. 2014.

136__Alba Valéria Mendonça e Gabriel Barreira, "Manifestantes fazem 'baile funk' contra o impeachment em Copacabana", *G1*, Rio de Janeiro: 17 abr. 2016.

137__"Dilma junta Elza, Beth, Passinho e rappers em videoclipe", *Terra*, São Paulo: 22 out. 2014.

representação e organização política; foram protagonizados por jovens e tinham suas raízes no seu cotidiano; aumentaram sua amplitude e visibilidade no momento em que foram reprimidos pela polícia; contestavam autoridades constituídas e modos de regulação e separação preexistentes[138].

De acordo com Rosana Pinheiro-Machado e Lucia Mury Scalco, os rolezinhos são uma manifestação à brasileira de um comportamento de consumo da periferia global, fruto da expansão do capitalismo e da desigualdade social das relações políticas e econômicas entre o Norte e o Sul do planeta. As metas de consumo de produtos de marca se homogeneízam globalmente cada vez mais, com a internet e as novas tecnologias, mas as condições materiais de consumo são dramaticamente desiguais. As autoras encontram especificidades na realidade brasileira e relacionam os rolezinhos a políticas públicas de expansão do consumo dos mais pobres no Brasil e à insatisfação dos protestos de junho de 2013 sobre os rumos do desenvolvimento do país[139].

Baseadas em Sasha Newell, as autoras defendem que os rolezinhos têm um componente conservador, na medida em que expressam o desejo de se aliar aos símbolos de poder, mas também um componente subversivo, de resistência, na medida em que os jovens negam o papel da pobreza e borram as fronteiras de distinção de classe social, fazendo com que elas precisem ser reinventadas rapidamente[140]. O fato de os "rolezeiros" não terem ambições revolucionárias, não constituírem um movimento social no sentido de uma ação coletiva clássica e almejarem a aliança com os símbolos de poder não significa que não houvesse um componente de contestação política em sua ação.

A politização do movimento, no contexto das Jornadas de Junho de 2013, gerou a solidariedade de movimentos sociais e de intelectuais e um grande debate nas redes sociais sobre racismo e desigualdade no

---

138__Teresa Caldeira, "Qual a novidade dos rolezinhos? Espaço público, desigualdade e mudança em São Paulo", *op. cit.*, p. 19.

139__Rosana Pinheiro-Machado e Lucia Mury Scalco, "Rolezinhos: marcas, consumo e segregação no Brasil", *op. cit.*, p. 3.

140__*Ibidem*, pp. 6 e 10. Sobre o aspecto ao mesmo tempo progressista e conservador do programa do subproletariado, cf. André Singer, "Raízes sociais e ideológicas do lulismo", *Novos Estudos Cebrap*, São Paulo: nov. 2009, ed. 85, v. 28, n. 3, pp. 84, 87, 94 e 98.

Brasil. Abraçando o papel político que lhes foi atribuído após a midiatização dos rolezinhos, muitos jovens que antes só queriam "zoar" começaram a adotar um discurso de protagonismo contra o racismo e a afirmar o orgulho de serem periféricos, com o direito de circular e se divertir[141]. Não se deve, porém, encarar os jovens pobres de forma simplista apenas como criminosos, vítimas ou revolucionários, pois eles e suas práticas culturais, conforme lembrado por Alexandre Barbosa Pereira, podem transitar por todas essas representações, escapar a todas e também reproduzir opressões[142].

O ASPECTO POLÍTICO DO FUNK

A criminalização do funk acabou politizando alguns funkeiros, que optaram por ingressar na política institucional a fim de defender a cultura do funk e pautas correlatas, como políticas voltadas à juventude. Não se pode descartar, porém, que, assim como quaisquer outros candidatos, alguns dos funkeiros que arriscaram uma carreira política podem ter sido motivados por outros fatores que não a politização ou o envolvimento com um movimento social, como prestígio, vaidade, poder, dinheiro e o estímulo de caciques partidários em busca de pessoas famosas para puxar votos em eleições proporcionais. A popularidade dos funkeiros, no entanto, na maioria dos casos, não se refletiu em votos na urna.

A mais bem-sucedida funkeira no terreno eleitoral é a empresária, radialista, apresentadora e cantora Veronica Costa, conhecida como Mãe Loira do Funk e ex-esposa de Romulo Costa, dono da equipe Furacão 2000. Eleita vereadora do Rio de Janeiro em 2000 pelo Partido Liberal (PL), foi candidata a deputada estadual em 2002 e reeleita vereadora em 2004 pelo PMDB. Candidata à reeleição em 2008, teve o registro da candidatura indeferido. Em 2010, foi candidata a deputada estadual pelo então PR e, em 2012, elegeu-se vereadora pelo mesmo partido. Em 2014,

---

141__Rosana Pinheiro-Machado e Lucia Mury Scalco, "Rolezinhos: marcas, consumo e segregação no Brasil", *op. cit.*, pp. 14-5. Cf. também Alexandre Barbosa Pereira, "Os 'rolezinhos' nos centros comerciais de São Paulo: juventude, medo e preconceito", *op. cit.*, p. 553.

142__Alexandre Barbosa Pereira, "As imaginações da cidade: práticas culturais juvenis e produção imagética", *op. cit.*, pp. 17 e 31.

foi candidata a deputada federal também pelo PR. Em 2016 foi reeleita vereadora pelo PMDB. Em abril de 2019, foi condenada a cinco anos e dez meses de prisão, em regime semiaberto, e à perda do cargo de vereadora, em sua quarta legislatura, pela tortura, em 2011, de seu ex-marido Márcio Costa, sobrinho do ex-marido Romulo Costa[143]. Em 2020, no entanto, foi eleita vereadora pelo DEM.

Romulo Costa foi candidato a vereador do Rio de Janeiro em 2004 pelo PL, tornou-se secretário de Cultura de Belford Roxo, cidade da Baixada Fluminense, em 2009[144], foi candidato a deputado federal em 2014 pelo PSL e candidato a vereador em 2016 pelo PMB. Sua esposa, Priscila Nocetti, foi eleita vereadora de Niterói em 2012 pelo PSD, candidata a deputada estadual pelo PSD em 2014, candidata a vereadora em Niterói pelo PMB em 2016 e candidata a vereadora no Rio de Janeiro pelo PP em 2020. Em 2018, o produtor e militante da Liga do Funk Bruno Ramos foi candidato a deputado federal de São Paulo pelo PT.

Funkeiros como Tati Quebra Barraco, MC Carol, Mulher Melão, Mulher Pêra, MC Brunninha, MC Leonardo, MC Doca, MC Tikão, MC Primo, MC Geleia e MC Tiano também se arriscaram nas urnas por partidos de todas as vertentes ideológicas, mas sem sucesso. Tati foi candidata a deputada federal do Rio de Janeiro pelo PTC em 2010. MC Carol foi candidata a deputada estadual do Rio de Janeiro pelo PCdoB em 2018. A dançarina de funk Mulher Melão foi candidata a deputada estadual do Rio de Janeiro pelo PHS em 2010. Já a dançarina Mulher Pêra foi candidata a deputada federal de São Paulo pelo então PTN em 2010, mas teve o registro da candidatura negado; foi candidata a vereadora de São Paulo pelo então PTdoB em 2012 e, pelo mesmo partido, candidata a deputada federal em 2014 e a vereadora em 2016.

MC Brunninha foi candidata a vereadora do Rio de Janeiro em 2012 pelo então PSDC. MC Leonardo, da dupla Junior & Leonardo e ex-presidente da Apafunk, foi candidato a vereador do Rio Janeiro em 2012 pelo Psol. MC Doca, da dupla Cidinho & Doca, foi candidato a deputado estadual do Rio de Janeiro em 2014 pelo então PTdoB; em 2016, foi candidato

---

143__Rafael Soares, "Vereadora Veronica Costa é condenada a cinco anos de prisão por tortura de ex-marido", *Extra*, Rio de Janeiro: 9 abr. 2019.

144__Italo Nogueira, "Dono da Furacão 2000 vira secretário de Cultura no RJ", *Folha de S.Paulo*, Rio de Janeiro: 20 jan. 2009.

a vereador também pelo PTdoB e em, 2018, candidatou-se a deputado federal pelo mesmo partido, que passou a se denominar Avante.

MC Tikão foi candidato a deputado federal do Rio de Janeiro pelo Solidariedade em 2018, mas teve a candidatura indeferida pelo Tribunal Regional Eleitoral do Rio de Janeiro (TRE-RJ) após ser flagrado fazendo campanha em um baile ao lado de homens com fuzis e pistolas. MC Primo, assassinado na Baixada Santista em 2012, foi candidato a vereador de São Vicente pelo PSDB em 2008. MC Geleia foi candidato a vereador do Rio de Janeiro pelo PV em 2004 e candidato a deputado estadual do Rio de Janeiro pelo DEM em 2010. MC Tiano foi candidato a deputado estadual pelo Psol, em 2010, candidato a vereador de São Gonçalo pelo PTB, em 2012, e candidato a vereador de São Gonçalo novamente pelo Psol, em 2016[145]. Mr. Catra, filiado ao PV desde 2002, filiou-se ao PTdoB em 2009 para ser candidato a deputado estadual do Rio de Janeiro em 2010, mas acabou não concorrendo[146].

Assim como funkeiros se candidataram por partidos de diferentes correntes ideológicas ou por partidos nanicos conhecidos pelo fisiologismo, eles também demonstraram heterogeneidade nos seus apoios eleitorais. Se Latino, MC Buchecha e MC Tati Zaqui apoiaram Jair Bolsonaro em 2018, por exemplo, Anitta, Valesca Popozuda, Lexa e Tati Quebra Barraco declararam oposição a ele, até porque sabem que grande parte de seu público é LGBTQIA+, grupo atacado pelo político em questão, o que lhes gera cobranças de posicionamento. Nego do Borel, por sua vez, declarou não apoiar Bolsonaro após uma foto sua ao lado do político e de Flávio Bolsonaro ter sido divulgada e criticada nas redes sociais, explicando que tirou a foto a pedido e que não costuma recusar-se a tirar fotos

---

145__"MC Tikão tem candidatura indeferida pelo TER-RJ", *G1*, Rio de Janeiro: 13 set. 2018; Divulgação de candidaturas e contas eleitorais, *TSE*.

146__André Fernandes, "Ícone do funk será candidato", *Agência de Notícias das Favelas*, Rio de Janeiro: 17 set. 2009.

com ninguém[147]. MC Kevinho, Nego do Borel e MC Koringa uniram-se a Anitta nas críticas à declaração da ex-secretária especial de Cultura do governo Bolsonaro, Regina Duarte, de que criaria um "evento para a família" ao lado de cada baile funk[148].

Enquanto o rap é considerado um estilo de vida mais politizado, que interfere de forma mais decisiva na identidade dos jovens que a ele aderem, prescrevendo valores e comportamentos, o funk constitui "um estilo de vida fluido e com interferência limitada nas outras esferas da vida dos jovens"[149]. Os gêneros "proibidão" e consciente, que serão abordados adiante, possuem um forte conteúdo de crítica social e política, mas, ao contrário do rap, a produção musical dos funkeiros na maioria das vezes não tem muito sentido em si mesma, a não ser divertir e animar os bailes. Abordam, muitas vezes de forma jocosa, temas diretamente ligados ao universo das vivências juvenis, como amor, sexo, amigos, o próprio baile e as galeras, demonstrando um desejo por parte dos jovens não só de reconhecimento e de reinscrição do seu mundo na cidade, mas de vivenciar a própria condição juvenil e "resgatar o prazer e o humor negados em um cotidiano dominado pela lógica instrumental dominante"[150].

Para a cineasta Denise Garcia, diretora do documentário sobre funk "Sou feia, mas tô na moda" (2005), as funkeiras não querem cantar, ouvir e dançar no fim de semana as mazelas sociais que vivem no seu dia a dia,

---

147__"Latino dá o que falar ao fazer música contra PT e apoiando Jair Bolsonaro", *Veja*, São Paulo: 11 out. 2018; "Anitta se posiciona contra Bolsonaro e convida famosas a aderir campanha", *Folha de S.Paulo*, São Paulo: 23 set. 2018; "Após polêmica, Valesca Popozuda se posiciona contra Jair Bolsonaro", *IstoÉ Gente*, São Paulo: 19 fev. 2019; Ernesto Neves, "Rock in Rio: com apoiador do presidente no palco, público xinga Bolsonaro", *Veja*, São Paulo: 5 out. 2019; "Ele sim! Quem são as famosas a favor de Bolsonaro?", *IG*, São Paulo: 2 out. 2018; "Tati Quebra-Barraco compara Jair Bolsonaro com jumento", *IstoÉ Gente*, São Paulo: 18 maio 2020; "Lexa é chamada de 'piranha' após apoio à campanha #EleNão", *IstoÉ Gente*, São Paulo: 24 set. 2018; Thayná Rodrigues, "Nego do Borel explica foto ao lado de Jair Bolsonaro", *Extra*, Rio de Janeiro: 10 jul. 2018.

148__Isabella Cardoso, "Kevinho e outros funkeiros se unem a Anitta em defesa do gênero após fala de Regina Duarte", *Extra*, Rio de Janeiro: 30 jan. 2020.

149__Juarez Dayrell, "A música entra em cena: o rap e o funk na socialização da juventude", *op. cit.*, pp. 123 e 146.

150__*Ibidem*, pp. 165-7.

e sim se divertir[151]. Em pesquisa Data Popular divulgada em 2014, 68% dos 10,9 milhões de adultos que declararam ouvir funk responderam que se sentiam parte de um grupo ou estilo; 26%, que consideravam o funk uma forma de superação; e apenas 6%, que encaravam música como forma de protesto[152]. Isso não significa, porém, que o funk ou a pura diversão não tenham um aspecto também político.

De acordo com David Garland, o direito penal não consegue se impor por muito tempo sem grandes resistências a não ser que suas normas observem minimamente a moral da sociedade. Porém, essa moral pode ser instrumentalizada e manipulada por uma elite com o intuito de que seus interesses de classe sejam alcançados[153]. Com a ascensão do capitalismo mercantil e a necessidade de disciplinar a mão de obra para o trabalho das manufaturas e posteriormente das fábricas, condutas tradicionalmente consideradas imorais, como jogos de azar, festas pagãs e bebedeiras, ganharam outro status, o de condutas disfuncionais, tanto para a economia quanto para afirmar a nova ideologia e ética que legitimavam o novo modo de produção. A seletividade do direito penal brasileiro fica patente quando se observa a contravenção penal de "vadiagem", prevista no artigo 59 da Lei das Contravenções Penais. Deixar de trabalhar tendo recursos para se sustentar pode até ser condenável moralmente, mas não a ponto de se tornar uma contravenção penal.

A função das diversas instituições subalternas às manufaturas e fábricas, como a família mononuclear, a escola, o cárcere, o hospital, o quartel, o convento e o manicômio, passa a ser garantir ao capital uma força de trabalho disciplinada no novo modo de produção capitalista, que, por atitudes morais, saúde física, capacidade intelectual, conformidade às regras, hábito da disciplina e da obediência, pudesse facilmente se adaptar ao regime de vida na fábrica e produzir, assim, a cota

---

151__*Apud* Janaína Medeiros, *Funk carioca: crime ou cultura? O som dá medo. E prazer*, São Paulo: Terceiro Nome, 2006, p. 84; Adriana Facina, "'Eu só quero é ser feliz': quem é a juventude funkeira no Rio de Janeiro?", *op. cit.*, pp. 8-9.

152__André Jankavski e Luciele Velluto, "O rolezinho das marcas", *op. cit.*; cf. Livio Sansone, "Funk baiano: uma versão local de um fenômeno global?", em: Micael Herschmann (org.), *Abalando os anos 90: funk e hip hop: globalização, violência e estilo cultural*, Rio de Janeiro: Rocco, 1997, pp. 173-4.

153__David Garland, *Punishment and modern society: a study in social theory*, Chicago: Oxford University Press, 1993, pp. 53 ss.

máxima de mais-valia passível de ser extraída em determinadas circunstâncias[154]. Os regulamentos fabris referentes à moral e aos bons costumes, tendo como pretexto o bem do empregado, regulavam sua vida privada, protegendo-o de situações que poderiam afetar sua produtividade ou disciplina[155]. A ética puritana empobrecia o operário ao assumir uma postura desconfiada e de muitas maneiras hostil em relação aos bens culturais cujos valores não eram diretamente religiosos ou científicos. Repudiava as festas, superstições e jogos[156]. Conforme dito anteriormente, em um cenário de desemprego em que amplas camadas da população formam um exército industrial de reserva supérfluo, não há necessidade de disciplinar a mão de obra para o trabalho, mas a ética do trabalho continua imperando.

Vianna ressalta que o individualismo e o utilitarismo da vida cotidiana, ditados pela produção econômica e pelo crescimento industrial, opõem-se à inutilidade, ao êxtase, à imoderação e à irresponsabilidade da festa[157]. A festa é a concretização do ideal de felicidade de alguns desses jovens funkeiros, embaraça o limite que separa o lícito do ilícito e condena a "vida séria" cotidiana, o tédio, a tristeza, uma organização "repressiva" da sociedade, as incontáveis regras e hierarquias que não deixam as pessoas expressarem sua individualidade[158].

No entanto, para Vianna, nos bailes funk nenhuma regra social é contestada e não existe nenhuma inversão de papéis ou valores, como dizem haver no carnaval. A liberalidade sexual que se vê nos bailes não é nenhuma transgressão, estando presente, por exemplo, na publicidade no horário nobre da televisão. Sendo puro gasto de energia, a festa pode contrariar o "espírito do capitalismo", mas o espírito do capitalismo tem várias faces e em alguns momentos pode até incentivar ataques contra sua "vida séria". O divertimento e a rápida fuga das obrigações cotidianas

---

154__Dario Melossi e Massimo Pavarini, *Cárcere e fábrica*, Rio de Janeiro: Revan/ Instituto Carioca de Criminologia, 2002, pp. 47-8 e 73 ss.; Cezar Roberto Bitencourt, *Falência da pena de prisão: causas e alternativas*, 2ª ed., São Paulo: Saraiva, 2001, pp. 24-5. Cf. Ervin Goffman, *Manicômios, prisões e conventos*, São Paulo: Perspectiva, 1996, pp. 24 ss.

155__Dario Melossi e Massimo Pavarini, *Cárcere e fábrica*, op. cit., p. 47.

156__Max Weber, *A ética protestante e o espírito do capitalismo*, São Paulo: Companhia das Letras, 2004, pp. 152 ss.

157__Hermano Vianna, *O mundo funk carioca*, op. cit., p. 56.

158__*Ibidem*, p. 100.

podem servir, assim como a religião, para reabastecer a sociedade de energia para voltar com mais ardor à "vida séria". A festa, no entanto, não tem nenhuma função, ainda que "tranquilizante", ou sentido, e esse seria o seu grande poder sedutor[159].

A visão negativa em relação às drogas remonta ao seu uso pelos hippies, que, ao contestarem os valores sociais, mostravam as imperfeições de uma sociedade aparentemente perfeita[160], mas hoje esse consumo deixou de ser contracultural e foi apropriado por uma indústria bastante lucrativa e articulada com o poder econômico e político. O funk, por sua vez, apropria-se de diversos grupos sociais e da indústria cultural em geral e é por eles apropriado[161].

Os funkeiros parecem cultivar uma sofisticada capacidade de ambiguidade, justaposição e ironia. Considerando-se os arrastões e os "proibidões" – funks acusados de fazer apologia das facções criminosas –, seria possível concluir que essa expressão cultural juvenil está em oposição clássica à estrutura social. Por outro lado, levando-se em conta o conjunto de elementos que caracterizam o estilo de vida funk, como o vestuário e os espaços onde se realizam os bailes, verifica-se que ele comporta também a negociação, apropriando-se de elementos canonizados nas culturas hegemônicas, como o consumo de marcas de luxo, até para garantir visibilidade e espaço no mercado e resistir[162].

Teresa Caldeira relaciona os rolezinhos e o funk ostentação a transformações ocorridas nos padrões de consumo dos moradores das periferias. Se antes os principais alvos de desejo dessa população eram a casa própria, móveis e eletrodomésticos, ou seja, bens de uso coletivo, os novos sonhos de consumo passaram a ser bens de uso individual, como roupas, celulares, carros, lazer e entretenimento, seja porque os jovens da periferia não acreditam mais que o projeto de construção da casa própria seja possível, seja porque estão menos interessados nele[163].

As camadas mais altas ridicularizam o consumo de marcas de luxo pelas camadas mais baixas, tendo em vista que os pobres continuariam

---

159__*Ibidem*, pp. 51-2, 68 e 106.

160__Nils Christie, *A indústria do controle do crime*, *op. cit.*, pp. 59-60.

161__Micael Herschmann, *O funk e o hip-hop invadem a cena*, *op. cit.*, p. 71.

162__*Ibidem*, 214-5.

163__Teresa Pires do Rio Caldeira, "Qual a novidade dos rolezinhos? Espaço público, desigualdade e mudança em São Paulo", *op. cit.*, pp. 16-7.

privados de educação, empregos qualificados e direitos fundamentais como saneamento básico[164]. A mudança de prioridade de consumo dos jovens pobres, por sua vez, reforça o estigma de que gastam mal seu dinheiro. Em outras palavras, o jovem periférico é condenado por se endividar para comprar um celular de última geração e roupas de marca e ridicularizado por querer ostentar mesmo dividindo muitas vezes um cômodo apertado com parentes, em uma casa na periferia, carente de infraestrutura básica. Ignora-se, porém, a relevância que um celular de última geração tem para a autoestima desse jovem e para ele ser reconhecido e valorizado entre seus pares[165].

O fato de o "arrastão" do Arpoador de 1992 ter ocorrido logo após as passeatas dos caras-pintadas que pediam o impeachment do presidente Fernando Collor pela via institucional foi realçado pelos jornais, mais uma vez como forma de criminalizar a juventude negra das favelas e periferias. Enquanto os caras-pintadas foram tratados como motivo de orgulho, uma reedição do modelo de jovem idealista dos anos 1960, os participantes do arrastão foram taxados de juventude desesperançada, despolitizada, hedonista, transviada, rebelde sem causa, motivo de vergonha, ainda mais tendo em vista a presença cada vez mais constante nos jornais de discursos que narravam acontecimentos violentos envolvendo jovens.

Não se deve perder de vista, porém, que "juventude" é um conceito historicamente construído e associado a diversas características que não necessariamente se vinculam à idade cronológica. Características associadas à juventude são bastante valorizadas pela sociedade, como a saúde, o lazer, a diversão, o consumo cultural, a virilidade, a esperança, o idealismo etc. Paradoxalmente, essa mesma juventude, ou pelo menos parte dela, não encontra inserção socioeconômica real e é vista como uma ameaça bastante associada à violência, embora esta seja apenas uma das facetas do jovem, um ser bastante complexo. Além disso, não se pode esquecer que o jovem é a maior vítima da violência e, principalmente, que a violência não é um fenômeno restrito a esse grupo

---

164__Rosana Pinheiro-Machado e Lucia Mury Scalco, "Rolezinhos: marcas, consumo e segregação no Brasil", *op. cit.*, p. 14.

165__Cf. Adriana Facina, "'Eu só quero é ser feliz': quem é a juventude funkeira no Rio de Janeiro?", *op. cit.*, pp. 6-7.

social. Ela permeia a sociedade como um todo, inclusive seus meios de comunicação.

Deve-se levar em conta que a explosão do funk ocorreu em um clima de crise generalizada, de sensação de incremento mundial da violência, o que, aliado a outros fatores, como o racismo, tem acentuado a representação negativa do jovem de classe baixa. A sociedade despeja todas as suas expectativas sobre a juventude, mas não oferece a ela os meios necessários para atingir as metas culturais. A crise econômica e o desemprego avassalador dos anos 1990 jogaram à margem do mercado de trabalho milhares de jovens que, confrontados com a falta de perspectivas profissionais, ainda foram responsabilizados pela situação sob o rótulo de "desesperançados".

No auge do neoliberalismo, a mesma juventude assediada por anúncios publicitários foi acusada de ser individualista, hedonista, consumista e despolitizada, sendo cobrada de acordo com o modelo do jovem idealista e politizado dos anos 1960, que lutara contra a ditadura militar, embora esse modelo representasse apenas uma minoria da juventude da época e tenha sido muito mais uma construção idealizadora posterior. Essa forma de representar a juventude permaneceu como referência de análise, o que significou, para muitas reflexões posteriores, a desqualificação das manifestações juvenis dos anos subsequentes. Não se questiona, porém, a crise de todos os projetos utópicos coletivos no mundo após a queda do muro de Berlim, ou o fato de o capitalismo ter ficado muito mais competitivo e selvagem, bem como a crise de legitimidade dos partidos políticos e da política institucional como via de transformação social[166]. Nas Jornadas de Junho de 2013 e no movimento de ocupação de escolas públicas de São Paulo de 2015 e 2016, a juventude periférica demonstrou um alto grau de politização. Embora tenha recebido apoio de parte da população, isso não impediu que fosse taxada de baderneira por setores conservadores, assim como os jovens que resistiram

---

166__Micael Herschmann, *O funk e o hip-hop invadem a cena, op. cit.*, p. 51 ss.; Ana Maria Q. Fausto Neto e Consuelo Quiroga, "Juventude urbana pobre: manifestações públicas e leituras sociais", em Carlos Alberto Messeder Pereira *et al.* (org.), *Linguagens da violência*, Rio de Janeiro: Rocco, 2000, pp. 221-2; José Manuel Valenzuela Arce, *Vida de barro duro: cultura popular juvenil e grafite, op. cit.*, p. 73-5, 82 ss.

à ditadura militar eram taxados de terroristas[167]. MC Daleste lançou o funk "O gigante acordou" na época das Jornadas de Junho de 2013, em defesa das manifestações, e os secundaristas que ocuparam as escolas públicas em 2015 adotaram como hino "Escola de luta", uma paródia do funk "Baile de favela", de MC João[168].

Escrevendo antes desses episódios, Micael Herschmann considerava que, mais do que ser despolitizada, talvez a juventude dos anos 1990 tivesse simplesmente encontrado outra forma de fazer política, diferente da juventude dos anos 1960, abdicando dos canais políticos tradicionais. Segundo Herschmann e Arce, a juventude dos anos 1990 buscava o lazer e a cultura em contraposição a um cotidiano medíocre e insatisfatório. Parecia assumir o fato de que não era capaz de produzir grandes projetos de transformação e de que sua ação genuína só podia ser a de se oferecer como espelho de seu tempo, construindo "espetáculos" que chamassem a atenção pública e denunciassem a falência dos projetos existentes[169].

De acordo com Monet, as formas de violência coletiva ocorridas em contexto de lazer traduzem um mal-estar que não consegue encontrar outra expressão social. Não apoiando um programa reivindicativo explícito e negociável, elas não parecem suscetíveis a nenhum tratamento a não ser o policial[170]. Isso não significa, contudo, que não sejam manifestações políticas; nesse sentido, a atuação da polícia ao reprimi--las também o é. Afinal, como lembra Monet para um caso europeu, não deixa de ser significativo o fato de que 72% dos *hooligans* pertençam ao mundo dos jovens pouco qualificados ou sem qualificação, e de que os

---

167__Cf. Elena Judensnaider *et al.*, *Vinte centavos: a luta contra o aumento*, São Paulo: Veneta, 2013; Antonia Campos, Jonas Medeiros e Márcio Ribeiro, *Escolas de luta*, São Paulo: Veneta, 2016.

168__"O hino dos protestos nas escolas públicas de SP é uma versão de 'Baile de Favela'", *Noisey*, São Paulo: 13 nov. 2015.

169__Micael Herschmann, *O funk e o hip-hop invadem a cena*, *op. cit.*, pp. 51 ss.; Ana Maria Q. Fausto Neto e Consuelo Quiroga, "Juventude urbana pobre: manifestações públicas e leituras sociais", *op. cit.*, pp. 221-2; José Manuel Valenzuela Arce, *Vida de barro duro: cultura popular juvenil e grafite*, *op. cit.*, pp. 73-5 e 82 ss.

170__Jean-Claude Monet, *Polícias e sociedades na Europa*, trad. Mary Amazonas Leite de Barros, Rio de Janeiro/São Paulo: Ford Foundation/NEV/Edusp, 2001, p. 240.

"distúrbios" urbanos dos anos 1980 tenham acontecido em bairros degradados, onde o desemprego é elevado e a integração sociocultural, fraca[171].

A emergência de movimentos culturais como o funk é importante, uma vez que coloca o jovem da periferia pela primeira vez no protagonismo da condição de ser jovem e reivindicar seus direitos na esfera da cultura, seja por meio das letras das músicas, seja por meio de invasões simbólicas e ruidosas na cidade, rotuladas como badernas anárquicas pré-políticas, sem planificação nem programa claro[172]. Essas manifestações sinalizam uma não aceitação dos estigmas e violências a que esses jovens estão submetidos. Seus locais de moradia e sua origem social não são mais ocultados com vergonha, mas assumidos explicitamente nas letras e "gritos de guerra" como maneira de se autoafirmarem, muitas vezes pela intimidação. Demandam o reconhecimento não só de igualdades, mas de diferenças. O valor atribuído a bens de consumo manifesta o desejo de integração em uma sociedade na qual "o reconhecimento e a aceitação social dependem cada vez mais do consumo ou 'daquilo que se possua ou seja capaz de possuir'"[173]. O funk expressa o "desejo de ir e vir", que é negado ao morador de favela e ao suburbano quando não estão na pista de dança[174]. Mais do que nas letras, a insatisfação e os conflitos sociais aparecem na ritualização da violência nos bailes, em brigas, quebra-quebras e arrastões, o que acaba reforçando o estereótipo de juventude violenta e alienada[175]. Esses conflitos ocorrem entre as próprias galeras do subúrbio e refletem sua realidade violenta, o que não impediu que alguns analistas enxergassem nos arrastões uma espécie de "revide" das classes mais carentes contra as mais abastadas, nem que estas se sentissem ameaçadas e chocadas em ver pobres se digladiando

---

171___Jean-Claude Monet, *Polícias e sociedades na Europa*, op. cit., p. 214.

172___Micael Herschmann, *O funk e o hip-hop invadem a cena*, op. cit., p. 47. Cf. Thiago Braga Vieira, *Proibidão de boca em boca: gritos silenciosos de uma memória subterrânea: o funk proibido como fonte para o estudo da violência armada organizada no Rio de Janeiro (1994-2002)*, monografia – Centro de Filosofia e Ciências Humanas, Universidade Federal do Rio de Janeiro, Rio de Janeiro: 2009, pp. 13 ss.

173___Ana Maria Q. Fausto Neto e Consuelo Quiroga, "Juventude urbana pobre: manifestações públicas e leituras sociais", op. cit., pp. 232-3.

174___George Yúdice, "A funkificação do Rio", op. cit., pp. 48-9.

175___Micael Herschmann, *O funk e o hip-hop invadem a cena*, op. cit., pp. 212-4.

no território historicamente pertencente a elas, gerando reações intolerantes em que o clima de segregação social e racial ficou claro[176].

A cultura da confraternização, da conciliação, da malandragem e do "jeitinho" do samba, mais condizente com o mito da democracia racial, é substituída nos anos 1990 pela cultura do enfrentamento do funk e do hip-hop[177]. Tanto o funk quanto o hip-hop são acusados de promover festas, músicas e danças que incitam a violência. A diferença é que o funk é considerado perigoso por produzir uma conduta inconsequente, que glorifica a delinquência e as brigas, e o hip-hop é considerado perigoso por produzir um discurso radical, conflituoso, hiperpolitizado, simbolicamente violento, que incita a revolta das minorias[178].

Por fim, deve-se mencionar um importante processo de politização de funkeiros cariocas observado por Adriana Carvalho Lopes, que refuta a versão de que a identidade de funkeiro é efêmera e apolítica e de que os funkeiros rejeitam os projetos vindos de políticos, de intelectuais e do movimento negro. O mercado do funk tem nos seus bastidores relações de poder desiguais e de exploração. O mesmo sujeito que, diante da sociedade mais ampla, é situado como subalterno pode exercer um papel de dominação no interior do mundo funk. Em 2008, teve início nos bastidores do mundo funk a construção da identidade do "funk de raiz", a invenção de uma tradição, adotada por MCs e DJs que principiaram a carreira na década de 1990 e que, posteriormente, foram excluídos do mercado fonográfico, seja por não cantarem o gênero "putaria", seja por não aceitarem mais as condições de exploração e os contratos abusivos que um mercado dominado basicamente por duas empresas – a Link Records e a Furacão 2000, do DJ Marlboro e de Romulo Costa, respectivamente – impõe aos novatos, por estes não possuírem poder

---

176__Kleber Mendonça, "A onda do arrastão: produção de sentidos na mídia impressa", *op. cit.*, p. 271.

177__Micael Herschmann, *O funk e o hip-hop invadem a cena, op. cit.*, pp. 33 ss. e 215-6; Manoel Ribeiro, "Funk'n Rio: vilão ou big business?", *op. cit.*, p. 292; Tereza Correia da N. Queiroz, "Culturas juvenis, contestação social e cidadania: a voz ativa do hip hop", em: Rosilene Alvim, Edísio Ferreira Junior e Tereza Queiroz (org.), *(Re)construções da juventude: cultura e representações contemporâneas*, João Pessoa: Editora Universitária/ PPGS/UFPB, 2004, p. 23 ss.; George Yúdice, "A funkificação do Rio", *op. cit.*, pp. 26-7.

178__Micael Herschmann, *O funk e o hip-hop invadem a cena, op. cit.*, pp. 192-3.

de barganha nem consciência de seus direitos e serem considerados descartáveis, ainda que seus sucessos permaneçam.

Esses funkeiros "da antiga", ao entrarem publicamente em cena, forneceram um significado explicitamente político para as suas performances de palco e para o próprio funk carioca. Apresentavam "funks conscientes", com crítica social, que não eram tocados pela grande indústria funkeira, em espaços alternativos de difusão, como o site Funk de Raiz, que dava visibilidade também para seus artigos. O que conferia legitimidade ao "funk de raiz" não era tanto o fato de os MCs serem "da antiga", mas o de cantarem sobre a favela sendo oriundos da favela.

O movimento organizava rodas de funk, eventos frequentados por estudantes, professores e militantes de esquerda em espaços como a saída da estação Central do Brasil, as universidades e escolas públicas, o acampamento do Movimento dos Trabalhadores Rurais Sem Terra (MST), as escadarias da Alerj, as delegacias de polícia onde funcionava o projeto Carceragem Cidadã e as favelas ocupadas por policiais, onde o funk era proibido. Esse movimento de politização do funk resultou na criação da Apafunk e, em aliança com intelectuais e políticos de esquerda, na aprovação da lei n. 5.543/2009, a Lei Funk é Cultura, de autoria dos deputados Marcelo Freixo (Psol) e Wagner Montes (PDT), que reconhece o funk como manifestação cultural[179].

Enquanto os funkeiros ressignificaram sua profissão e identidade, de modo "a construir a sua arte como uma forma de mobilização social em torno da reivindicação e da promoção de seus direitos", os atores de esquerda passaram a ver o funk não mais como algo homogêneo e alienante, mas como "uma resposta subalterna a formas de opressão e exploração", dentro de um contexto mais amplo de luta contra o preconceito, a discriminação e a criminalização dos pobres, da população favelada do Rio de Janeiro e de suas práticas[180].

179__Adriana Carvalho Lopes, *Funk-se quem quiser: no batidão negro da cidade carioca*, *op. cit.*, pp. 68 ss., 82-3, 90-2, 100 ss., 121, 129-31 e 161 ss.

180__*Ibidem*, pp. 120-1.

UM BONDE CHAMADO "TERROR": A SUBCULTURA DA "ZOAÇÃO"

No final dos anos 1950, nos Estados Unidos, a estrutura social impedia alguns jovens de estratos inferiores de concretizar, pelo menos de forma lícita, as metas sociais de consumo impostas pela disseminada ética do sucesso, característica do *American Dream*. Formaram-se, assim, subculturas juvenis como reação ao sentimento de frustração e humilhação. A literatura da época chamou tais subculturas de delinquentes, pois seus membros tinham condutas consideradas criminosas pela sociedade, envolvendo-se com jogos de azar, algazarras nas ruas, obscenidades e vandalismo. De acordo com o paradigma da reação social, no entanto, seria mais apropriado falar em subculturas criminalizadas do que em subculturas criminais ou delinquentes. Por outro lado, o termo "subcultura" é empregado não com tom pejorativo, de inferioridade, mas com o sentido da cultura de um grupo específico, que está inserido em uma sociedade mais ampla.

As teorias subculturais sustentam que a sociedade não é homogênea, mas plural e atomizada, composta por vários subgrupos, cada qual com o seu próprio código de valores, que nem sempre coincidem com os valores majoritários e oficiais. A conduta criminosa não seria, portanto, reflexo da ausência de valores, e sim estaria amparada pelos valores da subcultura da qual o criminoso faz parte. Esses valores seriam internalizados da mesma forma que os valores que guiam o comportamento não criminoso. Faz parte do código de conduta de estudantes, por exemplo, passar cola; já para os pichadores, é condenável pichar em cima de uma pichação alheia, ato chamado de "atropelo".

Albert Cohen, escrevendo sobre gangues juvenis da sociedade estadunidense da década de 1950, defende que a classe média põe especial ênfase em valores e atitudes como eficiência, responsabilidade individual, racionalidade, respeito à propriedade, construtividade, emprego do tempo livre, manutenção de uma poupança, desconsideração do prazer e mobilidade social. Já as classes baixas, segundo ele, concedem maior importância à força física e à coletividade e menor à desconsideração do prazer e à poupança. Os jovens das classes baixas entrariam em conflito, portanto, pois se identificam com os valores das classes médias, reforçados pelo sistema educacional e demais instituições, mas também internalizam os valores de sua classe social. Ademais, carecem das adequadas técnicas de socialização para seguir alguns valores das classes médias.

Já David Matza e Gresham Sykes, com uma abordagem que foge de preconceitos classistas, veem na delinquência juvenil um conflito geracional, produzido dentro das próprias classes médias. O jovem delinquente não seria um estranho no corpo social, e sim um reflexo ou uma caricatura inquietante deste, fazendo transparecer valores subterrâneos das classes médias e altas, tais como desprezo pela monotonia cotidiana, ostentação, exaltação do risco e da aventura, do trabalho fácil, da agressividade e da violência[181]. Afinal, na sociedade capitalista, o modelo de homem bem-sucedido muitas vezes é vendido como sendo o de um jovem que ganhou o seu primeiro milhão arriscando na Bolsa, antes dos 30 anos, com postura agressiva e, muitas vezes, métodos "ousados" ou "polêmicos".

Os funkeiros, em sua maioria, provêm de segmentos desfavorecidos da população, os quais sofrem com a discriminação, o desemprego, o subemprego, a falência do sistema educacional e a falta de perspectivas profissionais em uma sociedade consumista. Não à toa o comportamento dos participantes do "arrastão" foi comparado pela mídia ao dos "rebeldes sem causa" e ao da "juventude transviada" dos anos 1950, que participavam de conflitos colegiais e quebra-quebras de bondes, por causa de aumentos, e de cinemas, por ocasião da chegada dos primeiros filmes de rock'n'roll[182]. Se os funkeiros, por um lado, rechaçam dogmas da cultura hegemônica, como o culto ao trabalho, por outro, acolhem alguns valores da sociedade, como o consumismo, o que fica evidente nas letras do funk ostentação e nos rolezinhos em shopping centers.

A percepção de que não realizarão as metas sociais no mundo do trabalho faz com que os jovens desloquem suas expectativas para o mundo do consumo, inclusive o do consumo cultural. O grupo subcultural possui um padrão de valores próprio e, ao mesmo tempo, reproduz

---

181__David Matza e Gresham Sykes, "Techniques of neutralization: a theory of delinquency", *American Sociological Review*, XXXI, n. 6, 1957, pp. 664-70 *apud* Luiz Flávio Gomes e Antonio García-Pablos de Molina, *Criminologia*, *op. cit.*, pp. 294 ss. Cf. também Robert Reiner, *A política da polícia*, *op. cit.*, pp. 31, 93 ss.

182__Zuenir Ventura, *Cidade partida*, *op. cit.*, pp. 96-7.

alguns valores contidos na sociedade tradicional, porém com um sinal invertido. Atacam justamente o que é valorizado pela sociedade, como a paz, o silêncio, a tranquilidade, a limpeza e a ordem[183].

Além da polaridade negativa, os atos subculturais são caracterizados pelo não utilitarismo e pela maliciosidade ínsita à conduta[184]. Ao sair dos bailes e estádios promovendo arrastões, quebra-quebras e depredações, a intenção do jovem não é a de ganho patrimonial ou qualquer outra de cunho diretamente utilitário. O que motiva os atos de vandalismo parece ser muito mais o gosto pela "zoação", a aventura, a adrenalina de se expor ao perigo, o prestígio que se alcança dentro do grupo, a visibilidade social. Por outro lado, há um prazer em causar o desconforto alheio, como fica patente no depoimento de um dos participantes do "arrastão" do Arpoador, de 16 anos, que admitiu ter feito aquilo "de sacanagem, pra arrepiar os bacanas, mostrar que a praia não é só deles"[185].

Os atos subculturais só têm valor para seus autores por lhes assegurar *status* dentro de seu grupo subcultural e entre grupos rivais. O desafio é atingir metas proibidas e inatingíveis aos seres comuns. Quanto maiores a façanha e o risco, maior o reconhecimento. Muitos adolescentes transgridem as normas na esperança de escapar das consequências de seus atos, mas, ao contrário, para que a repressão corra atrás deles e assim os reconheça como adultos. A adolescência é tradicionalmente uma fase de afirmação da personalidade e, não raras vezes, de revolta. Sob determinadas condições, essa revolta induz algumas pessoas à prática de atos de vandalismo e outros crimes. Nessas condições, a delinquência pode ser uma vocação específica da adolescência, tanto que pouquíssimos jovens se tornam propriamente delinquentes[186].

183__Sergio Salomão Shecaira, *Criminologia*, São Paulo: Editora Revista dos Tribunais, 2004, p. 253.

184__Albert K. Cohen, *Delinquent Boys: the Culture of the Gang*, Illinois: The Free Press, 1955, pp. 25 ss.

185__Zuenir Ventura, *Cidade partida*, op. cit., p. 63; Paulo Sérgio do Carmo, *Culturas da rebeldia: a juventude em questão*, op. cit., p. 168.

186__Sergio Salomão Shecaira, *Criminologia*, op. cit., pp. 250 ss. Cf. Alexandre Barbosa Pereira, *De rolê pela cidade: os pixadores em São Paulo*, op. cit., pp. 110-2.; Maria Cecília de Souza Minayo et al., *Fala, galera: juventude, violência e cidadania no Rio de Janeiro*, op. cit., p. 59; Alba Zaluar, "Gangues, galeras e quadrilhas: globalização, juventude e violência", em: Hermano Vianna (org.), *Galeras cariocas: territórios de conflitos e encontros culturais*, Rio de Janeiro: Editora UFRJ, 1997, pp. 48-9.

Para o pesquisador Manoel Ribeiro, os surfistas ferroviários, por exemplo, "parecem não se atribuir valor, nem demonstram ter perspectiva, pondo diariamente a vida em risco" e expressando o sentimento de exclusão social; por sua vez, Angelina Peralva tenta explicar o ingresso de parte da juventude no narcotráfico e a prática do surfe ferroviário no Rio de Janeiro justamente a partir da ideia de risco. Segundo a autora, "estes jovens, pobres em sua grande maioria, estariam mais submetidos aos riscos urbanos e, em especial, aos da violência. Por esse motivo, as condutas de risco poderiam se apresentar como forma de resposta ao próprio risco [...]. Isto decorreria do fato de eles já terem uma familiaridade com ele"[187].

A classe média alardeia o nível insuportável de violência urbana, que limita seu direito de ir e vir, e vários membros de galeras funk declaram sentir-se protegidos de uma estrutura social excludente e dos perigos do espaço urbano em suas comunidades e bairros ou na companhia de seu grupo. Ao mesmo tempo, atos como perambular pela cidade, a pé ou em transportes coletivos, sem destino certo, cantando e gritando expressões aparentemente incompreensíveis, defrontar-se com "alemães" (inimigos) e transgredir fronteiras podem ser uma grande aventura prazerosa e um desafio lúdico para os jovens, ainda que isso implique riscos à sua segurança, pois podem ser confundidos com criminosos.

Os jovens sentem-se mais à vontade para tomar, pilhar, recriar e marcar a cidade na ilusão libertadora da noite, longe do controle de pais, patrões, professores, autoridades etc.[188], o que pode ajudar a explicar sua atração por bailes noturnos distantes de sua moradia. A grande fluidez na cidade, facilitada pelo desenvolvimento dos meios de transporte,

---

187__*Apud* Alexandre Barbosa Pereira, *De rolê pela cidade: os pixadores em São Paulo*, dissertação (Mestrado em Antropologia Social) – Faculdade de Filosofia, Letras e Ciências Humanas, Universidade de São Paulo, São Paulo: 2005. pp. 112-3; Manoel Ribeiro, "Funk'n Rio: vilão ou big business?", *op. cit.*, p. 291.

188__Micael Herschmann, *O funk e o hip-hop invadem a cena*, *op. cit.*, pp. 227 ss.; Olívia M. G. Cunha, "Conversando com Ice-T: violência e criminalização do funk", *op. cit.*, pp. 107-8; Livio Sansone, "Funk baiano: uma versão local de um fenômeno global?", em: Micael Herschmann (org.), *Abalando os anos 90: funk e hip hop: globalização, violência e estilo cultural*, Rio de Janeiro: Rocco, 1997, p. 180; Olívia M. G. Cunha, "Bonde do mal: notas sobre território, cor, violência e juventude numa favela do subúrbio carioca", *op. cit.*, pp. 111-3.

acaba por determinar a impossibilidade de um efetivo controle social informal sobre esses jovens[189].

É simbólico, assim, que em 2019 80% dos frequentadores do Baile da Dz7, na favela de Paraisópolis, em São Paulo, não fossem moradores da localidade, o que enfraquece a hipótese de que os jovens frequentem os bailes funk por serem a única alternativa de lazer de seu bairro[190]. Segundo Emerson Barata, presidente da União dos Moradores e do Comércio de Paraisópolis, o Baile da Dz7 chegava a receber caravanas do Rio de Janeiro, Minas Gerais e Santa Catarina. Em 2016, mais de 56 mil pessoas confirmaram presença no evento no Facebook. Como resultado, operações policiais passaram a ser organizadas nas estradas para interceptar os ônibus. Se o destino dos viajantes fosse o baile, eles tinham de dar meia-volta[191].

A cidade é ocupada não apenas fisicamente. Nas letras dos funks, verifica-se uma ocupação urbana simbólica, na medida em que as comunidades dos MCs, muitas delas desconhecidas ou temidas pelas camadas médias e altas da população, são exaltadas com suas especificidades, heterogeneidades e pontos positivos, com um referencial comunitário. O desejo das galeras, expresso nas letras, é de ampliação das áreas de circulação e de reconhecimento de seus membros como legítimos moradores da cidade[192].

Segundo Olívia Cunha, uma das formas mais tradicionais de se ocupar a cidade é por meio dos "bondes". O termo possui diversos significados. "Bondes" podem designar comboios de traficantes, o que facilita a associação do funk com práticas criminosas. Mas também podem se referir a grupos de funk formados por alguns MCs e/ou dançarinos, como o famoso Bonde do Tigrão, às alianças entre galeras, aos trenzinhos coreográficos que percorrem o baile funk, ao meio de transporte

---

189__Sergio Salomão Shecaira, "Importância e atualidade da Escola de Chicago", *Discursos Sediciosos: Crime, Direito e Sociedade*, Rio de Janeiro: Instituto Carioca de Criminologia/Freitas Bastos, 2000, v. 9-10, p. 156.

190__Felipe Resk, "Baile da Dz7 em Paraisópolis é opção de lazer para milhares de jovens", *Terra*, São Paulo: 3 dez. 2019.

191__Jeferson Delgado, "O fluxo do fluxo", *UOL*, São Paulo: 27 nov. 2017.

192__*Ibidem*, p. 122; Micael Herschmann, *O funk e o hip-hop invadem a cena*, op. cit., pp. 232-3; Adriana Carvalho Lopes, *Funk-se quem quiser: no batidão negro da cidade carioca*, op. cit., pp. 134 ss.

que leva a galera ao baile ou ao próprio deslocamento coletivo da galera pela cidade[193].

Se há quem prefira ir à praia sozinho simplesmente por não gostar de confusão ou para não ser confundido com os baderneiros que formam o "bonde" e, consequentemente, ser alvo de galeras "alemãs" ou da polícia, muitos jovens se sentem protegidos e só acham divertido sair "de bonde". Por outro lado, muitos "bondes" gostam de ser vistos como ameaçadores, associados aos "bondes" de traficantes, tanto que se autodenominam "bondes sinistros" ou "bondes do mal". O "bonde" faz sempre grande estardalhaço ao passar, já que os jovens buscam ocupar a cidade ruidosamente, marcar presença, obter visibilidade e desafiar os perigos em que implicam as suas transgressões[194].

O "bonde" acaba se envolvendo muitas vezes em arrastões, brigas, quebra-quebras e diversos atos de vandalismo. Entretanto, o que pode parecer, para quem observa de fora, delinquência, violência e ameaça, é encarado por quem forma o "bonde" como brincadeira, "zoação". O verbo "zoar" também possui múltiplos significados. Compreende desde ações como "beijar mulher na balada", falar besteira, rir e inventar passos diferentes até fazer barulho no cinema com os amigos, bagunçar na escola, beber, usar drogas, brigar com os "alemães", passar embaixo da catraca para não pagar a passagem do ônibus, dar gritos de guerra etc. O que caracteriza a "zoação" é o fato de ser sempre uma atividade coletiva, na qual o estar junto é mais importante do que a atividade em si ou o local em que ela é desempenhada[195], o que é fundamental, tendo em vista que as opções de lazer dos jovens pobres são bastante limitadas em virtude de seu baixo poder aquisitivo.

Do ponto de vista sociológico, o lazer constitui-se em elemento de distinção e diferenciação. Os jovens de classes média e alta dispõem de espaços de interação tais como a própria casa, clubes, teatros, casas

---

193__Olívia M. G. Cunha, "Bonde do mal: notas sobre território, cor, violência e juventude numa favela do subúrbio carioca", *op. cit.*, p.124; Eloísa Guimarães, *Escola, galeras e narcotráfico*, Rio de Janeiro: Editora UFRJ, 2003, p.152.

194__Olívia M. G. Cunha, "Conversando com Ice-T: violência e criminalização do funk", *op. cit.*, pp.104-6.

195__Maria Isabel Mendes de Almeida e Kátia Maria de Almeida Tracy, *Noites nômades: espaço e subjetividade nas culturas jovens contemporâneas*, Rio de Janeiro: Rocco, 2003, pp.125 ss.

de shows, baladas, cinemas, restaurantes, shoppings etc. A maioria desses espaços é inacessível aos jovens pobres. Suas casas, por seu tamanho e condições, não são adequadas para as reuniões de amigos, e nos shoppings, pontos estratégicos para a "zoação", eles geram suspeitas. Por isso, só dispõem como espaço de lazer dos terrenos baldios, bailes funk, parques públicos, ruas, praças, estações de metrô e praias, onde, simultaneamente, se tornam poderosos e vulneráveis a confrontos com galeras rivais ou policiais[196]. O surgimento da própria "cultura de rua", com as festas de rua com *sound systems* na Jamaica e o movimento hip-hop, está relacionado a essas condicionantes de ordem socioeconômica. Por outro lado, teve grande repercussão o assassinato do indígena pataxó Galdino Jesus dos Santos, em 1997, por quatro jovens de classe média alta que pretendiam se divertir na noite de Brasília, "procuravam algo pra fazer", "um lugar para ir". Ao encontrar Galdino dormindo na rua, resolveram "zoar", imitando uma "pegadinha" da televisão, e atearam fogo em seu cobertor[197].

O ato de "zoar" expressa a capacidade de fazer grande ruído. A falta do que fazer é condição suficiente para a instalação da "zoação", e inúmeras são as referências a diversões que surgem do "nada", do acaso, do próprio tédio[198]. Se "matar o tempo" é visto como algo essencial pelos presidiários para escapar da rotina massacrante da prisão, que inclui o ócio forçado, José Machado Pais chama a atenção para o fato de que também entre os grupo juvenis é comum a vontade de "matar o tempo", que muitas vezes significa se encontrar com os amigos para "não fazer nada", ou seja, sair, rir, conversar, "dar um rolê" ou qualquer atividade que leve a uma "quebra no cotidiano por meio das sociabilidades grupais e de uma organização coletiva do tempo, na qual se procura o lado

---

196__José Manuel Valenzuela Arce, *Vida de barro duro: cultura popular juvenil e grafite, op. cit.*, pp. 100-1; Paulo Sérgio do Carmo, *Culturas da rebeldia: a juventude em questão, op. cit.*, p. 218; Maria Cecília de Souza Minayo et al., *Fala, galera: juventude, violência e cidadania no Rio de Janeiro, op. cit.*, pp. 51-2, 56 e 62.

197__Sergio Salomão Shecaira, *Criminologia, op. cit.*, pp. 264-5.

198__Maria Isabel Mendes de Almeida e Kátia Maria de Almeida Tracy, *Noites nômades: espaço e subjetividade nas culturas jovens contemporâneas, op. cit.*, pp. 130 e 135; Sergio Salomão Shecaira, *Criminologia, op. cit.*, pp. 253-5.

festivo da vida"[199]. Nas escolas, por exemplo, zoar significa se contrapor às normas disciplinares e inclui atividades lúdicas como ouvir, durante as aulas, músicas em alto volume pelo celular, principalmente o funk "proibidão", que tem letras sobre crime e sexo[200].

Jeff Ferrell, representante da criminologia cultural, considera o tédio um elemento central para compreender manifestações culturais que flertam com a criminalidade. A modernidade nos trouxe valores como racionalização burocrática, eficiência, rotinização, regulação e padronização, que nos levam, por sua vez, ao tédio. A esse tédio coletivo organizado, esse verdadeiro "projeto modernista do tédio", contrapõem-se situações efêmeras de riscos e incertezas, instantes de excitação, experiências intoxicantes e cheias de adrenalina e aventura, como pular de paraquedas, dirigir motocicletas em alta velocidade e fazer um baile funk na rua, de madrugada. As emoções causadas por essas situações-limite e explosivas são consideradas revolucionárias, pois recapturam, ainda que momentaneamente – e precisamente porque não perduram –, a urgência da experiência humana autônoma, em meio à alienação previsível da existência cotidiana. No entanto, são cada vez mais consideradas ilícitas pelas autoridades.

Ferrell levanta a hipótese de que determinados crimes cometidos contra a pessoa ou contra a propriedade possam ser ações contra o tédio. Admite, no entanto, que as circunstâncias do tédio coletivo moldam não apenas os momentos de excitação ilícita, mas também as políticas dos movimentos sociais e as dinâmicas da rebelião cultural. Se a procura desesperada de vida em meio à sensação de vazio causada pelo tédio, encarado como uma morte lenta, é comum ao criminoso, ao consumidor e ao revolucionário cultural, podemos questionar quais fatores levam as pessoas, diante da mesma sensação de tédio, a procurar sua válvula de escape no uso de drogas, em um baile funk de rua, no

---

199__*Apud* Alexandre Barbosa Pereira, "Os 'rolezinhos' nos centros comerciais de São Paulo: juventude, medo e preconceito", *op. cit.*, p. 555; *idem*, "As imaginações da cidade: práticas culturais juvenis e produção imagética", *op. cit.*, p. 32; Kiko Goifman, "Sobre o tempo na prisão", *Discursos Sediciosos: Crime, Direito e Sociedade*, Rio de Janeiro: Instituto Carioca de Criminologia/Freitas Bastos, 1998, v. 3, n. 5-6.

200__Alexandre Barbosa Pereira, "As imaginações da cidade: práticas culturais juvenis e produção imagética", *op. cit.*, pp. 21-2.

assalto, em videogames, em filmes, em esportes radicais, na religião, na pichação ou em um movimento político anarquista, embora as opções não sejam excludentes.

A mesma engrenagem da modernidade que massificou as condições cotidianas de tédio foi responsabilizada, por outro lado, por ter produzido seus contrapontos e seus corretivos: "um novo mundo cultural de entretenimento controlado e excitações preconcebidas", que aparentemente servem apenas para amplificar o ritmo vazio da vida cotidiana. O shopping é tedioso justamente porque é asséptico, organizado para direcionar o fluxo das pessoas em atividades previsíveis, vigiado por câmeras e seguranças, cheio de regras, voltado para o consumo, desumanizado, com pouca abertura para o imprevisto, as incertezas e as surpresas inerentes à criatividade e às possibilidades humanas. Nessa leitura, a excitação causada pelo rolezinho, como se fosse uma performance artística, representa um meio para se chegar a um antídoto ao tédio moderno: um fragmento de envolvimento humano[201].

A POLÍCIA E A IMPOSIÇÃO DA ORDEM

De acordo com Foucault, enquanto a burguesia lutou no século XVIII por um direito penal limitado e igualitário para se defender do poder arbitrário do soberano, também instituiu sistemas disciplinares expansivos e inigualitários para manter a ordem e controlar melhor as ilegalidades das classes populares, consideradas perigosas: proletariado, subproletariado e lumpemproletariado[202]. Tais sistemas disciplinares, presentes em fábricas, quartéis, escolas, conventos, hospitais e prisões, têm leis próprias, delitos especificados, formas particulares de punição e instâncias de julgamento, não necessariamente escritos e previamente

---

201__Jeff Ferrell, "Tédio, crime e criminologia: um convite à criminologia cultural", *Revista Brasileira de Ciências Criminais – RBCCRIM*, São Paulo: Editora Revista dos Tribunais, jan.-fev. 2010, ano 18, n. 82, pp. 343 ss.; Tereza Correia da N. Queiroz, "Culturas juvenis, contestação social e cidadania: a voz ativa do hip hop", *op. cit.*, pp. 19-20.

202__Michel Foucault, *Vigiar e punir*, 28ª ed., Petrópolis: Vozes, 2004, pp. 71-5 e 183.

definidos de forma clara, até porque as leis não conseguem prever abstratamente toda a variedade de situações concretas[203]. O poder policial deve ser exercido sobre tudo o que acontece, toda desordem, agitação, desobediência[204].

Em um modelo teórico, as classes economicamente dominantes controlam o poder político. Este controla os chefes de polícia, os quais, por estarem em uma posição hierárquica superior, controlam os policiais de rua. Se a cadeia funcionasse de forma automática, portanto, sem resistências, sem conflitos nem espaço para arbitrariedades e negociações, poderíamos deduzir que os policiais de rua são meros serviçais das classes economicamente dominantes e de seus interesses, mantendo o *status quo*. Essa visão instrumental da polícia foi durante muito tempo denunciada por setores da esquerda política, que tradicionalmente se colocaram como inimigos das forças policiais[205].

Ainda que a polícia tenha sido diversas vezes usada pelas elites políticas e econômicas para defender a ordem burguesa, seria ingenuidade, todavia, acreditar que os policiais são meras ferramentas do Estado, executando devotadamente tarefas determinadas pelos estratos hierárquicos superiores. Seja isso visto como legítimo ou não, embora o policiamento tenha como bases a ordem legal e suas regras, os policiais, principalmente os de menor patente, têm imenso poder de arbítrio na aplicação da lei[206]. Normas informais de resolução de conflitos muitas vezes prevalecem sobre as formais e também entram em conflito.

203__*Ibidem*, pp. 90 e 149-51.

204__*Ibidem*, pp. 176-7.

205__Dominique Monjardet, *O que faz a polícia: sociologia da força pública*, São Paulo: Ford Foundation/NEV/Edusp, 2002, pp. 151 e 293; Albert Reiss Junior, "Polícia y comunidad", em: José Maria Rico (org.), *Policía y sociedad democrática*, Madrid: Alianza Editorial, 1983, pp. 200-1; Paulo Sérgio Pinheiro, "Polícia e crise política: o caso das polícias militares", em: Maria Célia Paoli *et al.* (org.), *A violência brasileira*, São Paulo: Brasiliense, 1982, p. 63.

206__Cf. Robert Reiner, *A política da polícia*, op. cit., pp. 27 e 132; Albert Reiss Junior, "Organização da polícia no século XX", em: Michael Tonry e Norval Morris (org.), *Policiamento moderno*, São Paulo: NEV/Edusp, 2003, pp. 89-90; David Bayley e Jerome H. Skolnick, *Policiamento comunitário: questões e práticas através do mundo*, op. cit., p. 80; Jean-Claude Monet, *Polícias e sociedades na Europa*, op. cit., pp. 130 e 301; Egon Bittner, *Aspectos do trabalho policial*, São Paulo: Edusp, 2003, p. 160.

Pressionada por diferentes públicos que exigem o cumprimento de diferentes normas formais, a decisão da polícia de como agir na situação concreta dependerá de múltiplos fatores, que incluem desde seus interesses corporativos até sua relação com o público policiado[207].

Segundo Howard Becker, em geral o impositor de regras, como o policial, tem grande poder de ponderação em muitas áreas, ainda que apenas porque seus recursos não sejam suficientes para fazer face ao volume de transgressões com que deveria lidar. Como não pode atacar tudo ao mesmo tempo e sabe disso, tem de agir seletivamente, sem o fervor moral ingênuo que caracteriza o criador da regra, contemporizar com o mal, estabelecer prioridades[208].

Becker assinala que boa parte da atividade de imposição de regras é dedicada não à imposição efetiva de regras, mas à imposição de respeito às pessoas com quem o impositor lida. Isso significa que uma pessoa pode ser rotulada de desviante não porque realmente infringiu uma regra, mas porque mostrou desrespeito pelo impositor da regra[209]. Sob pressão para serem eficazes, os policiais sentem-se impelidos a ampliar seus poderes e a violar os direitos dos suspeitos[210]. A violência policial constitui frequentemente uma reação ao desafio, ainda que imaginado, à autoridade do policial. A percepção da hostilidade do público e de uma redução da dita autoridade, por sua vez, pode acarretar uma maior solidariedade entre os policiais[211].

O interesse profissional de, em toda intervenção, começar por impor a autoridade é compreensível, pois, na falta dessa imposição, o policial corre o risco de precisar recorrer à força e, desse modo, desviar para ele mesmo a violência que deveria fazer cessar. Isso é válido principalmente

---

207__Dominique Monjardet, *O que faz a polícia: sociologia da força pública*, *op. cit.*, p. 152.

208__Cf. Howard Becker, *Outsiders: estudos de sociologia do desvio, op. cit.*, pp. 164 ss.; Herman Goldstein, *Policiando uma sociedade livre*, São Paulo: Ford Foundation/NEV/Edusp, 2003, p. 198; Paulo Sérgio do Carmo, *Culturas da rebeldia: a juventude em questão, op. cit.*, pp. 153-4.

209__Howard Becker, *Outsiders: estudos de sociologia do desvio, op. cit.*, pp. 161-4.

210__Robert Reiner, *A política da polícia, op. cit.*, pp. 26-7 e 136.

211__Taylor Buckner, Nils Christie e Ezzat Fattah, "Policía y cultura", em: José Maria Rico (org.), *Policía y sociedad democrática*, Madrid: Alianza Editorial, 1983, pp. 169-170.

em cenários em que o policial se percebe em desvantagem numérica ou de força. Esse interesse do policial em impor sua autoridade pode ajudar a explicar as dificuldades endêmicas entre a polícia e os grupos sociais que, por razões estruturais, não se dobram tão facilmente a essa imposição, como os jovens[212].

Em fevereiro de 2021, por exemplo, três meses antes de morrer em uma queda acidental da varanda de um hotel, MC Kevin foi alvo de boletim de ocorrência por desacato registrado por quatro policiais militares. Em 25 de janeiro daquele ano, os agentes policiais pediram para que o cantor, que dirigia sua luxuosa Land Rover Evoque na Zona Norte de São Paulo, aguardasse a liberação de uma via que estava interditada. Após a liberação, o MC teria debochado dos PMs e publicado as ofensas no Instagram. A delegada Fabiana Sena Angerami, do 20° DP, disse que o funkeiro seria indiciado pelos crimes de injúria e incitação ao crime, por estimular os mais de 7,5 milhões de seguidores dele a desacatar a polícia. Na delegacia, MC Kevin declarou que as ofensas publicadas contra os PMs foram um gesto "imaturo" e que era apenas um "desabafo"[213].

Por outro lado, manifestações do Movimento Passe Livre, que contam com jovens de classe média e de classe média alta, foram violentamente reprimidas pela polícia com bombas de gás lacrimogêneo e tiros de bala de borracha, em algumas ocasiões sem que tivessem sequer iniciado seu trajeto. Para Paulo Silvino Ribeiro, a idade média dos manifestantes é um fator decisivo para a atuação violenta da polícia, já que "os jovens possuem um ímpeto mais transgressor e crítico". Em algumas das manifestações, o público chega a pregar abertamente o fim da Polícia Militar ou a provocar a polícia gritando que "maconha é uma delícia". Ribeiro acredita que o discurso da esquerda tem sido mais reprimido nas manifestações, por ser "o discurso mais crítico, que questiona a ordem e o Estado", mas não houve repressão policial em manifestações convocadas por centrais sindicais em defesa da presidente Dilma Rousseff em 2015, nas quais predominaram pessoas mais velhas.

212__Dominique Monjardet, *O que faz a polícia: sociologia da força pública*, *op. cit.*, pp. 157-8 e 194-5.

213__Giba Bergamim, "MC Kevin admite na delegacia que ofensas contra PMs foram gesto 'imaturo'; músico será indiciado por injúria e incitação ao crime", *G1*, São Paulo: 3 fev. 2021.

Renata Neder aponta que o aparato ostensivo da polícia nas ruas ajuda a criar "uma animosidade" do lado dos manifestantes, aumentando as chances de haver violência no ato. A Secretaria da Segurança Pública do estado de São Paulo, por outro lado, justifica a repressão quando os manifestantes não comunicam previamente o local e o horário da manifestação e abrigam black blocs, que usam o vandalismo como tática[214].

Em atos pelo impeachment da presidente Dilma Rousseff, manifestantes, alguns deles pedindo um golpe militar, gritavam "viva a PM" e pediam para tirar fotos abraçados com policiais. O governador de São Paulo, Geraldo Alckmin (PSDB), chegou a liberar as catracas do metrô gratuitamente para esses manifestantes[215]. Não só por motivos ideológicos, portanto, mas também em virtude de seus interesses profissionais mais diretos, a polícia tende a se alinhar politicamente com quem não oferece tanta resistência à sua autoridade, não busca limitá-la por meio de regras de responsabilização e é partidário de políticas de Lei e Ordem, uma vez que a polícia sente-se fisicamente ameaçada por políticas criminais mais liberais. Isso faz da direita a aliada tradicional da polícia[216].

De acordo com Reiner, as divisões sociais cruciais para a polícia não são aquelas entre classes sociais, mas entre as pessoas que respeitam e as que não respeitam a polícia, as pessoas difíceis e as respeitáveis, as que causam problemas e as que não causam, as que aceitam e as que desafiam os valores de decência da classe média, que muitos policiais respeitam[217]. Há no Brasil um histórico de atritos entre a polícia e a juventude que vem desde a ditadura militar e se prolonga pela redemocratização. Ao desempenhar o papel de mantenedora da ordem pública, a polícia, julgando-se insultada, causava atritos em shows de rock e, após revistas truculentas, prendia jovens, principalmente os mais pobres, sob a acusação de consumo e porte de drogas ou incitação ao seu uso. Por outro lado, a polícia faz muitas vezes vista grossa àqueles que, devido à

214__Luis Jourdain, "Repressão policial em protestos mira Passe Livre e estudantes", *R7*, São Paulo: 25 fev. 2016.

215__Giba Bergamim Jr. e Renata Agostini, "Manifestantes tietam e tiram 'selfies' com policiais do Batalhão de Choque", *Folha de S.Paulo*, São Paulo: 15 mar. 2015; Cristiane Agostine, "Metrô de SP liberou catraca para manifestantes em ato contra Dilma", *Valor*, São Paulo: 18 mar. 2015.

216__David H. Bayley, *Padrões de policiamento: uma análise comparativa internacional*, op. cit., p. 206.

217__Robert Reiner, *A política da polícia*, op. cit., p. 142.

proteção da aglomeração humana nos shows de rock, transformam esses locais em espaço para o livre consumo de drogas. Enquanto a população mais idosa e conservadora afirma que "tem polícia de menos", muitos jovens sentem na pele que "tem polícia demais", e as bandas musicais a elegem como alvo de suas críticas[218].

Monet assinala que, questionados, policiais explicam que o objetivo da ação policial não é tanto realizar uma prestação de serviço a cidadãos individualizados, mas preservar, em benefício do conjunto da coletividade, a ordem social existente contra predadores que conduzem consigo a anarquia; separar a civilização da barbárie; reconduzir os pecadores transviados ao bom caminho; evitar que pessoas honestas e respeitáveis entrem no caminho fácil que conduz ao vício e à perdição. Trata-se de um trabalho sem limites assinaláveis, sem fim, eternamente recomeçado, que dá aos policiais uma visão sombria do mundo social e um discurso moralizador, de missionário, ou cinicamente descrente[219].

Segundo Buckner, Christie e Fattah, por definição, pede-se ao policial que aplique leis representando a moral puritana. A reação típica dos cidadãos à imposição da lei consiste em rejeitar a autoridade dos policiais, aumentando sua obrigação de enfrentar o perigo. O tipo de homem que reage bem diante do perigo, todavia, é aquele que não corresponde aos códigos da moral puritana. Dessa forma, o policial possivelmente será acusado de hipocrisia[220]. O moralismo puritano dos policiais contrasta com o *éthos* de masculinidade que vigora no interior da corporação, principalmente nos momentos de descontração. Para descarregar as tensões do trabalho, muitos policiais prezam atividades machistas, brincadeiras licenciosas, o consumo por vezes abusivo de bebidas alcoólicas e o uso da força para regrar os conflitos[221].

Curiosamente, o aspecto lúdico também aparece em algumas subculturas policiais. Ao contrário das galeras, os policiais podem desfrutar

---

218__Paulo Sérgio do Carmo, *Culturas da rebeldia: a juventude em questão*, *op. cit.*, pp. 153-4; Albert Reiss Junior, "Policía y comunidad", *op. cit.*, p. 187.

219__Jean-Claude Monet, *Polícias e sociedades na Europa*, *op. cit.*, p. 129.

220__Taylor Buckner, Nils Christie e Ezzat Fattah, "Policía y cultura", *op. cit.*, p. 169; Howard Becker, *Outsiders: estudos de sociologia do desvio*, *op. cit.*, p. 153.

221__Jean-Claude Monet, *Polícias e sociedades na Europa*, *op. cit.*, p. 155; Robert Reiner, *A política da polícia*, *op. cit.*, pp. 148-9.

sem inibições os momentos de adrenalina do confronto, porque a repressão do mal é vista como legítima. De acordo com Reiner, muitos policiais veem sua luta com os "vilões" como um jogo ritualístico, um desafio divertido, excitante, com aspectos hedonistas, sendo que ganhar é prender e dá mais satisfação pessoal do que qualquer sentido de serviço público.

Parte dos policiais é viciada em adrenalina e nas emoções da caça, apesar de serem momentos especiais, raros de acontecer no trabalho[222]. Ir atrás de criminosos é visto como importante, desafiador e gratificante, a razão de ser da polícia[223]. Nesse sentido, pode-se encarar tudo como uma grande brincadeira violenta de "polícia e bandido", principalmente quando a polícia conta com uma superioridade numérica ou bélica tal que não se expõe tanto ao risco. Bittner aponta como alguns policiais de rua veem o policiamento como um trabalho policial real, enquanto consideram que não deveriam ser obrigados a realizar um trabalho social para a manutenção da paz. Um dos motivos para essa avaliação é a preferência por se envolver, impetuosamente, em atividades que produzem mais excitação e que dão mais oportunidade para exposição e promoções, em detrimento daquelas tediosas e corriqueiras[224].

Da mesma forma como galeras glamorizam e se inspiram em filmes norte-americanos que mostram brigas de gangues de rua[225], alguns policiais podem se espelhar em personagens de filmes que espetacularizam, glamorizam ou até banalizam a violência, como o Rambo ou o Capitão Nascimento, de Tropa de Elite. Por outro lado, cenas de perseguição reais são transmitidas ao vivo por programas policiais com alta audiência.

Conforme visto, é próprio das subculturas juvenis o gosto por circular pela cidade e desafiar as autoridades. As "zoações", diante da falta de espaços de lazer para jovens pobres, são muitas vezes feitas nos "pedaços", espaços intermediários entre o privado (a casa) e o público. Ocorre que

> a rua é sempre, para a polícia, uma aposta essencial. O espaço público forma o território próprio da polícia, o lugar onde ela pode exibir o máximo de poderes. Todo ajuntamento na rua é,

---

222__Robert Reiner, *A política da polícia*, op. cit., pp. 136-9.
223__*Ibidem*, p. 142.
224__Egon Bittner, *Aspectos do trabalho policial*, op. cit., pp. 150 e 352.
225__Eloísa Guimarães, *Escola, galeras e narcotráfico*, op. cit., p. 106.

portanto, para a polícia, mais que um distúrbio potencial: uma ameaça contra ela. E todo ajuntamento é um desafio, pois torna ilusória a autoridade de que é investido um agente isolado, sua capacidade de se impor, por injunções, sua própria concepção daquilo que é normal e do que não o é. Além do agente, é a instituição em seu conjunto que está em causa, pois a polícia só pode funcionar na medida em que a autoridade que encarna é reconhecida como tal, sem ter de utilizar a força. Mas, pela importância que atribui ao controle da rua, a polícia transforma num só golpe esse espaço em aposta. Ora, a lei, através das incriminações que contém, dá à polícia um recurso decisivo nesse controle da rua. No ato, a polícia é tentada a pôr em causa toda uma gama de comportamentos que tomam a rua como campo de manobra habitual: não somente os dos mendigos, dos vagabundos ou das prostitutas, mas também os dos operários que fazem manifestações, minorias políticas que desfilam, jovens dos subúrbios ou das *inner-cities* que a exiguidade dos apartamentos, o desconforto dos alojamentos ou o puro prazer de estar juntos e ao ar livre reúnem nas esquinas das ruas. E pelo fato de a rua ser uma aposta maior, todo o movimento de especialização e de profissionalização, que a polícia vive há um século, tende para um único objetivo: dar à polícia os meios de ganhar de seus "*challengers*" (desafiadores). Isso quer dizer que há, com frequência, pouco espaço à ideia de negociação nas representações policiais, em matéria de controle da rua – ainda que, na prática, sejamos forçados a um acordo.[226]

É essa lógica, para além de uma política oficial de segurança pública elitista ou racista ditada pelas elites, que também está por trás da repressão policial a bailes funk de rua em São Paulo, com a utilização de balas de borracha e bombas de gás lacrimogêneo. Cabe mencionar que uma pesquisa realizada pelo Fórum Brasileiro de Segurança Pública e pela Decode Pulse em 2020 revelou que o funk não aparecia entre os dez gêneros musicais mais frequentes nos perfis de profissionais da Polícia Militar nas redes sociais, sendo o oitavo gênero mais frequente nos perfis de

---

226__Jean-Claude Monet, *Polícias e sociedades na Europa, op. cit.*, p. 240.

profissionais da Polícia Civil (3%) e o sexto mais frequente nos perfis de profissionais da Polícia Federal (2%)[227]. Além de as letras sobre sexo e drogas agredirem a moralidade de muitos policiais e de estes se sentirem provocados com a ocupação das ruas pelos jovens, outras letras pregam a morte de policiais e/ou exaltam facções criminosas, vistas pelos policiais como as responsáveis pela morte de seus colegas. Nessa "guerra particular" entre policiais e jovens frequentadores de bailes funk de rua, acusados de receberem com pedras e garrafas as ordens da polícia para desobstruírem as ruas, houve alguns episódios de mortes.

No relatório final da CPI de Homicídios de Jovens Negros e Pobres, criada na Câmara dos Deputados, em 2015, "para apurar [...] as causas, razões, consequências, custos sociais e econômicos da violência, morte e desaparecimento de jovens negros e pobres no Brasil", consta que em uma reunião em Nova Iguaçu, em 10 de julho de 2015, um morador de Belford Roxo falou sobre a forma violenta como a polícia vinha agindo para reprimir o tráfico, destacando uma ação policial ocorrida no final de 2014, quando, em um encontro de jovens em baile funk, a polícia preparou uma emboscada que resultou na morte de vários deles[228].

Na madrugada de 14 de outubro de 2017, duas pessoas ficaram feridas durante um tiroteio em Paraisópolis, na zona Sul de São Paulo. De acordo com o boletim de ocorrência, policiais das Rondas Ostensivas Tobias de Aguiar (Rota) faziam patrulhamento no local quando se depararam com um homem sem capacete conduzindo uma motocicleta roubada. Segundo os policiais, após perseguirem e deterem o suspeito, pessoas não identificadas em um baile funk nas imediações teriam atirado garrafas e pedras contra eles. A polícia alegou ter reagido com balas de borracha para dispersar a multidão e ter sido recebida por disparos de arma de fogo. Uma das vítimas, de 20 anos, levou um tiro nas mãos. A outra, uma menina de 14 anos que estava em um bar em frente ao baile,

---

227__Fórum Brasileiro de Segurança Pública e Decode Pulse, *Política e fé entre os policiais militares, civis e federais do Brasil*, relatório de pesquisa, São Paulo: 2020, pp. 27, 33 e 39.

228__Brasil, Câmara dos Deputados, Comissão Parlamentar de Inquérito Homicídios de Jovens Negros e Pobres, *Relatório n. 3/2015 CPIJOVEM, de julho de 2015*, relatório final, Brasília: Câmara dos Deputados, 2015, p. 159. Disponível em: https://www.camara.leg.br/proposicoesWeb/prop_mostrarintegra?codteor=1362450. Acesso em: 7 jul. 2021.

levou um tiro no rosto, perdeu dentes e um osso da face. As balas eram calibre .38 e .40, comumente usadas pelas forças policiais. Segundo testemunhas, os policiais só teriam deixado os moradores prestarem socorro quando viram que o estado da vítima era grave[229].

Em sua página no Facebook, a Polícia Militar havia publicado dois meses antes, em agosto de 2017, um vídeo de um minuto e meio que exemplificava como o combate aos "pancadões", bailes funk de rua, vinha sendo feito. Nas imagens, é possível ver bombas de efeito moral explodindo e frequentadores correndo. No vídeo, o major Tasso explica em entrevista à rádio Band News FM como uma operação com 124 policiais impediu a formação de um "pancadão" em Paraisópolis. De acordo com o major, até 30 mil pessoas costumavam frequentar a balada de rua. Ele orienta os moradores de áreas onde existam pancadões a denunciar a ocorrência para o 190 e fala para as pessoas em geral deixarem de ir aos eventos: "As pessoas que vêm de fora, do litoral e do interior em ônibus e vans... Não venham mais. A PM vai continuar fazendo este tipo de operação e o baile funk, o pancadão não vai acontecer"[230].

Em 17 de novembro de 2018, três pessoas morreram pisoteadas no baile funk do Vermelhão, no bairro dos Pimentas, em Guarulhos, após repressão policial: Marcelo do Nascimento Maria, de 34 anos; Mikaely Maria de Lima Lira, de 27 anos; e Ricardo Pereira da Silva, de 21 anos. A Polícia Militar disse ter sido acionada por moradores por causa do barulho e que, quando chegou ao local, foi recebida com garrafadas, reagindo utilizando armas de menor potencial ofensivo. Em novembro de 2019, uma jovem de 16 anos, Gabriella Talhaferro, perdeu o olho esquerdo após ser atingida por um disparo de bala de borracha durante a dispersão de um baile em Guaianases, na zona leste da capital paulista. Na madrugada de 1º de dezembro daquele ano, o morador de rua Alberto Góes, de 38 anos, morreu baleado pela polícia em um baile funk na favela de Heliópolis, a maior de São Paulo, durante uma operação no baile funk. De acordo com o boletim de ocorrência, com base em informações da polícia, o homem foi baleado por PMs em uma viela, após

---

229__"Duas pessoas ficam feridas em tiroteio durante ação da Rota em Paraisópolis, na Zona Sul de SP", *G1*, São Paulo: 15 out. 2017; Jeferson Delgado, "O fluxo do fluxo", *op. cit.*

230__Aiuiri Rebello, "PM amplia combate aos pancadões e número de multas cresce mais de 34 vezes", *UOL*, São Paulo: 6 out. 2017.

correr em direção a eles com uma arma em punho e atirar. Ele estaria "provavelmente fugindo da ação de dispersão que era feita do outro lado da comunidade [por outra equipe da polícia]" durante o baile. Moradores de Heliópolis, no entanto, contestaram a versão da polícia e afirmaram que o homem foi levado para um beco por PMs, dentro de uma viatura, sem troca de tiros, e executado. Os três PMs da Força Tática que participaram do suposto confronto foram afastados da corporação a pedido do Ouvidor das Polícias.[231]

Na mesma madrugada do dia 1º de dezembro de 2019, nove jovens morreram pisoteados no Baile da Dz7, em Paraisópolis, após uma ação policial: Marcos Paulo Oliveira dos Santos, de 16 anos; Bruno Gabriel dos Santos, de 22 anos; Eduardo Silva, de 21 anos; Denys Henrique Quirino da Silva, de 16 anos; Mateus dos Santos Costa, de 23 anos; Dennys Guilherme dos Santos Franca, de 16 anos; Gustavo Cruz Xavier, de 14 anos; Gabriel Rogério de Moraes, de 20 anos; e Luara Victoria de Oliveira, de 18 anos.

Segundo a narrativa dos policiais envolvidos, eles estavam perseguindo dois assaltantes em uma moto que, na fuga, entraram no meio do baile. Recebidos com garrafas pelo público, os policiais teriam reagido com bombas de gás lacrimogêneo e balas de borracha para dispersá-lo. A versão, no entanto, foi contestada por testemunhas, que acusaram a polícia de ter forjado uma armadilha, cercando as rotas de fuga e forçando a multidão a correr entre os becos estreitos da favela. Muitos frequentadores do baile não eram da favela e desconheciam sua geografia, o que facilitou as mortes[232]. O governador João Doria (PSDB), em um primeiro momento, endossou a versão da polícia, mas, diante da divulgação de imagens que flagravam policiais agredindo frequentadores dos bailes acuados, disse estar chocado e admitiu revisar protocolos policiais[233]. Diante da morte dos nove jovens em Paraisópolis, deputados estaduais do PT, PCdoB e do Psol repudiaram a ação policial e a política de segurança pública do governador, requerendo ao secretário de Segurança Pública João Camilo Pires de Campos informações sobre o episódio, os

---

231__"Após uma semana da ação policial que deixou um morto em Heliópolis, tradicional baile funk não acontece", *G1*, São Paulo: 9 dez. 2019.

232__Gil Alessi, "Repressão a bailes funks em São Paulo tem tiro no olho e 1.275 presos só neste ano", *El País*, São Paulo: 3 dez. 2019.

233__Felipe Resk, "Doria se diz chocado com vídeo de agressão de PM em Paraisópolis", *Estadão*, São Paulo: 5 dez. 2019.

protocolos das operações policiais, as responsabilidades pelas mortes, as providências a serem tomadas e a investigação.

Destacam-se os textos do requerimento de informação n. 798/2019, de autoria de Isa Penna (Psol), e da moção n. 222/2019, de autoria de Erica Malunguinho (Psol), de igual teor, que lembram que o governador João Doria afirmou, em dezembro de 2016, recém-eleito para a Prefeitura de São Paulo: "A cidade é um lixo vivo. O pancadão [baile funk] é um cancro que destrói a sociedade. O pancadão é administrado pelo PCC (Primeiro Comando da Capital)". As deputadas defenderam que, além de diversão e uma das maiores manifestações culturais de massa do país, relacionada aos estilos de vida e experiências da juventude de periferias e favelas, o funk promove a aproximação entre classes sociais diferentes, constitui uma indústria que movimenta milhões, gera empregos e renda, sendo o ritmo brasileiro mais ouvido no exterior. A criminalização do funk, segundo as deputadas, é essencialmente racista e "não é novidade para os corpos negros e periféricos brasileiros", tendo em vista que o samba e a capoeira também já foram criminalizados[234].

Motivada, entre outros episódios, pela morte dos jovens no baile de Paraisópolis, a deputada estadual Isa Penna (Psol) apresentou o PL nº 513/2020, que estabelece indenização administrativa às famílias de vítimas de violência policial letal que morreram sem resistência e/ou por ocorrências culposas ou abusivas. Como se fossem excludentes, o deputado estadual Frederico D'Avila (PSL) apresentou o Substitutivo nº 1 a esse PL, que dispõe sobre a indenização às famílias dos integrantes dos quadros da Polícia Civil e Militar que falecerem no estrito cumprimento do dever legal. No âmbito federal, a deputada Sâmia Bomfim (Psol), fazendo alusão a "perseguições sofridas por ritmos e manifestações surgidas dentro da comunidade negra, como o samba, a capoeira e

---

234__Cf. também o requerimento n. 846/2019, dos deputados Isa Penna (Psol), Erica Malunguinho (Psol), Carlos Giannazi (Psol), Emidio de Souza (PT), Leci Brandão (PCdoB), Luiz Fernando T. Ferreira (PT), Márcia Lia (PT), Mônica da Bancada Ativista (Psol), Paulo Fiorilo (PT) e Teonilio Barba (PT); o requerimento n. 2.085/2019, do deputado estadual José Américo (PT); a moção n. 215/2019 e o requerimento de informação n. 792/2019, da deputada estadual Márcia Lia (PT); o requerimento de pesar n. 2.172/2019, a moção n. 222/2019 e o requerimento n. 2.212/2019, da deputada Erica Malunguinho (Psol); o os requerimentos n. 96 e 97/2020, da deputada Mônica da Mandata Ativista (Psol).

o rap", apresentou o Requerimento n. 3.108/2019, que requereu a constituição de Comissão Externa para acompanhar os desdobramentos decorrentes da ação da Polícia Militar no baile da Dz7.[235]

Em março de 2020, o relatório final da Corregedoria da Polícia Militar de São Paulo concluiu que as mortes no Baile da Dz7 decorreram da ação policial, mas citou legítima defesa como excludente de ilicitude para pedir que os 31 policiais militares envolvidos não fossem punidos, pois teriam sido atacados com garrafadas, paus, pedras e demais objetos por uma "turba enfurecida". O documento afirmou não ser possível individualizar a conduta de cada policial na ação nem ter certeza de que os policiais fecharam as principais vias de fuga, conforme apontaram testemunhas civis. O relatório ainda corresponsabilizou os pais dos jovens pelas mortes, uma vez que teriam negligenciado seu pátrio poder. Apesar de pedir o arquivamento da investigação contra os PMs sobre as mortes, o relatório listou falhas operacionais dos agentes, como GPS das viaturas desligados, e sugeriu abrir investigação[236]. No mesmo mês, o comandante geral da Polícia Militar de São Paulo, Marcelo Vieira Salles, entregou o cargo ao secretário de Segurança Pública, João Camilo Pires de Campos, pois teria ficado insatisfeito com o afastamento dos 31 policiais militares envolvidos no episódio e com a falta de apoio do governador João Doria a eles[237].

Em julho de 2021, o relatório do inquérito da Polícia Civil de São Paulo afastou a tese de legítima defesa e concluiu que a morte dos jovens ocorreu em decorrência de um tumulto provocado pela ação dos policiais militares. A análise das imagens captadas por câmera existente teria demonstrado que a equipe da Força Tática ingressou em alta velocidade e, até sua chegada, não havia tumulto no local. Os policiais não teriam observado o "necessário cuidado objetivo que lhes era exigível, sendo previsível, no contexto da ação, a ocorrência de resultado letal", porém, o delegado indiciou nove policiais militares por homicídio culposo,

---

235__Cf. também o requerimento n. 3.095/2019, do deputado federal Orlando Silva (PCdoB).

236__Rogério Pagnan e Artur Rodrigues, "PM admite que mortes em Paraisópolis decorreram de ação policial", *Folha de S.Paulo*, São Paulo: 5 mar. 2020.

237__Rogério Pagnan, "Comandante-geral da PM de SP entrega o cargo e impõe a Doria baixa estratégica na Segurança", *Folha de S.Paulo*, São Paulo: 6 mar. 2020.

pois supostamente não tiveram a intenção de matar[238]. Já o Ministério Público de São Paulo denunciou no mesmo mês doze policiais militares que participaram da ação em Paraisópolis por homicídio doloso, na modalidade do dolo eventual, pois teriam assumido o risco de matar, "na medida em que cercaram as rotas de fuga, deram causa ao tumulto, ocasionaram uma dispersão de quase 5.000 pessoas por ruas em que passam apenas 4 ou 5". Um 13º PM também foi denunciado, mas por ter colocado as pessoas no local em risco mediante explosão[239].

"É O FLUXO": FUNK E POLUIÇÃO SONORA

Desde meados da década de 1990 já havia reclamações de vizinhos de bailes funk de favelas do Rio de Janeiro a respeito do barulho ensurdecedor, da interrupção do trânsito nas cercanias, do lixo acumulado, de arrastões, brigas e depredações nas saídas dos bailes, entre outros transtornos. O mesmo tipo de reclamação passa a ocorrer em São Paulo à medida que os bailes passam a ser realizados nas ruas de suas periferias. Durante a fase do funk ostentação, shows de MCs ocorriam em boates, onde bebidas caras eram vendidas. Porém, a crise econômica de 2014 fez com que os bailes de rua se tornassem, para muitos jovens, a única alternativa de lazer possível.

Tais bailes, sem infraestrutura para shows, são animados pelo som alto de carros estacionados nas ruas ou em postos de gasolina. Lanches e bebidas mais baratos são vendidos muitas vezes pelos próprios moradores do bairro, como forma de complementar ou obter sua única renda. Tais bailes ficaram conhecidos na grande mídia como "pancadões", em virtude do som alto, e entre seus frequentadores são reconhecidos como "fluxos", termo que expressa "a possibilidade de uma grande confluência

---

238__Rogério Pagnan e Artur Rodrigues, "Polícia conclui que tumulto com 9 mortes em Paraisópolis foi iniciado por PMs", *Folha de S.Paulo*, São Paulo: 8 jul. 2021.

239__Rogério Pagnan, "Promotoria de SP denuncia 12 PMs por homicídio doloso de jovens em Paraisópolis", *Folha de S.Paulo*, São Paulo: 19 jul. 2021.

de pessoas para um mesmo ponto e com o mesmo intuito": divertir-se, paquerar e beijar[240].

Vendedores estimavam em 2017 que, nos dias mais cheios, o público do fluxo da Dz7, em Paraisópolis, chegava a 20 mil pessoas. Já a estimativa do Conselho Comunitário de Segurança (Conseg) do Morumbi era de 3 mil a 5 mil pessoas, quatro dias por semana. Um bar colado ao fluxo faturava R$5 mil por mês. O combo com garrafas de uísque e energético custava R$50, o gelo de coco custava R$5, a bala de energético custava R$1 e o estacionamento custava R$20 no período noturno[241].

De acordo com Paulo Menotti Del Picchia, a valorização do som alto nos "fluxos" gera uma espécie de culto aos alto-falantes e influencia inclusive a produção musical dos DJs, incentivados a acentuar as frequências graves para dar mais peso às músicas, fazendo o corpo das pessoas vibrar com o som e elas se sentirem "dentro da música". Pesquisando em 2016 os "fluxos" de Heliópolis, bairro da zona Leste de São Paulo, onde ocorria o Baile do Helipa, um dos mais famosos da cidade junto com o Baile da Dz7, Del Picchia verificou que todas as gerações de moradores de Heliópolis gostavam de botar sistemas de som potentes para funcionar em um volume ensurdecedor, especialmente de quinta-feira a domingo. Porém, ainda que os dois universos musicais estejam muito misturados, enquanto os mais jovens tocavam funk, os mais velhos tocavam forró eletrônico, tendo em vista a forte presença de migrantes nordestinos e de seus descendentes no bairro.

Cabe lembrar, aliás, que essa cultura dos sistemas de som remonta a uma tradição presente em outras partes do Brasil e do mundo, como em festas de aparelhagem no Pará, nos paredões de forró no Nordeste, nos *sound systems* de reggae na Jamaica, nas festas de *kuduro* nas ruas de Angola, entre outros. Em 2016, fabricar um paredão custava aproximadamente R$20 mil, mas havia paredões de até R$90 mil. O aluguel de um paredão médio custava em torno de R$500 e R$1 mil – ou mais, se

---

240__Alexandre Barbosa Pereira, "Os 'rolezinhos' nos centros comerciais de São Paulo: juventude, medo e preconceito", *op. cit.*, p. 553. Ledson Chagas relata em 2016 um fenômeno semelhante aos "fluxos" de São Paulo em Salvador; Ledson Chagas, *Corpo, dança e letras: um estudo sobre a cena musical do pagode baiano e suas mediações*, dissertação (Mestrado em Cultura e Sociedade) – Universidade Federal da Bahia, Salvador: 2016, pp. 219-20.

241__Jeferson Delgado, "O fluxo do fluxo", *op. cit.*

fosse um paredão maior. O som dos carros às vezes custava mais que o próprio carro.

Por acontecer na rua, o "fluxo" é aberto e gratuito. Del Picchia lembra que a impossibilidade de se cobrar ingresso torna as apresentações ao vivo de MCs raras nesses eventos. No entanto, apesar de os "fluxos" competirem com shows pagos, os MCs querem ouvir suas músicas tocando nos "fluxos" e seus clipes os retratam. Como o próprio nome diz, nessas festas há o fluxo ou a circulação de pessoas, motos e carros, quando a largura da rua permite. Afinal, os "fluxos" muitas vezes fecham as ruas e ruelas onde acontecem e é difícil atravessá-los. Um garoto passando com um carro *tunado*, com um sistema de som potente customizado, adquire mais status. Esse tipo de carro é chamado também de "*nave*", pois os alto-falantes instalados na parte traseira lembram turbinas de uma nave espacial. Já as motos aceleram alto como se estivessem disputando o volume com os sistemas de som. Donos de bares ligavam o paredão de som alugado em frente aos estabelecimentos, em alto volume, para atrair aglomerações de jovens e ajudar na venda de bebidas.

Segundo Del Picchia, o "fluxo" *pode* acontecer vários fins de semana seguidos numa mesma rua ou variar de local caso a polícia passe a reprimir com mais frequência seu acontecimento num ponto específico. O "fluxo" tem, portanto, a capacidade de se dispersar rapidamente em caso de repressão policial, quando a polícia "molha o baile" (o que é bastante comum), além de poder ser retomado na mesma noite, na mesma rua, depois que a polícia vai embora. O som na rua começa a se intensificar às quintas-feiras e se estende até o domingo, diminuindo a partir de segunda-feira, o que compõe uma paisagem sonora típica dos bairros periféricos, que não é encontrada nas regiões centrais da cidade. Embora descomprima e extravase certas tensões e pressões que o cotidiano produz, provoca outras[242]. A partir da reclamação de muitos moradores a respeito do barulho e do fechamento das ruas no entorno dos "fluxos", inclusive em reuniões dos Conselhos Comunitários de Segurança-Consegs, surgiu

---

242__Paulo Menotti Del Picchia, "Por uma etnografia dos sistemas de som do funk", *Emblemas*, Catalão, GO: jan.-jun. 2018, v. 15, n. 1, pp. 82 ss.; Meno Del Picchia, "No fluxo dos paredões", *Zumbido*, 12 abr. 2019.

a chamada Operação Pancadão, uma ação policial cuja proposta era coibir a realização dessas festas de rua[243].

De acordo com informações prestadas em 21 e 28 de maio de 2021 pelo Coronel Vanderlei Ramos, Chefe de Gabinete do Comandante-Geral da Polícia Militar de São Paulo, respondendo aos Requerimentos de Informação n. 717/2020 e n. 490/2021, dos deputados estaduais Major Mecca (PSL) e Douglas Garcia (PTB), respectivamente, desde meados de 2013 são realizadas operações denominadas inicialmente de "Pancadão", nomeadas posteriormente de "Paz e Proteção". As operações têm como principal objetivo localizar os veículos que infringem o artigo 228 do Código de Trânsito Brasileiro (CTB) ("Usar no veículo equipamento com som em volume ou frequência que não sejam autorizados pelo Conselho Nacional de Trânsito").

Foi informado que a Polícia Militar recebia uma média mensal de aproximadamente 135 mil chamados, quando somadas as ocorrências de perturbação do sossego público e as ocorrências de descumprimento das medidas impostas pelo Governo pra combater aglomerações durante a pandemia de covid-19, ou seja, eram aproximadamente 4.500 ocorrências solicitadas por dia no Estado e destas, mais de 2.300 chamados de ocorrências somente na Capital e na Região Metropolitana. O número de ocorrências na Região Metropolitana da Cidade de São Paulo sobre funk, "pancadão", "esquenta" e perturbação do sossego público no ano de 2020 foi da ordem de 98.856, com uma média mensal de 8.228. De 2016 a 2020, foram realizadas mais de 33 mil operações em todo Estado, com mais de 6 toneladas de drogas apreendidas, 820 mil pessoas abordadas, 345 mil veículos vistoriados, que resultaram em mais de 1.800 veículos localizados/recuperados e mais de 4.800 pessoas presas.[244]

Apenas nos três primeiros meses de 2015, o governo do estado de São Paulo gastou R$1,5 milhão em operações de segurança para combater

---

243__Alexandre Barbosa Pereira, "Funk ostentação em São Paulo: imaginação, consumo e novas tecnologias da informação e da comunicação", *Revista de Estudos Culturais*, São Paulo: EACH/USP, 2014, n.1, pp. 3 e 16.

244__Em 23 de abril de 2013, a PM editou a Ordem de Operações n. PM3-001/02/13, que, entre outras situações de quebra da ordem, abrangia os "bailes funk", "fluxo" e "pancadão". O tema passou a ser regulado em 06 de março de 2021 pela Nota de Instrução n. PM3-001/02/20.

os "pancadões"[245]. Em outubro de 2016, a resolução n. 624 do Conselho Nacional de Trânsito (Contran) liberou os agentes de fiscalização de trânsito do uso do decibelímetro, aparelho específico para autuar motoristas com o som do carro em volume excessivo, podendo fazê-lo "de ouvido", o que aumentou o grau de discricionariedade nas multas. Em 2015, a Polícia Militar havia aplicado na cidade de São Paulo apenas 128 multas por "usar no veículo equipamento com som em volume/frequência não autorizados pelo Contran". Em 2016, foram 1.225 multas do tipo e, de janeiro a junho de 2017, 3.650 multas, segundo o Painel Mobilidade Segura da Prefeitura de São Paulo[246].

Alguns projetos de lei surgiram na Câmara Municipal de São Paulo e na Assembleia Legislativa do Estado de São Paulo (Alesp) com o intuito de proibir ou restringir os "fluxos". A maioria desses projetos, de viés mais repressivo, tinha autoria justamente de parlamentares oriundos da Polícia Militar de São Paulo. Em 2010, após seis legislaturas exercendo o cargo de deputado estadual na Alesp, o capitão Conte Lopes (PTB) não conseguiu se reeleger. Em 2012, no entanto, elegeu-se vereador pela cidade de São Paulo. Seu primeiro projeto de lei apresentado na Câmara Municipal, o PL n. 02/2013, em coautoria com o vereador Coronel Camilo (PSD), ex-comandante da Polícia Militar de São Paulo, tem como objetivo proibir "a utilização de vias públicas, praças, parques e jardins e demais logradouros públicos para realização de bailes funk, ou de quaisquer eventos musicais não autorizados", independentemente de horário.

A proibição se estende "aos espaços privados de livre acesso ao público, tais como postos de combustíveis e estacionamentos, ou qualquer outro espaço público ou privado que não seja regularizado, estruturado e devidamente autorizado pelo Poder Público Municipal, para este tipo de evento" (§ único). O artigo 2° prevê a apreensão imediata do equipamento de som e do veículo, no caso de o equipamento estar instalado ou acoplado no porta-malas ou sobre a carroceria ou, ainda, quando estiver sendo rebocado pelo veículo. O artigo 5°, por outro lado, autoriza o município de São Paulo a licenciar espaço para a realização desses

---

245__Tatiana Santiago, "PM gasta 1,5 milhão em 2015 no combate a pancadões e detém 198", *G1*, São Paulo: 1° abr. 2015.

246__Aiuiri Rebello, "PM amplia combate aos pancadões e número de multas cresce mais de 34 vezes", *op. cit.*

eventos, desde que concluídos até as 22 horas, "assegurado o devido isolamento acústico ou condições ambientais que assegurem a inexistência de qualquer perturbação ao sossego público e à ordem urbana".

A justificativa do PL denuncia o consumo de drogas pela "maioria dos frequentadores" nos "pancadões", "até mesmo por menores de idade", vandalismo e a prática de sexo "em plena via pública". Segundo a justificativa, os jovens se reuniriam "*exatamente* (grifo meu) para cometer algazarra e toda sorte de delitos" e, como "estão *sempre* (grifo meu) portando armas de fogo, enfrentam os cidadãos que tentam reclamar do que fazem". Os vizinhos, impedidos de dormir, adoeceriam. A justificativa atribui essa "desordem pública" à ausência de uma lei específica e de uma fiscalização mais rigorosa. Apesar de criminalizados, os menores também são considerados "vítimas de toda sorte de crimes e ilegalidades", e os vereadores conclamam o Poder Público Municipal para protegê-los. Ainda que não nomeadas, a teoria das janelas quebradas e a ideologia da tolerância zero são invocadas pelos autores do PL nos seguintes termos:

> Esta Desordem Pública e Social que ocorre no Município de São Paulo contribui para a elevação da Violência e da Criminalidade. É o grande catalisador da sensação de insegurança pública e a geradora das condições propiciadoras à prática de crimes, de forma geral. E sempre como *uma coisa leva a outra* [grifo meu], essas situações acabam tirando as pessoas de bons princípios das ruas, contribuindo para a degeneração, e desocupação dos locais e até das atividades econômicas. Urge ordenar o espaço público, fazendo valer as leis e a ordem pública. [...] O crime precisa de oportunidade para ser perpetrado, precisa ter um ambiente para ser cometido e embora não seja sua competência primária a de combater o crime, o Município pode e deve ter o papel fundamental de facilitar uma vida salutar ao munícipe. O Município através de medidas municipais pode evitar a desordem da cidade e instituir medidas municipais que restabeleçam a ordem e a segurança. É necessário o enfrentamento radical aos que *se apossam indevidamente dos locais públicos* [grifo meu] promovendo algazarras, vendas de bebidas alcoólicas, drogas, poluição sonora, corrupção de menores e atentado violento ao pudor.

Os vereadores reivindicam "uma ação conjunta, uma grande operação que envolva Polícia Militar, Polícia Civil, CET [Companhia de Engenharia de Tráfego], Guardas Metropolitanos e Fiscais da Prefeitura, para que todas as ilegalidades sejam contidas". Não incluem, porém, os órgãos de educação e cultura. O projeto foi aprovado pelos vereadores, porém o prefeito Fernando Haddad (PT) vetou-o integralmente, sob a justificativa de que a matéria já se encontrava disciplinada pela normatização vigente: o decreto n. 49.969/2008, que dispõe sobre a realização de eventos públicos e temporários, e a lei n. 15.777/2013, que dispõe sobre a emissão de ruídos sonoros provenientes de aparelhos de som instalados em veículos automotores estacionados e sobre a fiscalização. Por outro lado, o prefeito ressaltou que a aplicação do PL "acabaria por inviabilizar inúmeras comemorações da Cidade de São Paulo, a exemplo da Virada Cultural, da festa oficial de final de ano da Avenida Paulista e do carnaval, até mesmo em razão da fixação do horário de 22 horas para o encerramento das atividades licenciadas". Por fim, reconheceu o funk como "uma expressão legítima da cultura urbana jovem, não se conformando com o interesse público, à toda evidência, sua proibição de maneira indiscriminada nos logradouros públicos e espaços abertos".

A lei n. 15.777/2013, de autoria dos vereadores Antonio Carlos Rodrigues (PR), Dalton Silvano (PV) e Coronel Camilo (PSD), a que se refere o veto do prefeito, proíbe os veículos automotores estacionados em vias e logradouros públicos do município de São Paulo e aqueles estacionados em áreas particulares de estacionamento direto de veículos através de guia rebaixada de emitir ruídos sonoros enquadrados como de alto nível pela legislação vigente mais restritiva, provenientes de aparelhos de som de qualquer natureza e tipo, portáteis ou não, especialmente em horário noturno. A lei, no entanto, exclui da proibição os aparelhos de som que estejam em veículos utilizados em manifestações populares. Ser reconhecido como manifestação popular, portanto, seria estratégico para o funk. A lei prevê a pena de multa e a apreensão provisória do aparelho de som ou do veículo no qual ele estiver instalado[247].

Vê-se assim que, em alguns projetos de lei que visam supostamente combater a poluição sonora, o foco no som alto, o real causador da poluição sonora, é desviado para a fonte de emissão do som (carros estacionados), para o tipo de música que é tocada nos bailes e para outras questões que nada têm a ver com poluição sonora, como o consumo de drogas, o que reforça a hipótese de que, mais do que a poluição sonora, o alvo desses projetos seja o baile funk em si.

Cabe mencionar que, no primeiro semestre de 2019, quando a Polícia Militar realizava a Operação Noite Tranquila em todas as regiões da cidade de São Paulo, com o objetivo de evitar a instalação de bailes funk ou aglomerações que ocasionassem a quebra da ordem pública e a perturbação do sossego, foram registradas 9.449 reclamações de barulho, o que equivale a 52 ocorrências por dia, em média, segundo dados do Programa Silêncio Urbano (Psiu) da Prefeitura. Dentre os 96 distritos de São Paulo, a Vila Andrade, onde se localizam Paraisópolis e o Baile da Dz7, ficou em 76º lugar no total de chamados por poluição sonora, com sessenta chamados, o que representa 0,64% do total. Os três primeiros lugares com mais chamados foram Pinheiros, na zona Oeste, que engloba o boêmio bairro da Vila Madalena, com 345 chamados, Santa Cecília, na zona central, com 233, e Vila Mariana, na zona Sul, com 220[248]. Isso não significa, contudo, que os bairros onde há mais reclamações sejam necessariamente os mais barulhentos, tendo em vista que a disposição do cidadão de reclamar pode variar de acordo com diversos fatores, como seu nível de tolerância, sua confiança no Poder Público e sua segurança de que não sofrerá represálias.

247__A lei foi regulamentada pelo decreto n. 54.734/2013, alterado posteriormente pelo decreto n. 57.666/2017. Cf. também o PL n. 714/2019, de autoria do vereador Fernando Holiday (DEM), que se encontrava ainda em tramitação em julho de 2021, e o PL n. 414/2015, do vereador Salomão Pereira (PSDB), arquivado em janeiro de 2017, com o fim da legislatura anterior.

248__A Prefeitura tinha convênio com a PM para atuar na fiscalização desde 2013; Cíntia Acayaba, "SP tem 9,4 mil reclamações de barulho no 1º semestre; Pinheiros é recordista, região de Paraisópolis fica em 76º lugar", *G1*, São Paulo: 3 dez. 2019.

Os "pancadões", aliás, não ocorrem somente nas periferias de São Paulo. Há registros de "pancadões universitários", geralmente às sextas-feiras, em ruas nas imediações de universidades privadas, algumas em bairros nobres e frequentadas por alunos de classe média alta, como a Pontifícia Universidade Católica (PUC) e o Mackenzie, ainda que nem todos os participantes do "pancadão" sejam estudantes dessas universidades. As reclamações da vizinhança são muitas: carros parados com o capô aberto tocando funk em alto volume; ambulantes vendendo bebidas; jovens fazendo sexo na rua, consumindo drogas ilícitas, dançando em cima dos capôs de carros estacionados por perto, amassando a lataria e urinando nas portas; fechamento de vias; furtos.

A vizinhança e os próprios alunos que querem assistir às aulas queixam-se sobre a omissão das autoridades, mas bares são multados pela Prefeitura e veículos são apreendidos pela Polícia Militar. Os bares alegam, por sua vez, que não são responsáveis pelo excesso de barulho e que os que mais lucram com os "pancadões", os ambulantes, não são multados, por não terem CNPJ. Em agosto de 2016, a Polícia Militar dispersou um "pancadão" em frente ao Centro Universitário das Faculdades Metropolitanas Unidas (FMU), na Liberdade, com bombas de efeito moral. Muitos alunos correram para dentro de bares, que acabaram depredados. A Secretaria da Segurança Pública afirmou que os policiais estavam tentando efetuar uma prisão após um roubo, mas os participantes do "pancadão" atiraram garrafas neles[249].

O PL 555/2020, de autoria do vereador Rinaldi Digilio (PSL), cria o Disk Denúncia Pancadão, um serviço de atendimento telefônico e aplicativo de atendimento integral, 24 horas, sete dias por semana, disponibilizado pelo poder executivo municipal, onde o munícipe comunica diretamente aos setores responsáveis pela Prefeitura vinculados à Secretaria Municipal de Segurança Urbana/GCM denúncias contra "pancadões". Sem fazer referência a um gênero musical específico nem na Justificativa, o PL define "pancadão" como "o ato de fazer reuniões

---

249__Sérgio Quintella, "'Pancadões' em ruas de universidades estão tirando o sono dos moradores", *Veja São Paulo*, São Paulo: 1º jun. 2017; Fabiano Nunes, "Pancadão universitário já irrita até comércio e os estudantes", *O Estado de S. Paulo*, São Paulo: 18 abr. 2012; Leandro Machado, "Pancadões universitários crescem e tiram o sono de moradores de SP", *Folha de S.Paulo*, São Paulo: 19 ago. 2016.

com músicas em alto volume (acima do determinado pela Lei 16.402, de 23 de março de 2016, regulamentada pelo Decreto nº 57.443/16), em locais públicos, sem prévia autorização do município" (art. 1º, parágrafo único). Estipula que o prazo para resolução do atendimento e resposta ao munícipe não poderá ultrapassar 3 (três) horas (art. 2º, parágrafo único) e que fica sob responsabilidade do órgão competente manter o anonimato do denunciante (art. 4º).[250]

O autor do PL é pastor da Igreja do Evangelho Quadrangular. É descrito no site da Câmara Municipal como conservador, de direita, um "vereador cristão e integrante da bancada cristã", que "conquistou espaços para a música gospel na programação cultural da cidade de São Paulo, com destaque para o palco exclusivo e inédito para a música cristã nas edições de 2018 e 2019 [da Virada Cultural] e a aprovação de projetos para ajudar as igrejas, como a Lei da Anistia e o Programa de Parcelamento Incentivado (PPI)". É interessante notar que cultos de igrejas evangélicas estejam entre as principais causas de reclamação contra a poluição sonora em São Paulo (lideraram o ranking do Ministério Público estadual em 2009), mas não sejam mencionados nos projetos de lei acima analisados, havendo inclusive PLs que, ao contrário, buscam flexibilizar ou amenizar as normas de combate à poluição sonora para resguardar os templos religiosos[251].

Por outro lado, por mais que o vereador Gilberto Natalini (PV) tenha apresentado as indicações n. 124/2018 e n. 126/2018, para solicitação de providências à Prefeitura Regional do Campo Limpo no sentido de solucionar o problema dos "pancadões", não parece ter sido movido por um ímpeto de perseguir específica e seletivamente o funk, tendo em vista que já havia apresentado outros PLs anteriormente para combater a poluição

---

250__O PL encontrava-se em tramitação em julho de 2021.

251__"Em SP, igreja passa bar em queixas sobre ruído", *Estado de S. Paulo*, São Paulo: 3 maio 2010; Meno Del Picchia, "No fluxo dos paredões", *op. cit.* Cf. as leis municipais n. 13.190/2001 e 15.133/2010, declarada inconstitucional pelo Tribunal de Justiça de São Paulo, ambas de autoria do vereador Carlos Apolinário (PMDB), histórico defensor das igrejas evangélicas.

sonora, sem citar esse gênero[252]. Da mesma forma, ainda em 2005, portanto antes de o funk se consolidar na periferia de São Paulo, o vereador Jooji Hato (PMDB) apresentou o PL n. 384/2005, que combate a poluição sonora proveniente de instalações sonoras de veículos automotivos.[253]

A Lei n. 15.937/2013, de autoria da vereadora Sandra Tadeu (DEM), proíbe, para fins de preservação do conforto acústico dos usuários e combate à poluição sonora, o uso de aparelhos musicais ou sonoros, salvo mediante o uso de fone de ouvido, no interior de veículos de transporte coletivo, públicos e privados, independentemente do órgão ou ente responsável por sua administração, que circulam dentro do município. A lei também se aplica a aparelhos celulares, quando utilizados como aparelhos musicais. É prevista solicitação de intervenção policial no caso de o infrator se recusar a desligar o aparelho ou a se retirar do veículo. Na justificativa do PL n. 147/2012, que originou a lei, a vereadora, sem citar especificamente o funk, alega que, "enquanto alguns passageiros gostariam de ouvir algum tipo [de] música, outros preferem outro tipo ou apenas o silêncio, após um longo e cansativo dia de trabalho[254]".

O vereador Conte Lopes (PTB) apresentou em 2015 o PL n. 319/2015, que prevê que o Poder Executivo Municipal deverá implantar a Patrulha do Silêncio no município de São Paulo, com o objetivo de vistoriar, apurar e punir toda perturbação ao sossego público produzida por barulho excessivo, 24 horas por dia, todos os dias da semana. Sem citar expressamente o funk ou "pancadões" dessa vez, Conte Lopes aponta como fonte de poluição sonora vizinhos barulhentos, bares, festas de rua, obras que não cessam, estabelecimentos abertos a qualquer hora. Afirma: "os

---

252__Cf. o PL n. 106/2010, de autoria dos vereadores Gilberto Natalini (PV), Floriano Pesaro (PSDB), Aurélio Nomura (PSDB) e Gilson Barreto (PSDB); o PL n. 134/2010, de autoria dos vereadores Gilberto Natalini (PSDB), Floriano Pesaro (PSDB) e Aurélio Nomura (PSDB); e a lei n. 16.499/2016, de autoria dos vereadores Aurélio Nomura (PSDB) e Andrea Matarazzo (PSD), regulamentada pelo decreto n. 58.737/2019.

253__O PL ainda estava em tramitação em julho de 2021. Cf. também o PL estadual n. 924/2011, do então deputado estadual Jooji Hato, vetado integralmente pelo governador Geraldo Alckmin (PSDB), pois trataria de matéria de competência federal e municipal, e arquivado.

254__Em Salvador, jovens pobres também têm o costume de ouvir funk em seus aparelhos celulares em volume alto, no fundo dos ônibus, causando incômodos e até brigas; Ledson Chagas, *Corpo, dança e letras: um estudo sobre a cena musical do pagode baiano e suas mediações*, op. cit., p. 252.

vizinhos de bares e restaurantes com música ao vivo são praticamente obrigados a tolerar sons de rock, sertanejo, pagode etc. sem nenhum projeto de tratamento acústico. Ninguém é contra a boa música no local adequado, o que se critica é o uso extravagante do som"[255].

Nas eleições de 2014, os vereadores policiais militares Coronel Camilo (PSD) e Coronel Telhada (PSDB) elegeram-se deputados estaduais. Logo nos primeiros meses da nova legislatura, apresentaram o PL n. 455/2015, com o mesmo teor da lei municipal n. 15.777/2013[256]. Com óptica criminalizante, a justificativa do PL faz referência ao artigo 42 da Lei das Contravenções Penais, que pune com prisão simples, de quinze dias a três meses, e multa quem perturba o trabalho ou o sossego alheios; e ao artigo 54 da Lei de Crimes Ambientais, que pune com reclusão, de um a quatro anos, e multa quem "causar poluição de qualquer natureza em níveis tais que resultem ou possam resultar em danos à saúde humana, ou que provoquem a mortandade de animais ou a destruição significativa da flora".

Ainda que se reconheça a gravidade da poluição sonora causada por bailes funk, o episódio da menção à legislação criminal ambiental para reprimi-los é emblemático para reforçar a tese de Maria Lúcia Karam de que a esquerda punitiva cai em uma armadilha na medida em que aposta no Direito Penal para enfrentar a criminalidade típica das camadas mais altas, pois não se dá conta de que o Direito Penal é estruturalmente seletivo, direcionado a punir sempre os mais pobres, mesmo por crimes ambientais[257].

Na justificativa, os deputados alegam que ele visa a "assegurar o sossego público bem como a segurança dos cidadãos, além de combater uma das formas de poluição que têm ocorrido com frequência no estado de São Paulo", a poluição sonora, que traz uma série de efeitos negativos

---

255__O PL foi vetado integralmente pelo prefeito em exercício Milton Leite (DEM), sob a justificativa de que a matéria já se encontrava disciplinada na legislação municipal vigente, e arquivado.

256__Cf. também o PL municipal n. 764/2013, apresentado pelo coronel Telhada (PSDB) quando vereador, que visa combater a poluição sonora e não faz menção expressa ao funk ou aos "fluxos". O PL foi retirado pelo autor em março de 2018.

257__Maria Lúcia Karam. "A esquerda punitiva", *Discursos Sediciosos: Crime, Direito e Sociedade*, Rio de Janeiro: Relume-Dumará, 1º semestre 1996, n.1, pp. 79 ss.

sobre o sistema auditivo, alterações comportamentais e orgânicas, "tais como insônia, estresse, depressão, perda de audição, agressividade, perda de atenção, concentração e memória, dores de cabeça, aumento de pressão arterial, cansaço, gastrite e úlcera, queda no rendimento do trabalho e no estudo e surdez".

A justificativa do PL faz menção às letras de funk que incitam a violência, atos libidinosos e uso de drogas e à venda de bebida alcoólica a menores, em afronta ao Estatuto da Criança e do Adolescente (ECA). Reproduzindo o discurso de tolerância zero, critica "o uso do espaço público, das vias e logradouros como espaços privados de lazer, quase sempre mais como abuso que mero uso"; afirma que "a realização de eventos sem a devida comunicação ao órgão público competente, bem como a ocorrência dos mesmos em locais impróprios gera desordem, insegurança na população e insatisfação com o Poder Público" e que "tais práticas acabam por tornar-se polo de atração para o uso de bebidas e entorpecentes e de bagunça generalizada que acaba frequentemente descambando para a violência e para a corrupção de jovens e adolescentes, não poucas vezes com risco de vida para os mesmos".

Os deputados acabam simbolicamente relacionando a repressão aos bailes funk de rua com as punições às pessoas escravizadas, ao lembrarem na justificativa do PL que, "no Brasil, o primeiro decreto visando à proteção humana contra o barulho no trânsito é de 6 de maio de 1824, no qual se proibia o ruído dentro das cidades, estabelecendo multas que variavam de 8 mil réis a 10 dias de prisão, as quais se transformavam em 50 açoites, quando o infrator era escravo". O projeto foi aprovado e transformado na lei n.16.049/2015, regulamentada pelo decreto n.62.472/2017. Apesar de ter sido submetido à apreciação da Comissão de Segurança Pública e Assuntos Penitenciários, não o foi à Comissão de Educação e Cultura. Na justificativa, a "onda funk" que alcançou o estado de São Paulo é retratada como uma grande ameaça a toda a sociedade, que se vê tolhida de direitos individuais: ao sossego, ao descanso e ao acesso à sua residência. Segundo os deputados, os "excessos praticados publicamente para apreciar esse tipo de música" teriam "desvirtuado o caráter meritório dos movimentos culturais que promovem integração social e lazer aos jovens"[258]. O PL n. 497/2015, de autoria do deputado estadual Cezinha de Madureira (DEM), também tem como objetivo regulamentar os "pancadões" no estado de São Paulo. O projeto prevê que os produtores de "pancadões" devem preencher tantas exigências que na prática isso os inviabiliza, a não ser que sejam organizados por produtores que possuam uma estrutura que a esmagadora maioria dos jovens das periferias não possui. Segundo a justificativa do projeto, os "pancadões" "têm feito vítimas nos últimos anos no nosso Estado" e "muitas das vezes essas festas são realizadas em lugares ermos, na clandestinidade, com o fito de auferir lucro, sem qualquer preocupação com conforto, higiene, saúde e segurança dos frequentadores". O projeto teria como objetivo "ditar regras destinadas a um lazer sadio" e estabelecer a duração das festas em no máximo seis horas consecutivas. Percebe-se, portanto, que os jovens são tratados ora como vítimas, ora como autores dos delitos, e que até os "pancadões" realizados em locais ermos, longe de zonas residenciais, são alvo de preocupação do deputado.

Entre as exigências previstas, estão laudo emitido por engenheiro e pela Vigilância Sanitária; atendimento médico emergencial; detector de metal e câmeras de vigilância; auto de vistoria do Corpo de Bombeiros; planta do imóvel; requisição de autorização das autoridades competentes, com antecedência mínima de trinta dias, informando a expectativa de público e o local em que o evento acontecerá; certidões de antecedentes civis e criminais dos organizadores. Os promotores do evento ainda ficam obrigados a distribuir material contendo informações sobre o uso indevido de bebidas e drogas. Para além das sanções penais e civis, o projeto prevê como sanções a suspensão imediata do evento, com a aplicação de força policial, se necessária; interdição do local do evento; multa, dobrada no caso de reincidência; e suspensão de novo alvará para a realização de festas com música eletrônica pelo período de seis meses a reincidentes.[259]

Destaca-se ainda na Alesp o PL n. 993/2015, de autoria do deputado Geraldo Cruz (PT), que dispõe sobre a proibição do uso de aparelhos de som, portáteis ou instalados em veículos automotores estacionados, nas

---

258__No âmbito federal, cf. o PL n. 2.667/2015 – de teor e justificativa semelhantes aos da lei municipal n. 15.777/2013 e da lei estadual n. 16.049/2015 –, bem como o PL n. 2.196/2015, ambos do deputado federal Goulart (PSD-SP) e arquivados.

259__O projeto ainda estava em tramitação em julho de 2021.

vias e logradouros públicos, que venham a perturbar o sossego público. O projeto tem teor semelhante ao da lei municipal n. 15.777/2013 e ao da lei estadual n. 16.049/2015. Na justificativa, o deputado deixa claro que o alvo principal do projeto são os "pancadões". Após ser aprovado em três comissões, o PL foi aprovado em plenário, mas vetado integralmente pelo governador Geraldo Alckmin em razão de a matéria já estar disciplinada justamente pela lei estadual n. 16.049/2015.[260] Observa-se, assim, que, para demonstrar à sua base de eleitores que algo está sendo feito contra os "pancadões", um deputado propõe um projeto de lei ainda que haja outro de teor bastante semelhante tramitando ou lei já aprovada disciplinando a matéria. A promulgação de novas leis é vendida como saída para o problema, mais do que a fiscalização e a aplicação das leis existentes, ou seja, tem um efeito meramente simbólico[261].

Por outro lado, o PL n. 1.295/2019, de autoria da deputada estadual Monica da Bancada Ativista (Psol), exclui das proibições estabelecidas na lei n. 16.049/2015 os aparelhos de som utilizados em veículos automotores que estiverem em áreas comerciais ou autorizadas por qualquer um dos poderes públicos para aquela finalidade. Na justificativa, a deputada cita eventos, como o carnaval de rua da cidade de São Paulo, o réveillon da Paulista, as raves e a Virada Cultural; e lembra que "o acesso e a democratização das políticas públicas culturais e do orçamento do Estado para que possa promover a inserção de jovens periféricos sempre é lento, quando não punitivista". Segundo a deputada, os jovens periféricos usam apenas os mecanismos que estão à sua mão para promover da melhor forma sua manifestação cultural legítima. O Estado, por sua vez, seria o responsável direto pela inexistência de tais políticas públicas e pelo modo como "se operam as políticas públicas de Segurança Pública

---

260__Devolvido à Assembleia, o projeto constava como na ordem do dia em julho de 2021.

261__Cf. a indicação n. 1.207/2014, do deputado estadual Adilson Rossi (PSB); a indicação n. 2.678/2017, do deputado Pedro Kaká (PTN); o Requerimento de Informação n. 169/2017, do deputado Junior Aprillanti (PSB); as indicações n. 644/2020, 645/2020, 3.744/2020, 4.041/2020, 4.042/2020 e 581/2021, do deputado estadual Jorge Wilson Xerife do Consumidor (Republicanos), cobrando do governador a repressão policial e a aplicação da legislação pertinente para combater os "fluxos" em locais específicos. Cf. também a indicação n. 1.090/2017, do Coronel Camilo (PSD).

que provocam o aumento do genocídio da população preta e periféri-ca"[262]. Por fim, tendo em vista que apenas o Poder Legislativo federal pode criminalizar condutas, o deputado federal Junio Amaral (PSL-MG) apresentou o PL n. 200/2020, que altera o Estatuto da Cidade de 2001 e criminaliza formalmente a organização de "festas ao ar livre, como bai-les funk, com o emprego de aparelho sonoro, sem autorização do Poder Público, causando perturbação dos moradores da área ou do trânsito". A pena prevista é de reclusão, de dois a quatro anos, e multa. O deputado alega na justificativa do PL que busca preservar o "sagrado direito de tran-quilidade, titulado pela população ordeira, sem prejuízo de tutelar um dos aspectos mais caros da agenda política pátria: a mobilidade urbana". Ele sustenta que o direito constitucional à manifestação cultural deve concordar com outros valores constitucionais que igualmente merecem proteção, como a função social da cidade e o bem-estar de seus habitan-tes, e ilustra a justificativa com matérias de jornal que relatam as recla-mações de moradores do Rio de Janeiro e de Várzea Paulista a respeito do barulho ensurdecedor dos bailes, que impacta sua qualidade de vida.[263]

AS TENTATIVAS DE DISCIPLINAR OS BAILES FUNK

Os jovens que participaram dos "arrastões" de 1992 só ganharam espaço na mídia e, posteriormente, junto ao Estado porque se tornaram uma possível "ameaça à ordem", ainda que esse não fosse o seu objetivo[264]. De certa forma, o mesmo evento que, por um lado, desencadeou uma política de repressão, estigmatização e criminalização da juventude pobre e negra das favelas, por outro, glamorizou o funk, inseriu-o também nas

---

262__O PL ainda estava em tramitação em julho de 2021.

263__Em fevereiro de 2020, o PL n. 200/2020 foi apensado ao PL n. 876/2015, de autoria do deputado Gilberto Nascimento (PMDB-SP), que, sem fazer menção a bailes funk nem no texto nem na justificativa, regulamenta a realização de eventos, manifestações públicas, passeatas, comícios, shows e quaisquer outras atividades que provoquem aglomeração humana mediante prévio aviso e comunicação às autoridades competentes e à população. O PL n. 876/2015 ainda se encontrava em tramitação em julho de 2021.

264__Micael Herschmann, *O funk e o hip-hop invadem a cena*, op. cit., pp. 42 ss.

seções culturais dos jornais e programas de televisão, expandiu seu mercado para as classes médias e altas, colocou o tema do espaço do jovem e do pobre na sociedade em pauta e deu origem a uma série de seminários e eventos acadêmicos para pensar políticas públicas não repressivas, sendo que algumas acabaram colocadas em prática, como o projeto Rio Funk, do Centro Brasileiro para Infância e Adolescência. O projeto, de 1993, gerenciado pela Secretaria Municipal de Desenvolvimento Social do Rio de Janeiro, ofereceu a jovens de doze favelas bailes gratuitos, oficinas e cursos, inclusive de DJ, como forma de valorizar a cultura funkeira e aproximá-los do Estado[265]. A lei municipal n. 2.343/1995, que dispõe sobre as diretrizes orçamentárias para o exercício financeiro de 1996, elegeu como uma das prioridades na área da cultura justamente dar continuidade ao programa Rio Jovem, com ênfase ao projeto Rio Funk.

A Escola de Chicago já previa que instituições locais, igrejas, escolas e associações de bairro deviam se envolver em programas preventivos que combatessem a desorganização social, reforçassem os laços comunitários e reconstruíssem o controle social informal, desempenhado pela própria sociedade civil, intensificando atividades recreativas para preencher o tempo livre dos jovens e concebendo uma nova divisão territorial para conscientizar a comunidade de que áreas comuns, como praias e metrôs, são pertencentes à comunidade e, portanto, dignas de proteção por todos[266]. Nesse sentido, na década de 1970, Messiê Limá dizia que os bailes black deviam ser estimulados pelo governo, porque sem eles "haveria um aumento grande nos assaltos nos finais de semana, o pessoal sem ter o que fazer, sem ter como se divertir"[267].

Em dezembro de 1992, foi realizado o seminário Barrados no Baile: entre o Funk e o Preconceito, promovido pela Fundação Carlos Chagas Filho de Amparo à Pesquisa do Estado do Rio de Janeiro (Faperj). Na abertura, o então secretário da Justiça e da Polícia Civil Nilo Batista defendeu

---

265__*Ibidem*, pp. 87-9, 112 ss. e 248; Olívia M. G. Cunha, "Conversando com Ice-T: violência e criminalização do funk", *op. cit.*, p. 92; Silvio Essinger, *Batidão: uma história do funk, op. cit.*, p. 130. Sobre o Projeto Rio Funk, cf. Manoel Ribeiro, "Funk'n Rio: vilão ou big business?", *op. cit.*, p. 289; Zuenir Ventura, *Cidade partida, op. cit.*, pp. 158 ss.

266__Sergio Salomão Shecaira, "Importância e atualidade da Escola de Chicago", *op. cit.*, pp. 161-2; Manoel Ribeiro, "Funk'n Rio: vilão ou big business?", *op. cit.*, p. 292.

267__Silvio Essinger, *Batidão: uma história do funk, op. cit.*, p. 32.

o funk, e Romulo Costa, dono da equipe de som Furacão 2000, pediu permissão para realizar seus bailes nos Cieps. O prefeito Cesar Maia prometeu ceder espaços da Prefeitura, como a praça da Apoteose, para os bailes. Declarando que o funk era "um movimento cultural reconhecido pela Prefeitura", disse querer "levar as galeras, com o seu balé aprimorado, para as portas de hotéis" e até criar um Dia do Funk e um "vale-lazer", que traria a passagem de ônibus embutida no preço dos ingressos para os bailes. Para ele, a política de diversificar os locais para realização dos bailes era a melhor opção a fim de acabar com a violência das galeras. O funk foi encarado naquele momento como um fato consumado, muito difícil de sufocar, e o que se deveria fazer era dar condições para ele se desenvolver da forma mais ordeira possível[268]. Os bailes "pacificados" realizados em favelas ocupadas por Unidades de Polícia Pacificadora (UPPs) a partir de 2009 também obedeciam a uma série de regras negociadas ou impostas pelo Estado, conforme será visto mais adiante.

Em São Paulo, a Prefeitura respondeu aos rolezinhos de 2013 tentando organizá-los em parques e outros espaços mais protegidos e isolados, longe dos shopping centers. Da mesma forma, houve experiências em que a Prefeitura tentou dialogar com os funkeiros para realizar bailes em circunstâncias consideradas por ela aceitáveis, fornecendo uma infraestrutura básica e definindo previamente seus locais e horários.

Nesse sentido, vale a pena voltar um pouco no tempo para conferir a origem dos "pancadões" de São Paulo. Em 1994, Lourival Fagundes, um empresário carioca que morava na Baixada Santista, dono da marca de roupas Footloose, fundou uma equipe de som de mesmo nome e passou a realizar bailes funk em sua discoteca, também de mesmo nome, incentivando o aparecimento de MCs na região. O primeiro funk paulista de sucesso foi "Fubanga macumbeira", da dupla Jorginho e Daniel, que, assim como o pioneiro funk carioca "Melô da mulher feia", de Abdullah, desqualificava uma mulher fora dos padrões de beleza. Embora também houvesse na Baixada Santista funks da vertente "putaria", a influência

---

268__*Ibidem*, pp. 126-8; Olívia M. G. Cunha, "Bonde do mal: notas sobre território, cor, violência e juventude numa favela do subúrbio carioca", *op. cit.*, p. 100. Sobre o *workshop* Galeras: uma Manifestação Cultural? Uma Ameaça? Um Problema da Cidade?, realizado na UFRJ e suas propostás, cf. Zuenir Ventura, *Cidade partida*, *op. cit.*, pp. 151 ss. Cf. também Manoel Ribeiro, "Funk'n Rio: vilão ou big business?", *op. cit.*, p. 289.

do rap de São Paulo fez com que predominassem funks conscientes, como "Diretoria", de MC Primo, e "Tá na memória", de MC Careca, que tratavam de exclusão social e prisão.

Da Baixada Santista, o funk chegou por volta de 2005 ao bairro de Cidade Tiradentes, à época um bairro-dormitório, no extremo leste de São Paulo. Sem opções de lazer para os jovens, os bailes começaram a se espalhar pelas ruas. O MC e empresário Bio G3 chegou a organizar bailes que reuniam até 10 mil pessoas, armando palco e sistema de som improvisados, com apresentações de MCs que começavam a surgir em Cidade Tiradentes ou que ele trazia da Baixada Santista. Sem autorização da Prefeitura, esses bailes eram constantemente reprimidos pela polícia. Ciente da força do funk e da repressão policial, em 2008, o subprefeito de Cidade Tiradentes da gestão Gilberto Kassab (DEM), Renato Barreiros, em parceria com os MCs da região, organizou o 1º Funk Festival – Canta Cidade Tiradentes, para incentivar a produção de funks que não falassem palavrões nem fizessem apologia de crime, os chamados "permitidões" ou "funks do bem", o que ajudou a abrir espaço, além do contexto socioeconômico, para o funk ostentação. O vencedor desse primeiro festival foi MC Dede, com "Papai e mamãe"[269], com versos como "estudar, respeitar o papai e a mamãe, para um futuro a eles dar" e "não quero aquela vida que levou os meus amigos/outro morreu nas drogas e outro morreu de tiro".

Já durante a gestão de Fernando Haddad (PT), a Secretaria de Cultura buscou se aproximar dos funkeiros por meio da promoção de debates sobre a criminalização do funk no Centro Cultural da Juventude; da publicação *Funk: qual é o rolê?*[270]; e da incorporação do funk ao Programa para a Valorização de Iniciativas Culturais (VAI), que apoia financeiramente coletivos culturais da cidade de São Paulo, principalmente de regiões com precariedade de recursos e de equipamentos culturais.

269__Thomaz Marcondes Garcia Pedro, *Funk brasileiro: música, comunicação e cultura*, dissertação (Mestrado em Comunicação e Semiótica) – Pontifícia Universidade Católica de São Paulo, São Paulo: 2015, pp. 67-70; Ana Paula do Val e Maria Carolina Vasconcelos Oliveira (org.), *Funk: qual é o rolê?*, São Paulo: Centro Cultural da Juventude, 2016, pp. 31-2.

270__Ana Paula do Val e Maria Carolina Vasconcelos Oliveira (org.), *Funk: qual é o rolê?*, op. cit.

Algumas iniciativas do Poder Público foram motivadas por tragédias relacionadas ao funk. Em 2013, poucos dias após o assassinato de MC Daleste, o prefeito Fernando Haddad, junto com os secretários Juca Ferreira (Cultura), Netinho de Paula (Promoção da Igualdade Racial), Celso Jatene (Esportes, Lazer e Recreação), Chico Macena (Coordenação das Subprefeituras), Roberto Porto (Segurança Urbana), César Callegari (Educação) e Rogério Sottili (Direitos Humanos e Cidadania), recebeu representantes do projeto Território Funk, oriundos de grupos que reuniam artistas e ações sociais em prol do estilo musical, como a Liga do Funk e a Liga dos DJs.

A Prefeitura sinalizou nesse encontro a intenção de apoiar bailes funk com infraestrutura, "colocando a manifestação artística em local adequado, oferecendo segurança aos frequentadores e sem incomodar os vizinhos". Além de bailes, o projeto Território Funk propunha a criação de oficinas, palestras e ações sociais, usando o funk como mote[271]. Os espaços citados pela Prefeitura para a realização dos bailes foram o parque ao lado da represa Guarapiranga, o Clube de Regatas Tietê, o sambódromo do Anhembi e o autódromo de Interlagos, justamente onde em 2019 seria realizada uma edição da Nitro Point, festa automotiva surgida em 2003 com a missão de fortalecer a cultura automobilística, celebrando os carros tunados cheios de caixas de som[272].

O secretário municipal de Promoção da Igualdade Racial Toninho Pinto, que substituiu Netinho de Paula, dividiu a cidade em onze territórios e definiu dois locais em cada um deles para a realização das festas. Segundo o secretário, a ideia era propiciar a unificação desses "pancadões" em um só. Cada território teria dois eventos quinzenais circulando dentro da área para evitar o estresse de realizar o "pancadão" sempre no mesmo lugar. Seriam autorizados 22 bailes funk por mês na capital.

Os locais seriam escolhidos por uma equipe de engenheiros da Prefeitura junto com os organizadores dos eventos. O principal critério era a menor densidade demográfica da região, o que levou à escolha de parques, praças, CEUs e outras áreas públicas. No caso de não haver

---

271__"Prefeitura abre diálogo para fortalecer reconhecimento cultural do funk", *Cidade de São Paulo*, São Paulo: 23 jul. 2013.

272__"Prefeitura de SP vai destinar espaços públicos para 'pancadões'", *G1*, São Paulo: 26 set. 2014; Jeferson Delgado, "Festa motorizada", *UOL*, São Paulo: 31 ago. 2019.

espaços vazios, como em Cidade Tiradentes, a ideia era fazer o baile nas ruas mesmo, mas em sistema de rodízio, de forma que demorasse mais de seis meses para o "pancadão" retornar à mesma rua. Foi definido que a CET e a PM fariam cercos com controle de entradas e saídas dos "pancadões" para evitar o acesso de bebida irregular, drogas e carros com som alto. Os bailes teriam de terminar entre 22 horas e meia-noite. Segundo o secretário de Segurança Pública, nos locais que não estivessem pré--definidos não se deixaria "nem começar os pancadões"[273].

A gestão de Fernando Haddad, no entanto, reduziu o orçamento dos projetos Rolezinho da Cidadania e Funk SP – que realizavam "pancadões" oficiais desde dezembro de 2014, com a participação de mais de quarenta líderes comunitários – de R$7,2 milhões em 2015 para R$2,4 milhões em 2016, uma queda de 66,7%. A partir de junho de 2016, ano eleitoral, não se realizou nenhum evento na cidade. A Prefeitura alegava crise econômica, mas prometeu a retomada dos projetos, enquanto os organizadores e artistas da periferia já migravam de volta para a informalidade e se queixavam da insegurança causada pela repressão policial, que feria pessoas e provocava danos nos equipamentos. Cada "pancadão" oficial, em local fechado, podia custar até R$180 mil, e o público médio era de aproximadamente 2 mil pessoas[274].

Apesar de o prefeito Fernando Haddad declarar que não tinha nenhuma intenção de tutelar nada nem ninguém, mas sim de dar suporte e ambiente para que as coisas acontecessem, essa estratégia de diálogo com os funkeiros é chamada de "captura" por Alexandre Barbosa Pereira, por se tratar de uma forma de domesticação do funk, uma tentativa de atrair os jovens que participavam dos "fluxos" e de transformar sua atuação. Além disso, a estratégia de captura não excluiu a de repressão[275]. Em 2019, após alguns dias da morte dos nove jovens na operação policial no Baile da Dz7, em Paraisópolis, a Secretaria Municipal de Cultura de São Paulo, sob a gestão do prefeito Bruno Covas (PSDB), correligionário e aliado do governador João Doria, promoveu o Festival Funk da

---

273__Tatiana Santiago, "PM gasta 1,5 milhão em 2015 no combate a pancadões e detém 198", *op. cit.*

274__"Haddad reduz orçamento para funk e rolezinhos oficiais em 66,7%", *Estadão Conteúdo*, São Paulo: 14 nov. 2016.

275__Alexandre Barbosa Pereira, "As imaginações da cidade: práticas culturais juvenis e produção imagética", *op. cit.*, p. 23.

Hora, no Centro de Formação Cultural Cidade Tiradentes, com shows de artistas como Tati Quebra Barraco, MC Carol e MC Xuxú, debates, mostras de longas e *workshops* sobre a cultura funk[276].

No âmbito do Poder Legislativo Municipal paulistano, o reconhecimento do funk como manifestação cultural foi pleiteado pelo vereador Reis (PT). O PL n. 881/2013 autoriza o Poder Executivo Municipal a criar a Casa de Cultura Funk de São Paulo, no âmbito da Secretaria Municipal de Cultura, com o objetivo de "promover, zelar, incentivar, preservar e fomentar o movimento cultural e musical do Funk, no âmbito do Município de São Paulo"[277]. Já o PL n. 883/2013, do mesmo autor, define o funk como movimento cultural e musical de caráter popular, mas exclui conteúdos "que façam apologia do crime". Seu artigo 2º estabelece que compete ao Poder Público "assegurar a esse movimento a realização de suas manifestações próprias, como festas, bailes, reuniões, sem quaisquer regras discriminatórias e nem diferentes das que regem outras manifestações da mesma natureza". O artigo 3º estabelece que "os assuntos relativos ao Funk deverão, prioritariamente, ser tratados pelos órgãos do Poder Público Municipal relacionados à cultura". O artigo 4º proíbe "qualquer tipo de discriminação ou preconceito, seja de natureza social, racial, cultural ou administrativa contra o movimento Funk ou seus integrantes". Por fim, o artigo 5º reconhece os artistas do funk como "agentes da cultura popular, e como tal, devem ter seus direitos respeitados".

Na justificativa do projeto, o vereador reconhece as diversas vertentes do funk; sustenta que em São Paulo, assim como no Rio de Janeiro, há a criminalização do funk, e admite que a forma como esse gênero ocupou ruas e bairros não foi a melhor nem a mais organizada, "mas isso se deve ao fato de que, ainda nos dias atuais existem menos espaços comuns e de convívio entre os cidadãos". Por fim, aponta para a necessidade de reconhecimento e regulamentação para funcionamento do baile, "uma

---

276__ "Festival Funk da Hora acontece neste fim de semana na Zona Leste de SP; Veja a programação", *G1*, São Paulo: 14 dez. 2019.

277__ O projeto teve os votos contrários de Fernando Holiday (DEM) e Rodrigo Goulart (PSD), mas o voto favorável inclusive de Conte Lopes (PTB) nas comissões. Foi arquivado em janeiro de 2021, com o término da legislatura anterior.

vez que oferece lazer, empregos, desenvolvimento econômico e condições de apropriação da cidade por parte de seus frequentadores"[278].

Projetos de lei municipais buscam supostamente conciliar o direito dos funkeiros ao lazer e à cultura e o direito da vizinhança dos "fluxos" ao sossego e à locomoção. O PL n. 121/2013, de autoria do vereador Reis (PT) e coautoria, por requerimento, de George Hato (PMDB), Toninho Vespoli (Psol), Alfredinho (PT) e Vavá (PT), "cria no âmbito das Subprefeituras do Município o espaço para livre manifestação cultural do Funk". O artigo 2º estabelece que "as Subprefeituras deverão indicar o local e o regime de funcionamento do espaço referido no art. 1º desta Lei". Já o artigo 3º dispõe que "o local escolhido poderá ser em qualquer local da circunscrição administrativa da Subprefeitura, desde que atendidos os princípios da conveniência e da participação popular"[279].

Em que pese a aprovação do PL pelas comissões da Câmara dos Vereadores, ele foi vetado integralmente pelo prefeito. Apesar de reconhecer a boa intenção do projeto e que o funk é "legitima expressão da cultura jovem urbana e sua manifestação acha-se garantida", respeitados todos os limites legais pertinentes – em especial a lei n. 15.777/2013 – e a boa convivência comunitária, o prefeito Fernando Haddad julgou que conferir às Subprefeituras a obrigação de encontrar e definir locais específicos para os bailes seria atribuir ao funk "tratamento demasiado diferenciado, em detrimento de tantas outras expressões culturais também representativas da nossa realidade social". Apontou também que o funk "não se faz presente territorialmente, de maneira efetiva, robusta e equânime, em todas as Subprefeituras da cidade, de modo a se apresentar como descabida a obrigação criada a todas as administrações regionais, sem exceção" e que a prévia definição de uma única área prevista em lei "poderia inviabilizar, de fato, a livre manifestação em causa, engessando de forma peremptória a definição de seu território".

O PL n. 596/2013, do vereador Nabil Bonduki (PT), dispõe que, como forma de estimular o lazer, o turismo e as atividades culturais e

---

278__O texto do projeto encontra muitas semelhanças com o da lei estadual n. 5.543/2009, do Rio de Janeiro, de autoria de Marcelo Freixo (Psol) e Wagner Montes (PMDB). O PL n. 883/2013 foi arquivado em janeiro de 2021, com o término da legislatura anterior.

279__O projeto teve os votos favoráveis inclusive de Conte Lopes (PTB) e Coronel Camilo (PSD) nas comissões.

artísticas em horários alternativos na cidade de São Paulo, centros culturais, centros esportivos, centros educacionais e parques municipais, entre outros equipamentos públicos, poderão funcionar 24 horas, em horário estendido (entre 18 horas e 22 horas) e/ou horário noturno (entre 22 horas e 5 horas), inclusive nos fins de semana e feriados. O PL prevê que, para garantir o acesso da população aos equipamentos e serviços públicos, serão disponibilizadas linhas de ônibus regulares e frequentes e que, nas adjacências dos equipamentos públicos, serão instalados postos móveis da Guarda Civil Metropolitana. Na justificativa, o vereador diz que a pouca oferta de espaços públicos para realização de atividades culturais e esportivas também é uma das causas de conflitos em algumas regiões, como os relativos aos bailes funk e aos "skatistas noturnos" da praça Roosevelt[280].

No artigo 5º de seu PL n. 02/2013, vetado pelo prefeito Fernando Haddad, o vereador Conte Lopes já previa a autorização do município a fim de licenciar espaços para a realização de bailes funk até as 22 horas, "assegurado o devido isolamento acústico ou condições ambientais que assegurem a inexistência de qualquer perturbação ao sossego público e a ordem urbana". Seu PL n. 60/2014, por sua vez, confina os bailes funk a um único espaço da cidade. O artigo 1º destina, a título gratuito, a área do Polo Cultural e Esportivo Grande Otelo "Sambódromo do Anhembi" aos jovens das comunidades, para "a realização de Bailes Funks, Pancadão, Shows e quaisquer espécies de eventos musicais".

Na justificativa, o vereador, citando o prefeito, reconhece que o funk "é uma expressão legítima da cultura urbana jovem, não se conformando com o interesse público, à toda evidência, sua proibição de maneira indiscriminada nos logradouros públicos e espaços abertos". Defende, todavia, que "não é na frente da casa dos munícipes que deve ser manifestado", que "os parâmetros de incomodidade são regrados por Lei e não devem ser desrespeitados" e que o sambódromo, que recebe milhares de pessoas em diversos eventos além do carnaval, "é o lugar ideal para receber os eventos musicais e manifestações culturais realizadas pelos jovens". Ao ceder gratuitamente o sambódromo para a realização

---

280__Aprovado em cinco comissões, inclusive com votos favoráveis dos vereadores Conte Lopes (PTB), Sandra Tadeu (DEM) e coronel Camilo (PSD), o PL foi arquivado em janeiro de 2017, com o término da legislatura anterior.

dos eventos, portanto, a Prefeitura de São Paulo estaria "contribuindo para que a legítima manifestação de cultura possa continuar e sem incomodar nenhum munícipe"[281].

No âmbito estadual, o projeto Balada Campeã, lançado pela Secretaria de Esporte, Lazer e Juventude do governo de Geraldo Alckmin (PSDB) em 2017 e implementado em Paraisópolis, Heliópolis, Rio Pequeno e Brasilândia, abriu de madrugada uma escola de cada um desses locais, com programas esportivos e outras atividades (grafite, beatbox e rap). No entanto, quando a escola fechava, às 3 horas da manhã, os jovens corriam para o baile. Celso Cavallini, presidente do Conseg Morumbi, por sua vez, reconhecia que não havia outras opções de lazer para os jovens de Paraisópolis a não ser o baile[282].

Já na Alesp, a deputada estadual Leci Brandão (PCdoB) apresentou o PL n. 1.395/2014, que institui o "Dia Estadual do Funk de São Paulo" e resultou na lei n. 16.310/2016. Os PLs n. 1.441/2014 e n. 360/2015, também de autoria de Leci Brandão, definem o funk como movimento cultural e musical de caráter popular, com texto praticamente idêntico ao do PL municipal n. 883/2013, de autoria do vereador Reis (PT)[283]. A mesma deputada, por meio de uma indicação, de emendas ao orçamento e de um projeto de lei, atuou ainda para que o governo do estado de São Paulo financiasse bailes e outros projetos culturais de funk, como forma de inclusão social[284].

Na Câmara dos Vereadores do Rio de Janeiro, por sua vez, o PL n. 731/2010, de autoria do vereador Luiz Carlos Ramos (PSDB), institui a criação do denominado "Espaço Funk", no âmbito do centro da cidade do Rio de Janeiro, para a realização de eventos de funk. Define que compete

---

281__O projeto ainda estava em tramitação em julho de 2021.

282__Jeferson Delgado, "O fluxo do fluxo", *op. cit.*

283__O PL n. 1.441/2014 foi arquivado com o término da legislatura e o PL n. 360/2015 ainda tramitava em julho de 2021.

284__Cf. indicação n. 2.036/2015, emendas de pautas n. 3.227/2017, 12.253/2018, 9.206/2019 e 10.441/2020. Cf. também o PL n. 894/2015, de autoria do deputado Teonilio Barba (PT), que institui o "Programa Estadual São Paulo Afroempreendedor" e prevê, em sua justificativa, o "incentivo ao afroempreendedorismo no segmento cultural", abrangendo o funk. O projeto ainda tramitava em julho de 2021. Foram anexados a ele os PLs n. 815/2016, de Leci Brandão, e n. 791/2019, de Leci Brandão, Teonilio Barba (PT) e Mônica da Bancada Ativista (Psol), de teores semelhantes.

ao Poder Executivo a adequação do local necessário à realização dos eventos populares voltados para o movimento funk e que compete aos usuários do Espaço Funk a adequação necessária à sua utilização, bem como a responsabilidade pela sua segurança, bem-estar e acessibilidade, sendo vedado todo e qualquer emprego ou meio não definido em lei como lícito. O PL foi aprovado e transformado na lei municipal n. 5.350/2011.

Na justificativa, o vereador sustenta que o funk deixou de ser exclusivo das "camadas sociais definidas como carentes", alcançou toda a sociedade, por seu estilo contagiante, e "revelou a grande capacidade de inclusão e aproximação das camadas sociais". O objetivo da lei seria, então, "garantir a todos os adeptos do 'Funk' o direito de se expressarem em local cujo acesso das pessoas em geral, bem como a presença do Poder Público, se dê naturalmente, a exemplo de como ocorre no sambódromo, teatros, cinemas e casas de shows"[285].

Foi justamente no sambódromo do Rio de Janeiro, aliás, que ocorreram as edições de 2013, 2015, 2017 e 2019 do Rio Parada Funk, um festival voltado à cultura funk que reúne diversas equipes de som e MCs e que é comemorado no calendário oficial da cidade do Rio de Janeiro por força da lei n. 5.635/2013, de autoria do vereador Leonel Brizola Neto (PDT), sob a justificativa de que o evento conscientiza sobre o movimento funk, abrangendo questões sociais, ambientais, de saúde e cidadania, com palestras e debates sobre temas importantes no cotidiano dos jovens, como sexo seguro, aborto, "juventude sem drogas", entre muitos outros.

O PL n. 711/2018, de autoria dos vereadores Marcello Siciliano (PHS) e Marielle Franco (Psol), cria o Programa de Desenvolvimento Cultural do Funk Tradicional Carioca. Entre os dez objetivos descritos, destaca-se o de promover e difundir a cultura funk tradicional em veículos de comunicação institucionais da Prefeitura para o fortalecimento desse movimento cultural, evitando com isso sua marginalização; disponibilizar aparelhos culturais e promover a ocupação de espaços públicos, a exemplo de lonas, arenas, teatros, praças, campos e ruas, para apresentações artísticas e integração comunitária em torno do gênero; e promover a capacitação de agentes culturais do movimento funk tradicional carioca para incentivo à produção de projetos e eventos culturais em

---

285__Cf. também o PL n. 319/2017, de autoria da vereadora Veronica Costa (PMDB), que ainda estava em tramitação em julho de 2021.

aparelhos culturais municipais e espaços públicos da cidade. A justificativa do PL traça um breve histórico do funk, mas não define o que seria "funk tradicional carioca". Ser definido como "tradicional", no entanto, confere maior legitimidade ao gênero, associando-o a valores como "raiz", "autêntico", "folclórico" e "popular"[286].

Cabe destacar que a inclusão da coautoria de Marielle Franco no projeto foi um pedido de Marcello Siciliano, que foi apontado pela mídia como ligado a milícias e chegou a ser acusado de ter sido o mandante do assassinato da colega e do motorista Anderson Gomes, ocorrido em 14 de março de 2018[287]. A título de curiosidade, na justificativa do PL n.1.593/2019, de autoria do deputado estadual pelo Rio de Janeiro Waldeck Carneiro (PT), que redenomina a estação de metrô "Estácio" de "Estácio/Vereadora Marielle Franco", o deputado relata que a vereadora, dos 14 aos 17 anos, foi dançarina da equipe de funk Furacão 2000.[288] Ao proibir expressamente condutas que já são criminalizadas, como a circulação de entorpecentes ilícitos e de pessoas armadas, o PL prevê as punições administrativas, mas também expressa implicitamente a visão de que a prática desses crimes é frequente nos bailes.

Com a justificativa um tanto saudosista de "resgate de um período onde possa recordar as músicas que tocavam nas grandes equipes de bailes, que marcaram nossas vidas", o vereador Márcio Santos (PTB) apresentou o PL n.238/2021, que cria o Programa de Desenvolvimento Cultural dos Bailes das Antigas, que compreende apoio, promoção e resgate cultural dos bailes tradicionais que ocorriam nas favelas e comunidades do Município.

De acordo com o PL, para participar do programa, a entidade deverá preencher um formulário de inscrição junto à Secretaria Municipal de Cultura, apresentando presencialmente alguns documentos, e assinar um termo de compromisso, cujo descumprimento poderá culminar em

---

286__O PL foi arquivado em janeiro de 2021, com o término da legislatura anterior. Cf. também o PL n.722/2018, do vereador Marcello Siciliano, que declara como patrimônio cultural de natureza imaterial da cidade do Rio de Janeiro o funk tradicional carioca, arquivado em janeiro de 2021, com o término da legislatura anterior; e o PL n.834/2006, de autoria da vereadora Veronica Costa (PMDB), que dispõe sobre o Programa Cidade do Funk, arquivado por ser considerado de iniciativa privativa do prefeito.

287__"'Fui injustamente acusado', diz Marcello Siciliano após prisão de suspeitos de matar Marielle", *G1*, Rio de Janeiro, 12 mar. 2019.

288__O PL encontrava-se em tramitação em julho de 2021.

sua exclusão do programa, e no qual se compromete a seguir os seguintes critérios para a realização do evento: horário máximo para encerramento fixado às 23 horas; proibição da venda de bebidas em garrafa de vidro; do uso de fogos de artifício; da circulação de pessoas armadas; da circulação e uso de entorpecentes ilícitos; da venda e consumo de bebidas alcoólicas, cigarros ou similares a menor de 18 anos; da entrada de menor de 16 anos desacompanhado de pai ou responsável; da execução de músicas com conteúdo pornográfico, com apologia de crime ou à violência, com apologia ao uso de entorpecentes ilícitos e de cunho LGBTfóbico[289]. Ao proibir expressamente condutas que já são criminalizadas, como a circulação de entorpecentes ilícitos e de pessoas armadas, o PL prevê as punições administrativas, mas também expressa implicitamente a visão de que a prática desses crimes é frequente nos bailes.

Outros PLs, municipais e estaduais, ainda que não tenham como objeto específico o funk, mas a cultura carioca/fluminense, a cultura da favela ou a cultura negra em geral, reconhecem o funk como manifestação cultural e preveem o apoio financeiro e político, incluindo a disponibilização de equipamentos públicos a artistas e eventos do funk, visando a sua não criminalização[290].

289__O PL encontrava-se em tramitação em julho de 2021.

290__No âmbito do município do Rio de Janeiro, cf. o PL n.1.972/2016, do vereador Reimont (PT), que institui o Programa Municipal Rio de Janeiro Afroempreendedor; o PL n.1029/2018, de autoria do Poder Executivo Municipal carioca, que dispõe sobre o Sistema Municipal de Cultura do município do Rio de Janeiro e traz as diretrizes do Plano Municipal de Cultural para o período 2019-2029; o PL n.12/2021, da vereadora Tainá de Paula (PT), que institui o Programa Favela Faz Cultura de fomento cultural às periferias e favelas; o PL n.29/2021, da vereadora Thais Ferreira (Psol), que institui o Estatuto Municipal da Promoção e Igualdade Racial no âmbito do Município do Rio de Janeiro. No âmbito da Alerj, cf. a lei estadual n.8.370/2019, de autoria do deputado André Lazaroni (MDB), que cria e regulamenta o Programa de Ocupação Cultural do Estado do Rio de Janeiro (POC-RJ); a lei estadual n.8.489/2019, de autoria da deputada Martha Rocha (PDT), que inclui no calendário oficial do estado do Rio de Janeiro o dia 4 de novembro como o "Dia Estadual da Favela"; e a o PL n.2.206/2020, da deputada Mônica Francisco (Psol), que autoriza o Poder Executivo a promover editais de apoio aos trabalhadores que, direta ou indiretamente, foram financeiramente afetados pela suspensão dos movimentos culturais de caráter popular nas favelas e periferias do estado do Rio de Janeiro durante a vigência do estado de emergência em razão da epidemia do covid-19.

Percebe-se, portanto, que, apesar do recorrente discurso sobre a criminalização do funk por parte do Estado, o Estado não é homogêneo, e tanto o Poder Executivo quanto o Poder Legislativo adotam políticas de repressão ao funk, mas também políticas de reconhecimento e valorização do funk enquanto manifestação cultural. Os interesses conflitantes aparecem em políticas supostamente contraditórias empregadas pelas secretarias de Segurança Pública e de Cultura e por diferentes esferas da federação, mas deve-se ter em mente que, ao tentar cooptar, capturar, disciplinar ou regulamentar o funk, as secretarias de Cultura separam suas manifestações lícitas e ilícitas, atendendo a uma antiga reivindicação dos próprios funkeiros, além de legitimarem a repressão dos que se recusam a dialogar com o Poder Público e a fazer concessões em nome da convivência democrática.

Por outro lado, não se pode concluir de forma simplista que parlamentares de direita formulem e apoiem projetos de lei que visam reprimir o funk, enquanto os de esquerda formulam e apoiam projetos de valorização cultural do gênero. Enquanto em São Paulo há registros de parlamentares do PT e até do Psol votando nas comissões favoravelmente em projetos de lei relacionados ao funk de autoria de parlamentares de direita, além de um parlamentar do PT ser autor de um projeto que busca proibir os "pancadões", há registros de parlamentares de direita, incluindo autores de projetos de lei que visam proibir os "pancadões", como Conte Lopes e Coronel Camilo, que apresentam e/ou votam favoravelmente a projetos que reconhecem o funk como manifestação cultural e cedem espaços públicos para a realização dos bailes. A contradição, no entanto, é aparente, tendo em vista o discurso de que, ocorrendo em espaços longe de residências ou com isolamento acústico, não haveria óbice para a realização dos bailes.

No Rio de Janeiro é ainda mais difícil tentar associar o teor de projetos de lei relacionados ao funk com ideologias políticas. Isso talvez ocorra porque, nesse estado, o funk tem uma força cultural tão grande que transcende divisões ideológicas, encontrando defensores no PT e no Psol, mas também em partidos como PHS, PTB, PSL e PSDB. Apenas a vereadora Veronica Costa, a Mãe Loira do Funk, já passou pelo PL, PMDB, PR (antigo PL), MDB (antigo PMDB) e DEM, todos considerados de centro-direita ou de direita.

FUNK E CARNAVAL: A ORDEM NA DESORDEM

Defensores da tese de que há uma política de criminalização do funk alegam que outras manifestações de lazer em que há aglomerações de jovens de classes média e alta fazendo barulho e consumindo drogas ilícitas no espaço público não recebem o mesmo tratamento repressivo que os bailes funk. Tendo em vista que os "pancadões" são um fenômeno que atraiu a atenção da mídia e do Poder Público em São Paulo a partir do início da década de 2010, seria interessante comparar a forma como o Poder Público lidou com eles com aquela como lidou com o carnaval de rua de São Paulo, que experimentou uma grande expansão no mesmo período e também gerou conflitos no espaço público. Números da Secretaria Municipal de Cultura mostram que em 2013, cerca de 50 blocos desfilaram, com algumas centenas de foliões, na cidade. Em 2014, já eram cerca de 150 blocos. Em 2015, 300 blocos e, no ano de 2016, 360 blocos, com a participação de mais de 1,5 milhão de pessoas nas ruas. Em 2017, foram 500 blocos cadastrados e, em 2018, mais de 550 blocos, com mais de 3 milhões de foliões[291].

No Entrudo, nossa primeira forma carnavalesca, trazida pelos portugueses, os foliões jogavam farinha, água e até urina uns nos outros, nas ruas. As elites do século XIX condenavam o Entrudo como uma algazarra bárbara, selvagem, atrasada e anti-higiênica, um resquício da vida colonial, e defendiam sua substituição pelo modelo burguês de carnaval europeu, principalmente de Nice, visto como mais civilizado, disciplinado, ordeiro, baseado em bailes de máscara e em desfiles de carros alegóricos[292]. No entanto, se a maioria dos jornais criticava veementemente a brincadeira do Entrudo popular nas ruas, o Entrudo familiar, que tinha lugar dentro das casas senhoriais, era louvado como

---

291__Guilherme Varella, "Existe carnaval em São Paulo: direito cultural e a política pública para o carnaval de rua em São Paulo (2013-2016)", *Revista dos Tribunais*, São Paulo: set. 2018, n. 995.

292__Milton Moura, "Êxtase e euforia: um binômio estratégico para a compreensão histórica do carnaval contemporâneo", *Revista Observatório Itaú Cultural: OIC*, São Paulo: Itaú Cultural, maio 2013, n. 14, p. 34; Paulo Miguez, "Muitos (outros) Carnavais", *Revista Observatório Itaú Cultural: OIC*, São Paulo: Itaú Cultural, maio 2013, n. 14, p. 132.

uma brincadeira delicada e divertida à qual se entregavam, principalmente, as mocinhas e os rapazes das boas famílias[293].

Mariana Luiza Fiocco Machini e Erick André Roza lembram que o samba feito pela população negra nos arredores de Pirapora, apontada como a cidade de origem do samba paulista, sempre encontrou resistência da Igreja católica e da comunidade branca local e que os barracões onde os negros se reuniam eram demolidos no início do século XX. Já em São Paulo, os grupos que realizavam o carnaval eram perseguidos e muitas vezes expulsos de suas regiões originais pela polícia, em razão do adensamento da cidade e da especulação imobiliária.

O prefeito Faria Lima, um carioca, por meio da lei n. 7.100/1967, regulou o carnaval de São Paulo, aproximando-o do modelo dos desfiles de escolas de samba do Rio de Janeiro. Em troca de verba para a organização dos desfiles e ensaios, ou seja, para se manter dentro da estrutura oficial do carnaval, as escolas de samba passaram a ensaiar em quadras e a competir em um único lugar, a avenida São João. O sambódromo do Anhembi, entregue pela prefeita Luiza Erundina (PT) em 1991, intensificou o processo de sistematização e separação do desfile das escolas de samba em relação à cidade. Muitos blocos mantiveram seus desfiles em espaços públicos, porém o Poder Público os reprimia, ao mesmo tempo que fornecia incentivos financeiros e infraestrutura para que as escolas de samba pudessem se profissionalizar e sistematizar suas apresentações.

O ressurgimento do volume expressivo de blocos carnavalescos em São Paulo, no início da década de 2010, se dá com a maciça participação de jovens brancos de classe média que já passavam os festejos em cidades com um forte carnaval de rua, como Rio de Janeiro, Olinda, Recife, Ouro Preto, Salvador e São Luiz do Paraitinga, e quiseram replicar o modelo no pré e no pós-carnaval em São Paulo, até que o sucesso dos blocos paulistanos fez com que esses jovens deixassem de viajar para sair nos blocos de São Paulo no próprio período do carnaval. Alguns jovens de classe média também faziam parte de rodas de samba que formaram blocos, integravam baterias universitárias e/ou estavam inseridos em um grande debate politizado sobre o direito à cidade, à mobilidade e à ocupação das ruas, que transcendia o carnaval de rua, mas que o beneficiou e

---

293__Felipe Ferreira, "Festejando", *Revista Observatório Itaú Cultural: OIC*, maio 2013, São Paulo: Itaú Cultural, maio 2013, n.14, p.54.

apareceu inclusive nas Jornadas de Junho de 2013. É interessante, assim, perceber como a palavra "arrastão", utilizada para criminalizar o funk e associada a uma juventude despolitizada, foi apropriada pelos blocos de carnaval no período pré-impeachment da presidente Dilma Rousseff em 2015-2016, quando surge o Arrastão dos Blocos, um movimento político que utiliza a estrutura física e a força de mobilização dos blocos de carnaval com o intuito de reforçar manifestações e pautas de esquerda[294].

Segundo Guilherme Varella, em 2013 um grupo organizado de representantes de alguns blocos já consolidados procurou o então secretário de Cultura Juca Ferreira no início de sua gestão para demandar, por meio de um documento denominado *Manifesto carnavalista*, a descriminalização do carnaval de rua, sob o fundamento do "direito à folia". Embora os blocos não fossem formalmente proibidos por lei, assim como os bailes funk não o são, o Poder Público impunha a eles uma série de requisitos burocráticos, como alvarás, licenças e autorizações, que na prática os impediam de sair. Além disso, a polícia reprimia os blocos, sob o pretexto da segurança pública[295].

Machini e Roza relatam que Juca Ferreira encampou a ideia de dar condições para que o carnaval que já existia ocorresse com aporte estrutural e com a mensagem de incentivo e de liberdade. A Secretaria Municipal de Cultura começou, então, uma campanha voltada à opinião pública para convencê-la de que o direito cultural ao carnaval merecia ser protegido pelo Poder Público. Esse processo de convencimento incluiu a propagação de notícias na mídia, declarações do secretário e do prefeito e reuniões com associações de bairro e Consegs. Alguns grupos, que chegaram a acionar o Ministério Público, tentavam impedir o crescimento do carnaval de rua sob as mesmas justificativas utilizadas para a proibição dos "pancadões": atrapalhavam o direito de ir e vir e o sono dos moradores e causavam muita sujeira. Além disso, alegavam que já havia na cidade um local adequado ao carnaval, o sambódromo do Anhembi, corroborando a ideia de que "determinadas práticas têm lugar,

---

294__Mariana Luiza Fiocco Machini e Erick André Rozza, "'É tradição e o samba continua': percursos, disputas e arranjos do carnaval de rua na cidade de São Paulo", *Ponto Urbe*, São Paulo: 2018, v. 23.

295__Guilherme Varella, "Existe carnaval em São Paulo: direito cultural e a política pública para o carnaval de rua em São Paulo (2013-2016)", *op. cit.*

dias e horários propícios que mantêm certa ordem cotidiana" e negando o carnaval como "uma forma específica de estar e circular pela cidade".

A Prefeitura também teve de convencer suas próprias instâncias internas de que a máquina pública deveria alterar seu protocolo de serviços nos dias de carnaval: a Secretaria de Saúde e as diretorias de hospitais deveriam alterar rotas de ambulâncias; os funcionários da CET deveriam manter as ruas abertas para os foliões e fechadas para os carros, invertendo a ordem estabelecida; as ações de limpeza pública deveriam ser redobradas ou alteradas para recolher o lixo deixado pelos blocos; os funcionários da área de segurança pública deveriam ter uma postura mais tolerante com foliões sob o efeito de drogas e álcool, com trajes não convencionais e resistentes à autoridade; árvores deveriam ser podadas em determinadas praças para melhorar a iluminação pública e evitar furtos e assaltos, recorrentes em outros eventos como a Parada do Orgulho LGBT e a Virada Cultural[296].

Deve-se ter em mente que a Polícia Militar está subordinada ao Governo Estadual, enquanto a Secretaria Municipal de Cultura, ao Governo Municipal. Para além de linhas políticas e ideológicas conflitantes entre essas duas esferas de governo, não se pode esquecer que os policiais militares, conforme visto, gozam de uma grande margem de autonomia na ponta do trabalho, em situações concretas, e podem agir com maior ou menor repressão e, inclusive, boicotar eventos culturais governamentais, como o carnaval de rua ou a Virada Cultural, conforme sua simpatia ou antipatia pela manifestação, pelo público presente ou pelos governantes. Muitas vezes policiais trabalham com a lógica de que devem ter carta branca para agir conforme julgarem mais conveniente. Se a carta branca não for dada, podem retribuir entrando em greve branca, para mostrar quão essenciais e indispensáveis são, e assim a profecia autorrealizada se cumpre: no evento cultural acusado pelos policiais de ser propício à violência ocorrem episódios violentos, em grande parte em decorrência de repressão exacerbada ou omissão dos próprios policiais. Nesse sentido, não há matizes entre a completa anarquia e uma polícia com plenos poderes.

296__Mariana Luiza Fiocco Machini e Erick André Roza, "'É tradição e o samba continua': percursos, disputas e arranjos do carnaval de rua na cidade de São Paulo", *op. cit.*

Com a participação de representantes dos blocos de rua e associações de moradores, foram editados decretos para regulamentar o carnaval de rua de São Paulo, que foram se atualizando conforme as demandas da sociedade e as trocas de gestão na Prefeitura. O decreto n. 54.815/2014 foi substituído sucessivamente pelos decretos n. 55.878/2015, n. 57.916/2017 e n. 58.857/2019, sendo os dois primeiros da gestão Fernando Haddad (PT); o terceiro, da gestão João Doria (PSDB); e o quarto, da gestão Bruno Covas (PSDB). Entre outras disposições, o decreto n. 58.857/2019 estipula que os blocos devem obrigatoriamente se cadastrar na Secretaria Municipal de Cultura, informando seu itinerário, horário, previsão do número de foliões e da quantidade de apresentações, bem como identificando as pessoas físicas ou jurídicas responsáveis pelo desfile. O descumprimento das disposições enseja a proibição de cadastrar-se por uma temporada de carnaval, sem prejuízo de outras sanções por desrespeito às demais normas municipais.

O artigo 4º estipula que a realização de eventos dos blocos, cordões, bandas e demais manifestações do carnaval deve ser previamente autorizada pelos órgãos competentes por ato específico que contenha informações sobre organizadores, horário, locais e períodos. Os blocos e demais manifestações do carnaval de rua que realizem cortejos ou desfiles terão prioridade sobre blocos e demais manifestações que permaneçam em pontos fixos. Os decretos anteriores proibiam os blocos de permanecerem parados em pontos fixos, como forma de promover a melhor convivência com a vizinhança e o tráfego. Essa proibição fora um pedido dos próprios blocos, contrariando as determinações da Prefeitura e de seus agentes de trânsito até o ano de 2011. O fato de os blocos não circularem pela cidade era visto como um facilitador para a CET, mas a experiência mostrava que esse modelo criava um caos no local onde o bloco permanecia, concentrando pessoas, bebidas, drogas ilícitas, festas, brigas, lixo e limitando de maneira crescente o ir e vir[297].

O artigo 5º institui a comissão intersecretarial responsável pelo planejamento operacional do carnaval de rua da cidade de São Paulo, com a finalidade, entre outras, de estabelecer permanente diálogo com os responsáveis pelos blocos, cordões, bandas e demais manifestações carnavalescas, assim como com moradores e comerciantes eventualmente

---

297__*Idem.*

envolvidos ou interessados; realizar o adequado planejamento dos eventos carnavalescos, com base nas informações fornecidas no cadastro voluntário, de forma a minimizar os impactos nas áreas em que ocorrerem, maximizando seu proveito comunitário; dirimir questões sobre a definição de datas, horários e itinerários, após consultas técnicas aos órgãos competentes; analisar as informações fornecidas no cadastro voluntário e propor adequações de datas, horários e itinerários aos cadastrados, quando o interesse público o impuser.

Alguns representantes de blocos, porém, recusaram-se a fazer concessões ao Poder Público, como alterações do trajeto ou dos locais de concentração ou dispersão, sob a justificativa de que não se deve organizar uma festa popular e espontânea, que justamente questiona a ordem; de que não se deve pedir licença para botar o bloco na rua; de que o cadastro do bloco seria uma espécie de controle, um ônus maior do que o bônus de ter à disposição banheiros químicos, maior controle do tráfego pela CET ou garantia de limpeza pública após o final do bloco. Por outro lado, blocos de regiões mais periféricas de São Paulo, mais acostumadas com a repressão de suas manifestações culturais, viram no cadastro da Prefeitura um instrumento de liberdade e legitimidade para ocupar as ruas[298].

A edição dos decretos não impediu o registro de conflitos no carnaval de rua de São Paulo, que resultaram em repressão policial a blocos como Agora Vai e MinhoQueens, com balas de borracha e bombas de gás lacrimogêneo, em zonas centrais e nobres da cidade, como Vila Madalena, Pinheiros, Bela Vista e Barra Funda. Na maioria dos episódios, a repressão ocorreu na dispersão dos blocos, sob a justificativa de que eles haviam ultrapassado o horário permitido para obstruir as ruas e fazer barulho e de que a polícia fora agredida com pedras e garrafas pelos foliões. Estes, por outro lado, se queixavam da truculência da polícia, acusando-a de chegar reprimindo sem que nenhuma orientação tivesse sido dada em relação à Lei do Silêncio[299].

298__Idem.

299__Marina Pinhoni e Paulo Toledo Piza, "PM usa balas de borracha e bombas de gás para dispersar foliões após bloco de carnaval em SP", *G1*, São Paulo: 7 mar. 2019; Carolina Muniz, "PM dispersa festa pré-carnaval com bombas de gás e balas de borracha", *Folha de S.Paulo*, São Paulo: 14 jan. 2018.

Em 2019, o prefeito regional de Pinheiros, João Grande, defendia a instalação de barricadas, pedidas pelos próprios moradores, para afastar os jovens da Vila Madalena, argumentando que, nesse caso, "a questão da segurança pública se impõe sobre o direito de ir e vir". Representantes do Fórum Aberto dos Blocos de carnaval de São Paulo alegavam que "esse pessoal do batidão está se organizando para ocupar o largo [da Batata, em Pinheiros] para detonar", que os maiores causadores de problemas como arrastões eram "rolezeiros", e não foliões, os quais, por medo da violência, haviam inclusive fugido da área, e cobravam que a Polícia Militar fizesse um trabalho para coibir ações de violência nos blocos. Em 2015, o então subprefeito de Pinheiros, Angelo Salvador Filardo, afirmava que o público que ficava nas ruas não era o mesmo que frequentava os blocos. Uma dificuldade encontrada é a de que os blocos têm responsável definido, respondem pelo seu horário e seus trajetos, enquanto a multidão não responde a ninguém[300].

Festas dos blocos de rua de São Paulo, inclusive, ocorrem ao longo do ano inteiro em locais fechados e pagos, sem grandes incidentes nem repressão policial. Se por um lado a divisão entre "folião" e "rolezeiro/funkeiro" pode soar elitista, por outro, tanto no carnaval quanto no funk, muitos se queixam de ter seu lazer prejudicado devido ao comportamento abusivo e ao excesso de alguns, seja porque esse comportamento legitima a repressão policial que afeta todos, seja porque também querem se divertir sem o risco de serem vítimas de crimes patrimoniais e brigas.

Não é uma tarefa simples comparar a repressão aos bailes funk da periferia com a repressão aos blocos de carnaval do centro expandido de São Paulo. O fato de os blocos de carnaval serem integrados por jovens

---

300__"PM usa bombas de gás em confronto com foliões na Vila Madalena", *G1*, São Paulo: 17 fev. 2015; Kleber Tomaz, "Vila Madalena tem lixo, briga, drogas, sexo e pancadão após blocos", *G1*, São Paulo: 2 fev. 2015; "Vila Madalena tem bombas da PM na madrugada para dispersar jovens", *G1*, São Paulo: 30 jan. 2016; Giba Bergamim Jr., "PM usa bombas durante bloco de carnaval na Vila Madalena, em SP", *Folha de S.Paulo*, São Paulo: 30 jan. 2016; "PM dispersa foliões com bombas de gás na praça Roosevelt, no Centro de SP", *G1*, São Paulo: 1º mar. 2017; Daniel Lisboa, "Medo, bomba e xixi na porta: a volta do 'carna terror' à Vila Madalena", *UOL*, São Paulo: 10 fev. 2019; Daniel Lisboa, "'Matinê do terror': briga, bomba e arrastão no largo da Batata em SP", *UOL*, São Paulo: 24 fev. 2019; Nathan Lopes e Patricia Larsen, "Tumultos, bombas e rolezeiros: como o carnaval fugiu do largo da Batata", *UOL*, São Paulo: 4 mar. 2019.

oriundos da classe média, com maior poder político e alta escolaridade, além de alto grau de organização, pode ter influído para uma abertura maior do Poder Público ao diálogo, porém esse mesmo Poder Público exigiu uma série de requisitos para o desfile dos blocos, impôs restrições de itinerário e horário e reprimiu os foliões com bombas de gás lacrimogêneo e balas de borracha, ainda que sem resultados tão graves quanto os observados na repressão aos "fluxos" da periferia.

Também seria preciso investigar quem é o alvo principal da repressão no carnaval, ainda mais tendo em vista o fenômeno de sua "funkização", isto é, da ocupação das ruas de bairros centrais e nobres por uma multidão de jovens que, na dispersão dos blocos de classe média, fazem os seus rolezinhos e "pancadões". A própria distinção entre baile funk e carnaval fica ainda mais difícil quando se vê que artistas do funk, como Ludmilla, também arrastam multidões em seus blocos de carnaval, algumas vezes gerando tumultos[301].

Da mesma forma, nas praças dos subúrbios das zonas Norte e Oeste da cidade do Rio de Janeiro e em alguns bairros da Baixada Fluminense, longe da visibilidade do sambódromo e dos blocos de rua das zonas Sul e central, os reis do carnaval são os bate-bolas, também chamados de clóvis, turmas de palhaços mascarados, principalmente do sexo masculino, que vestem fantasias belas e assustadoras, cheias de adereços. Patrimônio cultural carioca desde 2012, os bate-bolas têm mais de 80 anos de tradição. Acredita-se que foram influenciados por palhaços da Folia de Reis, pelos bailes de máscaras franceses e até por fantasias do período medieval europeu. Em março de 2017, estimava-se que existissem entre quatrocentas e setecentas turmas, de cinco a mais de cem membros.

Precedidas de uma generosa queima de fogos de artifício e às vezes de tiros para o alto, as turmas tomam as ruas com passos de funk, havendo cada vez menos samba. Alguns grupos batem contra o chão uma bola amarrada a uma vara de madeira para fazer barulho, remontando a uma tradição que, no começo do século XX, em vez de bolas plásticas, se valia de bexigas de boi. Apesar de a violência não ser restrita a esses grupos nem ao período do carnaval, os bate-bolas são estigmatizados como agressivos, perigosos, assustadores, marginais e desordeiros. São comuns

---

301__"Tumulto em bloco da Ludmilla leva mais de 200 pessoas a postos de saúde", *Agência Brasil*, Rio de Janeiro: 5 mar. 2019.

episódios de violência resolvidos por trás das máscaras e motivados por rivalidades entre os grupos, mas também por conflitos do bairro, de torcidas organizadas de futebol, por um olhar suspeito à mulher do outro e por domínio de território[302].

Percebe-se enfim a dificuldade do Estado em disciplinar fenômenos como o carnaval de rua e os bailes funk de rua, pela própria natureza desses eventos. Há diversos interesses legítimos em conflito, como o direito à cidade e ao lazer e o direito ao sossego, que devem ser negociados, arbitrados e compatibilizados, mediante múltiplas concessões, de todas as partes, em nome do convívio social democrático e cidadão. O nível de tolerância que uma sociedade tem com a transgressão e a flexibilização de regras é decisivo para tal e parece ser maior em períodos excepcionais e relativamente curtos do ano, como o carnaval. No entanto, na medida em que os bailes funk ocupam as ruas não apenas em uma semana determinada, tampouco em um mês determinado, mas ao longo de todo o ano, de quinta-feira a domingo, em pontos fixos, é preciso que o Estado encontre medidas inteligentes para lidar com a questão, para além de reprimir com balas de borracha e bombas de gás lacrimogêneo. O capítulo seguinte abordará uma fase em que os bailes funk eram realizados em clubes fechados na cidade do Rio de Janeiro, o que não necessariamente diminuía os tumultos e os conflitos.

302__María Martín, "Os reis do carnaval do subúrbio carioca mantêm seu reinado entre o terror e a arte", *El País*, Rio de Janeiro: 1º mar. 2017; Aline Valadão Vieira Gualda Pereira, *Tramas simbólicas: a dinâmica das turmas de bate-bolas do Rio de Janeiro*, dissertação (Mestrado em Artes) – Instituto de Artes, Universidade do Estado do Rio de Janeiro, Rio de Janeiro: 2008.

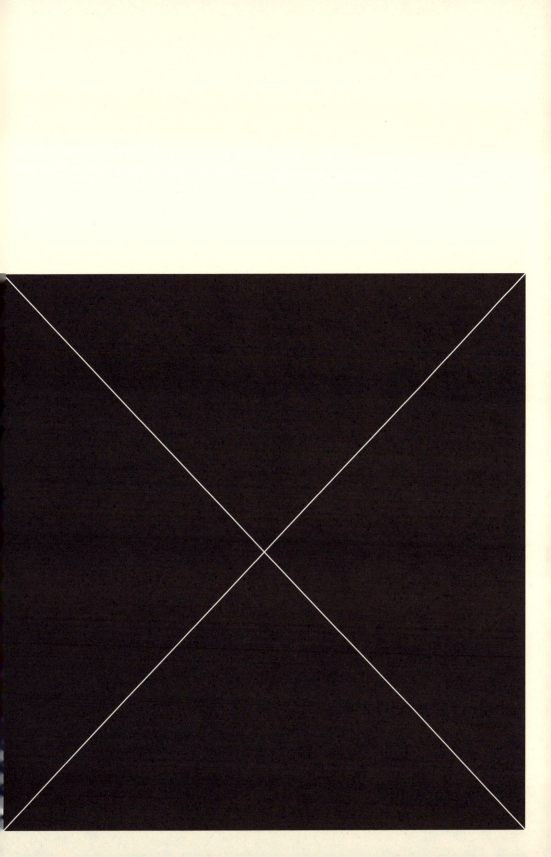

FUNK E VIOLÊNCIA

GALERAS FUNK

A repercussão dos arrastões na zona Sul do Rio de Janeiro chamou a atenção da grande mídia para a existência das galeras e dos bailes funk de subúrbio, onde eram comuns as brigas e as depredações na hora da saída. Estigmatizadas, as galeras foram associadas a gangues ou quadrilhas de criminosos[1]. Há, porém, diferenças fundamentais entre elas. De acordo com o artigo 288 do Código Penal, o que caracteriza juridicamente a quadrilha ou o bando é a associação de mais de três pessoas para o fim de cometer crimes. As quadrilhas podem adotar modelos empresariais de gestão de negócios, e seu interesse primordial geralmente é o lucro imediato[2]. São, portanto, independentes do fenômeno funk.

---

1   Eloísa Guimarães, *Escola, galeras e narcotráfico*, 2ª ed., Rio de Janeiro: Editora UFRJ, 2003, pp. 79-80. Cf. também Suzana Macedo, *DJ Marlboro na terra do funk: bailes, bondes, galeras e MCs*, Rio de Janeiro: Dantes, 2003, p. 114; Micael Herschmann, *O funk e o hip-hop invadem a cena*, Rio de Janeiro: Editora UFRJ, 2000, p. 78.

2   Eloísa Guimarães, *Escola, galeras e narcotráfico, op. cit.*, p. 91; Alba Zaluar, "Gangues, galeras e quadrilhas: globalização, juventude e violência", em: Hermano Vianna (org.), *Galeras cariocas: territórios de conflitos e encontros culturais*, Rio de Janeiro: Editora UFRJ, 1997, pp. 45-6.

Já a galera é uma rede menos densa, formada por laços de amizade e por gostos afins[3]. Ao contrário das quadrilhas, estão estruturadas fundamentalmente em atividades ligadas ao lazer, como ir à praia, dançar, cantar, beber, namorar etc.[4]. Todas têm um código de condutas, valores e vocabulário próprios, que são do conhecimento apenas dos participantes. Há uma rede de solidariedade bastante valorizada, sendo comum que um membro ajude outro dando apoio moral ou material quando necessário[5].

A maioria dos jovens afirmava, na década de 1990 e começo dos anos 2000, que bastava o "candidato" fazer parte daquela comunidade ou de uma comunidade "amiga" para ser admitido na galera, mas vários fatores podiam determinar essa inclusão: o nível de prestígio do indivíduo em relação a outras galeras e ao público feminino de modo geral; o grau de parentesco com algum membro da galera em questão; não ter integrado grupos rivais; saber se expressar bem; sua maneira de se vestir; ser forte e destemido o bastante para atuar num embate; ter "disposição" para brigar e até matar. A briga parecia ocupar um espaço central na existência e organização da galera. A utilização da violência era, portanto, uma condição de admissão, por ser questão de sobrevivência física.

A maioria dos integrantes das galeras era do sexo masculino. As meninas pareciam definir sua posição no grupo por parentesco e afinidade ou por ligação amorosa com algum membro do grupo. Apesar de as galeras terem as brigas com outros grupos como referência fundamental para sua organização, outros interesses pareciam motivar o ingresso de jovens, como o desejo de serem prestigiados localmente (e mesmo em outros bairros) e o medo de saírem de seu bairro e transitarem sozinhos pela cidade, principalmente por praias, bailes de clube e estádios de futebol, onde podiam encontrar "alemães" (inimigos) ou a polícia[6].

3_____José Manuel Valenzuela Arce, *Vida de barro duro: cultura popular juvenil e grafite*, trad. Heloisa B. S. Rocha, Rio de Janeiro: Editora UFRJ, 1999, pp. 99-100.

4_____Micael Herschmann, *O funk e o hip-hop invadem a cena, op. cit.*, p. 49.

5_____Eloísa Guimarães, *Escola, galeras e narcotráfico, op. cit.*, p. 81-3.

6_____Micael Herschmann, *O funk e o hip-hop invadem a cena, op. cit.*, pp. 164 ss.; Eloísa Guimarães, *Escola, galeras e narcotráfico, op. cit.*, pp. 90-1 e 101; Fátima Cecchetto, "As galeras funk cariocas: entre o lúdico e o violento", em: Hermano Vianna (org.), *Galeras cariocas: territórios de conflitos e encontros culturais*, Rio de Janeiro: Editora UFRJ, 1997, p. 110.

O território era a base e o princípio de constituição do grupo. Devia ser controlado e defendido contra a invasão de grupos rivais que moravam em áreas adjacentes, os "alemães", ou até de representantes de instituições da sociedade mais ampla. A consciência de pertencimento ao território tendia a crescer com os combates. Cada grupo lutava para ampliar as fronteiras, apropriando-se de áreas públicas de maior visibilidade, no interior ou nos limites da área de moradia, como praças e quadras de esportes, os "pedaços". Para controlar sua área, as galeras criavam uma aura de terror, que causava fascínio, glória, sedução e uma sensação de poder[7].

Esses processos se assemelhavam às guerras entre quadrilhas rivais na disputa pelos pontos do tráfico e às formas desenvolvidas por traficantes para defesa e proteção do próprio território e dos moradores locais. As galeras sofriam influência das gangues e das quadrilhas tanto na sua organização quanto nas suas práticas e valores, tais como a defesa da honra masculina, o domínio e a proteção dos territórios conquistados, a lealdade irrestrita ao grupo, a obediência ao chefe, o respeito incondicional ao código moral próprio estabelecido, o uso da força física e das armas para vingar o espaço invadido e as regras violadas etc.

A delimitação dos territórios pelas galeras superpunha-se à demarcação oficial dos espaços da cidade, instaurando fronteiras nem sempre visíveis, mas objetivas e tacitamente acordadas. O fato de um elemento de um dos grupos pisar no território do outro era visto como provocação, uma ofensa ao orgulho masculino, suficiente para desencadear uma briga, o que pode explicar a divisão da área dos clubes onde eram realizados os bailes funk entre as galeras, assim como os "arrastões" ocorridos nas praias da zona Sul em 1992 e 1993[8]. As alianças e rixas entre galeras tinham antecedentes que transcendiam o baile funk e podiam se materializar num confronto físico fora desse ambiente, por exemplo, na saída dos estádios de futebol. As brigas podiam ser motivadas por

---

7_____Eloísa Guimarães, *Escola, galeras e narcotráfico, op. cit.*, pp. 99 ss. Cf. Fátima Cecchetto, "As galeras funk cariocas: entre o lúdico e o violento", *op. cit.*, pp. 97-8.

8_____Eloísa Guimarães, *Escola, galeras e narcotráfico, op. cit.*, pp. 86 ss.; Fátima Cecchetto, "As galeras funk cariocas: entre o lúdico e o violento", *op. cit.*, p. 117; Alba Zaluar, "Gangues, galeras e quadrilhas: globalização, juventude e violência", *op. cit.*, pp. 47-8.

disputas por territórios, por uma ofensa pessoal a um membro do grupo, por uma antiga rixa local revivida para restituir a honra ou pela adesão/solidariedade a outra galera[9].

As galeras rivais de Porto Alegre do começo da década de 2010, entretanto, apresentavam pelo menos duas novidades em relação às galeras rivais do Rio de Janeiro do começo da década de 1990: os jovens da nova geração também se valiam de armas de fogo, facas e luta corporal, mas podiam se encontrar para brigar em locais previamente combinados nas redes sociais e, em vez de chamarem o grupo pelo nome de sua comunidade, exibindo orgulho da identidade territorial, era comum que adotassem nomes de marcas. É assim que a rivalidade entre o Bonde de Vigário Geral e o Bonde de Parada de Lucas é substituída pela rivalidade entre o grupo da Nike e o grupo da Adidas ou entre o grupo da Lacoste e o grupo da Osklen. Cada grupo desfilava reunido nos bailes funk, como marca identitária, as roupas das marcas que lhe davam nome, dançava passos coreografados e gritava palavras de ordem[10].

9____Olívia M. G. Cunha, "Conversando com Ice-T: violência e criminalização do funk", em: Micael Herschmann (org.), *Abalando os anos 90: funk e hip-hop – globalização, violência e estilo cultural*, Rio de Janeiro: Rocco, 1997, pp. 103-4; *idem*, "Bonde do mal: notas sobre território, cor, violência e juventude numa favela do subúrbio carioca", em: Yvonne Maggie e Cláudia B. Rezende (org.), *Raça como retórica: a construção da diferença*, Rio de Janeiro: Civilização Brasileira, 2001, p. 119; Fátima Cecchetto, "As galeras funk cariocas: entre o lúdico e o violento", *op. cit.*, pp. 109-11; Thiago Braga Vieira, *Proibidão de boca em boca: gritos silenciosos de uma memória subterrânea: o funk proibido como fonte para o estudo da violência armada organizada no Rio de Janeiro (1994-2002)*, monografia – Centro de Filosofia e Ciências Humanas, Universidade Federal do Rio de Janeiro, Rio de Janeiro: 2009, p. 77; Micael Herschmann, *O funk e o hip-hop invadem a cena*, *op. cit.*, pp. 70-1; Olívia M. G. Cunha, "Cinco vezes favela: uma reflexão", em: Marcos Alvito e Gilberto Velho (org.), *Cidadania e violência*, Rio de Janeiro: Editora UFRJ/FGV, 1996, p. 207.

10____Rosana Pinheiro-Machado e Lucia Mury Scalco, "Rolezinhos: marcas, consumo e segregação no Brasil", *Revista de Estudos Culturais*, São Paulo: 2014, n. 1, p. 10.

O BAILE DE CORREDOR

Os bailes funk do Rio de Janeiro, em meados da década de 1990, podiam ser divididos em três categorias: o baile normal, o baile de corredor ou de embate e o baile de comunidade. Bailes de comunidade eram em geral gratuitos, realizados em quadras, clubes e terrenos dentro das favelas ou bairros populares. Nesses bailes as brigas não eram admitidas pelos traficantes[11]. Já os bailes normais e os de corredor eram pagos e ocorriam em clubes, escolas de samba e Cieps do subúrbio do Rio de Janeiro e da Baixada Fluminense. Esses bailes contavam geralmente com instalações precárias e área física incompatível com o número de frequentadores. A diferença entre o baile normal e o baile de corredor estava no tempo e no espaço destinados ao confronto entre as galeras. Na maioria dos bailes normais, as brigas eram vetadas. Havia outras atrações, como sessões de músicas lentas, românticas e eróticas, shows de MCs e gincanas.

Na minoria dos bailes normais em que a briga era permitida, o tempo dela era limitado severamente pelos organizadores. Durante o evento, os seguranças reprimiam qualquer esboço de briga, mas, quando o baile chegava ao final, eles se afastavam e ocorria o que se convencionou chamar "quinze minutos de alegria", momento em que temporariamente o baile ficava dividido em dois territórios e as galeras se enfrentavam em um corredor.

Já nos bailes de corredor, também conhecidos como bailes de briga, que eram minoritários e sofreram a influência dos "quinze minutos de alegria", a briga era a tônica da festa e era organizada pelas equipes de som e pelos DJs. O espaço do baile era dividido em dois territórios, lado A e lado B, para que as galeras se confrontassem abertamente. O corredor formava uma linha imaginária que separava amigos e inimigos, onde ficavam seguranças que controlavam a excitação excessiva. Ao contrário do baile comum, em que as galeras rivais conviviam nos mesmos espaços, no baile de corredor nenhum membro dos territórios A e B se

---

11____Olívia M. G. Cunha, "Bonde do mal: notas sobre território, cor, violência e juventude numa favela do subúrbio carioca", *op. cit.*, pp. 147-8.

atrevia a cruzar a fronteira demarcada. Para evitar que isso acontecesse, existiam bares e banheiros localizados em ambos os lados[12].

Os bailes de corredor eram, em sua grande maioria, realizados em territórios neutros, onde as galeras representavam seus territórios de origem. O conflito, dessa forma, era de domínio territorial e de afirmação geopolítica. Quanto mais distantes do seu território de origem, mais esses jovens se sentiam frágeis e, ainda que pareça paradoxal, mais engajados em lutar por um lugar, pelo reconhecimento[13]. Muitas vezes os embates regulados dos salões ficavam fora de controle na saída, e as galeras, ainda eufóricas, davam continuidade às brigas com ainda mais violência: invadiam edifícios, faziam barulho, promoviam quebra-quebras e outros distúrbios nas ruas das proximidades. Por essa razão, os moradores das vizinhanças enxergavam os bailes como sinônimo de confusão, violência e reunião de "desocupados" e tentavam encontrar uma forma de acabar com eles[14]. Pensando no risco do encontro de galeras rivais na saída dos bailes, vários clubes organizavam o transporte para diversas localidades. Os líderes de galera coordenavam a evacuação do baile e sabiam que qualquer briga naquele momento podia significar a perda do direito ao ônibus que os organizadores dos grandes bailes colocavam à disposição[15].

Em 1994, Romulo Costa, da Furacão 2000, então presidente da Liga Independente das Equipes de Som, propôs que se criasse uma carteira de funkeiro. Cada equipe cuidaria de confeccionar a sua, e o frequentador

---

12____Micael Herschmann, *O funk e o hip-hop invadem a cena*, op. cit., pp. 173-4; Fátima Cecchetto, "As galeras funk cariocas: entre o lúdico e o violento", *op. cit.*, pp. 99-100; Juarez Dayrell, *A música entra em cena: o rap e o funk na socialização da juventude*, Belo Horizonte: Editora UFMG, 2005, p. 128; José Manuel Valenzuela Arce, *Vida de barro duro: cultura popular juvenil e grafite*, op. cit., pp. 106-7; Zuenir Ventura, *Cidade partida*, Rio de Janeiro: Companhia das Letras, 1994, p. 121.

13____Micael Herschmann, *O funk e o hip-hop invadem a cena*, op. cit., pp. 160-1. Na Baixada Santista, também houve nos anos 1990 bailes de corredor divididos em lado A e lado B, onde públicos de comunidades rivais se enfrentavam. Cf. Guilherme Lucio da Rocha, "Lado A × Lado B: primórdio do funk no litoral paulista driblou a violência", *G1*, Santos: 26 maio 2015.

14____Manoel Ribeiro, "Funk'n Rio: vilão ou big business?", *Revista do Patrimônio Histórico e Artístico Nacional*, Rio de Janeiro: Instituto do Patrimônio Histórico e Artístico Nacional, 1996, n. 24, p. 288.

15____Micael Herschmann, *O funk e o hip-hop invadem a cena*, op. cit., p. 142. Cf. um relato etnográfico do baile de corredor em *ibidem*, pp. 134 ss.

que não estivesse registrado ficaria impedido de ir aos bailes. Quem fosse pego brigando seria suspenso por seis meses, e os reincidentes teriam seu registro cassado[16].

Apesar do discurso oficial de que eram contra as brigas, as equipes de som foram acusadas de estimular a violência no baile e lucrar com isso. A rivalidade entre elas favorecia a troca de acusações. Em agosto de 1996, Romulo Costa visitou a Assembleia Legislativa do Rio de Janeiro para denunciar a "pancadaria" no funk e declarou que pediria à Secretaria de Estado de Segurança uma vigilância maior nos bailes do rival Zezinho, dono da equipe ZZ Disco. Zezinho, por sua vez, acusava Romulo de filmar cenas de violência em seus próprios bailes e apresentá-las à polícia como tendo ocorrido nos bailes da ZZ[17]. Clésio Braga defendia o irmão Zezinho do estigma de ter inventado o baile de corredor. Segundo Braga, a violência foi aumentando gradativamente no funk e, de repente, virou uma coisa normal, passou a fazer parte do baile. Como não houve repressão nenhuma, os produtores teriam organizado a briga e chegou um ponto em que ninguém podia tirar aquilo. Para piorar, na Baixada Fluminense, onde ocorriam os bailes da ZZ, a "situação financeira era um pouco mais baixa e o pessoal brigava mais"[18].

Os organizadores dos bailes adotavam uma postura ambígua em relação às brigas. Muitos afirmavam que era preciso fazer alguma coisa para contê-las, mas nunca diziam o que deveria ser feito. As tentativas para suprimir os bailes de embate sempre fizeram parte do discurso de alguns organizadores, inclusive dos que mantinham, mesmo que veladamente, esse componente no baile. Existia toda uma organização (revista na porta, seguranças, habilidade do DJ etc.) que tentava evitar o aparecimento da violência, mas era raro um baile que não tivesse pelo menos uma briga.

Os DJs criticavam a violência, porém, ao mesmo tempo, estimulavam-na, ainda que indiretamente, quando tocavam os gritos de galera. Alguns organizadores institucionalizaram a divisão de territórios em seus bailes, mas os interrompiam quando a briga alcançava áreas neutras.

16____Silvio Essinger, *Batidão: uma história do funk*, Rio de Janeiro: Record, 2005, p. 130.

17____Silvio Essinger, *Batidão: uma história do funk*, op. cit., pp. 184 ss.; Micael Herschmann, *O funk e o hip-hop invadem a cena*, op. cit., pp. 251-2.

18____Silvio Essinger, *Batidão: uma história do funk*, op. cit., p. 193.

De forma paradoxal, quando a briga estava devagar, ela era incentivada. Em algumas ocasiões, parecia existir até uma competição para saber qual era o baile mais violento[19].

Alguns organizadores e DJs, para se justificar, sustentavam que, quando os bailes organizavam a briga, se constituíam numa das únicas fontes de diversão para os jovens, um espaço para o extravasamento das tensões e para o descarregamento de emoções, uma válvula de escape para as frustrações de uma vida semanal estafante e sem perspectivas. Segundo esse raciocínio, a violência entre as galeras seria muito pior, e o Rio de Janeiro muito mais violento, se os bailes não existissem. Se não fosse o funk, a válvula de escape seria outra coisa, como as brigas entre torcidas organizadas. Contudo, as consequências das rixas construídas no baile, segundo o relato dos próprios integrantes das galeras, podiam determinar a continuação do conflito em outros espaços, fora do baile, de forma ainda mais violenta[20].

Alguns organizadores de bailes ofereciam aos frequentadores, em caso de ferimento, cuidados médicos na enfermaria do clube ou remoção para um hospital da cidade. A Furacão 2000 chegou a oferecer até seguro de vida[21]. Uma reportagem da época dos bailes de corredor denunciou um esquema em que motoristas de táxi ficavam de plantão esperando os feridos e moribundos para levá-los ao hospital e eximir de culpa os organizadores dos bailes[22]. Um texto da revista inglesa *Mixmag* citava uma conta de mil mortes provocadas pelo baile de corredor. A situação calamitosa nos bailes teria colaborado para a redução do número de equipes de som de quatrocentas, em 1995, para apenas cem, em 2001.

19＿＿＿Micael Herschmann, *O funk e o hip-hop invadem a cena*, op. cit., p.177; Hermano Vianna, *O mundo funk carioca*, 2ª ed., Rio de Janeiro: Zahar, 1997, p. 84; Maria Cecília de Souza Minayo et al., *Fala, galera: juventude, violência e cidadania no Rio de Janeiro*, op. cit., pp. 41 e 57; Fátima Cecchetto, "As galeras funk cariocas: entre o lúdico e o violento", op. cit., pp.101 e 107; Juarez Dayrell, *A música entra em cena: o rap e o funk na socialização da juventude*, op. cit., p.141.

20＿＿＿Fátima Cecchetto, "As galeras funk cariocas: entre o lúdico e o violento", op. cit., pp.111-2; Hermano Vianna, *O mundo funk carioca*, op. cit., pp. 45 e 77; Silvio Essinger, *Batidão: uma história do funk*, op. cit., p.117; Maria Cecília de Souza Minayo et al., *Fala, galera: juventude, violência e cidadania no Rio de Janeiro*, op. cit., p.57.

21＿＿＿Micael Herschmann, *O funk e o hip-hop invadem a cena*, op. cit., p.182.

22＿＿＿Silvio Essinger, *Batidão: uma história do funk*, op. cit., p.191.

Veronica Costa afirmava, assim, que, cansada de ver seus bailes vazios por causa da concorrência da ZZ, começou a promover também bailes de brigas, mas com regras. Ela admitia que considerava aquela "brincadeira" violenta, mas tinha de permitir que as galeras brigassem para tirá-las da ZZ Disco. Em reuniões quase diárias com as galeras em suas comunidades, a Mãe Loira do Funk usava sua autoridade com seus "filhos" para dar conselhos e lições de moral, garantindo que não houvesse conflitos mais sérios no fim de semana. Ela ameaçava, por exemplo, impedir a entrada no baile de quem depredasse o ônibus no caminho e não disponibilizar mais transporte para as galeras. Se um dançarino "sequestrasse" o outro, ou seja, levasse de um lado do corredor para o outro, ficaria um mês sem entrar no baile, o pior castigo.

Cabe questionar, porém, se a adoção dessas medidas e a imposição de regras nas brigas constituíam uma política de redução de danos, diante do fato consumado de que as galeras inevitavelmente brigariam, ou um fator que legitimava, institucionalizava ou incentivava o conflito. O fato é que medidas puramente repressivas, efetuadas pelo Poder Público, mostraram-se muitas vezes contraproducentes, conforme se verá adiante. Outras saídas parecem ter surtido maior efeito.

Em 1998, contando com popularidade maior, graças aos programas da Furacão 2000 na Rádio Imprensa FM e na Rede CNT, e aproveitando a onda de sucesso das coreografias de axé, Veronica Costa resolveu aos poucos minar o clima de briga, promovendo bailes de coreografia. Segundo Veronica, no começo, 10% do baile era destinado às músicas para dançar, e 90% ao corredor. As meninas dançavam de maneira bastante sensual e começaram a chamar mais a atenção dos meninos. O tempo destinado à dança foi aumentado gradativamente até que aos poucos o baile todo começou a dançar, inclusive os meninos, que abandonaram o interesse pela briga. Veronica pegava o microfone e se dirigia aos "brigões", dizendo que, suados, fedidos e desarrumados daquele jeito, não conseguiriam "arrumar nenhuma gatinha" nem ser grandes cantores.

Finalmente, brigar nos bailes passou a ser sinônimo de "pagar mico", os MCs voltaram e os bailes de corredor se dissolveram[23].

A MC Deize Tigrona, por sua vez, dava crédito ao DJ Duda pelo enfraquecimento dos bailes de corredor e pela criação de um celeiro de talentos na Cidade de Deus. Ao ver que seus funks de briga não tiravam o público do Country Clube da Praça Seca, um dos mais violentos da cidade, ele resolveu anunciar, durante um baile vazio na quadra do Coroado de Jacarepaguá, em 1996, que produziria quem levasse uma letra ao palco. Deize formou com mais quinze meninas da Cidade de Deus o Bonde do Fervo e foi até lá. Um grupo de meninas rivais formou então o Bonde das Bad Girls para provocá-las. O duelo de rimas no palco do Coroado, com forte teor erótico, ganhou fama dentro e fora da Cidade de Deus, influenciando a formação de outros bondes, como o Bonde do Tigrão e Os Caçadores, e atraindo os "brigões" do Country[24].

Na fase do baile de corredor, os garotos apontavam que, além da defesa do território, as brigas eram motivadas pela admiração feminina, já que "é mais fácil arrumar garotas sendo valente"[25]. A área superior de ginásios onde se realizavam bailes de corredor só podia ser acessada por mulheres, não só para evitar o conflito em um lugar perigoso, de onde uma queda poderia ser fatal, mas também para que elas, que não participavam do corredor, tivessem a regalia de acompanhar dali de cima as performances de seus guerreiros e flertar com algum deles. Vários guerreiros lutavam sem camisa, pois gostavam de exibir seu corpo[26].

---

23 ___ Janaína Medeiros, *Funk carioca: crime ou cultura? O som dá medo. E prazer*, São Paulo: Terceiro Nome, 2006, pp. 62 ss. Alguns frequentadores de shows de pagode baiano também expressam sua indignação contra rapazes que vão ao show para brigar, "com tanta mulher aí" para dançar e "pegar". Cf. Ledson Chagas, *Corpo, dança e letras: um estudo sobre a cena musical do pagode baiano e suas mediações*, dissertação (Mestrado em Cultura e Sociedade) – Universidade Federal da Bahia, Salvador: 2016, pp. 215-6. Em relação às medidas para se enfrentar a violência das torcidas organizadas de futebol, cf. Maurício Murad, "Futebol e violência no Brasil", *Discursos Sediciosos: Crime, Direito e Sociedade*, Rio de Janeiro: Instituto Carioca de Criminologia/Relume-Dumará, 1996, ano 1, n. 1, p. 117.

24 ___ Janaína Medeiros, *Funk carioca: crime ou cultura? O som dá medo. E prazer*, op. cit., pp. 76-8.

25 ___ Silvio Essinger, *Batidão: uma história do funk*, op. cit., pp. 206-7.

26 ___ *Ibidem*, pp. 138-9; Paulo Cesar Rodrigues Carrano, *Os jovens e a cidade: identidades e práticas culturais em Angra de tantos reis e rainhas*, op. cit., p. 67.

O funk pornográfico, que já existia, tornou-se hegemônico justamente após o declínio do baile de corredor, motivado também pela intervenção da mídia e pela repressão das autoridades. A "disposição" passa a ser para a conquista das mulheres, não mais para a destruição entre homens. Os homens abandonaram a dança da violência e assumiram a dança da sedução. Fátima Cecchetto e Patrícia Farias apontam que, se por um lado há um aspecto positivo no tom jocoso das letras e na afirmação de um corpo jovem, em pleno vigor sexual, por outro há um aspecto destruidor no "pornofunk", uma lógica guerreira, uma ressignificação de gírias que marcavam a sociabilidade masculina na fase anterior do funk. "Passar cerol", "quebrar o barraco", "dar muita pressão" e "formar o bonde" passam a marcar o confronto entre o "tigrão" e a "cachorra".

A disputa passa a ser pelo monopólio de dar e receber prazer. Os MCs exaltam os atributos da virilidade com um tom imperativo e agressivo[27]. Curiosamente, porém, no caso de "Planeta dominado", dos SD Boyz, dos famosos versos "Tá dominado, tá tudo dominado", ocorre o fenômeno contrário: uma letra que fala sobre uma "gatinha" dominando o corpinho no baile foi apropriada e ressignificada tanto por torcidas de futebol, ao comemorarem um gol, quanto por traficantes e policiais, ao invadirem uma comunidade[28].

MÚSICA E VIOLÊNCIA

A música e o modo de dançar eram apontados com muita frequência como um dos fatores propiciadores das brigas nos bailes funk normais. Qualquer esbarrão ou pisão no pé podia dar início a uma briga, principalmente quando não havia um pedido de desculpas[29]. Às vezes os amigos dos briguentos também começavam a brigar. A massa se comprimia em algum canto da pista de dança, o mais longe possível do conflito, o que

---

27____Fátima Cecchetto e Patrícia Farias, "Do *funk* bandido ao *pornofunk*: o vaivém da sociabilidade juvenil carioca", *Interseções: Revista de Estudos Interdisciplinares*, Rio de Janeiro: PPCIS/Uerj, 2002, ano 4, n.2, pp.41, 46-7, 50 e 52-3.

28____Julio Ludemir, *101 funks que você tem que ouvir antes de morrer*, Rio de Janeiro: Aeroplano, 2013, p.143.

29____Eloísa Guimarães, *Escola, galeras e narcotráfico*, op. cit., p.184.

facilitava a irrupção de mais violência, assim como a atitude agressiva dos seguranças, ao tentarem apartar as brigas e expulsar os brigões.

De acordo com Hermano Vianna, a pressão dos corpos e a repetição dos mesmos gestos formam a unidade delirante das "massas rítmicas". Um baile vazio está condenado a ser um baile desanimado, pois lhe falta a proximidade entre as pessoas, que possibilita a formação de uma "verdadeira" massa e, consequentemente, da "descarga" de energia. No momento culminante de intensidade do baile, milhares de pessoas pulavam ao mesmo tempo, como se fossem um corpo só. Eram formados trenzinhos, como em bailes de carnaval, que corriam em sentido contrário, esbarrando uns nos outros[30].

No divertimento em grupo, como na religião, o indivíduo muitas vezes deixa de existir e passa a ser dominado pelo coletivo. Nesses momentos, apesar ou por causa das transgressões cometidas, os indivíduos escapam das exigências da "vida séria". O contato direto com a fonte de energia do social, que pode ocorrer nas festas, é sempre muito perigoso. Daí a ligação estreita entre divertimento e violência[31]. Muitos jovens deixam transparecer, em outros contextos, a força de atração exercida pelo grupo em circunstâncias como o ato de dançar. Quando estão na boate em grupo, acabam tendo reações que jamais imaginariam se estivessem sozinhos[32].

Para a festa produzir um clima excitante e/ou bem-humorado, é necessário haver uma sintonia entre os movimentos corporais, as letras e o ritmo da música. O comportamento no baile é, portanto, em grande medida, orientado pelas músicas. Geralmente, os principais sucessos dos bailes não eram os raps românticos, melosos, que indicavam o momento mais apropriado da paquera, e sim os funks com as batidas mais fortes e marcadas, as chamadas montagens ou "pancadões", trilha sonora ideal para a pancadaria. Quando os DJs tocavam os "pancadões", os jovens formavam os "bondes", deslocavam-se pelo salão, invadiam o

---

30___Hermano Vianna, *O mundo funk carioca, op. cit.*, pp. 37, 60-1 e 77-9; Zuenir Ventura, *Cidade partida, op. cit.*, pp. 219-20.

31___Sobre a relação entre religião, festa e violência, cf. Hermano Vianna, *O mundo funk carioca, op. cit.*, pp. 51 ss.

32___Maria Isabel Mendes de Almeida e Kátia Maria de Almeida Tracy, *Noites nômades: espaço e subjetividade nas culturas jovens contemporâneas*, Rio de Janeiro: Rocco, 2003, p. 132.

território da galera rival, e a briga se intensificava no ritmo da música. Essas montagens explosivas, que constituíam apenas parte da programação do baile normal, começaram a predominar nos bailes de corredor.

As montagens geralmente eram colagens de sons e ruídos. Possuíam apenas refrões, cantados em coro, que remetiam aos bordões entoados pelas torcidas organizadas de futebol nos estádios ou pelas galeras, quando se encontravam para brigar. Elas exaltavam os nomes das comunidades, continham xingamentos que procuravam desqualificar ou intimidar os "bondes alemães", faziam referências às organizações criminosas, revelavam quem eram as outras galeras que formaram o "bonde" e, indiretamente, se as galeras estavam "fortalecidas" ou "humildes"[33].

Nesse ponto, vale mencionar que, quando a música que tocava nos primeiros bailes funk era instrumental, os dançarinos inventavam passinhos para preenchê-la. Quando o funk se nacionalizou, com letras em português, a figura do MC ganhou destaque, a dança perdeu e muitos dançarinos migraram para os bailes charme. Na fase dos bailes de corredor, a dança perdeu ainda mais espaço, e o axé music da Bahia conquistou muita gente que gostava de dançar coreografias, fazendo com que abandonassem os bailes funk[34].

O charme é um gênero, assim como o funk, originado dos Bailes da Pesada e do Movimento Black Rio do início dos anos 1970, muito associado à identidade negra e periférica, porém mais lento, leve, suave, melodioso e dançante que o funk, mais próximo do soul. Os adeptos dos bailes soul acusavam o funk, ao contrário do charme, de ter descaracterizado o movimento inicial, em termos musicais, culturais e ideológicos, de afirmação do orgulho negro[35]. No "Rap da diferença", os MCs

---

33___Micael Herschmann, *O funk e o hip-hop invadem a cena*, op. cit., pp. 159-60; Fátima Cecchetto, "As galeras funk cariocas: entre o lúdico e o violento", *op. cit.*, pp. 101 e 108-9; Juarez Dayrell, *A música entra em cena: o rap e o funk na socialização da juventude*, op. cit., p. 128; Paulo Cesar Rodrigues Carrano, *Os jovens e a cidade: identidades e práticas culturais em Angra de tantos reis e rainhas*, Rio de Janeiro: Relume-Dumará/Faperj, 2002, pp. 67-8; "DEBATE 7 – Organizações comunitárias, cultura popular e violência II", em: Marcos Alvito e Gilberto Velho, *Cidadania e violência*, Rio de Janeiro: UFRJ e FGV, 1996, pp. 346-7.

34___Suzana Macedo, *DJ Marlboro na terra do funk: bailes, bondes, galeras e MCs*, op. cit., p. 86.

35___Fátima Cecchetto, *Violência e estilos de masculinidade*, Rio de Janeiro: Editora FGV, 2004, p. 184.

Markinhos e Dollores explicam que, enquanto o funk anda "bonito", o charme anda "elegante". Julio Ludemir assinala que o vestuário despojado do funkeiro, com roupas de marcas como bermudão Cyclone e tênis Reebok ou Nike, era o utilizado nos bailes de corredor e também pelos jovens estereotipados como traficantes de drogas. Já o traje esporte fino ou social do charmeiro "aponta para um negro indissoluvelmente ligado à ética do trabalho, por meio da qual os jovens da periferia poderiam conhecer algum nível de mobilidade social". Assim como muitos evangélicos usam a vestimenta social de uma forma quase estereotipada para se diferenciarem dos bandidos, inclusive perante policiais, os charmeiros teriam sido muito menos perseguidos do que os funkeiros[36].

Fátima Cecchetto confirma que a imagem do charmeiro, em oposição à do funkeiro, é a de um homem negro e suburbano trabalhador, que se veste bem, não usa drogas, não briga no baile e está mais interessado na dança. O baile charme é visto como uma espécie de enclave, nos subúrbios, de gente bonita, bem-vestida, educada, de negros orgulhosos de sua cor, sedutores, pacíficos em seu lazer, trabalhadores, responsáveis, que vão ao baile individualmente, em oposição aos funkeiros violentos, alienados, irresponsáveis, que vão ao baile coletivamente, em galera[37]. De certa forma, esse fato problematiza a hipótese que atribui a criminalização do funk principalmente ou somente ao fato de ser um gênero musical negro e periférico.

Em 2004, Cecchetto afirmava que o baile charme reunia milhares de jovens a cada fim de semana, principalmente em clubes localizados nos subúrbios e em espaços alternativos, como estacionamentos e viadutos. Ao contrário do baile funk, que era realizado em favelas e abarcava vastos espaços na geografia urbana, o charme continuava a ser identificado prioritariamente com a zona Norte e os subúrbios do Rio de Janeiro[38]. Embora majoritariamente não branco, o público dos bailes charme, comparado ao dos bailes funk, era um pouco mais diversificado em relação à geração e à classe social, incluindo adolescentes, mães de adolescentes, charmeiros "da antiga" e trabalhadores de classe

---

36＿＿Julio Ludemir, *101 funks que você tem que ouvir antes de morrer*, *op. cit.*, p. 103.

37＿＿Fátima Cecchetto, *Violência e estilos de masculinidade*, *op. cit.*, pp. 190-2, 196 e 199.

38＿＿*Ibidem*, p. 183.

média baixa. O baile charme mais famoso, realizado embaixo do viaduto Negrão de Lima, no bairro de Madureira, desde 1994, entretanto, teria sido fechado pela polícia no final de 1998, após um conflito entre meninos de rua e frequentadores do local. Um informante de Cecchetto acreditava que "tudo mudou" depois que os bailes começaram a ser pagos, gerando conflitos na entrada e com a presença de seguranças no entorno do lugar[39].

Ainda na década de 1980, o DJ Fernandinho, um partidário do charme, defendia que o tipo de música que passou a dominar os bailes funk era um dos principais causadores do aumento da violência. Argumentava que, antes da chegada do hip-hop, suas festas eram pacíficas e ordeiras, mas que o público passou a atuar como verdadeiros "selvagens", percepção compartilhada por outros DJs de charme que viam no funk uma batida mais excitante, acelerada e propícia à briga.

Já em 2018, os municípios de Joaquim Gomes e Flexeiras, localizados na Zona da Mata de Alagoas, firmaram um termo de ajustamento de conduta (TAC) com o Ministério Público Estadual no intuito de garantir a segurança dos foliões durante os festejos carnavalescos. Entre as recomendações, estava a proibição de músicas que fizessem apologia de crime. A preocupação do Ministério Público e da Polícia Militar era que a coreografia do grande sucesso "Que tiro foi esse?", da funkeira Jojo Todynho, na qual as pessoas caíam no chão após o barulho de tiro, confundisse os policiais e pudesse causar sustos na população[40]. Em 2020, a Secretaria de Turismo do município de Serra Negra, interior paulista,

---

39____*Ibidem*, pp. 195-7. A lei estadual n. 8.559/2019, de autoria da deputada Zeidan Lula (PT), declara como bem cultural de natureza imaterial do estado do Rio de Janeiro o movimento artístico charme. O PL estadual n. 3.705/2021, de autoria da deputada Mônica Francisco (Psol), inclui no Calendário Oficial do Rio de Janeiro o "Dia Estadual do Movimento Cultural Charme" e institui o Programa de Desenvolvimento do Movimento Cultural Charme – Lei DJ Corello. O PL encontrava-se em tramitação em julho de 2021. Cf. também o PL n. 3.704/2021, de autoria da mesma deputada. A lei municipal n. 5.925/2015, de autoria do vereador Marcelo Arar (PTB), inclui o Dia do Charme no calendário oficial da cidade do Rio de Janeiro, no dia 12 de agosto. A lei municipal n. 6.672/2019, de autoria do mesmo vereador, altera a data de comemoração para 8 de março.

40____"'Que tiro foi esse': MP e polícias proíbem músicas que fazem apologia à violência", *Alagoas 24 horas*, Maceió: 2 fev. 2018.

vetou o funk nos blocos de carnaval de rua com o objetivo de "retomar o carnaval família", pois o funk estaria associado ao início de brigas[41].

Até uma cantora "família" como Ivete Sangalo viu-se envolvida em uma polêmica no carnaval baiano de 2016, quando defendeu a música "Paredão metralhadora", da banda Vingadora, acusada de incitar a violência com o verso onomatopeico "trá trá trá trá trá", que imitava o som de uma metralhadora: "Essa música não tem nada, é só diversão. Como as fanfarras da década de 60 que tinham duplo sentido e a gente viveu cantando. Não importa o que se ouve, mas como se comporta [...]. Se você é uma pessoa da guerra, não precisa ter música, você vai fazer guerra. Se você for da paz, você vai absorver tudo com uma energia leve"[42].

Assim como ocorreu com o rock, nos anos 1950, reportagens nos jornais e cartas dos leitores nos anos 1990 atribuíam ao funk "um poder demoníaco, capaz de levar os jovens a práticas antissociais". Não se deve, porém, ser determinista e tomar o funk como a "própria origem da violência e não apenas como cenário eventual"[43]. Hermano Vianna alegava que a violência não era culpa do funk e que as galeras continuariam fazendo arrastões mesmo se frequentassem bailes onde tocasse valsa[44].

Nesse sentido, cabe mencionar que em Salvador, durante o carnaval de 1987, várias pessoas relataram a Hermano Vianna que a violência nas ruas havia diminuído com o aparecimento de novos ritmos e novas danças mais calmas e sensuais, como o fricote, o ti-ti-ti ou a "dança da galinha". O frevo de antes exigia que as pessoas pulassem de maneira enérgica, batendo em quem estivesse ao redor. Vianna, no entanto, não tinha dados para afirmar se a violência realmente havia diminuído[45]. Da mesma forma, segundo Ledson Chagas, no pagode baiano mais melódico, com maior protagonismo do cavaquinho, as chances de agitação dos corpos em massa é menor do que no pagode mais percussivo, que

---

41____Cesar Gaglioni, "A cidade do interior paulista que proibiu o funk no carnaval", *Nexo*, São Paulo: 24 fev. 2020.

42____"Ivete Sangalo defende 'Metralhadora': 'Tem que receber o prêmio'", *iBahia*, Salvador: 7 fev. 2016.

43____Manoel Ribeiro, "Funk'n Rio: vilão ou big business?", *op. cit.*, p. 288.

44____*Apud* Silvio Essinger, *Batidão: uma história do funk, op. cit.*, pp. 126 e 128.

45____Hermano Vianna, *O mundo funk carioca, op. cit.*, pp. 39 e 84-6; Fátima Cecchetto, *Violência e estilos de masculinidade, op. cit.*, pp. 193-4.

não determina a ocorrência de brigas, mas se relaciona com elas, ainda que sejam cênicas ou coreográficas[46].

Já nas festas de aparelhagem de Belém, segundo Rodrigo Moreira Magalhães, as brigas ocorrem em decorrência do excesso de álcool e drogas ilícitas e são mais frequentes em festas de "toca tudo", em que as músicas escolhidas pelo DJ deixam excitado um público mais jovem. Outra causa de brigas, que ocorrem em geral do lado de fora da festa, longe dos seguranças, é a disputa por mulheres, ou seja, o machismo. Algumas confusões são filmadas em celulares e se espalham rapidamente nos grupos de WhatsApp, o que, em parte, pode explicar a imagem violenta das festas entre aqueles que não as frequentam[47].

A banda de tecnomelody Gang do Eletro, formada em 2008, foi acusada de gravar músicas para as gangues, razão do nome adotado, segundo seu integrante Maderito. O DJ Waldo Squash narra que as músicas do grupo foram proibidas de tocar nas festas de aparelhagem de Belém: "Nesse momento, o índice de criminalidade estava muito alto. O governo pressionou a segurança pública, que apertou as aparelhagens, que automaticamente colocaram a culpa nas bandas que faziam músicas para os fã-clubes das aparelhagens"[48]. Paulo Murilo Guerreiro do Amaral, no entanto, observa que, ainda que o fã de aparelhagem se assemelhe a um torcedor de time de futebol, a competição entre as equipes não materializa ações de violência, pois o fã de aparelhagem comparece apenas à festa de sua equipe, ou seja, torcidas diferentes normalmente não compartilham o mesmo espaço festivo. Portanto, ao contrário das brigas de galeras funk e de torcidas organizadas, as brigas ocorridas nas

---

46____Ledson Chagas, *Corpo, dança e letras: um estudo sobre a cena musical do pagode baiano e suas mediações, op. cit.*, pp. 158 e 208-9.

47____Rodrigo Moreira Magalhães, *Experiências do lugar: uma etnografia de festas de aparelhagem nas periferias de Belém do Pará, focada em seus frequentadores*, dissertação (Mestrado em Música) – Escola de Música, Universidade Federal de Minas Gerais, Belo Horizonte: 2017, pp. 98-9.

48____Julyerme Darverson, "Gang do Eletro: a banda da rave paraense", *Iesb Portal de Jornalismo*, Brasília: 22 set. 2015.

festas de aparelhagem ocorrem por motivos alheios àqueles que levam o público às festas[49].

Se não causa as brigas, o estilo musical pode, todavia, ser considerado um fator facilitador. O DJ tem um poder enorme nas mãos: o de controlar conscientemente a intensidade da festa[50]. Ele tanto pode animar, provocar um clima de euforia, como desanimar, esfriar as galeras. É possível observar melhor o poder do DJ nos momentos em que estoura uma briga mais violenta e o baile ameaça sair do controle. Uma das estratégias é iniciar uma sessão só com músicas românticas, lentas e melosas, para esfriar o baile, acabando com as brigas, e esquentar os casais, incentivando encontros amorosos e restaurando a ordem. Se não fossem essas intervenções, os bailes poderiam se tornar muito mais violentos[51].

Achar o ponto de equilíbrio é muito difícil, pois a maior satisfação para um DJ é ver o público "delirando". Como uma euforia descontrolada pode desencadear brigas, existe muitas vezes um conflito entre o DJ e as pessoas encarregadas da segurança, que o pressionam para espalhar as músicas de grande sucesso e mais animadas ao longo do baile, no lugar de concentrá-las no final, ou até para excluir do seu set músicas consideradas "perigosas", principalmente quando o público já é violento[52].

Vale destacar que as bandas de pagode baiano também vivem esse dilema, pois querem melhorar sua imagem com o grande público e sabem que algumas canções aumentam a chance de brigas, mas sabem também que grande parte do público gosta dos confrontos e está ali para vivenciar a experiência corporal da dança mais viril e pulada, que se

---

49___Paulo Murilo Guerreiro do Amaral, *Estigma e cosmopolitismo na constituição de uma música popular urbana de periferia: etnografia da produção do tecnobrega em Belém do Pará*, tese (Doutorado em Música) – Instituto de Artes, Universidade Federal do Rio Grande do Sul, Porto Alegre, 2009, p. 151.

50___Hermano Vianna, *O mundo funk carioca*, op. cit., pp. 22 e 62; Paulo Cesar Rodrigues Carrano, *Os jovens e a cidade: identidades e práticas culturais em Angra de tantos reis e rainhas*, op. cit., p. 64.

51___Hermano Vianna, *O mundo funk carioca*, op. cit., p. 80; Suzana Macedo, *DJ Marlboro na terra do funk: bailes, bondes, galeras e MCs*, op. cit., p. 9; Silvio Essinger, *Batidão: uma história do funk*, op. cit., p. 116.

52___Hermano Vianna, *O mundo funk carioca*, op. cit., pp. 44-5 e 81 ss.; Paulo Cesar Rodrigues Carrano, *Os jovens e a cidade: identidades e práticas culturais em Angra de tantos reis e rainhas*, op. cit., p. 68; Micael Herschmann, *O funk e o hip-hop invadem a cena*, op. cit., p. 151.

aproxima dos momentos de ápice de compressão e fricção do carnaval soteropolitano, quando a casa está mais próxima da lotação completa. Uma estratégia utilizada por algumas bandas é parar de tocar a canção que foi utilizada como mote para o início da briga e começar a tocar algum sucesso do repertório sertanejo[53]. Da mesma forma, segundo o DJ Wesley, para evitar as brigas nas festas de aparelhagem de Belém, houve algumas reuniões, e os fã-clubes chegaram à conclusão de que deveriam dar "uma segurada nas músicas" das equipes para evitar rivalidades e brigas entre os frequentadores[54].

"NÓS E OS ALEMÃO VAMOS SE DIVERTIR": O ASPECTO LÚDICO DO BAILE DE CORREDOR

É preciso salientar que mesmo o baile de corredor não era um território sem lei. Conforme visto, havia muitas regras, como a proibição de "sequestrar" um jovem de um lado para o outro. Em alguns bailes, a revista na entrada era muito minuciosa, para impedir que as galeras entrassem com armas que pudessem causar problemas mais sérios durante as brigas, e nenhum objeto de vidro, como garrafas, era deixado no balcão do bar[55]. No fundo, tudo parecia ser um grande jogo. As paredes do corredor eram formadas por pessoas de mãos dadas ou braços entrelaçados. O jogo consistia em desferir golpes rápidos no outro lado, com os pés ou com as mãos, de tal maneira que o combatente pudesse voltar logo ao seu campo. Se escorregasse, caísse no território inimigo e não fosse arrastado a tempo, ele corria o risco de ser trucidado.

Nesse jogo em que a violência era ritualizada, cada um dos membros precisava do apoio da sua galera. Havia fortes laços de solidariedade

---

53___Ledson Chagas, *Corpo, dança e letras: um estudo sobre a cena musical do pagode baiano e suas mediações*, op. cit., pp. 214-5.

54___*Apud* Rodrigo Moreira Magalhães, *Experiências do lugar: uma etnografia de festas de aparelhagem nas periferias de Belém do Pará, focada em seus frequentadores*, op. cit., p. 126.

55___Hermano Vianna, *O mundo funk carioca*, op. cit., pp. 75-6; Maria Cecília de Souza Minayo *et al.*, *Fala, galera: juventude, violência e cidadania no Rio de Janeiro*, op. cit., p. 57; Micael Herschmann, *O funk e o hip-hop invadem a cena*, op. cit., p. 140.

e companheirismo permeando a conduta desses grupos. Durante muito tempo alguns indivíduos simulavam a situação de briga, sem que a briga realmente acontecesse. A violência, em muitos aspectos, longe de representar um fator de afastamento da participação no baile, funcionava como um estimulante. Nessa luta não se usava nenhum tipo de arma, a não ser as mãos vazias e os pés calçados de tênis. Talvez isso explicasse o fato de que, mesmo após horas de combate, não fosse comum ver um combatente sangrando[56]. Talvez até porque soubessem que havia um controle, uma "administração" da briga, esses jovens se entregassem tão plenamente ao jogo, à luta.

Além disso, na ritualização da violência nos bailes funk, os grupos não visavam propriamente à eliminação do inimigo, cuja permanência parecia garantir o clima de excitação e competição, mas o reconhecimento de um território. A participação no jogo compensava um cotidiano que, em geral, os excluía[57]. Tudo era muito arriscado, mas extremamente excitante. O ritual de embate podia ser uma importante válvula de escape para esses jovens e podia ser comparado a uma espécie de jogo perigoso, a uma modalidade de esporte radical dos segmentos privilegiados da população da cidade, como o kickboxing ou o jiu-jítsu[58].

Não se pode esquecer que a capoeira, mistura de luta, dança e jogo, foi criminalizada no Código Penal de 1890 e que as brigas dos bailes de corredor encontravam muitas semelhanças com ela. Ambas eram coreografias violentas e ritualizadas. Diferentemente das brigas de *hooligans*, na fisionomia dos funkeiros que extravasavam a agressividade não havia ódio, mas satisfação, excitação, sorrisos ou um ar de deboche. O humor era um aspecto lúdico bastante ativo nos bailes. Não bastava enfrentar a galera rival, era preciso "zoar" dela[59]. Algumas músicas do baile sugeriam uma violência ritualística. Era o caso de uma que lembrava o toque

---

56___Zuenir Ventura, *Cidade partida*, op. cit., pp. 122-3; Paulo Cesar Rodrigues Carrano, *Os jovens e a cidade: identidades e práticas culturais em Angra de tantos reis e rainhas*, op. cit., p. 64; Micael Herschmann, *O funk e o hip-hop invadem a cena*, op. cit., pp. 136-8 e 159-60.

57___Micael Herschmann, *O funk e o hip-hop invadem a cena*, op. cit., pp. 174-5.

58___*Ibidem*, p. 142; Juarez Dayrell, *A música entra em cena: o rap e o funk na socialização da juventude*, op. cit., p. 141.

59___Micael Herschmann, *O funk e o hip-hop invadem a cena*, op. cit., pp. 136 e 159-60; Zuenir Ventura, *Cidade partida*, op. cit., p. 125.

do berimbau do jogo da capoeira. Logo nos primeiros acordes, os jovens, muitos verdadeiramente praticantes da capoeira, iniciavam a ginga[60].

Não havia o prazer do confronto e a emoção de ver a cara do "alemão" nos bailes que não tinham briga. Para muitos desses jovens, baile sem briga e "alemão" não tinha "zoação" nem graça[61]. Os jovens não temiam os danos físicos que sofriam ou provocavam, seja porque podiam ser usados como uma espécie de medalha, uma demonstração do *éthos* da virilidade, da disposição para brigar, da capacidade de se firmar como "homem", seja pela crença na sua invencibilidade diante da morte ou pelo gostinho em correr riscos[62].

Para Paulo Cesar Rodrigues Carrano, se tais "brincadeiras", danças e jogos eram violentos, deve-se considerar que esses jovens "vivem uma realidade de violência social que os impulsiona para a realização de também violentas formas lúdicas de sociabilidade"[63]. Ainda que as galeras não estivessem necessariamente vinculadas às quadrilhas, no baile percebia-se "a representação simbólica de processos complexos que organizam a vida social das favelas, segundo uma lógica antagônica, territorial e guerreira", uma recriação dos códigos de violência no âmbito do lazer e da sociabilidade juvenil[64]. A violência cotidiana que toma conta da periferia do Rio de Janeiro imprimiria sobre esses jovens um modelo violento de se divertir. Os conflitos do baile eram uma maneira de "o cara aparecer", de ser alguém[65]. Ledson Chagas, da mesma forma, relembrando a antiga tradição de confrontos físicos nas

---

60___Paulo Cesar Rodrigues Carrano, *Os jovens e a cidade: identidades e práticas culturais em Angra de tantos reis e rainhas*, op. cit., pp. 67-8.

61___Fátima Cecchetto, "As galeras funk cariocas: entre o lúdico e o violento", em: Hermano Vianna (org.), *Galeras cariocas: territórios de conflitos e encontros culturais*, Rio de Janeiro: Editora UFRJ, 1997, pp. 97 e 108. Cf. Silvio Essinger, *Batidão: uma história do funk*, op. cit., p. 164; Micael Herschmann, *O funk e o hip-hop invadem a cena*, op. cit., p. 142; Olívia M. G. Cunha, "Conversando com Ice-T: violência e criminalização do funk", *op. cit.*, p. 107.

62___Fátima Cecchetto, "As galeras funk cariocas: entre o lúdico e o violento", *op. cit.*, pp. 97 e 108; José Manuel Valenzuela Arce, *Vida de barro duro: cultura popular juvenil e grafite*, op. cit., pp. 79-80.

63___Paulo Cesar Rodrigues Carrano, *Os jovens e a cidade: identidades e práticas culturais em Angra de tantos reis e rainhas*, op. cit., p. 65.

64___Fátima Cecchetto, "As galeras funk cariocas: entre o lúdico e o violento", *op. cit.*, p. 114.

65___Eloísa Guimarães, *Escola, galeras e narcotráfico*, op. cit., p. 183.

festas de largo e no carnaval de Salvador, motivados pelo puro prazer em lutar, relata que as brigas nos shows de pagode baiano que acompanhou quase nunca eram propriamente brigas, pois ou não tinham motivação ou essa motivação era apenas encenada para ocasionar o confronto. Só não ocorriam os confrontos físicos quando o evento era um fracasso, com lotação baixa. Esse ritual era diferente do observado em shows de algumas bandas de hardcore, em que, embora possam ocorrer agressões e brigas, a regra implícita é que não se chegue a esse ponto.

Chagas observou um maior protagonismo dos jovens aparentemente mais pobres nas brigas dos shows de pagode baiano, mesmo em relação aos seus vizinhos de bairro, de mesmo perfil fenotípico, levantando a hipótese de que os jovens que mais brigavam residiam nas áreas mais marginalizadas dos bairros e, assim como integrantes de blocos de carnaval do lumpemproletariado soteropolitano, eram os que mais se identificavam com a imagem da revolta e da violência[66].

Nota-se, assim, que a violência em contextos de lazer não é uma exclusividade do funk. Uma das características das galeras, gangues e várias outras organizações juvenis é justamente explicitar, refletir a violência dissimulada do sistema social[67]. Uma sociedade violenta dissemina uma cultura da violência, que se reflete em seus jogos, danças e "brincadeiras". A violência no futebol, por exemplo, apenas dá visibilidade a um processo de desagregação social mais amplo, no qual todas as instituições brasileiras estão mergulhadas e que cria condições propícias à violência. Na segunda década do século XX, jogadores negros não podiam esbarrar em jogadores brancos, sob pena de os outros jogadores e até policiais agredirem fisicamente o infrator, enquanto os brancos eram, no máximo, expulsos de campo. Essa redução dos espaços, subproduto de sua situação social, obrigou os negros a jogarem com mais ginga, evitando o contato físico e inventando o drible, um futebol que "lembra passos de dança e fintas de capoeira"[68].

66___Ledson Chagas, *Corpo, dança e letras: um estudo sobre a cena musical do pagode baiano e suas mediações*, op. cit., pp. 206 ss.

67___Eloísa Guimarães, *Escola, galeras e narcotráfico*, op. cit., p. 103; Paulo Sérgio do Carmo, *Culturas da rebeldia: a juventude em questão*, São Paulo: Editora Senac, 2001, p. 220.

68___Maurício Murad, "Futebol e violência no Brasil", op. cit., pp. 110 ss.

No passado, as torcidas de futebol eram "instituições familiares e coreográficas" carnavalizadas, que, apesar de embates esporádicos, marcavam sua atuação com cânticos, ritmos, alegorias e festejos. As torcidas organizadas violentas surgiram na década de 1970, auge da ditadura militar, seguindo as doutrinas e os padrões de organização do militarismo então vigente: visão de mundo intolerante, competitividade selvagem, antagonismo repressor, invasão territorial, eliminação das diferenças pelo uso da força. Os confrontos passaram a agudos, programados, generalizados e institucionalizados.

Essas torcidas se estruturam em "pelotões", "destacamentos", "esquadrões", "tropas de choque", "comandos", "exércitos", "facções de gladiadores", e muitas são treinadas em artes marciais. Seus líderes são chamados de "capitães", "tenentes", "sargentos". Seus cantos são cantos de guerra. Seus símbolos, comportamentos grupais e relações de poder hierárquicas são militares. Dividem as grandes cidades em territórios dominados, cujas fronteiras são demarcadas por grupos de ação e força. A violência estrutural e a crise permanente da década de 1990, por sua vez, potencializaram a emergência de atitudes antissociais e acrescentaram à história das torcidas organizadas uma infraestrutura bélica, com tecnologia avançada na fabricação de armamentos, bem como a articulação com setores marginalizados da vida urbana brasileira[69]. Observa-se, por outro lado, mais recentemente, a interessante emergência de torcidas organizadas antifascistas e LGBTQIA+, o que também não deixa de ser reflexo dos novos tempos.

Sergio Salomão Shecaira chama a atenção, por fim, para os efeitos envolventes e persuasivos que a imprensa, o cinema, o rádio e a televisão têm sobre a violência e a delinquência juvenil. Os meios de comunicação não são apenas um espelho da realidade, mas intervêm nela, fazem parte do processo de socialização do indivíduo, formam os valores da sociedade[70]. Apesar da dificuldade em se reconhecerem influenciáveis, os jovens de todos os estratos consideram que os filmes violentos exibidos na televisão todos os dias, em diversos horários, retratando brigas de gangues de rua, e os jornais que se dedicam a exibir os crimes cotidianos

---

69___Maurício Murad, "Futebol e violência no Brasil", *op. cit.*, pp. 110 ss.

70___Sergio Salomão Shecaira, *Criminologia*, São Paulo: Editora Revista dos Tribunais, 2004, pp. 203 ss.

influenciam crianças e os que têm "cabeça fraca", aumentando os conflitos da sociedade, na medida em que os veiculam de forma exagerada, incentivam e banalizam comportamentos violentos[71].

OS CONCURSOS DE GALERAS

Alba Zaluar aponta que, apesar das semelhanças, inexiste nas gangues o aspecto festivo das galeras, cuja atividade principal não é a luta, mas o baile. Esse aspecto festivo é próprio de outras manifestações populares do Rio de Janeiro, nas quais a catarse das emoções, inclusive da rivalidade e do orgulho masculino, faz-se de modo competitivo, porém regrado[72]. Não à toa os bailes de corredor eram comparados a esportes radicais. As práticas esportivas instituíram uma representação simbólica da competição entre segmentos, facções e até Estados-nações, tornando-a não violenta e não militar, já que suas regras acordadas excluíam a possibilidade de que algum contendor fosse seriamente ferido. Na sociedade assim pacificada, o monopólio legítimo da violência pelo Estado foi efetivado por modificações nas características pessoais de cada cidadão, como o controle das emoções e da violência física, a diminuição do prazer de infligir dor ao outro etc.

Esse processo civilizador, porém, não atingiu na mesma intensidade todas as classes sociais nem todos os países. Onde o Estado é fraco, um prêmio é colocado nos papéis militares. Onde os laços familiares ou locais são mais fortes, o orgulho e o sentimento de adesão ao grupo diminuem a pressão social para o controle das emoções e da violência física, resultando em baixos sentimentos de culpa pelo uso aberto da violência para resolver conflitos. No Brasil, além do esporte, também foi importante para a pacificação dos costumes a instituição de torneios, concursos e desfiles carnavalescos envolvendo bairros e segmentos

---

71＿＿Maria Cecília de Souza Minayo *et al.*, *Fala, galera: juventude, violência e cidadania no Rio de Janeiro*, *op. cit.*, pp. 139 ss.; Eloísa Guimarães, *Escola, galeras e narcotráfico*, *op. cit.*, p. 106; Olívia M. G. Cunha, "Bonde do mal: notas sobre território, cor, violência e juventude numa favela do subúrbio carioca", *op. cit.*, p. 133.

72＿＿Alba Zaluar, "Gangues, galeras e quadrilhas: globalização, juventude e violência", *op. cit.*, pp. 47 ss.

populacionais rivais. Porém, enquanto o samba era uma atividade de lazer frequentada por toda a família, o funk não junta gerações diferentes no mesmo espaço[73].

Uma das tentativas para diminuir a violência nos bailes foram justamente os concursos de galeras. Tratava-se de um esforço de cooptar as galeras, usar a rivalidade existente entre elas de uma forma positiva. Os concursos ou festivais de galeras combinavam a estrutura de torneios esportivos com algumas atividades das escolas de samba e incluíam competições de várias naturezas para escolher o melhor rap, o melhor MC, o melhor DJ, o rei e a rainha do baile, o melhor grito de galera, o melhor striptease, a melhor coreografia, a melhor torcida, entre outros.

Os jovens participavam dos concursos na esperança de adquirir vantagens tanto materiais quanto simbólicas distribuídas pelos organizadores, como dinheiro vivo, ingressos para bailes, realização de um baile em sua comunidade, auxílio na carreira de MCs, prestígio e consideração, possibilidade de ser reconhecido em sua região, transporte para as galeras, entre outras[74].

Não é possível afirmar, porém, que os concursos de galera fossem um elemento totalmente novo na tentativa de suprimir a violência nos bailes. Já no início dos anos 1970, o DJ Afrika Bambaataa, um dos criadores do hip-hop, propôs que as gangues do distrito do Bronx, em Nova York, resolvessem suas rixas por meio da competição poética e musical e, principalmente, da dança break[75]. Na década de 1980, a equipe de som Soul Grand Prix trabalhava com alguns dançarinos que eram designados chefes de turma. Esses dançarinos se responsabilizavam por seu grupo de amigos e participavam das reuniões da equipe de som com a diretoria

---

73____*Ibidem*, pp. 38-40. Cf. Maurício Murad, "Futebol e violência no Brasil", *op. cit.*, p. 113. Sobre o processo civilizador que passou a coibir no espaço público demonstrações abertas de agressividade, emoções espontâneas de qualquer espécie, manifestações dos instintos animalescos humanos referentes a sexualidade, violência, embriaguez e escatologia, cf. Norbert Elias, *O processo civilizador*, Rio de Janeiro: Zahar, 2011.

74____Fátima Cecchetto, "As galeras funk cariocas: entre o lúdico e o violento", *op. cit.*, pp. 100 ss. e 112; Micael Herschmann, *O funk e o hip-hop invadem a cena*, *op. cit.*, pp. 149 ss.; Juarez Dayrell, *A música entra em cena: o rap e o funk na socialização da juventude*, *op. cit.*, p. 129; Olívia M. G. Cunha, "Conversando com Ice-T: violência e criminalização do funk", *op. cit.*, p. 118.

75____Paulo Sérgio do Carmo, *Culturas da rebeldia: a juventude em questão*, *op. cit.*, pp. 180-1.

do clube, discutindo o aumento no preço das entradas e qualquer outro problema que ocorresse no baile. Havendo uma briga, toda a turma podia ser impedida de entrar no baile seguinte. Ainda nessa mesma década, o DJ Marlboro tentou fazer concursos entre os grupos de dançarinos, premiando as turmas mais animadas e que brigassem menos, mas o desinteresse da equipe não levou o projeto adiante[76].

Romulo Costa dizia que a sugestão do concurso de MCs fora do então vice-governador do Rio de Janeiro, Nilo Batista (PDT). A ideia era estimular os garotos das favelas e dos bairros pobres que frequentavam os bailes a escrever seus próprios raps, a mostrar que podiam ser artistas. Os festivais de galeras objetivavam atrair mais cabeças para o baile, evitar as brigas e satisfazer o próprio instinto de competição inerente à adolescência[77]. Foi nesses concursos de MCs que se tornaram onipresentes as letras pedindo a paz nos bailes, afirmando o orgulho de ser funkeiro e louvando as comunidades, até como estratégia para desvincular o funk da violência e evitar o fechamento dos bailes[78]. Muitos MCs iniciaram a carreira com raps apresentados em concursos e que depois estouraram nas rádios[79]. Entre eles, Claudinho & Buchecha, com seu "Rap do Salgueiro", que exaltava a cultura de paz e as galeras de várias comunidades e venceu em 1995 o festival de galeras do Clube Mauá, em São Gonçalo.

Há quem diga, todavia, que os concursos acentuaram ainda mais o clima de rivalidade entre as galeras, aumentando, consequentemente, a violência no baile, de modo que a melhor opção foi acabar com eles[80]. As fronteiras entre o jogo e o conflito, entre a competição e a destruição, tornavam-se difusas. Nos concursos, parecia que as galeras mais "brigonas", que prejudicavam o funk, eram também as que mais se destacavam, as mais prestigiadas pelas suas proezas. Muitas vezes, no mesmo

---

76___Hermano Vianna, *O mundo funk carioca*, op. cit., pp. 86-7.

77___Silvio Essinger, *Batidão: uma história do funk*, op. cit., p. 98.

78___*Ibidem*, pp. 100, 108, 110, 147 e 154; Paulo Cesar Rodrigues Carrano, *Os jovens e a cidade: identidades e práticas culturais em Angra de tantos reis e rainhas*, op. cit., p. 68; Lúcia Salles (org.), *DJ Marlboro: o funk no Brasil – por ele mesmo*, op. cit., p. 44; Micael Herschmann, *O funk e o hip-hop invadem a cena*, op. cit., pp. 175-6.

79___Micael Herschmann, *O funk e o hip-hop invadem a cena*, op. cit., p. 151.

80___Silvio Essinger, *Batidão: uma história do funk*, op. cit., p. 118; Lúcia Salles (org.), *DJ Marlboro: o funk no Brasil – por ele mesmo*, op. cit., p. 43.

jovem e na mesma galera, coexistiam o *éthos* "brigão" e um *éthos* "da paz", dependendo do momento do baile, do interlocutor do funkeiro e de sua própria concepção de violência[81].

Em 2011, em outro contexto, a competição no funk se dava na Batalha do Passinho, organizada pelo escritor Julio Ludemir e pelo músico Rafael Nike. O passinho é uma mistura de diversos tipos de danças nascida nas favelas cariocas, abrangendo movimentos emprestados do break, da capoeira, do frevo e até do balé clássico. Em 2013, a Coca-Cola lançou uma batalha do passinho nas favelas com UPPs, dentre elas o Batan. Os participantes vinham de diversas favelas e periferias tanto da cidade do Rio de Janeiro quanto de municípios da Baixada Fluminense. O prêmio para o vencedor era de R$10 mil, e a final foi transmitida em rede nacional no programa *Caldeirão do Huck*, na TV Globo[82]. Os dançarinos do Dream Team do Passinho, grupo formado em 2013, já se apresentaram em palcos como o da abertura das Olimpíadas do Rio de Janeiro, em 2016, e o do Rock in Rio, em 2017, além de terem participado do clipe da música "Vida", de Ricky Martin, em 2014.

Reconhecendo a importância do passinho, a vereadora Veronica Costa (PMDB) apresentou o PL n. 390/2017, aprovado e transformado na lei municipal n. 6.381/2018, que declara como patrimônio cultural imaterial do povo carioca a dança do passinho e estabelece que o Poder Executivo, por seus órgãos competentes, apoiará as iniciativas que visem à valorização e à divulgação desse gênero de dança no âmbito do município. Na justificativa, a vereadora defende que a dança do passinho "é responsável por amenizar a tensão entre diferentes favelas, uma vez que os dançarinos têm a capacidade de ultrapassar barreiras que separam territórios comandados por traficantes rivais"; que "educadores estão agora reconhecendo o potencial físico e sociocultural do passinho, e o estilo está sendo introduzido como ferramenta educacional em

---

81____Fátima Cecchetto, "As galeras funk cariocas: entre o lúdico e o violento", *op. cit.*, pp. 104 e 112-4; Micael Herschmann, *O funk e o hip-hop invadem a cena, op. cit.*, p. 177; Maria Cecília de Souza Minayo et al., *Fala, galera: juventude, violência e cidadania no Rio de Janeiro, op. cit.*, p. 184.

82____Tássia Mendonça, *Batan: tráfico, milícia e "pacificação" na zona Oeste do Rio de Janeiro*, dissertação (Mestrado em Antropologia Social) – Museu Nacional, Universidade Federal do Rio de Janeiro, Rio de Janeiro: 2014, p. 104.

algumas escolas do Rio de Janeiro"; que "membros do passinho atuam como embaixadores culturais, usando sua fama para disseminar mensagens sobre assuntos como saúde reprodutiva e direitos, mas, ao mesmo tempo que o passinho ganha exposição nos palcos e no cinema, artistas ainda estão lutando por reconhecimento no mundo artístico formal e por espaços para os treinos"[83].

O sucesso nacional e internacional do passinho, no entanto, não impediu que seus dançarinos fossem alvo de violência, como tantos jovens negros cariocas. Em dezembro de 2011, Gualter Damasceno Rocha, o dançarino Gambá, conhecido como Rei do Passinho, foi assassinado, supostamente confundido com um criminoso que teria invadido uma casa em Bonsucesso, zona Norte do Rio de Janeiro[84]. Em abril de 2014, foi a vez de Douglas Rafael da Silva Pereira, o DG, de 25 anos, dançarino do programa *Esquenta!*, da TV Globo, ser assassinado – ao que tudo indica, por policiais que o teriam confundido com um traficante[85]. Cabe destacar ainda que, embora o passinho tenha sido fundamental para a desestigmatização do funk, segundo Julio Ludemir, a coreografia foi criada "no seio do crime organizado", tendo origem em movimentos ensaiados por Leir, bandido da favela do Jacarezinho, ao som do ritmo acelerado de "Dona Gigi", do grupo Os Caçadores[86].

A REPRESSÃO AOS BAILES DE CLUBE NO RIO DE JANEIRO

O DJ Marlboro refuta a versão de Veronica Costa de que a Furacão 2000 ajudou a acabar com os bailes de corredor. Segundo ele, o fim do corredor veio depois que os donos das equipes mais beneficiadas por esse tipo de baile foram punidos pelas autoridades. Ao declínio da Furacão 2000

83____Cf. também o PL n. 476/2013, do vereador Marcelo Arar (PTB), que ainda tramitava em julho de 2021.

84____"Para Justiça, morte do 'Rei dos Passinhos' não foi intencional", *R7*, Rio de Janeiro: 3 jun. 2013.

85____"Amigos da Rocinha dizem que morte de DG foi 'injustiça'", *Terra*, Rio de Janeiro: 23 abr. 2014.

86____Julio Ludemir, *101 funks que você tem que ouvir antes de morrer*, op. cit., p. 51.

correspondeu a nova ascensão do DJ Marlboro. Havia uma conhecida rivalidade entre eles, por questões diversas que envolviam demarcação de território para os bailes e disputas acerca dos direitos autorais pagos aos MCs e autores de músicas[87]. Da mesma forma, o juiz da 2ª Vara da Infância e Juventude do Rio de Janeiro Guaraci Vianna dizia acreditar que 2003 foi um ano tranquilo para o funk justamente por causa do fim da hegemonia da Furacão 2000. Seja qual tenha sido a motivação, após 1999 não havia mais corredor no funk carioca[88].

Em 1999, a Alerj instaurou, por meio da resolução n. 182/99, uma CPI com o objetivo de "investigar os 'bailes funk' com indícios de violência, drogas e desvio de comportamento do público infantojuvenil", motivada por denúncias da imprensa e por uma investigação do Ministério Público iniciada em maio daquele ano, conforme projeto de resolução n. 245/1999. A Comissão, presidida pelo deputado estadual Alberto Brizola (PFL), reuniu-se de novembro de 1999 a maio de 2000. Ao longo de seus trabalhos, convocou para depoimento os principais promotores do funk e as autoridades que ofereceram denúncias, bem como elaborou uma lista com cerca de trinta bailes, os quais sofreram intervenção de quarenta dias "para manter a integridade física de seus frequentadores".

Dois anos antes, em julho de 1997, a Divisão de Repressão a Entorpecentes (DRE) da Polícia Civil do Rio de Janeiro havia aberto inquérito contra Zezinho, dono da equipe de som ZZ Disco, por incitação ao tráfico e, possivelmente, corrupção de menores. No dia 13 de novembro de 1999, Zezinho foi preso em sua casa, onde foram apreendidas fitas que mostravam menores tirando a roupa nos bailes em troca de dinheiro, além de muitas brigas. A acusação formal para a invasão de sua casa foi porte ilegal de arma de uso exclusivo das Forças Armadas. Por ser militar reformado, o dono da ZZ Disco foi mandado para a prisão do 1º Distrito Naval. Os jornais, enquanto isso, chamaram a atenção para a denúncia de um ex-empregado de Zezinho, que relatava que o empresário era ligado ao Comando Vermelho (CV), transportava drogas em seus

---

87___*Apud* Janaína Medeiros, *Funk carioca: crime ou cultura? O som dá medo. E prazer*, op. cit., pp. 58 e 66; Silvio Essinger, *Batidão: uma história do funk*, op. cit., pp. 97 e 257-8.

88___*Apud* Janaína Medeiros, *Funk carioca: crime ou cultura? O som dá medo. E prazer*, op. cit., p. 68.

caminhões e recebia um percentual pelo que fosse consumido. Assim, Zezinho acabou ficando preso por um ano.

Em 1º de dezembro de 1999, foi a vez de Romulo Costa, dono da Furacão 2000, ser detido sob a acusação de praticar apologia de crime, corrupção de menores e falsidade ideológica. A acusação tinha base em uma agenda, do ano de 2000, em que traficantes do morro do Chapadão relacionavam o nome da equipe com supostos pagamentos de bailes. Veronica Costa dizia que tudo aconteceu por causa da tentativa de achaque de um delegado. Caso não fossem pagos R\$300 mil, ela e o marido se veriam nas páginas policiais como associados ao tráfico. Romulo acabou passando quinze dias na carceragem de Campinho. A liminar de soltura foi concedida pelo desembargador Motta Moraes, que alegou não haver nenhuma prova para manter preso o dono da Furacão 2000. Romulo Costa, que aguardava julgamento em liberdade, teve uma nova prisão decretada em 31 de outubro de 2000, permanecendo encarcerado na Polícia Interestadual (Polinter) por 27 dias. As acusações, com base em investigações do Ministério Público, eram de envolvimento com o tráfico de drogas e associação para fins de tráfico. Por outro lado, ainda em 2000, Veronica Costa, que se queixava de falta de apoio político em momentos de perseguições policiais e jurídicas, foi eleita vereadora do Rio de Janeiro pelo PL com 37 mil votos, a quarta maior votação daquele ano[89].

Como resultado prático, o principal feito da CPI da Alerj foi o de propor o PL n.1.392/2000 para disciplinar a organização de bailes funk, sob a justificativa de ter constatado indícios de violência, existência de drogas e desvio de comportamento entre os jovens frequentadores dos bailes – "em determinados casos, induzidos por seus responsáveis". O PL foi aprovado e resultou na lei estadual n.3.410/2000. A lei determina que os clubes, entidades e locais fechados em que são realizados bailes funk são responsáveis pelos eventos e ficam obrigados a instalar detectores de metais em suas portarias; que só seria "permitida a realização de bailes funk em todo o território do estado do Rio de Janeiro com a presença de policiais militares, do início ao encerramento do evento"; que "os responsáveis pelos acontecimentos de que trata esta lei deverão solicitar, por escrito, e previamente, autorização da autoridade policial para a sua realização"; que "a Força Policial poderá interditar o clube e/ou

---

89___Silvio Essinger, *Batidão: uma história do funk, op. cit.*, pp. 185 e 193 ss.

local em que ocorrer atos de violência incentivada, erotismo e de pornografia, bem como onde se constatar o chamado corredor da morte"; que "ficam proibidos a execução de músicas e procedimentos de apologia de crime nos locais em que se realizam eventos sociais e esportivos de quaisquer natureza"; e que "a autoridade policial deverá adotar atos de fiscalização intensa para proibir a venda de bebidas alcoólicas a crianças e adolescentes, nos clubes e estabelecimento de fins comerciais".

Hermano Vianna aponta que, em sociedades complexas, fenômenos que são considerados violentos por determinados grupos – como as danças executadas em shows punks, as lutas de boxe, a capoeira e as antigas negociações nos pregões da Bolsa de Valores – não o são por outros. Há alguns casos em que a violência é percebida como tal, mais ou menos consensualmente, por vários grupos sociais, mas essa visão não contamina a totalidade do espaço social onde o acontecimento considerado violento foi gerado. As boates frequentadas pela classe média alta carioca, por exemplo, dificilmente são retratadas como territórios violentos ou produtores de violência quando nelas ocorrem brigas[90]. A realidade das boates da zona Sul é mais familiar para jornalistas. O fato de não haver uma familiaridade com o funk, por outro lado, facilitava sua estereotipação e demonização[91]. Não se trata, dessa forma, de negar que alguns funkeiros fossem violentos, mas de questionar por que os setores mais vulneráveis à repressão se tornam sinônimo da delinquência juvenil e "pagam o pato" pela violência que existe em todos os estratos sociais[92].

Em 1993, um ano após o suposto "arrastão" que colocou o funk na grande mídia, Gabriel O Pensador lançou a música "Retrato de um playboy (Juventude perdida)", em que botava em foco uma parcela da juventude de classe média alta que gostava de praia e briga, mostrando que a violência e o hedonismo não eram monopólio dos funkeiros. Em 2003, voltou ao tema em "Retrato de um playboy – parte II". Enquanto, porém, para os

---

90___Hermano Vianna, "O funk como símbolo da violência carioca", *op. cit.*, pp.178-9; Eloísa Guimarães, *Escola, galeras e narcotráfico*, *op. cit.*, pp.153-4; Maria Cecília de Souza Minayo *et al.*, *Fala, galera: juventude, violência e cidadania no Rio de Janeiro*, *op. cit.*, pp.148-50.

91___Hermano Vianna, "O funk como símbolo da violência carioca", *op. cit.*, p.184.

92___Micael Herschmann, *O funk e o hip-hop invadem a cena*, *op. cit.*, pp.88-9; José Manuel Valenzuela Arce, *Vida de barro duro: cultura popular juvenil e grafite*, *op. cit.*, pp.97-8.

delitos produzidos pelos jovens de classe média o tom da mídia é invariavelmente de surpresa, buscando atribuir causas que expliquem tais condutas desviantes, os delitos praticados por jovens pobres são quase sempre interpretados como atos que confirmam uma regra[93]. A violência produzida por jovens de classe média é lida como uma situação de exceção, caso isolado, muitas vezes motivado por problemas psíquicos, enquanto aquela promovida por jovens dos segmentos populares é considerada um problema social, indício de uma conduta padrão, coletiva[94].

O caso dos "pitboys", lutadores de jiu-jítsu, é emblemático nesse sentido. O jiu-jítsu disseminou-se no Brasil primeiramente entre as classes média e alta, tendo a família Gracie como principal divulgadora. Em sua pesquisa de campo, todavia, Fátima Cecchetto observou uma frequência diversificada de público em termos de classe social em academias de jiu-jítsu, o que contradiz um pouco a visão que se tem do praticante dessa arte marcial como jovem, branco e exclusivamente de camada média alta[95]. Foi a parcela dos lutadores de jiu-jítsu que agia em bando, exibindo brutalidade, sem seguir a filosofia esportiva de autocontrole que prescreve administrar o conflito e usar mais técnica do que violência, que ficou conhecida como "pitboys", um termo formado pela mistura de "playboys" e "pitbulls", raça de cachorro associada à agressividade.

Professores de jiu-jítsu acreditavam que esses agressores sempre haviam gostado de brigas e procuravam o jiu-jítsu para aprimorar-se na luta, sendo principalmente iniciantes que não se sujeitavam aos rigores integrais do treinamento e utilizavam drogas anabolizantes. Atribuíam a disseminação de pitboys também à proliferação de academias que visavam somente ao lucro e suprimiam o controle da disciplina esportiva. Assim como uma reportagem da revista inglesa *Mixmag*, de 2001, definiu os bailes de corredor como uma mistura de rave e *Clube da luta*

93___Micael Herschmann, *O funk e o hip-hop invadem a cena, op. cit.*, p. 79.

94___*Ibidem*, p. 280; Suzana Macedo, *DJ Marlboro na terra do funk: bailes, bondes, galeras e MCs, op. cit.*, p. 108. Cf. Alessandro Baratta, *Criminologia crítica e crítica do direito penal: introdução à sociologia do direito penal, op. cit.*, pp. 177 ss.; Luiz Flávio Gomes e Antonio García-Pablos de Molina, *Criminologia*, 7ª ed., São Paulo: Editora Revista dos Tribunais, 2010, p. 569.

95___Fátima Cecchetto, *Violência e estilos de masculinidade, op. cit.*; Maria Cecília de Souza Minayo et al., *Fala, galera: juventude, violência e cidadania no Rio de Janeiro, op. cit.*, pp. 52-4.

(referência ao filme de 1999)[96], algumas das academias de jiu-jítsu chegavam a organizar "clubes de luta", utilizando o espaço como ringue para resolução de rixas pessoais, que não se restringiam àquele recinto e saltavam para as ruas.

Além disso, alguns pitboys expressavam a ideologia explícita de "proteger" as ruas de seus bairros da presença de ladrões, viciados e mendigos. Cabe lembrar, nesse sentido, que lutadores de jiu-jítsu se ofereceram para expulsar suburbanos e moradores de favelas das praias da zona Sul do Rio de Janeiro após o episódio do "arrastão" de 1992 e que, desde aquele ano, há registros policiais sobre ações truculentas de lutadores de jiu-jítsu na noite carioca.

Em julho de 1999, Marcel Massaro, um rapaz de 15 anos, foi assassinado por lutadores de jiu-jítsu em Botafogo, zona Sul do Rio de Janeiro, nas imediações do que à época era designado como Baixo Gay. Cecchetto relata que, no início do verão daquele ano, jornais noticiaram a violência praticada por alguns lutadores de jiu-jítsu nas praias contra aqueles que consideravam inimigos. Tornaram-se constantes, depois, notícias sobre quebra-quebras em boates, homicídios, ataques a homossexuais e espancamentos de mulheres. Além de haver uma arte marcial como pano de fundo da violência, também era tido como novidade o fato de homens brancos de classe média exercerem o papel de agentes da violência urbana, em oposição às visões correntes sobre a violência como um indício de pobreza e exclusão social.

No verão de 2000, uma famosa boate situada numa ilha da zona Oeste da cidade foi destruída sob o comando dos pitboys. A violência teria sido deflagrada supostamente por uma rixa familiar, envolvendo um integrante da família Gracie, que esfaqueou um desafeto. Em julho do mesmo ano, quatro lutadores, entre eles outro Gracie, perseguiram três travestis na avenida Atlântica, em Copacabana, alvejando-as com balas de borracha, motivo pelo qual foram autuados posteriormente por lesão corporal leve. Em setembro, noticiou-se que pitboys espancaram mulheres por não aceitarem seu assédio.

Diante da repercussão, a Secretaria de Estado de Segurança do Rio de Janeiro anunciou a preparação de um dossiê sobre esses jovens, passando a exigir que as academias de jiu-jítsu cadastrassem os alunos

---

96___Silvio Essinger, *Batidão: uma história do funk*, op. cit., pp. 206-7.

e os professores. O secretário de Segurança Pública Josias Quintal e o secretário municipal de Esportes José Morais Filho, faixa preta de jiu-jítsu, reconheceram a gravidade da questão e a necessidade de se criarem mecanismos repressivos para deter os pitboys. O Ministério Público, por sua vez, deu prosseguimento à portaria n. 12/98, sugerindo mais rigor nos casos de pitboys, além de cobrar das entidades representativas do esporte um posicionamento mais efetivo em relação ao perigo real do uso das técnicas de jiu-jítsu fora das academias.

Segundo Cecchetto, não se tem conhecimento, no entanto, de que algum desses agressores tenha sido preso. Alguns menores infratores cumpriram medida socioeducativa realizando trabalhos comunitários, mas não foram submetidos à internação. Um dos agressores, que em 1995 fez com que o empresário Luiz Felipe Maciel ficasse internado por 33 dias em uma casa de saúde, com fraturas no rosto e perfurações no duodeno, foi condenado, mas se refugiou com a família em Miami, nos Estados Unidos[97].

O deputado estadual do Rio de Janeiro Paulo Ramos (PDT) apresentou em 2000 – mesmo ano da CPI da Alerj que investigou os bailes funk – o projeto de resolução n. 521/2000, com o objetivo de criar uma CPI para "apurar a violência e as agressões praticadas às minorias, dentre elas, os homossexuais, e aos cidadãos que frequentam casas noturnas, pelos constantes confrontos que vêm ocorrendo entre e com os membros das Academias de Lutas Marciais e os Seguranças dessas Casas". A CPI foi aprovada em agosto de 2000 por meio da resolução n. 386/2000.

Também motivados pelos frequentes episódios de violência ocorridos em casas noturnas, que colocam em risco a integridade e a segurança dos frequentadores e público em geral, os vereadores do Rio de Janeiro Leonel Brizola Neto (Psol) e Veronica Costa (PMDB) apresentaram o PL n. 487/2017, que estabelece a obrigação de que boates, danceterias, casas de shows e estabelecimentos congêneres disponibilizem os dados cadastrais atualizados das empresas e dos profissionais contratados para a segurança privada e a vigilância, mantendo-os em local visível ao público[98].

97___Fátima Cecchetto, *Violência e estilos de masculinidade*, *op. cit.*, pp. 163 ss.
98___O PL ainda estava em tramitação em julho de 2021.

O universo dos bailes de corredor e o do jiu-jítsu, porém, apesar de serem independentes, encontravam-se. Por um lado havia adeptos dos bailes de corredor que não gostavam de seguir as regras do jiu-jítsu e o viam como "coisa de mauricinho". Por outro lado, os melhores guerreiros das galeras tinham a tendência de emergir como líderes e faziam muito sucesso entre as mulheres, razão pela qual os bailes atraíam lutadores de jiu-jítsu de classe média e alguns dos seus frequentadores procuravam ser confundidos com eles, adotando seu visual[99]. O DJ Marlboro, no entanto, reclamava que as autoridades não tomavam em relação aos funkeiros a mesma atitude que tomavam contra os pitboys. Enquanto na zona Sul os pitboys que quebravam boates foram identificados e colocou-se policiamento nos locais, garantindo a tranquilidade de quem queria se divertir, os bailes funk foram simplesmente proibidos, talvez porque isso era "mais cômodo" e por serem "diversão dos pobres"[100]. Não se pode ignorar que no baile de corredor a briga era algo central, o motivo da festa, o que não ocorria nas boates frequentadas pelas classes média e alta. No entanto, as autoridades muitas vezes não diferenciaram os bailes de corredor dos demais bailes, reprimindo-os também.

Deve-se mencionar, ainda, que em novembro de 1996, o prefeito do Rio de Janeiro, Cesar Maia (PFL), cassou o alvará de funcionamento do Circo Voador, uma tradicional casa de espetáculos fundada em 1982 e localizada na Lapa, que revelou grandes nomes do rock nacional, como Blitz, Barão Vermelho, Paralamas do Sucesso e Kid Abelha. Maia afirmou que a casa era objeto de muitas queixas relativas a barulho e confusão, mas o motivo real teria sido a expulsão, sob insultos e latas de cerveja, de seu então aliado e correligionário Luiz Paulo Conde (PFL) por um grupo de jovens que aguardavam o início dos shows das bandas punk Ratos de Porão e Garotos Podres, quando o político tentou comemorar ali, com cabos eleitorais e uma banda, sua vitória na eleição municipal. Sobre o argumento de que o local seria um dos pontos de maior tradição na cidade, Cesar Maia respondeu: "Tradição de quê? De bagunça? De desordem? De maconha? De cocaína?". Maria Juçá, diretora do Circo

---

99___Fátima Cecchetto, *Violência e estilos de masculinidade*, op. cit., pp. 108 e 140; Micael Herschmann, *O funk e o hip-hop invadem a cena*, op. cit., pp. 143, 180 e 276; Silvio Essinger, *Batidão: uma história do funk*, op. cit., pp. 191-2.

100___*Apud* Janaína Medeiros, *Funk carioca: crime ou cultura? O som dá medo. E prazer*, op. cit., pp. 57-8.

Voador, negou que houvesse no local estímulo ao consumo de drogas e disse que o fechamento da casa seria um "assassinato cultural", que o estabelecimento não podia ser julgado "por uma atitude de quinze adolescentes" e que a maioria do público não teria participado da confusão[101]. O Circo só reabriu em 2004.

Se a lei estadual n. 3.410/2000 já dificultava significativamente a realização de bailes funk, o PL n.1.075/1999, de autoria do deputado estadual Sivuca (PPB), ex-delegado da Polícia Civil do Rio de Janeiro e ex-presidente da Scuderie le Cocq, organização de policiais acusada de atuar como esquadrão da morte, é ainda mais restritivo. Alegando que os clubes haviam se transformado em arenas para confronto de gangues, com mortes de jovens, e que "a incitação à violência é o empurrão inicial para que esses jovens se transformem em futuros bandidos", o PL proíbe a realização de bailes e/ou quaisquer eventos do tipo funk no território fluminense, definidos como "toda a atividade animada por ritmos derivados de outros similares estrangeiros e remixados, áudios e imagens que incitem à violência"; estende a proibição às equipes de som que arrendem clubes e salas de espetáculos para a realização de bailes e eventos funk e aos eventos realizados em áreas públicas; e prevê como sanções o encerramento das atividades dos clubes, agremiações e salas de espetáculos e o cancelamento dos respectivos alvará e licença de funcionamento[102].

Citando em suas justificativas brigas, consumo de drogas, perturbação do sossego alheio, apologia de crime, pornografia e exploração sexual de adolescentes em bailes funk e raves, outros PLs da Alerj, assim como a lei n. 3.410/2000, impunham requisitos para a realização de eventos de diversão pública, como disponibilização de assistência

---

101__Wilson Tosta, "Prefeito do Rio cassa alvará de funcionamento do Circo Voador", *Folha de S.Paulo*, Rio de Janeiro: 19 nov. 1996.

102__O voto do relator Cosme Salles (PSDB) na Comissão de Segurança Pública e Assuntos de Polícia foi pela prejudicialidade do PL, uma vez que a matéria havia sido regulamentada pela lei n. 3.410/00. O PL foi então retirado de pauta a pedido do autor e arquivado em fevereiro de 2003.

médica, detectores de metal, autorização da Polícia Civil e presença da Polícia Militar[103].

Na época, porém, nem todos os deputados estaduais do Rio de Janeiro tinham uma postura de aberta hostilidade em relação aos bailes funk. Por meio do requerimento de informações n. 553/2002, o deputado André Luiz (PMDB) solicitou informações à Secretaria de Estado de Segurança Pública do Estado do Rio de Janeiro sobre os poderes, direitos e deveres da Polícia Militar e da Polícia Civil do Estado do Rio de Janeiro no relacionamento com entidades privadas (clubes, agremiações e afins) para a realização de eventos em suas próprias dependências, incluindo bailes funk. O deputado, em linhas gerais, criticava a arbitrariedade da polícia no fechamento de bailes e a lei n. 3.410/2000.

O deputado Alessandro Calazans (PV), por sua vez, já havia apresentado o PL n. 553/1999, transformado na lei estadual n. 4.264/2003, que regulamenta os bailes funk como "atividade cultural de caráter popular". A lei atribui aos organizadores a "adequação das instalações necessárias para a realização dos bailes sob sua responsabilidade, dentro dos parâmetros estabelecidos na legislação vigente" e atribui "aos organizadores, bem como às entidades contratantes dos eventos, a garantia das condições de segurança da área interna dos bailes, seja em ambientes fechados ou abertos". Por fim, determina que "deverá haver também classificação prévia do Juizado de Menores, que se pronunciará quando [sic] à idade e ao horário, não podendo, no entanto, o horário se estender após as 04 (quatro) horas".

103__Cf. o PL 2.939/2002, do deputado Sivuca, arquivado em fevereiro de 2003, com término da legislatura anterior; o PL n. 2.755/2005, dos deputados Sivuca e Jorge Picciani (PMDB); o PL n. 1.041/2007, do deputado João Pedro (PFL), ainda tramitando em julho de 2021; o PL n. 2.884/2002, do deputado Sivuca, arquivado em fevereiro de 2003, com o término da legislatura anterior; e o PL n. 984/2007, do deputado Domingos Brazão (PMDB), arquivado em razão da revogação da lei n. 3.410/2000, que o PL pretendia adequar, pela lei n. 5.265/2008. Em outubro de 2019, Domingos Brazão foi acusado pela então procuradora-geral da República, Raquel Dodge, de arquitetar a obstrução das investigações sobre o assassinato da vereadora Marielle Franco e do motorista Anderson Gomes, ocorrido em 14 de março de 2018, e tentar direcioná-las para outro caminho ("Dodge: Brazão não é suspeito de mandar matar Marielle, mas de obstruir caso", *UOL*, São Paulo: 10 jun. 2020).

Na justificativa, o deputado destaca que o funk nasceu das classes subalternas; que a discriminação que hoje lhe é dirigida já foi sofrida por outras manifestações culturais, incluindo a valsa; que os atos violentos porventura ocorridos à saída dos bailes têm sua origem na ausência do Poder Público e em ocorrências sem quaisquer relações com os bailes; que o funk constitui uma atividade econômica importante como fonte geradora de novos empregos; que o Poder Público tenta proibir os bailes funk, mas tem estado "ausente nas suas responsabilidades, especialmente na questão da segurança e do transporte, contraditoriamente às posturas adotadas frente a eventos de semelhante porte e mobilização de público"; e que "os conflitos de interesses que possam surgir entre os organizadores dos bailes e a vizinhança local podem ser perfeitamente solucionados, através de uma negociação pacífica entre as partes, tendo como mediadores representantes credenciados do poder público e dos moradores locais".

O então deputado estadual Eduardo Cunha (PP), condenado muitos anos depois a mais de 30 anos de reclusão pelos crimes de corrupção passiva, lavagem de dinheiro e evasão de divisas[104], propôs três emendas ao PL, sendo apenas a terceira acolhida. A primeira obrigava "a prévia autorização da Secretaria de Estado de Segurança Pública, até 48 horas antes do evento, para realização de qualquer baile público com ingresso pago em todo o estado do Rio de Janeiro". A segunda determinava que "as letras das músicas a serem executadas deverão ser também previamente examinadas e autorizadas pela Secretaria de Segurança Pública e não poderão conter conceitos que incitem atos de violência, prática de crimes e sexo". A terceira, por fim, determina que "deverá haver também classificação prévia do Juizado de Menores, que se pronunciará quanto a idade e ao horário, não podendo, no entanto, o horário se estender após as 04 (quatro) horas". Percebe-se, assim, que o Poder Legislativo não é homogêneo nem dentro do mesmo partido, que o funk foi objeto de conflito entre os parlamentares e que é possível que duas leis com abordagens opostas em relação ao funk estejam em vigor simultaneamente.

104__Thais Kaniak, "Eduardo Cunha é condenado a 15 anos de prisão por corrupção passiva e lavagem de dinheiro na Lava Jato no Paraná", *G1*, Curitiba: 9 set. 2020.

Já na Câmara dos Vereadores do Rio de Janeiro, Veronica Costa (PL) apresentou o PL n.1.489/2003, que dispõe sobre a manifestação cultural, de caráter popular, denominada "funk" e dá outras providências. O PL determina que a festa popular "funk" pode ser realizada a qualquer tempo, não estando vinculada a uma data específica ou a um calendário de eventos de nenhuma natureza; prevê que compete aos contratantes a adequação das instalações necessárias à realização da festa sob sua responsabilidade; e que compete aos organizadores, em conjunto com os contratantes, obedecer a todas as normas de segurança, bem-estar e acessibilidade dos participantes na área interna destinada a sua realização. O PL veda a participação de crianças na festa popular "funk", sendo tolerada a entrada e permanência de adolescentes, desde que acompanhados pelos pais e/ou responsáveis, durante toda a realização da festa; e autoriza o Poder Executivo a promover ações que garantam a segurança, o bem-estar e o conforto dos participantes nas áreas externas à realização da festa popular "funk", assim como a realizar os acordos, convênios e outras tratativas necessárias a isso[105].

A SUBORDINAÇÃO DAS GALERAS ÀS FACÇÕES

A violência nos bailes e a reclamação de moradores vizinhos aos clubes em relação às brigas e depredações constantes nas saídas desses eventos facilitaram a campanha de estigmatização do funk por parte da mídia e pressionaram as autoridades policiais a fecharem os bailes. A repressão aos bailes funk, todavia, apresentou efeitos contraproducentes. Não se pode generalizar e afirmar que todos os frequentadores dos bailes funk no Rio de Janeiro faziam parte das galeras que se confrontavam nesses eventos ou em lugares públicos. Vários jovens, por limitação financeira, tinham sua opção de lazer restrita ao funk e acionavam alguns mecanismos para se afastar das brigas. Evitavam, por exemplo, lugares demarcados por cada galera, áreas de confusão nos clubes, relações com

---

105__O projeto foi integralmente vetado pelo prefeito Cesar Maia (PFL) e arquivado. Cf. também a lei n.4.960/2008, de autoria de Veronica Costa.

determinados grupos e/ou indivíduos, esbarrar na namorada dos outros e ser abordados por pessoas do tráfico etc.[106].

O DJ Marlboro alegava que a polícia e as autoridades, entretanto, confundiram as vítimas com o problema, generalizaram e fecharam até mesmo os bailes que não tinham corredor, prejudicando inclusive organizadores, MCs e DJs que combatiam essa modalidade de evento. Os bailes legalizados enfraqueceram-se ou acabaram, pois as diretorias dos clubes, em razão da generalização da mídia, sentiram-se pressionadas a barrá-los em sua programação.

Nesse contexto, foram beneficiados os organizadores que pagavam propina a policiais, cuja arbitrariedade aumentou com a edição de leis que exigiam prévia autorização do batalhão para a realização dos bailes[107]. Além disso, a atribuição do comportamento violento de uma minoria a uma maioria pacífica aumentou a vulnerabilidade desta e fez com que ela começasse a se identificar com o estigma, agravando a violência[108].

Cabe lembrar que as medidas de prevenção situacional da criminalidade não combatem suas causas primárias, mas buscam impedi-las de se manifestar em determinados contextos, incrementando o esforço ou a dificuldade da prática do delito na percepção individual do infrator. Medidas de prevenção situacional buscam inutilizar certos espaços físicos, como os bailes, ou limitar temporalmente o uso de outros, como os bares, para mitigar a possível convergência em tempo e espaço de pessoas tentadas a cometer delitos[109]. Uma prevenção orientada a critérios rigorosamente espaciais, porém, obstaculiza, adia ou desloca a prática do delito, mas não necessariamente o evita. O crime poderá ocorrer em

---

106__Eloísa Guimarães, *Escola, galeras e narcotráfico, op. cit.*, pp. 151 e 157; Fátima Cecchetto, "As galeras funk cariocas: entre o lúdico e o violento", *op. cit.*, pp. 96-7.

107__Silvio Essinger, *Batidão: uma história do funk, op. cit.*, p. 192; Lúcia Salles (org.), *DJ Marlboro: o funk no Brasil – por ele mesmo, op. cit.*, p. 43; Suzana Macedo, *DJ Marlboro na terra do funk: bailes, bondes, galeras e MCs, op. cit.*, p. 109.

108__José Manuel Valenzuela Arce, *Vida de barro duro: cultura popular juvenil e grafite, op. cit.*, p. 96; Janaína Medeiros, *Funk carioca: crime ou cultura? O som dá medo. E prazer, op. cit.*, pp. 57-8.

109__Luiz Flávio Gomes e Antonio García-Pablos de Molina, *Criminologia, op. cit.*, pp. 356-7.

outro espaço físico menos protegido, geralmente em áreas e espaços cujos titulares não possam financiar o custo dos dispositivos de proteção[110].

Simplesmente fechar bailes significa aumentar as possibilidades de confronto entre galeras rivais, na redistribuição dos "órfãos" por outros pontos da cidade. Com o fechamento do baile do Bohêmios do Irajá em 1993, por exemplo, as galeras "brigonas" migraram para os bailes do Mesquitão, Coleginho, Pavunense e Praça Seca. Já a venda do ginásio de natação do Botafogo, com o consequente fechamento do baile do Mourisco, redundou na migração da Torcida Jovem do Botafogo para o baile do Esporte Clube Carioca, no Jardim Botânico, reduto da Torcida Jovem do Flamengo, sua tradicional inimiga do Maracanã, e em conflitos que resultaram até em morte[111].

A Escola de Chicago constatou que a segregação de grupos na cidade grande cria uma região moral, onde indivíduos da mesma classe social, origem, cor ou etnia passam a intensificar a intimidade e os laços de vizinhança e solidariedade, a se associar com pessoas que possuem identidades comuns, como forma de proteção, suporte moral e reforço de sua postura individual[112]. A política de confinamento adotada em Los Angeles, por exemplo, ao contrário do pretendido, acabou tornando as gangues confinadas mais organizadas, mais violentas e federalizadas, sob a orientação de duas grandes facções, os Bloods e os Crips, que passaram a controlar o comércio de crack na cidade[113]. Já a segregação imposta aos morros cariocas fez com que emergissem relações de mando e de proteção instauradas pelos "donos dos morros" que não foram produzidas pelas galeras, mas sim incorporadas e exacerbadas por elas[114].

Segundo um de seus coordenadores, o principal objetivo do Projeto Rio Funk foi dispersar a presença maciça e conflituosa de galeras rivais em bailes de clube, interrompendo sua "periculosidade" e o poder do tráfico. Para isso, dotaram-se de recursos os bailes de comunidade, estimulando sua produção pelos próprios funkeiros, em contato direto com as

---

110___*Ibidem*, pp. 360-1.

111___Manoel Ribeiro, "Funk'n Rio: vilão ou big business?", *op. cit.*, p. 289.

112___Sergio Salomão Shecaira, "Importância e atualidade da Escola de Chicago", *Discursos Sediciosos: Crime, Direito e Sociedade*, Rio de Janeiro: Instituto Carioca de Criminologia/Freitas Bastos, 2000, v. 9-10, pp. 155-6.

113___Zuenir Ventura, *Cidade partida*, *op. cit.*, pp. 98-9.

114___Eloísa Guimarães, *Escola, galeras e narcotráfico*, *op. cit.*, pp. 94 ss.

equipes[115]. A proibição de bailes de clube no Rio de Janeiro fez, no entanto, com que o funk saísse dos clubes, onde as autoridades poderiam fiscalizá-lo, e fosse acolhido nas comunidades, onde "começa a ter a cara da realidade das pessoas que vivem lá", a "retratar o cotidiano, personagens e fatos específicos deste espaço urbano" e a "se sujeitar às autoridades locais"[116]. A profecia negativa contribuiu para a sua própria realização, e a ação policial contribuiu para empurrar ainda mais a população para a área de influência dos traficantes[117].

As galeras articulam-se em torno de suas bases residenciais, territórios previamente controlados pelo narcotráfico. A demarcação territorial e comportamental das galeras se superpõe e se subordina, portanto, à das facções, que definem, consequentemente, as possibilidades e os limites de suas ações[118]. O argumento da associação das galeras com as quadrilhas de traficantes no Rio de Janeiro foi utilizado em 1995 para legitimar a proibição dos bailes funk de comunidade, aqueles promovidos nos morros e nas favelas dominados por traficantes. Não se atentou, porém, talvez por má-fé, talvez por simples ignorância, que os bailes de comunidade eram os mais pacíficos da cidade. Isso decorria de uma maior proximidade da convivência local e do fato de serem promovidos em territórios não neutros, ou seja, em comunidades controladas por uma ou outra facção criminosa. O baile de comunidade era o "baile da união", das galeras dos "comandos amigos", cujo transporte era providenciado pelos "patrocinadores". É natural que a facção não permita confusão em sua área, pois isso pode propiciar confrontos com grupos rivais do crime organizado, atrair policiais e espantar a clientela, atrapalhando o

---

115__Olívia M. G. Cunha, . "Conversando com Ice-T: violência e criminalização do funk", *op. cit.*, p. 149.

116__Suzana Macedo, *DJ Marlboro na terra do funk: bailes, bondes, galeras e MCs, op. cit.*, p. 42; Silvio Essinger, *Batidão: uma história do funk, op. cit.*, p. 235; Rodrigo Russano, *"Bota o fuzil pra cantar!": o funk proibido no Rio de Janeiro*, dissertação (Mestrado em Música) – Unirio, Rio de Janeiro: 2006, pp. 8 e 14; Maurício da Silva Guedes, *A música que toca é nós que manda: um estudo do proibidão*, dissertação (Mestrado em Psicologia) – Pontifícia Universidade Católica, Rio de Janeiro: 2007, p. 68.

117__Zuenir Ventura, *Cidade partida, op. cit.*, pp. 142-3; Janaína Medeiros, *Funk carioca: crime ou cultura? O som dá medo. E prazer, op. cit.*, p. 105.

118__Eloísa Guimarães, *Escola, galeras e narcotráfico, op. cit.*, pp. 88-9.

comércio de drogas[119]. Além disso, uma das formas de o tráfico se legitimar como justiceiro é exatamente reprimir com violência qualquer crime ou confusão que ocorra na comunidade, garantindo a "paz" e a "ordem". O fato de não haver brigas nos bailes de comunidade era invocado, inclusive, como motivo para ser frequentado por jovens de classes média e alta da zona Sul, além da proximidade física de alguns morros e da possibilidade do livre consumo de drogas[120].

A proibição pelos traficantes de haver confusão na área fazia com que as ações das galeras se deslocassem sistematicamente para o "asfalto"[121]. No episódio do "arrastão" do Arpoador de 1992, jornalistas deduziram apressadamente que, por trás da divisão territorial imaginária da praia entre as galeras, havia a lógica da divisão territorial do tráfico e a extensão de seu domínio para as areias. Cada ponto corresponderia a bocas de fumo, que, por sua vez, se filiariam a determinadas favelas ou bairros. Assim, as galeras rivais de Vigário Geral e Parada de Lucas representariam, respectivamente, as facções rivais Comando Vermelho (CV) e Terceiro Comando (TC)[122].

Flávio Negão, chefe do tráfico de Vigário Geral na época em que ocorreu o "arrastão" do Arpoador, no entanto, ficou muito irritado porque os arrastões "queimaram a imagem" da comunidade. Chamou os jovens da galera de Vigário para uma reunião e os ameaçou até de morte para que não fizessem outros arrastões ou brigas, na favela ou "lá embaixo, em Copacabana". Em Parada de Lucas, o então chefe do tráfico Robertinho colocou os garotos em fila e chegou a quebrar a mão de alguns com

---

119__Fátima Cecchetto, "As galeras funk cariocas: entre o lúdico e o violento", op. cit., pp. 105 e 113; Juarez Dayrell, A música entra em cena: o rap e o funk na socialização da juventude, op. cit., pp. 128-9; Olívia M. G. Cunha, "Conversando com Ice-T: violência e criminalização do funk", op. cit., p. 99; Eloísa Guimarães, Escola, galeras e narcotráfico, op. cit., p. 183; Micael Herschmann, O funk e o hip-hop invadem a cena, op. cit., p. 171; Paulo Sérgio do Carmo, Culturas da rebeldia: a juventude em questão, op. cit., p. 220; Kleber Mendonça, "A onda do arrastão: produção de sentidos na mídia impressa", op. cit., pp. 276-7.

120__Micael Herschmann, O funk e o hip-hop invadem a cena, op. cit., p. 132.

121__Eloísa Guimarães, Escola, galeras e narcotráfico, op. cit., p. 150.

122__Para uma análise da divisão territorial da praia entre as galeras e como isso era determinante na distribuição da frequência das pessoas ao longo da areia, cf. Olívia M. G. Cunha, "Bonde do mal: notas sobre território, cor, violência e juventude numa favela do subúrbio carioca", op. cit., pp. 108-9.

palmatórias. No fim de semana seguinte, reinava a paz nas praias cariocas, e a Polícia Militar atribuiu a mudança ao reforço de policiamento[123]. Para desestimular a ida dos jovens à praia, o tráfico ainda forneceu alternativas de lazer e cultura dentro da comunidade, como piscinas, atividades esportivas e bailes[124]. Mais uma vez, o controle social informal, não estatal, demonstrou ser muito mais efetivo do que o formal.

Já em março de 2020, diante da pandemia de covid-19 e da orientação para se evitarem aglomerações, o governador de São Paulo João Doria prometeu usar a Polícia Militar para impedir a realização de bailes funk e prender seus promotores[125], enquanto traficantes de facções ordenaram o cancelamento desses bailes em comunidades do Rio de Janeiro pela mesma razão[126]. Em setembro do mesmo ano, um tradicional baile funk que ocorria na Vila Clara, zona Sul de São Paulo, foi encerrado ao som de tiros, veículos depredados e golpes com pedaços de pau. Segundo os moradores da vizinhança, a ação seria uma resposta de traficantes do PCC que haviam proibido o baile, pois aglomerações em tempos de pandemia, além do barulho e da sujeira, motivavam queixas dos vizinhos e podiam chamar a atenção da polícia, o que ameaçava o tráfico de drogas[127]. Curiosamente, por outro lado, em janeiro de 2021 o governador João Doria ligou para MC Fioti a fim de agradecê-lo por ter feito uma nova versão do funk "Bum Bum Tam Tam", "Vacina Butan Tan", em apoio à vacinação contra a covid-19.[128]

123__Zuenir Ventura, *Cidade partida*, *op. cit.*, pp. 137, 201-2 e 243 ss.; George Yúdice, "A funkificação do Rio", em: Micael Herschmann (org.), "Abalando os anos 90: funk e hip-hop – globalização, violência e estilo cultural", Rio de Janeiro: Rocco, 1997, p. 38. Cf. Olívia M. G. Cunha, "Bonde do mal: notas sobre território, cor, violência e juventude numa favela do subúrbio carioca", *op. cit.*, p. 134.

124__Manoel Ribeiro, "Funk'n Rio: vilão ou big business?", *op. cit.*, p. 288.

125__"Doria promete prender promotores de bailes funk", *UOL*, São Paulo: 23 mar. 2020. Cf. Indicação n. 681/2021, do deputado estadual Major Mecca (PSL) e Requerimento n. 996/2021, do deputado estadual Tenente Coimbra (PSL), ambos de São Paulo.

126__Rafael Soares, "Tráfico ordena cancelamento de bailes funk em favelas", *O Globo*, Rio de Janeiro: 26 mar. 2020.

127__Paulo Eduardo Dias, "Baile funk é encerrado com tiro e paulada em SP; moradores veem ação do PCC", *UOL*, São Paulo: 10 set. 2020.

128__"MC Fioti recebe ligação de agradecimento de João Doria por nova versão de 'Bum Bum Tam Tam', *G1*, São Paulo: 18 jan. 2021.

Carla dos Santos Mattos explica que, na era dos bailes de corredor, brigar era uma forma de ser "bem-visto" e de ter "moral"[129]. As galeras rivais se encontravam e brigavam em diferentes pontos da cidade, o que fazia parte da diversão. As identidades coletivas eram mais flexíveis e havia uma tolerância maior com o "alemão". As agressões corporais não chegavam a representar risco de morte e tinham um sentido maior para além da afirmação individual do "valente", qual seja, o de projetar o grupo ou o nome de sua comunidade[130].

Enquanto o tráfico buscava conquistar e fixar o comércio de drogas em algumas localidades, as galeras realizavam suas conquistas pela força física, mas também pelas alianças firmadas com as galeras amigas, que prescindiam da apropriação física de territórios[131]. Eram admitidos na galera membros residentes em outras áreas, com base em relações de parentesco e critérios geográficos. Eram frequentes também as alianças entre galeras de áreas diversas para lutar contra o inimigo comum[132]. A rivalidade das galeras decorrente da "filiação" a facções criminosas diferentes era, portanto, apenas uma das tantas rivalidades que podiam ocorrer, embora fosse a mais acentuada pelo discurso criminalizante da mídia e da polícia[133].

Os "bondes" ou "mulões", que reuniam galeras aliadas, eram em geral efêmeros, transitórios, diziam respeito ao fortalecimento

---

129__Carla dos Santos Mattos, "Da valentia à neurose: criminalização das galeras funk, 'paz' e (auto)regulação das condutas nas favelas", *Dilemas: Revista de Estudos de Conflito e Controle Social*, Rio de Janeiro: out.- dez. 2012, v. 5, n. 4, pp. 665-7.

130__*Ibidem*, pp. 673-5.

131__Olívia M. G. Cunha, "Bonde do mal: notas sobre território, cor, violência e juventude numa favela do subúrbio carioca", *op. cit.*, pp. 118-9 e 136. Cf. Micael Herschmann, *O funk e o hip-hop invadem a cena*, *op. cit.*, p. 49.

132__Eloísa Guimarães, *Escola, galeras e narcotráfico*, *op. cit.*, p. 100.

133__Olívia M. G. Cunha, "Conversando com Ice-T: violência e criminalização do funk", *op. cit.*, pp. 103-4; *idem*, "Bonde do mal: notas sobre território, cor, violência e juventude numa favela do subúrbio carioca", *op. cit.*, p. 119; Fátima Cecchetto, "As galeras funk cariocas: entre o lúdico e o violento", *op. cit.*, pp. 109-11; Thiago Braga Vieira, *Proibidão de boca em boca: gritos silenciosos de uma memória subterrânea: o funk proibido como fonte para o estudo da violência armada organizada no Rio de Janeiro (1994-2002)*, *op. cit.*, p. 77; Micael Herschmann, *O funk e o hip-hop invadem a cena*, *op. cit.*, pp. 70-1; Olívia M. G. Cunha, "Cinco vezes favela: uma reflexão", *op. cit.*, p. 207.

momentâneo da galera em um determinado baile, e não necessariamente a alguma ligação com os "comandos". Muitas vezes a aliança de
uma galera com outra era motivada pelo desejo de vencer um festival
de galeras. O "alemão" de hoje poderia ser o "sangue bom" de amanhã e
vice-versa. Existiam galeras inimigas que eram de comunidades pertencentes a "comandos" iguais e galeras aliadas cujas comunidades eram
tidas como rivais por pertencerem a "comandos" diferentes[134].

No entanto, segundo Mattos, a partir do fim da década de 1990,
diante da interferência impositiva do tráfico nas galeras cariocas, muda-
ram o conceito de "alemão", a configuração de alianças e os motivos das
rixas. Duas comunidades/galeras que antes eram "amigas", do mesmo
"lado" no baile, deviam virar "inimigas" porque as comunidades eram
dominadas por facções rivais, independentemente da vontade dos jovens.
Da mesma forma, duas galeras que eram "inimigas" deviam se tornar aliadas caso pertencessem a comunidades dominadas pela mesma facção[135].

Na nova lógica, de acordo com Mattos, algumas zonas da cidade
foram interditadas a jovens moradores de diferentes comunidades, dependendo da facção que as controlava, e a transgressão das fronteiras podia
desencadear até assassinato, fosse pelos traficantes da comunidade
considerada rival, fosse pelos traficantes da própria comunidade do
transgressor. Portanto, além da repressão policial e da ascensão do "funk
putaria", essa confusão de lado A e lado B contribuiu para o fim dos bailes
de corredor e passou também a atrapalhar o circuito de bailes de favela,
onde o "alemão" deveria ser expulso do convívio[136].

134__Fátima Cecchetto, "As galeras funk cariocas: entre o lúdico e o violento",
op. cit., pp. 106 ss.; Eloísa Guimarães, *Escola, galeras e narcotráfico, op. cit.*,
pp. 191-2.

135__Carla dos Santos Mattos, "Da valentia à neurose: criminalização das galeras
funk, 'paz' e (auto)regulação das condutas nas favelas", *op. cit.*, pp. 668-9.

136__*Ibidem*, pp. 667 ss.

SEXO, DROGAS E FUNK

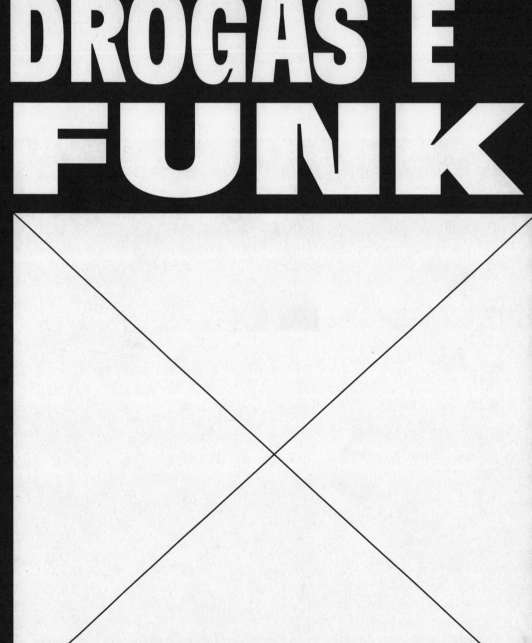

ARMADOS NO BAILE: O FINANCIAMENTO E A SEGURANÇA DOS BAILES DE COMUNIDADE

Os bailes de comunidade, realizados em quadras, clubes e terrenos dentro de favelas ou bairros populares, também eram conhecidos como "bailes do bicho" ou "bailes do contexto", termos que remetem ao tráfico[1]. Por serem geralmente gratuitos, pelo menos para as mulheres, ou terem seu preço bastante acessível, geraram-se suspeitas de que eram financiados pelo tráfico local. Empresários e DJs de funk alegavam que tais bailes eram financiados pela própria comunidade – tanto pelos barraqueiros interessados na venda de bebidas e comidas como pela associação de moradores – e que, se havia traficantes vendendo drogas, bastava colocar policiamento nos bailes para coibir a venda[2]. Quando os donos de equipes de som e DJs eram pressionados a esclarecer as acusações de que eram pagos por traficantes interessados em criar um ambiente que estimulasse o consumo de drogas, respondiam que não cabia a eles investigar se a origem desse dinheiro era lícita ou ilícita, mas sim à polícia.

[1] Hermano Vianna, *O mundo funk carioca*, 2ª ed., Rio de Janeiro: Zahar, 1997, pp. 83 e 111; Zuenir Ventura, *Cidade partida*, Rio de Janeiro: Companhia das Letras, 1994, p. 61; Micael Herschmann, *O funk e o hip-hop invadem a cena*, op. cit., pp. 168-9 e 181; Fátima Cecchetto e Patrícia Farias, "Do *funk* bandido ao *pornofunk*: o vaivém da sociabilidade juvenil carioca", *Interseções: Revista de Estudos Interdisciplinares*, Rio de Janeiro: PPCIS/Uerj, 2002, ano 4, n. 2, p. 61; Olívia M. G. Cunha, "Conversando com Ice-T: violência e criminalização do funk", em: Micael Herschmann (org.), *Abalando os anos 90: funk e hip-hop – globalização, violência e estilo cultural*, Rio de Janeiro: Rocco, 1997, p. 106.

[2] Silvio Essinger, *Batidão: uma história do funk*, Rio de Janeiro: Record, 2005, p. 243.

Pelo fato de os bailes de comunidade serem uma das únicas alternativas de lazer da juventude pobre da favela, é natural que as associações de moradores tenham interesse em colaborar para sua realização, ainda mais porque tais bailes constituem um espaço de sociabilidade importante e muitos MCs da comunidade só têm espaço para cantar suas músicas nesses palcos, elevando a autoestima da comunidade como um todo. Entretanto, houve denúncias de que muitas associações de moradores das comunidades do Rio de Janeiro haviam sido cooptadas pelo tráfico e constituíam o seu canal lícito de atuação.

Por trás das acusações de condescendência com o tráfico, no entanto, pode haver simplesmente a necessidade de a associação dos moradores conviver e negociar com o traficante, pela relevância deste como ator político do morro. Os líderes comunitários são os mediadores mais importantes de diversas relações: com os moradores, com os políticos, com as autoridades, com o tráfico, com a imprensa, com ONGs. Para ser um mediador, certamente é preciso ter algum tipo de vínculo com todos os lados[3].

O fato de a associação de moradores depender da palavra final do chefe do tráfico para realizar suas funções não indica, portanto, necessariamente, conivência ou aliança, mas uma realidade que se impõe e independe da vontade da diretoria da associação. A política assistencialista adotada tradicionalmente pelos traficantes para se legitimarem perante a comunidade e efetuada muitas vezes em esforço comum com a associação dos moradores torna essa relação ainda mais ambígua e institucionalizada aos olhos dos moradores. É o que ocorre, por exemplo, quando o tráfico constrói a sede de uma associação ou uma piscina administrada por ela.

Eventuais reclamações dos moradores são levadas ao tráfico pelos líderes comunitários e, diante da repressão policial que impossibilita os chefes do tráfico de manterem contato direto com os moradores, exercendo uma atividade ao mesmo tempo panóptica e clientelista, a

---

3_____Marcos Alvito, *As cores de Acari: uma favela carioca*, Rio de Janeiro: Editora FGV, 2001, p. 132. Sobre a relação entre líderes comunitários e os políticos, cf. *ibidem*, pp. 135 ss.

associação passa a ser o canal intermediário pelo qual chegam várias benesses provenientes dos traficantes, principalmente durante festas[4].

Não se pode ignorar que, em um contexto neoliberal, o indivíduo perde suas referências coletivas públicas, como a de direitos de cidadania. Os serviços e instituições públicas são dilapidados, e seus usuários, estigmatizados. Os indivíduos são empurrados para a lógica do mercado competitivo e desigual, do "cada um por si", e as garantias de viabilização de sua existência são limitadas àquelas possíveis de serem alcançadas por energia e sagacidade próprias ou por solidariedade pessoal e lealdade privada. Ganham força, assim, os espaços mais privatizados da vida social, como a família e os sistemas de autoridade locais que, mesmo ilegais, são próximos e conhecidos[5].

Não é à toa que o neopentecostalismo cresce mais em comunidades com maior vulnerabilidade socioeconômica. Christina Vital da Cunha aponta o importante papel das igrejas evangélicas nas comunidades como redes de apoio e sua relação diplomática com os traficantes de drogas. Cunha observou que, no complexo de favelas de Acari, as redes evangélicas atuam como circuitos de trocas envolvendo dinheiro, comida, utensílios, informações, recomendações de trabalho etc. Além de ser um diferencial considerável no enfrentamento da sensação de insegurança e das situações de vulnerabilidade, fazer parte de um grupo evangélico, visto como moralmente superior, é estratégico para quem mora em uma comunidade em que todos sofrem com estigmas criminalizantes, ou seja, trata-se de uma forma de se diferenciar do estigma de "bandido".

Cada vez mais influentes, as lideranças evangélicas servem de mediadores entre a população e a associação de moradores e o tráfico. A elas, que se posicionam como guardiãs da moral e propagadoras da "Verdade", recorrem os políticos; os mais necessitados, em busca de apoio espiritual e material; e os "bandidos", em busca de proteção espiritual. Respeitados pelos traficantes, os evangélicos desfrutam de ampla circulação na favela por não serem identificados como inimigos.

4_____Marcos Alvito, *As cores de Acari: uma favela carioca*, op. cit., pp. 151 ss.

5_____Ana Maria Q. Fausto Neto e Consuelo Quiroga, "Juventude urbana pobre: manifestações públicas e leituras sociais", em: Carlos Alberto Messeder Pereira *et al.*, *Linguagens da violência*, Rio de Janeiro: Rocco, 2000, p. 231.

Em Acari, os traficantes costumavam financiar os fogos de artifício nas comemorações do Dia de São Jorge. No final da década de 1990, com o enfraquecimento do candomblé e da Igreja católica, os traficantes passaram a financiar a pintura de mensagens bíblicas, principalmente salmos, nos muros e nas paredes da comunidade, antes decorados com santos e entidades do candomblé e da umbanda; a realização de cultos com pastores aclamados no mundo evangélico e de shows com cantores famosos do universo gospel em quadras e praças; e a confecção de outdoors em pontos estratégicos da favela, como a associação de moradores, com dizeres como "Jesus Cristo é o Senhor deste lugar".

A contribuição com "a obra de Deus" por parte dos traficantes visa agradar a Deus e obter dele proteção, agradar à comunidade evangélica local, agradar aos próprios traficantes e seus familiares evangélicos, sugerir (ou impor) a partilha de crenças com os demais moradores. Além disso, pintar os muros e fachadas com mensagens bíblicas e confeccionar outdoors é uma forma de demarcar território, pois traficantes de outras favelas, policiais e moradores de outras localidades sabem que a concepção e o financiamento dessas pinturas, pichações e outdoors é do tráfico local[6]. Não são recorrentes, no entanto, projetos de lei e ações policiais para proibir missas evangélicas, shows de músicas gospel e outdoors com salmos bíblicos, sob a alegação de serem financiados pelo tráfico de drogas.

Dada a popularidade do funk, o financiamento dos bailes, assim como o financiamento de escolas de samba por bicheiros, seria mais uma ação empregada pelos traficantes para ganhar o respeito e o apoio da comunidade, mas não só, conforme será visto nas páginas seguintes[7]. Já as milícias, grupos de policiais e militares que expulsam traficantes

---

6_____Christina Vital da Cunha, "'Traficantes evangélicos': novas formas de experimentação do sagrado em favelas cariocas", *Plural: Revista de Ciências Sociais*, São Paulo: 2008, v.15, pp. 25 ss.

7_____Silvio Essinger, *Batidão: uma história do funk*, op. cit., pp.183-4; Paul Sneed, "Bandidos de Cristo: Representations of the Power of Criminal Factions in Rio's Proibidão Funk", *Latin American Music Review*, Austin: University of Texas Press, 2007, v. 28, n. 2, pp. 228-9. Sobre o financiamento das escolas de samba do Rio de Janeiro por bicheiros, cf. Aloy Jupiara e Chico Otavio, *Os porões da contravenção – jogo do bicho e ditadura militar: a história da aliança que profissionalizou o crime organizado*, Rio de Janeiro: Record, 2015.

de favelas para assumir o tráfico de drogas e cobrar uma taxa compulsória de segurança dos moradores, além de controlar a venda de diversos serviços, como transporte, gás e TV a cabo clandestina, ora proíbem os bailes funk, ora os estimulam[8].

Independentemente de o tráfico financiar ou não bailes comunitários, o que deve ser levado em conta é a evidente e ávida demanda por lazer nas comunidades. O eventual custeio de um baile de comunidade por um traficante pode ser explicado pela dificuldade de soluções de mercado para o lazer de boa parte das populações jovens das periferias, pelas relações afetivas traficante/comunidade e pela ausência de ações sistemáticas do Poder Público nesse campo.

Não foi somente a repressão policial aos bailes de clube, portanto, que empurrou os MCs para os bailes de comunidade, onde o controle do que se faz e do que se canta é muito menor. Deve-se ter em mente que, assim como o mercado formal e lícito de trabalho não absorve toda a parcela de jovens, levando alguns deles a procurarem alternativas informais e/ou ilícitas de vida, o mercado, ao fechar suas portas para o funk, obriga alguns MCs a procurar espaços alternativos para fazer shows a fim de garantir a sobrevivência. Rejeitados pela mídia e descartados rapidamente pela indústria cultural, são acolhidos em suas comunidades, onde o gênero "proibidão", acusado de fazer apologia às facções, faz sucesso. Quem não entra no esquema do "proibidão" muitas vezes acaba deixando de participar dos bailes nas favelas[9].

Embora meninos pobres possam projetar na vida de MCs um meio de ganhar muito dinheiro, são poucos os que de fato conseguem chegar a esse patamar financeiro. Em sua pesquisa de campo publicada em 2011, Adriana Carvalho Lopes registrou que os MCs do Rio de Janeiro ganhavam entre R$100 e R$200 por show, mas tinham de dividir esse

---

8 Alba Zaluar e Isabel Siqueira Conceição, "Favelas sob o controle das milícias no Rio de Janeiro", *São Paulo em Perspectiva*, São Paulo: jul.-dez. 2007, v. 21, n. 2, p. 94; Tássia Mendonça, *Batan: tráfico, milícia e "pacificação" na zona Oeste do Rio de Janeiro*, dissertação (Mestrado em Antropologia Social) – Museu Nacional, Universidade Federal do Rio de Janeiro, Rio de Janeiro: 2014, p. 32.

9 Silvio Essinger, *Batidão: uma história do funk, op. cit.*, pp. 238-40; Manoel Ribeiro, "Funk'n Rio: vilão ou big business?", *Revista do Patrimônio Histórico e Artístico Nacional*, Rio de Janeiro: Instituto do Patrimônio Histórico e Artístico Nacional, 1996, n. 24, p. 291.

montante entre motorista, empresário e dançarinos. Os integrantes dos bondes, grupos de funk, recebiam e dividiam essa mesma quantia. Como forma de ganhar um pouco mais, os artistas chegavam a fazer de três a seis shows por noite nos mais distantes pontos da cidade, o que gerava inúmeros acidentes de carro[10].

A pesquisa *Configurações do mercado do funk no Rio de Janeiro*, realizada em 2008 pela Escola Superior de Ciências Sociais do Centro de Pesquisa e Documentação de História Contemporânea e do Brasil da Fundação Getulio Vargas (CPDOC-FGV) e pelo Laboratório de Pesquisa Social Aplicada do FGV Opinião, constatou que o tempo médio de carreira de um MC no Rio de Janeiro era de 9 anos, sua idade média era de 27 anos, 86% deles eram homens e sua média de escolaridade era de 9 anos. A renda mensal média de um MC era de R$5.863,68, sendo R$4.140,19 provenientes do trabalho como MC, R$939,81 provenientes de outros trabalhos no funk e R$783,68 provenientes de fora do funk.

Dos MCs entrevistados, 89% realizavam bailes em clubes da Região Metropolitana do Rio de Janeiro; 71%, bailes de comunidades da Região Metropolitana do Rio de Janeiro; 83%, no interior do Rio de Janeiro; 72%, em outros estados; e 5%, no exterior. Os bailes de comunidade vinham perdendo prestígio não pelo baixo retorno financeiro, mas pelo risco que haviam se tornado, pois os agentes sentiam-se ao mesmo tempo reféns do tráfico e da polícia. Os MCs que faziam shows em bailes de comunidade realizavam uma média mensal de 9,8 bailes nesses espaços. O cachê médio cobrado era de R$411,18, e o faturamento mensal nesses bailes, portanto, era de R$4.015,32. A estimativa mensal de mercado para os MCs em bailes de comunidade era de R$468.346,57, sendo que o mercado de MCs faturava um total de R$5.502.471,50 mensalmente. Os MCs faziam apresentações em mais de um baile de comunidade por noite e, ao fim do mês, eram os que faziam mais apresentações.

Já os DJs cobravam uma média de R$180,61 em bailes de comunidade, os cachês mais baixos entre todos os tipos de bailes. O faturamento mensal em comunidades era de R$1.439,20 e a estimativa de mercado para DJs nos bailes de comunidade era de R$68.160,73, dentro de um mercado total de R$813.106,64, bem inferior ao mercado de MCs.

10___Adriana Carvalho Lopes, *Funk-se quem quiser: no batidão negro da cidade carioca, op. cit.*, p. 113.

Em 2008, 49% das equipes de som realizavam bailes em comunidades da Região Metropolitana do Rio de Janeiro. Havia em média 1.232 pagantes em cada baile de comunidade e o valor de entrada era, em média, R$1,22, o que representava, no mercado de equipes de som, uma arrecadação estimada mensal de R$278.992,74 com bilhetes de entrada nos bailes de comunidade, sendo R$199.154,50 o valor recebido pelas equipes de som e R$552,14 a estimativa do custo das equipes para realizar cada baile de comunidade[11].

Por outro lado, em junho de 2018, o ditador da Guiné Equatorial Teodoro Obiang Nguema Mbasogo, no poder desde 1979, fretou um voo para as funkeiras Lexa e Ludmilla cantarem na festa de aniversário de seu filho Teodoro Obiang Mangue, conhecido como Teodorín. O ditador já havia investido R$10 milhões no enredo campeão da escola de samba Beija-Flor de Nilópolis de 2015, que exaltava a Guiné Equatorial. Tanto as funkeiras quanto a escola de samba foram criticadas por receber dinheiro de um ditador[12]. Cabe questionar, no entanto, se seria razoável exigir dos MCs que condicionassem a realização de seus shows nas favelas à comprovação, pelo contratante, da licitude da origem do dinheiro do cachê.

Em 2019, um dos maiores nomes do funk do momento, o DJ Rennan da Penha, um dos precursores do funk 150 BPM, com uma batida mais acelerada, e organizador do Baile da Gaiola, na Penha, zona Norte do Rio de Janeiro, foi preso e condenado a seis anos e oito meses de prisão em regime fechado por associação para o tráfico de drogas. Apontado por uma testemunha como "o DJ dos bandidos", ele foi acusado de atuar como "olheiro de traficantes", avisando os criminosos por WhatsApp e redes sociais sobre as movimentações da polícia nos arredores, e de organizar bailes clandestinos nas comunidades dominadas pelo Comando Vermelho para atrair uma maior quantidade de pessoas e aumentar as vendas de drogas. Uma foto sua segurando uma arma foi usada como uma das provas dos crimes. A defesa, no entanto, alegou que a arma era de brinquedo e produzida para o carnaval, e o DJ declarou, a respeito da acusação de ser "olheiro do tráfico", que, na comunidade, toda vez que

---

11____CPDOC FGV e FGV Opinião, *Configurações do mercado do funk no Rio de Janeiro*, Rio de Janeiro: FGV, 2008, p. 77.

12____"Ludmilla e Lexa viajam para África em avião fretado para cantar em festa de ditador", *Extra*, Rio de Janeiro: 25 jun. 2018.

há uma operação policial, "todos os moradores se comunicam". A Ordem dos Advogados do Brasil no Rio de Janeiro (OAB/RJ) questionou a decisão da justiça por considerá-la "criminalização da arte popular".

O Baile da Gaiola era o maior baile de comunidade em 2019 e reunia milhares de pessoas de diversas classes sociais, incluindo famosos e turistas. Em setembro daquele ano, o DJ Rennan da Penha e o MC Nego do Borel foram indicados ao Grammy Latino pelo clipe de "Me solta", funk com um título bastante simbólico. Em outubro de 2019, a música "Hoje eu vou parar na Gaiola", parceria do DJ Rennan da Penha com o MC Livinho, venceu o Prêmio Multishow na categoria Melhor Canção, enquanto Rennan estava preso[13]. Após ser solto, em novembro, graças à decisão do Supremo Tribunal Federal (STF) que beneficiou condenados em segunda instância ainda sem trânsito em julgado, incluindo o ex-presidente Lula, Rennan gravou participação especial na novela *Bom sucesso*, da TV Globo, lançou um DVD com o simbólico título *Segue o baile* e foi incluído na programação do Festival Verão sem Censura, organizado pela Prefeitura Municipal de São Paulo[14]. Contudo, Rennan explicou em suas redes sociais que a live que marcaria o lançamento do DVD foi cancelada em julho de 2020 "devido ao embargamento feito por parte da Unidade de Polícia Pacificadora (UPP) da Rocinha pela falta do pedido do Nada Opor, no qual a Associação de Moradores tinha dado como sua responsabilidade"[15].

A prisão do DJ Rennan da Penha motivou o requerimento n. 20/2019 da Comissão de Cultura da Câmara dos Deputados, de autoria das deputadas Áurea Carolina (Psol-MG) e Talíria Petrone (Psol-RJ), com o objetivo de requerer a realização de audiência pública sobre a criminalização do funk. A prisão do DJ foi atribuída pelas deputadas ao fato de ser "famoso,

---

13____Victória Damasceno, "DJ Rennan da Penha é solto após concessão de habeas corpus pelo STJ", *Exame*, Rio de Janeiro: 23 nov. 2019; "Justiça determina prisão de DJ Rennan da Penha e mais 10 envolvidos no 'Baile da Gaiola'", *G1*, Rio de Janeiro: 22 mar. 2019.

14____Luana Santiago, "DJ Rennan da Penha grava DVD e revela: 'Não tinha esperança de sair da prisão'", *Extra*, Rio de Janeiro: 13 jan. 2020; Guilherme Seto, "Festival contra censura em SP terá DJ Rennan da Penha, Arnaldo Antunes e peças de teatro vetadas", *Folha de S.Paulo*, São Paulo: 20 dez. 2019.

15____"Live de Rennan da Penha é cancelada e DJ comenta: 'Fomos impedidos de realizar nosso trabalho'", *G1*, Rio de Janeiro: 20 jul. 2020.

negro e favelado", o que incomodaria a "elite cultural conservadora do Brasil". A criminalização do funk é encarada pelas deputadas como a criminalização das favelas brasileiras, de seus moradores e de sua cultura. Rennan é comparado ao sambista João da Baiana, que foi preso várias vezes com seu pandeiro na mão no início do século XX e passou a exibir seu pandeiro assinado pelo senador e admirador José Gomes Pinheiro-Machado como uma espécie de *habeas corpus* para se livrar do assédio policial. A audiência foi realizada em 25 de abril de 2019 com a presença de ativistas e acadêmicos.

Já o projeto de resolução n. 315/2019, de autoria da deputada estadual do Rio de Janeiro Mônica Francisco (Psol), concede o Diploma Ruth de Souza ao DJ Rennan da Penha, sob a justificativa de que este "representa a cultura negra da periferia do Rio de Janeiro", "a juventude negra de favela que sonha em construir novos caminhos no protagonismo de uma expressão cultural de periferia" e, "justamente por isso, sofre amplo preconceito e racismo fora do ambiente onde nasceu e foi criado".

Em setembro de 2019, MC Poze do Rodo foi preso com mais três pessoas pela Polícia Militar em um baile funk na cidade de Sorriso, em Mato Grosso, acusado de tráfico de drogas, associação ao tráfico, incitação ao crime, apologia de crime, corrupção de menores e fornecimento de bebida alcoólica a menores. Segundo a Polícia Militar, o MC e os outros três presos seriam os promotores da festa, que teria sido organizada por uma facção criminosa. Foram apreendidos com Poze drogas e frascos de lança-perfume[16]. Cabe esclarecer que, enquanto no crime de incitação (artigo 286 do Código Penal) o sujeito estimula diretamente e explicitamente pessoas a praticar um crime, ou seja, o crime ainda não foi praticado, o crime de apologia de crime ou criminoso (artigo 287 do Código Penal) consiste em fazer um elogio, aplaudir, exaltar um crime em abstrato ou que já foi praticado ou ainda seu autor.

Em julho de 2020, então com mais de 3 milhões de seguidores em uma rede social, MC Poze teve a prisão preventiva decretada pela 35ª Vara Criminal do Rio de Janeiro, acusado de fazer parte do Comando Vermelho, incitar a violência, promover a facção e participar de shows pagos pelo tráfico, como na festa de aniversário do traficante Felipe

---

16____Hygino Vasconcellos, "MC carioca é preso em baile funk por tráfico e apologia ao crime em MT", *UOL*, Porto Alegre: 29 set. 2019.

Ferreira Manoel, conhecido como Fred, o número 2 no controle do tráfico na favela do Jacarezinho, na zona Norte do Rio, em março de 2020. De acordo com a polícia, Poze teria recebido R$20 mil pela apresentação. Além disso, em um vídeo, o MC aparece segurando um fuzil ao lado do traficante Neymar, morto em maio de 2019.

MC Poze confirmou ter recebido R$20 mil para fazer o show no Jacarezinho, mas afirmou não saber que seria organizado por traficantes para a comemoração do aniversário de Fred. Em depoimento à polícia, confirmou que fora vapor do tráfico entre os anos de 2015 e 2016 (época em que teria sido tirada a foto em questão), na favela onde nasceu, mas que abandonara o tráfico após a milícia invadir a comunidade. A prisão preventiva foi revogada pelo Tribunal de Justiça do Rio de Janeiro no mesmo mês, quando era considerado foragido, sob a justificativa de que "a defesa do acusado comprovou nos autos tratar-se de réu com atividade laborativa lícita e endereço residencial fixo"[17].

Em março de 2021, a Polícia Civil do Rio de Janeiro pediu a prisão do MC Poze do Rodo, Negão da BL e outros doze artistas pelos crimes de infração de medida sanitária preventiva, epidemia e associação ao tráfico de drogas. De acordo com a Delegacia de Repressão aos Crimes de Informática e a Delegacia de Combate às Drogas, eles participaram de bailes funk durante o carnaval no Rio de Janeiro, gerando aglomerações em meio à pandemia de covid-19, em áreas abertas nas comunidades, sob o controle, autorização e responsabilidade dos grupos criminosos que comandam cada área e que "aumentam seus ganhos ilegais com a realização de tais eventos clandestinos"[18].

No mesmo mês, a Polícia Civil de São Paulo cumpriu uma série de mandados de busca e apreensão, tendo como alvos os MCs Ryan SP, Pedrinho, Brinquedo, Salvador da Rima, Hariel e Léo da Baixada, MCs de funk que somam milhões de visualizações em suas músicas no YouTube. Os MCs foram encaminhados à 44ª delegacia de Guaianases, na zona Leste de São Paulo, para prestar depoimentos e liberados na sequência. Foram apreendidos celulares, aparelhos eletrônicos, HDs e outros objetos relacionados aos fatos investigados. A investigação teve início após

---

17____"Justiça revoga prisão preventiva de MC Poze: 'Favela venceu'", *op. cit.*

18____Tatiana Campbell, "Polícia pede prisão de MC Poze, Negão da BL e mais 12 por shows na pandemia", *Splash*, Rio de Janeiro: 2 mar. 2021.

os cantores se apresentarem numa adega localizada na zona Leste da cidade. Os indícios apontavam que o dono do estabelecimento era ligado ao PCC (Primeiro Comando da Capital) e que realizava o pagamento dos artistas com dinheiro do tráfico[19].

Em dezembro de 2017, após ser denunciado por sua mulher por violência doméstica, o funkeiro Naldo foi preso em Jacarepaguá, zona Oeste do Rio de Janeiro, por posse ilegal de arma de fogo em sua residência[20], sem que houvesse dessa vez a associação entre sua prisão e o funk. Cabe salientar que, apesar de a prisão de MCs de funk ser encarada por setores da sociedade como uma das faces da criminalização do funk, houve episódios que resultaram na prisão de cantores de outros gêneros musicais, seja por associação ao tráfico de drogas, seja por porte ou posse ilegal de armas, sem que o gênero musical do cantor preso fosse estigmatizado como um todo, talvez pelo fato de a prisão de cantores de outros gêneros musicais não ser tão recorrente quanto a de MCs de funk e pelo fato de não cantarem músicas acusadas de fazer apologia de crime.

Em 2002, o cantor de pagode romântico Belo foi gravado em uma conversa telefônica com um traficante da favela do Jacarezinho na qual supostamente pedia dinheiro para a compra de cocaína em troca de um fuzil AR-15. Processado por associação para o tráfico de drogas e porte ilegal de armas, o cantor foi condenado pelo primeiro crime e preso no mesmo ano. Entre idas e vindas da prisão, ele foi liberado da pena em 2010. Inicialmente condenado a seis anos, Belo teve a pena aumentada para oito anos pelo Tribunal de Justiça do Rio de Janeiro (TJRJ) sob a alegação de ser "um ídolo da música popular e sua conduta censurável ter repercutido de forma desfavorável nos admiradores adolescentes que ele costuma atrair em seus shows"[21]. Ou seja, neste caso, a pena de Belo foi aumentada pelo simples fato de ser um ídolo musical, como se ídolos musicais tivessem uma obrigação maior de seguir a lei do que os demais cidadãos.

19____Guilherme Lucio da Rocha e Luís Adorno, "Polícia Civil realiza operação contra MCs por suposta ligação com tráfico, *Splash*, São Paulo: 25 mar. 2021.

20____"Cantor Naldo é preso por posse ilegal de arma e denunciado por agressão à mulher, diz polícia", *G1*, Rio de Janeiro: 6 dez. 2017.

21____"Belo relembra prisão: 'saí de cabeça erguida e dei a volta por cima'", *O Estado de S. Paulo*, São Paulo: 10 out. 2019.

Em setembro de 2013, o cantor sertanejo Hudson, da dupla Edson & Hudson, foi condenado por posse ilegal de arma de fogo e munições a três anos e seis meses de reclusão, pena substituída por prestação de serviços à comunidade e ajuda financeira a uma instituição social[22]. Já o ex-integrante do grupo Polegar Rafael Ilha teve a condenação por tráfico de armas confirmada pelo TRF-4 em junho de 2021. Ele e sua esposa Aline foram presos em flagrante em 2014 entrando no Brasil, vindos do Paraguai, com uma espingarda calibre 12 e cinquenta cartuchos de munição. O TRF-4 fixou a pena dele em 2 anos, 10 meses e 20 dias de reclusão, e a de Aline, em 2 anos e 8 meses. Sucesso da música pop brasileira dos anos 1980, Rafael Ilha foi preso nos anos 1990 enquanto tentava assaltar pessoas em um cruzamento, para comprar drogas, em São Paulo. Ainda respondeu por crimes como porte ilegal de arma, em 2005.[23]

Em fevereiro de 2021, Belo foi preso preventivamente pela Delegacia de Combate às Drogas da Polícia Civil do Rio de Janeiro, durante uma entrevista para um programa de TV, por ter realizado dias antes um show no Parque União, Complexo da Maré, zona Norte do Rio de Janeiro, durante a pandemia de covid-19, com aglomeração de público. O evento aconteceu no interior de uma escola estadual, sem autorização da Secretaria Municipal de Saúde nem da Secretaria de Estado de Educação. O cantor teria recebido R$ 65 mil de cachê pelo show. A ação policial teve como alvo, além de Belo, dois sócios da produtora Série Gold, responsável pela organização do evento, e Jorge Luiz Moura Barbosa, o Alvarenga, apontado como chefe do tráfico no Parque União e foragido desde 2006.

De acordo com o delegado responsável pelo caso, Gustavo de Mello de Castro, foram apreendidas duas armas e dinheiro em espécie na casa de Belo. O cantor era acusado de infração sanitária, crime de epidemia, invasão a prédio público e organização criminosa. Ele foi liberado no dia seguinte da prisão, após o Tribunal de Justiça do Rio de Janeiro acatar seu *habeas corpus*. O delegado declarou na época que "ao realizar o show, ele promove toda a engrenagem do narcotráfico no interior daquela

---

22____"PM acha droga na bolsa do sertanejo Hudson e operador assume a culpa", *G1*, Piracicaba: 21 dez. 2013.

23____"TRF-4 confirma condenação em primeira instância de Rafael Ilha por crime de tráfico de armas", *G1*, Porto Alegre: 25 junho 2021; "Rafael Ilha consegue liberdade na Justiça e deixa prisão em SP", *G1*, São Paulo: 26 mai. 2015.

comunidade"; que havia relatos de que "lá havia pessoas armadas, crianças consumindo droga"; que "quando ele aceitou realizar o evento no interior da comunidade, dentro de uma escola invadida [...], ele faz com que aquela facção se fortaleça"; e que "ele deveria ter avaliado melhor onde ele iria realizar o show", por "já ser experiente".

O homem apontado como um dos organizadores do show confirmou que nenhum evento acontece na favela sem consentimento do tráfico de drogas da região. Já Belo pediu desculpas pela aglomeração, declarou que não teve contato com traficantes ou qualquer pessoa armada no local; que a responsabilidade da organização era da produtora Série Gold; que, por ser de São Paulo, não consegue identificar quando está em comunidade ou não; que não sabia que o local era em uma região com tráfico de drogas nem qual crime tinha cometido: "eu só subi no palco e cantei, é isso o que eu faço".

Sua assessoria perguntou "se a situação seria a mesma caso o show ocorresse em bairros da Zona Sul e com artistas de gêneros musicais menos negligenciados do que o pagode"[24]. Um mês após a prisão de Belo, estava prevista a realização de um show seu no Espaço das Américas, uma famosa casa de shows em São Paulo, com ingressos custando até R$1,9 mil, com autorização da Prefeitura de São Paulo e os protocolos sanitários respeitados.[25] A apresentadora Xuxa também criticou a seletividade da aplicação da lei e o fato de que o presidente Jair Bolsonaro também criava aglomerações e não foi punido por isso[26].

Embora a repressão a festas clandestinas durante a pandemia de covid-19 tenha atingido também a elite, as acusações se restringiram às infrações sanitárias. Em julho de 2021, uma força-tarefa composta por órgãos de Segurança, Procon e Vigilância Sanitária interrompeu uma festa clandestina de socialites, com ingressos de até R$ 1,6 mil,

---

24___Marina Marini e Tatiana Campbell, "Belo é preso por show em escola pública do Rio durante a pandemia", *Splash*, São Paulo: 17 fev. 2021; Tatiana Campbell, "Belo é solto no Rio de Janeiro; cantor diz que não sabia do local do show'", *Splash*, Rio de Janeiro: 18 fev. 2021; Marcela Lemos, "Suspeito de organizar show do Belo diz que evento precisa de OK do tráfico", *UOL*, São Paulo: 23 fev. 2021.

25___"Preso por show na Maré, Belo tem evento em SP com ingressos a R$1,9 mil", *Notícias da TV*, São Paulo: 18 fev. 2021.

26___"Xuxa critica critério da prisão de Belo: 'O presidente cria aglomeração', *Splash*, São Paulo: 18 fev. 2021.

realizada no escritório de advocacia Adib Abdouni, no bairro nobre do Jardim Paulista, em São Paulo. A festa tinha cerca de quinhentas pessoas e show da dupla sertaneja Matheus & Kauan. O público aglomerado não utilizava máscaras.

Segundo a Secretaria da Segurança Pública, a responsável pelo local foi levada a uma delegacia após ser autuada por infração de medida sanitária preventiva. Também foram aplicadas multas. A dupla Matheus & Kauan afirmou que fora contratada para uma "pequena confraternização entre familiares e amigos" e que o contrato fora descumprido, pois ela teria sido informada que não haveria venda de ingressos e que todos os protocolos de segurança sanitária seriam cumpridos. Integrantes da força-tarefa foram hostilizados ao chegarem ao evento e seguranças tentaram impedir sua entrada. Uma modelo filmada na festa, Liziane Gutierrez, proferiu diversos xingamentos e afirmou repetidas vezes aos integrantes da força-tarefa: "vai pra favela"[27]. No mesmo ano, integrou o elenco do *reality show A Fazenda 13*, na TV Record.

A presença de traficantes armados nos bailes funk de comunidade facilita a associação entre essas festas e a criminalidade, porém os jovens que frequentam bailes de comunidade e dançam ao som de "proibidões" não nutrem necessariamente simpatia pelos traficantes ou pelo crime em geral, embora isso possa ocorrer, conforme será visto adiante. Verifica-se o fenômeno da perda da individualidade dentro da massa que pula freneticamente como se fosse um corpo só. Muitos funkeiros declaravam que o que os levava aos bailes era, mais até do que a possibilidade de encontros amorosos, a dança. Nesse contexto, a batida é a protagonista, as letras dos funks são coadjuvantes, e muitos sequer prestam atenção no que elas dizem[28].

As identidades não são rígidas. Os frequentadores de baile funk não constroem necessariamente para si mesmos a identidade de "funkeiros", haja vista que gostam de outros ritmos musicais e que o funk é

27____"Festa de socialite nos Jardins tem revolta contra blitz: 'Vai pra favela', *UOL*, São Paulo: 11 jul. 2021.

28____Suylan Midlej e Silva, "O lúdico e o étnico no funk do 'Black Bahia'", em: Livio Sansone e Jocélio Teles dos Santos (org.), *Ritmo em trânsito: sócio-antropologia da música baiana*, Salvador: Dynamis, 1997, p. 211; Hermano Vianna, *O mundo funk carioca, op. cit.*, p. 83; Meno Del Picchia, "No fluxo dos paredões", *Zumbido*, 12 abr. 2019.

apenas o ritmo preferido para dançar[29]. Da mesma forma, os traficantes possuem múltiplas identidades: pais, filhos, amigos, surfistas, namorados, funkeiros, pagodeiros, evangélicos etc. Christina Vital da Cunha observou em sua etnografia da favela de Acari, por exemplo, traficantes armados cantando música gospel[30]. No entanto, não se pode generalizar e afirmar que música gospel é "música de bandido". Se o traficante é um jovem como qualquer outro da comunidade, que também gosta de funk e de se divertir, por que deixaria de ir ao baile?

Frequentando os bailes funk, é natural que o traficante ande armado. Primeiramente, para fazer a segurança da favela como um todo, pela própria necessidade essencial de andar sempre armado para "garantir o cumprimento dos contratos" em um mercado ilegal e para se proteger de eventuais traições na cadeia hierárquica do tráfico e da polícia[31]. Em segundo lugar, a arma demonstra poder, confere status aos jovens, segundo o *éthos* de masculinidade, e exerce um verdadeiro fascínio em algumas meninas, inclusive de classe média, conhecidas como "caça-fuzil", que sobem o morro atrás de "bandidinhos". Se funkeiros dançam no baile com os "dedinhos para o alto", simulando armas, "cidadãos de bem", por outro lado, fazem com a mão o "sinal de arminha" em apoio ao presidente Jair Bolsonaro e à ampliação do porte de armas.

De acordo com Paul Sneed, os traficantes da Rocinha faziam de sua aparição armados nos bailes um espetáculo público, um palco de afirmação de poder e prestígio, de união, de construção de legitimidade, de afirmação pública de que eles estavam no controle e de que tudo estava bem na comunidade. Drogas eram usadas em abundância e era exibida a vida de alto padrão dos traficantes, com seus amigos numerosos, mulheres e correntes de ouro. No mundo da favela, os traficantes e seus amigos são as pessoas ricas e famosas, e sua vida curta é necessariamente pública. Mesmo que não possam deixar a favela, por medo da

---

29___Olívia M. G. Cunha, "Conversando com Ice-T: violência e criminalização do funk", *op. cit.*, p. 93; Hermano Vianna, *O mundo funk carioca*, *op. cit.*, pp. 91-2; Livio Sansone, Funk baiano: uma versão local de um fenômeno global? Em: HERSCHMANN, Micael (Org.). *Abalando os anos 90: funk e hip hop: globalização, violência e estilo cultural*. Rio de Janeiro: Rocco, 1997, p. 173.

30___Christina Vital da Cunha, "'Traficantes evangélicos': novas formas de experimentação do sagrado em favelas cariocas", *op. cit.*, p. 24.

31___Alba Zaluar, *A máquina e a revolta: as organizações populares e o significado da pobreza*, São Paulo: Brasiliense, 1985, pp. 151-2.

polícia, os traficantes estão presentes no baile. Eles são os guerreiros da tribo, as forças especiais, corajosos, no comando, algumas vezes amados, outras vezes odiados, sempre perigosos para seus inimigos e úteis para seus amigos. Garantem a segurança do baile e não permitem brigas e assédio a mulheres[32].

Em 2 de junho de 2002, entretanto, um episódio viria a contribuir decisivamente para o processo de demonização do funk e, em especial, dos bailes de comunidade: o sequestro e assassinato do repórter investigativo Tim Lopes. Tim Lopes já havia feito, nas décadas de 1980 e 1990, reportagens sobre os bailes funk do subúrbio carioca, nas quais era como se ele mergulhasse anonimamente em um submundo exótico e perigoso para mostrar aos leitores dos jornais o que se passava na mesma cidade em que residiam e que permanecia ignorado por eles[33].

Um ano antes de ser assassinado, Tim Lopes havia ganhado o Prêmio Esso em razão de uma matéria sobre a "Feira livre das drogas". Portando uma câmera escondida, ele filmara a venda de drogas em favelas do Rio de Janeiro. Quando a denúncia da mídia foi ao ar, a polícia se sentiu pressionada a dar uma satisfação à sociedade, o que na maioria das vezes significa reprimir violentamente os traficantes. Se os traficantes punem severamente o x-9, "mandado" ou "mister M" (alcaguete) e o morador que faz confusão na favela, atraindo a polícia e atrapalhando o movimento do tráfico, é natural que Tim Lopes tenha se tornado *persona non grata* para eles.

No entanto, isso não impediu que, mesmo tendo o seu rosto divulgado por ocasião do prêmio, Tim Lopes mais uma vez se disfarçasse de "morador" para, munido de uma câmera escondida, verificar uma suposta denúncia, feita por um morador desesperado e descrente na atuação do Poder Público, de que menores eram obrigadas a se prostituir e drogas eram consumidas no baile funk da Vila Cruzeiro, na Penha. O repórter teria ido à favela três vezes. Durante a semana, só teria conseguido registrar a movimentação de traficantes armados, não a suposta orgia de menores. Ao retornar, no dia 2 de junho de 2002, para documentar o

---

32＿＿Paul Sneed, "Bandidos de Cristo: Representations of the Power of Criminal Factions in Rio's Proibidão Funk", *op. cit.*, pp. 228-9.

33＿＿Cf. Silvio Essinger, *Batidão: uma história do funk, op. cit.*, p. 131; Zuenir Ventura, *Cidade partida, op. cit.*, p. 216.

baile, Tim Lopes foi descoberto pelo chefe do tráfico local, Elias Maluco. Foi então submetido a um julgamento e morto com uma espada samurai, tendo seus restos mortais queimados em uma espécie de vala clandestina conhecida como "micro-ondas"[34]. Tim Lopes foi alçado a mártir, e a pressão para que a polícia encontrasse Elias Maluco foi tão grande que não tardou para que ele fosse preso, em circunstâncias suspeitas[35].

O delegado Orlando Zaccone afirma que Tim Lopes não morreu dentro do baile funk. Ele foi pego fora do baile e levado para outro lugar. A palavra "funk", entretanto, foi demonizada. Para que os bailes continuassem ocorrendo, tiveram de mudar sua denominação para baile charme ou de pagode-charme[36]. Ironicamente, quatro dias antes do assassinato de Tim Lopes, a vereadora Veronica Costa, a Mãe Loira do Funk, havia apresentado na Câmara dos Vereadores do Rio de Janeiro o PL n. 883/2002, transformado na lei n. 3.860/2004, que determina a fixação de número de telefone para denúncia contra a violência, o abuso e a exploração sexual infantojuvenil no território do município.

MCS, "BANDIDOS" E "OTÁRIOS"

Um dos pretextos utilizados para proibir os bailes de comunidade foram os chamados "proibidões", também conhecidos como "raps de contexto" ou "funks de facção", cuja letra supostamente faz apologia de crime e das

---

34___Silvio Essinger, *Batidão: uma história do funk*, op. cit., p. 241; Sylvia Moretzsohn, "O caso Tim Lopes: o mito da 'mídia cidadã'", *Discursos Sediciosos: Crime, Direito e Sociedade*, Rio de Janeiro: Instituto Carioca de Criminologia/Revan, 2002, ano 7, n. 12, p. 304. Sobre a comparação do jornalista com a figura do x-9, cf. Olívia M. G. Cunha, "Bonde do mal: notas sobre território, cor, violência e juventude numa favela do subúrbio carioca", *op. cit.*, p. 127.

35___Sylvia Moretzsohn, "O caso Tim Lopes: o mito da 'mídia cidadã'", *op. cit.*, p. 294.

36___*Apud* Silvio Essinger, *Batidão: uma história do funk*, op. cit., pp. 242-3. Adriana Carvalho Lopes também ressalta que a associação do baile funk a alguma ação criminosa ocorre mesmo se o mencionado crime ocorrer fora do baile; Adriana Carvalho Lopes, *Funk-se quem quiser: no batidão negro da cidade carioca*, op. cit., p. 41. Cf. Lúcia Salles (org.), *DJ Marlboro: o funk no Brasil – por ele mesmo*, Rio de Janeiro: Mauad, 1996, p. 42; Olívia M. G. Cunha, "Cinco vezes favela: uma reflexão", em: Marcos Alvito e Gilberto Velho (org.), *Cidadania e violência*, Rio de Janeiro: Editora UFRJ/FGV, 1996, pp. 204-5.

facções criminosas, narrando cenas de assalto, sequestro, histórias em que os traficantes justiceiros impuseram seu poder contra os oponentes e fizeram valer a sua lei. O termo "proibidão" foi cunhado pela imprensa quando essa produção, até então restrita ao público da favela, foi descoberta e noticiada para os outros setores da sociedade e faz referência ao fato de ter letras consideradas "proibidas". O termo acabou sendo assumido na favela com certo tom de ironia[37].

A produção musical dos "proibidões" é precária. Sua autoria é desconhecida. Tocam apenas nos bailes de comunidade, onde são gravados ao vivo, mas podem ser gravados com alguns requintes de estúdio, como a inclusão do som de rajadas de balas, reais ou não[38]. Na década de 2000, os CDs circulavam em versões piratas pela internet, eram vendidos nos camelôs do Rio de Janeiro e nos bailes, distribuídos como presentes aos clientes das bocas de fumo e apontados como um indício de que tais bailes eram patrocinados por traficantes[39].

Sem significar necessariamente adesão ao mundo do crime ou vinculação a uma determinada facção criminosa, alguns MCs admitiam que faziam versões "proibidonas" de sucessos a pedido dos traficantes, fosse por receio de se indispor com quem mandava na área, fosse porque

---

37____Sobre a origem, as especificidades do gênero e o significado do termo "proibidão", cf. Rodrigo Russano, *"Bota o fuzil pra cantar!": o funk proibido no Rio de Janeiro*, dissertação (Mestrado em Música) – Unirio, Rio de Janeiro: 2006, pp.10-2 e 24; Thiago Braga Vieira, *Proibidão de boca em boca: gritos silenciosos de uma memória subterrânea: o funk proibido como fonte para o estudo da violência armada organizada no Rio de Janeiro (1994-2002)*, monografia – Centro de Filosofia e Ciências Humanas, Universidade Federal do Rio de Janeiro, Rio de Janeiro: 2009, pp.77-8; e Maurício da Silva Guedes, *"A música que toca é nós que manda": um estudo do "proibidão"*, dissertação (Mestrado em Psicologia) – Pontifícia Universidade Católica, Rio de Janeiro: 2007, pp.66 ss.

38____Silvio Essinger, *Batidão: uma história do funk*, op. cit., p.230; Thiago Braga Vieira, *Proibidão de boca em boca: gritos silenciosos de uma memória subterrânea: o funk proibido como fonte para o estudo da violência armada organizada no Rio de Janeiro (1994-2002)*, op. cit., p.61.

39____Silvio Essinger, *Batidão: uma história do funk*, op. cit., pp.229 e 268; Thiago Braga Vieira, *Proibidão de boca em boca: gritos silenciosos de uma memória subterrânea: o funk proibido como fonte para o estudo da violência armada organizada no Rio de Janeiro (1994-2002)*, op. cit., p.9; Maurício da Silva Guedes, *"A música que toca é nós que manda": um estudo do "proibidão"*, op. cit., p.84. Cf. Olívia M. G. Cunha, "Cinco vezes favela: uma reflexão", op. cit., pp.208-9.

queriam agradá-los para conseguir alguma vantagem, como dinheiro ou permissão para cantar nos bailes, fosse porque atendiam simplesmente ao pedido de um velho amigo.

Alguns MCs pareciam compor "proibidões" simplesmente porque os jovens da comunidade gostam desse tipo de música, outros por exibicionismo, "criancice", rebeldia, farra, culto à violência, pelo "gostinho do proibido" ou porque a associação com a marginalidade pode conferir status[40]. Conforme analisado, um dos elementos centrais da subcultura delinquente é a polaridade negativa dos valores. Adotam-se os valores hegemônicos da sociedade, mas com os sinais invertidos, de maneira que o que é visto como repulsivo pela sociedade passa a ser motivo de status para o membro da subcultura. Muitos jovens que cantam "proibidões", ao contrário do que gostam de aparentar, não têm nenhuma relação com o tráfico de drogas. Eles apenas sentem prazer em chocar e questionar os valores da sociedade. Embora a quase totalidade dos membros das galeras cariocas fosse de estudantes e trabalhadores, esses jovens tentavam escapar da marca de "otário"[41].

Da mesma forma como a televisão influencia o estilo e a imagem do funkeiro, a proximidade e a convivência com traficantes podem seduzir e contaminar sua linguagem/código de conduta, fazendo com que os funkeiros incorporem muitas vezes em suas autorrepresentações os adjetivos estigmatizantes veiculados nos jornais. Os membros das galeras inimigas são chamados de "alemães", por exemplo, assim como os membros das quadrilhas inimigas. Se por um lado a associação simbólica de uma galera com o tráfico contribui decisivamente para a sua criminalização, por outro lado a torna mais perigosa, "sinistra", poderosa sob o enfoque dessa subcultura e, portanto, mais respeitada[42].

40___Micael Herschmann, *O funk e o hip-hop invadem a cena*, op. cit., pp. 107 e 169-70. Cf. Silvio Essinger, *Batidão: uma história do funk*, op. cit., pp. 237-8; Janaína Medeiros, *Funk carioca: crime ou cultura? O som dá medo. E prazer*, São Paulo: Terceiro Nome, 2006, p. 11; Adriana Facina, "'Eu só quero é ser feliz': quem é a juventude funkeira no Rio de Janeiro?", *Revista Epos*, Rio de Janeiro: out. 2010, v. 1, n. 2, pp. 10-1.

41___Alba Zaluar, *A máquina e a revolta: as organizações populares e o significado da pobreza*, op. cit., pp. 47-8; Micael Herschmann, *O funk e o hip-hop invadem a cena*, op. cit., p. 136.

42___Olívia M. G. Cunha, "Bonde do mal: notas sobre território, cor, violência e juventude numa favela do subúrbio carioca", op. cit., p. 135.

Emblemática, assim, é a prisão de um jovem de 22 anos em Cuiabá, em abril de 2020, após ser flagrado usando uma tornozeleira eletrônica desligada. O jovem confessou que o aparelho era do irmão, mas que, mesmo sem precisar usá-lo, queria "ostentar e mostrar que é perigoso"[43]. Da mesma forma, a MC Carol, mesmo não sendo conhecida como uma cantora de funks contra a polícia, encarnou artisticamente a personagem Carol Bandida, levando em conta o sentido sexual que a palavra "bandida" também tem. Isso não a impediu de, em abril de 2018, usar suas redes sociais para reclamar de uma abordagem de policiais contra ela e seus amigos no centro de Niterói. A MC alegou que na ocasião não havia ninguém com droga, alcoolizado e sem documento, mas foram humilhados e tratados como "bandidos perigosos"[44].

Alexandre Barbosa Pereira relata, por sua vez, que nas escolas de São Paulo alguns estudantes, principalmente meninos, por mais que não fossem membros do PCC e não vivessem do crime, valiam-se da estigmatização que já sofriam e recorriam ao repertório da criminalidade para socializar, "zoar", impor medo aos professores, afirmar sua virilidade e seu poder e obter prestígio. Conversar sobre crimes e a atuação da polícia no bairro onde viviam, escrever a sigla do PCC na lousa ou ouvir funk "proibidão" serviam a esses propósitos. Essa "zoeira", no entanto, acabava aumentando a criminalização dos estudantes pobres, em um círculo vicioso. No entanto, as mesmas "zoeiras", quando praticadas por estudantes de classe média, eram encaradas como meros atos de indisciplina ou de jovens mal-educados e sem limites, pois esses jovens não são rotulados como criminosos, o que indica que, mais do que os atos que pratica, é a classe social a que pertence o fator determinante para que o estudante seja rotulado ou não como criminoso[45].

43＿＿Bruna Alves, "Jovem usa tornozeleira eletrônica para 'ostentar' e acaba preso em MT", *UOL*, São Paulo: 5 abr. 2020.

44＿＿"MC Carol critica abordagem que sofreu da polícia", *O Dia*, Rio de Janeiro: 24 abr. 2018. Cf. também "MC Carol chora morte de jovem em sua comunidade: 'polícia matou o menino'", *Extra*, Rio de Janeiro: 31 maio 2019; "MC posta vídeo e relata truculência em operação da PM na comunidade Preventório, em Niterói", *G1*, Rio de Janeiro: 27 fev. 2020.

45＿＿Alexandre Barbosa Pereira, "As imaginações da cidade: práticas culturais juvenis e produção imagética", *Iluminuras*, Porto Alegre: jan.-jul. 2017, v.18, n. 44, pp. 27-30.

Nesse sentido, a teoria da rotulação social ou do *labelling approach* chamou a atenção para a delinquência secundária, a reincidência, que resulta do processo causal desencadeado pela estigmatização. De acordo com o princípio da profecia autorrealizadora, a expectativa do ambiente circunstante determina, em grande medida, o comportamento do indivíduo. A vítima do estigma passa a se comportar do modo como os outros esperam que ela se comporte[46]. A estigmatização faz com que o jovem, até como mecanismo de defesa psíquico, acabe se definindo como os outros o definem, altere sua identidade social, identifique-se com o estigma que lhe é imposto, interaja com ele, assuma o papel de desviante[47]. Esse processo contribui para a aproximação do jovem estigmatizado com iguais, pessoas que sofrem o mesmo estigma, têm o mesmo comportamento desviante e, em um segundo momento, para a construção de uma carreira criminosa.

Na medida em que "funkeiro" foi o termo eleito pela mídia e por setores conservadores da sociedade para designar esses jovens ameaçadores, com uma conotação claramente pejorativa, essa identidade foi assumida com orgulho[48]. Talvez os funkeiros, "valentões" só por performance, não esperassem que os outros grupos sociais fossem acreditar, divulgar essa imagem e usá-la contra seu principal divertimento. A imagem ameaçadora acabou colando, talvez porque havia a tendência de que colasse, porque havia a expectativa social de que aquelas histórias horripilantes de violência que os próprios funkeiros contavam para assustar e fascinar fossem verdadeiras. O feitiço se voltou contra o feiticeiro e, para tentar desfazê-lo, muitas letras de funk tentavam provar para o mundo que o baile não era ou não devia ser violento[49].

Por outro lado, MCs alegavam que o "proibidão" era uma música que retratava a realidade da comunidade, feita pela comunidade e para a comunidade, ou seja, não contavam com a hipótese de a música vazar,

---

46___Alessandro Baratta, *Criminologia crítica e crítica do direito penal: introdução à sociologia do direito penal*, Rio de Janeiro: Revan, 1997, p. 174.

47___Sergio Salomão Shecaira, *Criminologia*, op. cit., p. 298.

48___Fátima Cecchetto, "As galeras funk cariocas: entre o lúdico e o violento", op. cit., pp. 97 e 108; José Manuel Valenzuela Arce, *Vida de barro duro: cultura popular juvenil e grafite*, op. cit., pp. 79-80.

49___Hermano Vianna, *O mundo funk carioca*, op. cit., p. 88; *idem*, "O funk como símbolo da violência carioca", op. cit., pp. 186-7.

chocar quem não vivia naquele ambiente e ensejar a repressão. A diversidade de públicos, inclusive, faz com que conhecidos cantores de "proibidões", principalmente de "putaria", cantem somente a versão "família" de seus sucessos nos programas de televisão ou nas baladas das classes média e alta[50]. A mídia, ao fazer as denúncias da venda ilegal dos CDs de "proibidão" e disseminar o medo, de maneira antagônica, ajudou a popularizar na cidade toda o que até então era popular apenas nas favelas, pois o gênero exalta valores que dizem respeito a uma parte de seus moradores[51]. A aproximação do mundo do crime, bem como a captura do momento da performance no baile, causaram fascínio nos jovens de classes média e alta, que passaram a se aliar "filosoficamente" às facções criminosas, a ouvir cantores de "proibidão" em boates de preços proibitivos aos jovens de classe baixa e a tocar dentro de seus carros de luxo, paradoxalmente, funks que "ensinam" a prática do assalto a esses bens[52].

Jogos de videogame e computador de enorme sucesso entre jovens de todas as classes sociais, como *GTA* e *Counter-Strike*, retrataram o mundo da criminalidade e do confronto armado usando o "proibidão" como trilha sonora, sendo acusados de incentivar a violência e responsabilizados por crimes praticados por adolescentes. Nos Estados Unidos, houve pedidos para proibirem esses jogos, inclusive vindos do campo político que defendeu a invasão do Iraque em 2003 e defende a cultura armamentista[53].

50___Vera Malaguti Batista, Carlos Bruce Batista e Rafael C. Borges, "Entrevista com Mr. Catra", *Discursos sediciosos: crime, direito e sociedade*, Rio de Janeiro: Instituto Carioca de Criminologia/Revan, 2007, n. 15-6, pp. 16-7; Silvio Essinger, *Batidão: uma história do funk*, op. cit., p. 235; Janaína Medeiros, *Funk carioca: crime ou cultura? O som dá medo. E prazer*, op. cit., pp. 68-9; Maurício da Silva Guedes, *"A música que toca é nós que manda": um estudo do "proibidão"*, op. cit., pp. 87-8; Carla dos Santos Mattos, "Da valentia à neurose: criminalização das galeras funk, 'paz' e (auto)regulação das condutas nas favelas", *Dilemas: Revista de Estudos de Conflito e Controle Social*, Rio de Janeiro: out.-dez. 2012, v. 5, n. 4, p. 661.

51___Rodrigo Russano, *"Bota o fuzil pra cantar!": o funk proibido no Rio de Janeiro*, op. cit., pp. 12 e 18.

52___*Ibidem*, pp. 30 e 107.

53___Thiago Braga Vieira, *Proibidão de boca em boca: gritos silenciosos de uma memória subterrânea: o funk proibido como fonte para o estudo da violência armada organizada no Rio de Janeiro (1994-2002)*, op. cit., pp. 66-7.

O DJ Marlboro não tocava "proibidão" nos seus bailes, mas afirmava condenar muito mais a classe média que o glamorizava do que os meninos da favela, que faziam o relato do que viviam por meio da música[54]. Conforme salienta Maria Rita Kehl, alguns desses jovens de classes média e alta tentam imitar o "estilo" da vida bandida elaborado e estetizado pelo cinema, pelo rap, pela televisão, como forma de proteção. Impotentes diante do caos social, "flertam com a fantasia de se tornar tão violentos (ou poderosos) quanto os bandidos que os intimidam". Por outro lado, identificam-se com o símbolo de potência que a lógica do espetáculo confere à imagem do criminoso[55].

Jovens de classe média, dessa forma, reproduzem falas de personagens traficantes do filme *Cidade de Deus* e cantam "proibidões", mas é possível que os mesmos jovens exaltem cenas de tortura praticadas pelo Capitão Nascimento no filme *Tropa de elite*[56]. O crime e a figura do bandido seduzem o imaginário popular, diante da ligação histórica entre violência e poder. Abraçar o crime, ainda que de forma fantasiosa, também está ligado à sensação prazerosa de atuar em algo proibido, de transgressão, de aventura, e à mesma adrenalina dos esportes radicais[57].

Há ainda um aspecto lúdico e até infantil em algumas representações de bandidos. As chamadas montagens eram adaptações do funk para qualquer música, frase ou ruído que caísse bem na batida. O uso de trechos de discos antigos cantados em português nas montagens supria, no início dos anos 1990, a falta de ídolos brasileiros cantando letras de funk em português. Uma das montagens de maior sucesso da história do funk é "Jack, o matador", feita pelo DJ Mamut e gravada em 1994, com

---

54____*Apud* Janaína Medeiros, *Funk carioca: crime ou cultura? O som dá medo. E prazer, op. cit.*, p. 72.

55____Maria Rita Kehl, "A cultura da malandragem adolescente", *Época*, Rio de Janeiro: 5 maio 2003.

56____Sobre a identificação do público com a personagem do Capitão Nascimento, cf. Paulo Menezes, "Tropa de elite: perigosas ambiguidades", *Revista Brasileira de Ciências Sociais*, São Paulo: fev. 2013, v. 28, n. 81, p. 72.

57____Rodrigo Russano, *"Bota o fuzil pra cantar!": o funk proibido no Rio de Janeiro, op. cit.*, pp. 28-9; Micael Herschmann, *O funk e o hip-hop invadem a cena, op. cit.*, p. 264; Maria Cecília de Souza Minayo et al., *Fala, galera: juventude, violência e cidadania no Rio de Janeiro*, Rio de Janeiro: Garamond, 1999, pp. 160-1; Ecio P. de Salles, "O bom e o feio: funk proibidão, sociabilidade e a produção do comum", *Z Cultural*, Rio de Janeiro: ago.-nov. 2007, ano III, n. 3, p. 1.

o nome de "Contexto 2", no segundo LP da equipe Pipo's, *O encontro da massa*[58]. A montagem sampleava a música que também se chamava "Jack, o matador" e fora lançada pela dupla sertaneja Léo Canhoto & Robertinho em 1969, auge da ditadura militar e do *western spaghetti*, filmes sobre o Velho Oeste norte-americano filmados geralmente no sul da Espanha, principalmente por diretores italianos, que faziam muito sucesso no Brasil, inclusive entre o público infantil. A canção era introduzida e intercalada por diálogos entre o famoso bandido Jack e suas vítimas, ao estilo de filmes de bangue-bangue e radionovelas. A ameaça de Jack ao chegar ao bar tem um forte efeito de humor quando ressignificada pelo DJ para animar a pista: "Atenção! Todo mundo aqui vai dançar! Aquele que não dançar vai engolir chumbo! Toca um negócio aí!"[59].

A incorporação da estética country e dos filmes de bangue-bangue na música sertaneja não era, porém, mera reprodução do produto norte--americano, mas dialogava com a violência social brasileira, em que os conflitos muitas vezes são resolvidos na bala, principalmente em áreas do país em que o acesso à justiça institucionalizada não é garantido, seja nos rincões do Brasil profundo, seja nas favelas urbanas[60].

Se os jovens de classe média fantasiam com o universo dos de classe baixa, a recíproca também é verdadeira. Diante da falta de perspectivas colocada à juventude pobre, negra e moradora das favelas brasileiras, é esperado que alguns desses jovens não resistam à tentação de ingressar no tráfico de drogas para alcançar bens de consumo e status com as mulheres. É mais fácil, porém, acusar o funk de "arregimentar mão de obra para o tráfico" do que reconhecer que o próprio modelo econômico faz com que haja uma fila de jovens desempregados e sem

---

58___Julio Ludemir, *101 funks que você tem que ouvir antes de morrer*, Rio de Janeiro: Aeroplano, 2013, p. 253.

59___Sobre as montagens de Jack, o Matador, cf. Olívia M. G. Cunha, "Cinco vezes favela: uma reflexão", *op. cit.*, pp. 209-10; Danilo Cymrot, "O retorno de 'Jack, o Matador': onde o sertão encontra a favela", *Zumbido*, 28 jun. 2019.

60___Cf. Gustavo Alonso, *Cowboys do asfalto: música sertaneja e modernização brasileira*, Rio de Janeiro: Civilização Brasileira, 2015, pp. 45 ss.

qualificação profissional se oferecendo para trabalhar na estrutura de varejo do comércio de drogas[61].

De acordo com Jock Young, a criminalidade é resultado da privação relativa e do individualismo, sendo que ambos os fatores foram realçados na pós-modernidade[62]. A nova cultura de altas expectativas, em termos de autorrealização, fez com que as pessoas estivessem muito menos propensas a aceitar a imposição de autoridades, tradições ou comunidades[63]. Já a privação relativa consiste na sensação de injustiça em relação à desigualdade social, ou seja, na sensação de que a desigualdade social não decorre da meritocracia, mas, ao contrário, de sua falta. A contradição entre a incorporação das metas culturais de consumo de uma sociedade e a impossibilidade de alcançá-las por meios lícitos, em decorrência da estrutura social, constitui uma motivação criminógena poderosa[64].

O comportamento humano é baseado em valores que guiam o indivíduo. Há, portanto, uma correlação entre os valores sociais de uma determinada comunidade histórica concreta e sua criminalidade. Por isso, qualquer projeto sério de prevenção criminal a médio ou longo prazo exige uma revisão profunda da escala de valores sociais. A criminalidade dos jovens é "aprendida" na sociedade dos adultos, na qual há um flagrante divórcio entre os valores oficiais, ideológicos, e aqueles praticados, como violência, corrupção, falta de solidariedade etc.

O culto ao êxito econômico rápido, a todo custo, e a baixa tolerância à frustração geram mensagens ambíguas, pedagogicamente negativas, suscetíveis de uma leitura criminógena. Em uma sociedade que investe mais em especulação financeira do que em capital produtivo, é natural que os jovens acreditem mais no risco, na aventura, na audácia, em técnicas de empreendedorismo agressivas e heterodoxas ou em comportamentos delitivos mais rentáveis do que no trabalho,

---

61___Cf. Manoel Ribeiro, "Funk'n Rio: vilão ou big business?", *op. cit.*, p. 292; Maria Cecília de Souza Minayo *et al.*, *Fala, galera: juventude, violência e cidadania no Rio de Janeiro*, *op. cit.*, p. 162.

62___Jock Young, *A sociedade excludente: exclusão social, criminalidade e diferença da modernidade recente*, Rio de Janeiro: Revan/Instituto Carioca de Criminologia, 2002, p. 16.

63___*Ibidem*, pp. 29 ss.

64___*Ibidem*, pp. 25 ss. Cf. Sergio Salomão Shecaira, *Criminologia*, *op. cit.*, pp. 224 ss.

no esforço pessoal e nas convenções. A criminalidade dos jovens é em grande parte subcultural justamente porque rechaça alguns valores da sociedade mais ampla, como o trabalho honesto, mas incorpora outros, como o consumismo. Uma política preventiva busca, portanto, oferecer uma alternativa de valores ao jovem para que ele possa se comprometer com a mudança social, em detrimento de uma postura niilista[65].

O funk não foi o único gênero musical no começo da década de 2010 a abraçar a ostentação e a exaltação ao consumo de luxo. Em junho de 2012, a dupla de sertanejo universitário Munhoz & Mariano lançou a canção "Camaro amarelo". No mesmo ano, o cantor de sertanejo universitário Israel Novaes fazia um imenso sucesso com a música "Vem ni mim Dodge Ram". Em janeiro de 2015, a canção "Camarote" foi lançada pelo cantor de forró eletrônico Wesley Safadão. Nas duas primeiras canções, o eu lírico comemora que, após ficar rico e ostentar carros de luxo, atraiu mulheres que não se interessavam por ele antes, quando era pobre. Na terceira, o eu lírico provoca a mulher que o destratou, afirmando sua superioridade por estar ostentando em um camarote.

O funk é acusado de fazer apologia das drogas em suas letras, mas nas letras de sertanejo e forró eletrônico é bastante recorrente a referência ao álcool, que seria tanto um remédio necessário para aliviar dores amorosas como um elemento indispensável em qualquer festa boa[66]. A própria publicidade associa fortemente o consumo de bebida alcoólica a festa, diversão, amizade, beleza, juventude, alegria e sexo. Se os adultos já se sentem pressionados a beber para serem aceitos socialmente, essa pressão é ainda maior em relação aos adolescentes, que, inseguros, desejam se afirmar como adultos, experimentar, afastar a imagem de pessoas "certinhas" e parecer interessantes para seus amigos.

Parte da criminalidade contemporânea é gerada, portanto, "de fora para dentro" da favela e pode ser resumida em necessidade de poder,

---

65___Luiz Flávio Gomes e Antonio García-Pablos de Molina, *Criminologia*, 7ª ed., São Paulo: Editora Revista dos Tribunais, 2010, pp. 380-1. Cf. Nilo Batista, *Punidos e mal pagos: violência, justiça, segurança pública e direitos humanos no Brasil de hoje*, Rio de Janeiro: Revan, 1990, p. 135.

66___Mariana Lioto mapeou a representação da bebida alcoólica nas letras de músicas sertanejas em *Felicidade engarrafada: bebidas alcoólicas em músicas sertanejas*, dissertação (Mestrado em Letras) – Universidade Estadual do Oeste do Paraná, Cascavel: 2012.

lazer e consumo. Os jovens desejam ter acesso aos bens especialmente fabricados para eles, desde vestimentas e estilos musicais até drogas lícitas e ilícitas. Há um intercâmbio comercial dinâmico em que o "asfalto" consome a cocaína da favela e esta, à sua maneira, a moda do "asfalto". O problema, todavia, não se resume à dimensão econômica. Há em jogo elementos culturais e simbólicos extremamente importantes. Os jovens rejeitam a disciplina do trabalho embrutecedor e são seduzidos esteticamente pela revolução pós-moderna da alta tecnologia e do show business, incluindo a tecnologia de um fuzil AR-15, instrumento simbólico de distinção, assim como um celular ou uma roupa de marca, todas mercadorias de uma economia globalizada[67].

Ocultando as referências à criminalidade e à pornografia e obtendo enorme sucesso no YouTube e nas redes sociais, o funk ostentação de São Paulo conseguiu espaço na mídia tradicional a partir de 2012, caracterizado como um "funk do bem", ressaltando-se, na maioria das vezes, a trajetória dos MCs, da origem pobre ao sucesso e ao consumo de bens caros[68]. O funk ostentação permitiu que os jovens MCs fizessem mais de três shows por noite, de quinta a domingo, em casas noturnas, ganhando R$7 mil por apresentação, em valores de 2012. As casas noturnas incorporaram e se beneficiaram da lógica da ostentação, pois ela aumentou a venda de bebidas mais caras, que dão mais status a quem as consome[69].

67____Rosana Pinheiro-Machado e Lucia Mury Scalco, "Rolezinhos: marcas, consumo e segregação no Brasil", *Revista de Estudos Culturais*, São Paulo: 2014, n.1, p.9; Paulo César do Carmo, *Culturas da rebeldia: a juventude em questão*, São Paulo: Editora Senac, 2001, p.216. Cf. Micael Herschmann, *O funk e o hip-hop invadem a cena*, op. cit., p.153-5; Hermano Vianna, *O mundo funk carioca*, op. cit., p.74; Zuenir Ventura, *Cidade partida*, op. cit., pp.141, 179 e 216-7; "DEBATE 7 – Organizações comunitárias, cultura popular e violência II", em: Marcos Alvito e Gilberto Velho, *Cidadania e Violência*, Rio de Janeiro: UFRJ e FGV, 1996, pp.365-6; Maria Cecília de Souza Minayo *et al.*, *Fala, galera: juventude, violência e cidadania no Rio de Janeiro*, op. cit., p.144. Cf. Sergio Salomão Shecaira, *Criminologia*, op. cit., p.244; Vera Malaguti Batista, Carlos Bruce Batista e Rafael C. Borges, "Entrevista com Mr. Catra", *op. cit.*, p.10; Sylvia Moretzsohn, "O caso Tim Lopes: o mito da 'mídia cidadã'", *op. cit.*, p.300.

68____Alexandre Barbosa Pereira, "Funk ostentação em São Paulo: imaginação, consumo e novas tecnologias da informação e da comunicação", *Revista de Estudos Culturais*, São Paulo: EACH/USP, 2014, n.1, p.9.

69____*Idem*, "As imaginações da cidade: práticas culturais juvenis e produção imagética", *op. cit.*, pp.24-5.

Embora os MCs de funk ostentação tivessem acesso à grande mídia, seus maiores canais de difusão eram o YouTube e as redes sociais. Surgiram, assim, profissionais especializados na produção de videoclipes para o gênero funk ostentação, como Montanha, da Funk TV, empresa de audiovisual do distrito de Cidade Tiradentes, periferia de São Paulo, e Konrad Dantas, conhecido como KondZilla, o produtor e diretor de maior sucesso do gênero, bastante procurado pelo alto número de visualizações que seus clipes alcançam, apesar de declarar ser fã de gospel, hip-hop, Rita Lee e Jorge Vercillo e não escutar funk. Evangélico, ex-cantor de rap gospel e crescido na periferia do Guarujá, Baixada Santista, KondZilla também agenciava MCs, como Guimê, Kevinho e Bin Laden, e licenciava produtos, como bonés e camisetas, vendidos na internet. Em 2017, sua empresa, sediada no Tatuapé, em São Paulo, faturava mais de R$1 milhão por mês, com uma equipe de trinta funcionários, todos com, no máximo, 30 anos. A produtora realizava de quatro a sete clipes por semana a preços entre R$20 mil e R$180 mil.

Em junho de 2019, seu canal no YouTube alcançou 50 milhões de inscritos, tornando-se o quinto maior do mundo e o único brasileiro a ter um vídeo com 1 bilhão de visualizações, "Bum bum tam tam", de MC Fioti[70]. Em agosto do mesmo ano, a primeira temporada da série *Sintonia*, criada por KondZilla, Guilherme Quintella e Felipe Braga, estreou na Netflix, trazendo a história de três jovens que cresceram juntos na mesma favela e abordando, além de funk, religião e tráfico de drogas.

O primeiro clipe de funk ostentação dirigido por KondZilla foi "Megane", do MC Boy do Charmes, em 2011. Muitas das letras das músicas de funk ostentação já eram produzidas tendo em vista a gravação dos videoclipes, a fim de se tentar uma divulgação rápida e intensa. Nos clipes, com estética semelhante aos de gangsta rap, os MCs jogam notas graúdas de dinheiro para o alto e canta-se o que se quer exibir: mansões, bebidas caras, carros e roupas de grife, cordões de ouro e mulheres com pouca roupa. Nesse primeiro momento, o mundo de riqueza e ostentação apresentado nas letras das músicas e nos vídeos exibidos no YouTube partia muito mais de uma realidade imaginada pelos MCs do que de uma realidade de riqueza material de fato. Embora os MCs conseguissem

---

70___"Kondzilla alcança 50 milhões no YouTube e reflete: 'não é apenas música'", *O Estado de S. Paulo*, São Paulo: 25 jun. 2019.

com seus cachês comprar alguns dos carros caros a respeito dos quais cantavam, grande parte dos automóveis, mansões, iates e aviões exibidos nos clipes eram emprestados ou alugados, pois em sua maioria os MCs eram jovens muito pobres ou de estratos mais baixos da classe média[71]. O grande número de visualizações dos clipes tornava os MCs mais famosos, permitia que conseguissem fazer mais shows em casas noturnas e ganhassem o dinheiro necessário para comprar os produtos que tanto almejavam[72].

Ao mesmo tempo que exaltavam e consumiam marcas de luxo para obter reconhecimento, os MCs cantavam e exibiam com orgulho os bairros pobres de onde vinham, como marca identitária, assim como jovens pichadores percorrem longas distâncias para marcar o nome de seus bairros em bairros alheios. Afinal, de acordo com Alexandre Barbosa Pereira, no mundo contemporâneo, ao mesmo tempo que as pessoas valorizam seu lugar origem, querem cada vez mais estar em tantos outros e diferenciados lugares[73].

Os MCs paulistas de funk ostentação eram em sua maioria muito jovens. MC Rodolfinho, por exemplo, tinha menos de 18 anos quando compôs seu maior sucesso, "Como é bom ser vida loka", que mistura a exaltação a marcas de consumo e a notas de dinheiro graúdas com referências sutis à criminalidade, como um possível assalto a uma agência de banco, a expressão "menor" e a própria expressão "vida loka", que pode ser interpretada como "vida bandida". Assim como já havia um componente de ostentação no "proibidão", permanece um componente de "proibidão" no funk ostentação, na medida em que os MCs jogam com a ambiguidade e com a ironia ao deixar no ar a origem do dinheiro que ostentam, assim como os MCs de gangsta rap nos Estados Unidos. São representativos, nesse sentido, os versos de "São Paulo", de MC Daleste:

71＿＿＿Alexandre Barbosa Pereira, "Funk ostentação em São Paulo: imaginação, consumo e novas tecnologias da informação e da comunicação", *op. cit.*, pp. 6-8.

72＿＿＿*Idem*, "Os 'rolezinhos' nos centros comerciais de São Paulo: juventude, medo e preconceito", *Revista Latinoamericana de Ciencias Sociales, Niñez y Juventud*, Manizales, Colômbia: 2016, v. 14, n. 1, p. 547.

73＿＿＿Alexandre Barbosa Pereira, "As imaginações da cidade: práticas culturais juvenis e produção imagética", *op. cit.*, p. 34.

"Nós têm tanto dinheiro/que tô até enjoando/De onde ele vem?/Tu vai morrer se perguntando".

De acordo com Alba Zaluar, os jovens do tráfico sabem que a meritocracia é uma farsa e que nunca conseguirão atingir suas metas de consumo por meios lícitos. São imbuídos da sensação de que não têm nada a perder, consideram "otário" quem vive de "salário mínimo escravo" e preferem viver como reis, embora cativos no morro e com a perspectiva de que morrerão jovens. Já para os trabalhadores, o trabalho, ainda que mal remunerado, confere uma dignidade e uma superioridade moral de provedores[74]. Entre o trabalho incessante que consome lentamente e o crime que destrói rapidamente, escolhem o mal menor. Procuram a liberdade na revolta coletiva, como em eventuais saques, na amizade e no lazer[75].

Jock Young sustenta que, na sociedade pós-moderna, os freios sociais representados pela família e pela religião perdem força. O indivíduo não está mais tão disposto a fazer sacrifícios em nome do coletivo, e suas aspirações de realização pessoal se elevam, diminuindo o aspecto "controle", o que, conjugado com o aumento do aspecto "motivação", propicia a criminalidade[76]. Diante do contexto socioeconômico e cultural em que vivem esses jovens, talvez o aspecto "controle" ainda explique o que impede alguns de entrar no tráfico. Por outro lado, a conversão de traficantes ao neopentecostalismo é um indício de que criminalidade, ostentação e religião podem caminhar juntas.

Pessoas que vivem no mesmo meio social, com condições socioeconômicas semelhantes, podem trilhar caminhos muito distintos, porém. Assim como jogadores de futebol, os MCs buscam um caminho rápido e alternativo à rotina estafante do trabalhador "otário" para ganhar dinheiro e ter prestígio entre as mulheres. Contudo, da mesma forma como a vida dos traficantes é curta, a carreira de um MC é efêmera. Vários funkeiros

---

74____Cf. Alba Zaluar, *A máquina e a revolta: as organizações populares e o significado da pobreza*, op. cit., pp. 145-6 e 160. Cf. Vera Malaguti Batista, Carlos Bruce Batista e Rafael C. Borges, "Entrevista com Mr. Catra", op. cit., pp. 13 e 19.

75____Alba Zaluar, *A máquina e a revolta: as organizações populares e o significado da pobreza*, op. cit., pp. 149-50 e 160.

76____Jock Young, *A sociedade excludente: exclusão social, criminalidade e diferença da modernidade recente*, op. cit., pp. 25 ss.

afirmaram que, por causa do funk, abandonaram o tráfico e voltaram à escola, já que "a galera tira sarro de MC analfabeto". Grande parte dos MCs é composta por jovens que não conheceram o pai, mas já são pais e mães, e possuem outros trabalhos de baixa qualificação e precarizados. Nesse ponto, mais do que aproximar os jovens do tráfico, o funk pode representar uma alternativa a ele, e o fechamento dos bailes, por sua vez, pode acarretar o aumento da criminalidade, pelo fato de muita gente perder seu ganha-pão[77]. MC Daleste, por exemplo, que nasceu na favela Jau, na Penha, em São Paulo, e cresceu em uma casa sem banheiro, chegava a fazer cinco shows em um sábado em casas da periferia de São Paulo e no interior, com cachês que variavam entre R$5 mil e R$8 mil, o que representava um faturamento mensal de R$120 mil a R$200 mil. Tinha um Porsche Cayenne e um Dodge Journey, carros luxuosos, e comprou na planta um apartamento de três dormitórios no Tatuapé, para onde pretendia se mudar, antes de ser assassinado em 2013[78].

Muitos dos jovens traficantes compartilham com jovens "otários" e MCs histórias de vida. Alguns são amigos de infância que seguiram caminhos diferentes. As identidades são fluidas e plurais e nem sempre é fácil distinguir o informal, o marginal e o ilegal, principalmente quando eles vivem próximos. Isso permite, por exemplo, que os músicos do funk naveguem entre o "ser bandido" e o "ser MC", entre cantar o cotidiano da favela e exaltar as façanhas das facções criminosas[79]. Alguns MCs, seja antes, seja depois do sucesso, envolveram-se ou tiveram parentes

---

77____Micael Herschmann, *O funk e o hip-hop invadem a cena*, op. cit., p.170 e 255-6. Cf. Vera Malaguti Batista, Carlos Bruce Batista e Rafael C. Borges, "Entrevista com Mr. Catra", *op. cit.*, pp.20 e 22. Sobre a efemeridade da carreira de MC, cf. Juarez Dayrell, *A música entra em cena: o rap e o funk na socialização da juventude*, Belo Horizonte: Editora UFMG, 2005, pp.149 ss. Lúcia Salles (org.), *DJ Marlboro: o funk no Brasil – por ele mesmo*, op. cit., pp.44-5. Adriana Carvalho Lopes, *Funk-se quem quiser: no batidão negro da cidade carioca*, op. cit., pp.161-2. Sobre o mercado de trabalho gerado pelo funk, cf. Jane Souto, "Os outros lados do funk carioca", em: Hermano Vianna (org.), *Galeras cariocas: territórios de conflitos e encontros culturais*, Rio de Janeiro: Editora UFRJ, 1997; e CPDOC GV e FGV Opinião, *Configurações do mercado do funk no Rio de Janeiro*, op. cit.

78____João Batista Jr. e Juliana Deodoro, "MC Daleste: da ostentação à tragédia", *Veja*, São Paulo: 12 jul. 2013.

79____Maurício da Silva Guedes, *"A música que toca é nós que manda": um estudo do "proibidão"*, op. cit., pp.93-4.

e amigos próximos envolvidos na criminalidade, possuindo intimidade com esse mundo[80].

Após o fim do sucesso do grupo Força do Rap, um dos seus integrantes, Nave, foi preso por assalto, em 1999. O MC dizia que cometera o desatino por não estar conseguindo sustentar sua família. Outro membro do grupo, Alex, acabou se tornando soldado do tráfico[81]. MC Mascote chegou a ser soldado do tráfico do Vidigal, com fuzil na mão, após as equipes de som terem fechado as portas para ele. Após formar dupla com MC Neném, ficou conhecido em sua carreira solo como cantor de "proibidões", como o "Rap do Comando Vermelho"[82]. Os MCs Junior & Leonardo tiveram, entre os colegas de turma na Rocinha, líderes do tráfico, boa parte deles morta ainda bem jovem[83]. Entre os irmãos de Mr. Catra, um ficou preso durante onze anos, por tráfico, e outro foi morto por um amigo que virara policial militar[84]. O maior sucesso do MC Duda do Marapé, "Lágrimas", foi composto quando ele estava internado na então Febem por tentativa de homicídio, no começo dos anos 2000[85]. MC Orelha diz que nunca foi traficante, mas já assaltou e foi preso por sequestro quando era menor de idade[86]. Em maio de 2012, MC William do Borel, que fazia dupla com MC Duda, foi preso por suspeita de tráfico de drogas pela Polícia Rodoviária Federal (PRF) em um ônibus que fazia a linha Foz do Iguaçu-Curitiba. O funkeiro transportava dois quilos de maconha, dizia estar desempregado e já respondia a um processo por tráfico de drogas no Rio de Janeiro[87]. MC Poze do Rodo confirmou à Polícia que foi vapor do tráfico entre os anos de 2015 e 2016 na favela

---

80 Suzana Macedo, *DJ Marlboro na terra do funk: bailes, bondes, galeras e MCs*, Rio de Janeiro: Dantes, 2003, pp. 24 e 105; Vera Malaguti Batista, Carlos Bruce Batista e Rafael C. Borges, "Entrevista com Mr. Catra", *op. cit.*, pp. 20-2.

81 Silvio Essinger, *Batidão: uma história do funk, op. cit.*, pp. 160-1.

82 *Ibidem*, p. 106.

83 *Ibidem*, p. 146.

84 *Ibidem*, p. 226.

85 Guilherme Lucio da Rocha, "Como música criada na antiga Febem derrubou um site e virou hino do funk", *Splash*, São Paulo: 12 abr. 2021.

86 Carlos Palombini, "Entrevista com Gustavo Lopes, o MC Orelha", em: Carlos Bruce Batista (org.), *Tamborzão: olhares sobre a criminalização do funk*, Rio de Janeiro: Revan, 2013, p. 17.

87 Rafael Moro Martins, "Funkeiro MC William do Borel é preso por tráfico de drogas na região de Curitiba", *UOL*, Curitiba: 29 maio 2012.

em que nasceu, mas teria abandonado o tráfico quando a milícia invadiu a comunidade[88].

Em março de 2017, MC Vitinho do Jaca foi preso em um shopping em Porto Alegre, no Rio Grande do Sul, mas sua prisão não tinha relação com as músicas que cantava. Segundo o programa policial Cidade Alerta, a carreira de Vitinho era financiada por um traficante que acabou morto, o que fez o MC cometer crimes para se sustentar. Ele era procurado desde 2016, acusado de roubos e sequestros-relâmpago[89]. Em outubro de 2019, MC Kauan foi condenado pelo Tribunal de Justiça de São Paulo (TJSP) a quatro anos e dois meses de prisão por tráfico de drogas, após absolvição em primeira instância em fevereiro de 2018. O funkeiro havia sido preso em flagrante em janeiro de 2014, em São Vicente, na Baixada Santista, portando pinos de cocaína, frascos de lança-perfume e grande quantidade de dinheiro em espécie. O MC afirmou ser apenas usuário de drogas, e não traficante[90].

Traficantes e MCs compartilham outras características que podem facilitar uma aproximação simbólica e contaminar todos com o mesmo estigma da marginalidade. Em 2006, Rodrigo Russano apontava que ambos se julgavam representantes de suas comunidades, onde nasceram e cresceram, eram fiéis a certos preceitos morais, valorizavam o *éthos* da masculinidade e o domínio territorial, possuíam fama de conquistadores e procriadores e uma forte relação com os santos ou com os orixás, o que parece estar mudando com o crescimento do neopentecostalismo tanto entre traficantes quanto entre MCs, o que se reflete no sucesso do funk gospel[91].

88____"Justiça revoga prisão preventiva de MC Poze: 'Favela venceu', diz", *G1*, Rio de Janeiro: 14 jul. 2020.

89____"Funkeiro MC Vitinho é preso no RS acusado de roubo e sequestro", *TNH1*, Maceió: 29 mar. 2017.

90____Gabriel Gatto, "MC Kauan é condenado a 4 anos de prisão por tráfico de drogas", *G1*, Santos: 31 out. 2019.

91____Rodrigo Russano, *"Bota o fuzil pra cantar!": o funk proibido no Rio de Janeiro*, op. cit., pp. 22-3 e 37 ss.; Adriana Facina, "'Eu só quero é ser feliz': quem é a juventude funkeira no Rio de Janeiro?", op. cit., p. 11; Marcos Alvito, *As cores de Acari: uma favela carioca*, op. cit., pp. 143 ss. Sobre a representação do banditismo romântico na figura dos MCs, cf. *ibidem*, pp. 50 ss.

Romulo Costa, dono da equipe de som Furacão 2000, é conhecido como Pai Moreno do Funk. Convencido por sua ex-esposa Veronica Costa, converteu-se à Igreja Universal do Reino de Deus em 1991, quando, alega, teria renunciado a todos os males, incluindo o vício em cocaína. Veronica também teria sido a responsável pela conversão de alguns DJs[92]. Já Mr. Catra, que se definia como judeu salomônico, orgulhava-se de ser pai de 32 filhos e ter três "esposas" simultaneamente[93]. De uma forma parecida com a dos traficantes, os MCs de sucesso permaneciam "fiéis a suas raízes", na favela, provendo suas casas com equipamentos de som, televisão etc.[94]. Além disso, muitos MCs ou parentes de MCs, assim como traficantes, morreram jovens, de forma violenta. Kátia, uma das compositoras do "Rap da Felicidade", famoso pelos versos "Eu só quero é ser feliz, andar tranquilamente na favela onde eu nasci", morreu assassinada na favela[95]. Em 2001, Betinho, o compositor do sucesso "Cachorro", cantado por Mr. Catra, foi executado pela polícia durante uma operação na favela de Acari. Em 2002, MC Suel, que tinha uma dupla com MC Amaro conhecida como Mauricinhos do Funk, por serem do "asfalto", foi morto aos 25 anos com cinco tiros na porta de casa. A suspeita é de que o crime ocorreu a mando de um homem com quem ele brigara uma semana antes, para defender um amigo[96]. Em 2008, MC Lula, que fazia dupla com o irmão Naldo Benny, teve o corpo carbonizado no bairro de Padre Miguel, zona Oeste do Rio de Janeiro. Já em novembro de 2019, em um contexto de recorde de mortes provocadas pela Polícia Militar

---

92___Silvio Essinger, *Batidão: uma história do funk*, op. cit., pp. 120-1.

93___Isabella Menon, "Mulheres e 32 filhos podem dividir bens de funkeiro Mr. Catra", *Folha de S.Paulo*, São Paulo: 14 set. 2018.

94___"DEBATE 7 – Organizações comunitárias, cultura popular e violência II", *op. cit.*, p. 355.

95___Suzana Macedo, *DJ Marlboro na terra do funk: bailes, bondes, galeras e MCs*, op. cit., p. 24; Silvio Essinger, *Batidão: uma história do funk*, op. cit., pp. 143-4.

96___*Ibidem*, pp. 160-1. A execução de Betinho é narrada tanto pelo DJ Marlboro quanto por Mr. Catra, que ainda afirma que Betinho nunca se envolveu com o crime; ver, respectivamente, Suzana Macedo, *DJ Marlboro na terra do funk: bailes, bondes, galeras e MCs*, op. cit., p. 105; e Vera Malaguti Batista, Carlos Bruce Batista e Rafael C. Borges, "Entrevista com Mr. Catra", *op. cit.*, pp. 20-2.

fluminense, o sobrinho de Naldo foi morto em ação da Polícia Militar no complexo da Maré, zona Norte[97].

Em agosto de 2012, MC Brow foi perseguido por seis homens em três motos e executado com vários disparos, na zona Norte de São Paulo. A principal hipótese é a de que ele foi morto por ter delatado colegas, pois cerca de trinta minutos depois do assassinato foram ouvidos fogos de artifício em uma comunidade próxima do local. O MC já havia sido preso por roubo, e as letras de suas músicas tinham temática sexual[98]. Em setembro de 2012, o DJ Chorão morreu após ser submetido ao "tribunal do tráfico" no complexo da Maré. De acordo com as investigações, ele foi esquartejado vivo diante de moradores por ter contrariado os criminosos ao realizar uma apresentação musical em uma comunidade dominada por milicianos[99]. Em dezembro de 2016, o filho de Tati Quebra Barraco foi assassinado durante uma operação policial na Cidade de Deus. A cantora negou a ocorrência de uma suposta troca de tiros e acusou a Polícia Militar pelo assassinato[100]. Tati já tinha perdido um irmão assassinado em janeiro de 2006[101].

De 2010 a 2016, seis MCs e um DJ de funk da Baixada Santista foram assassinados a tiros: MC Felipe Boladão (abril de 2010), DJ Felipe (abril de 2010), MC Duda do Marapé (abril de 2011), MC Primo (abril de 2012), MC Careca (abril de 2012), MC Vitinho (janeiro de 2015) e MC Frajola (novembro de 2015). De acordo com o Ministério Público do Estado de São Paulo, em abril de 2018 não existia ainda nenhum suspeito da morte dos cinco primeiros, e todos os casos foram arquivados sem resolução. Três policiais militares chegaram a ser presos pela morte de MC Primo. A Corregedoria da Polícia Militar de São Paulo acreditava que os três soldados haviam aproveitado a morte de um PM, assassinado em princípio por questões pessoais, para simular vingança e confundir as

---

97___"Sobrinho do cantor Naldo Benny é morto em ação da polícia na Maré", *G1*, Rio de Janeiro: 26 nov. 2019.

98___William Cardoso, "Funkeiro é morto na frente de igreja da zona norte de SP", *Agência Estado*, São Paulo: 21 ago. 2012.

99___"Funkeiros na mira: conheça as histórias de músicos assassinados", *R7*, Rio de Janeiro: 9 jul. 2013.

100___Fernanda Rouvenat e Gabriel Barreira, "Filho de Tati Quebra Barraco é baleado e morre na Cidade de Deus, Rio", *G1*, Rio de Janeiro: 11 dez. 2016.

101___Mario Hugo Monken, "Tati Quebra-Barraco é detida com maconha", *Folha de S.Paulo*, São Paulo: 25 ago. 2006.

autoridades, quando na verdade executariam pessoas a mando do tráfico e ainda acusariam policiais honestos de falsos crimes para facilitar a ação dos criminosos[102].

MC Frajola, que tinha passagem pela polícia por crime contra o patrimônio, foi morto durante uma suposta troca de tiros com a PM em Santos[103]. No caso de MC Vitinho, os policiais militares que efetuaram os disparos foram absolvidos em julho de 2017 por supostamente terem agido em legítima defesa, ao revidar disparos feitos pelo MC. A ex-namorada de MC Vitinho, Liliane Souza, afirmou, porém, que o cantor foi executado pelos policiais em razão das letras de "proibidões" que escrevia contra a polícia[104]. Em junho de 2012, MC Neguinho do K-xeta foi atingido por quatro tiros em São Vicente, mas sobreviveu[105].

Em julho de 2013, MC Daleste foi assassinado a tiros enquanto fazia um show na periferia de Campinas. As investigações também foram encerradas em fevereiro de 2016 sem uma conclusão de autoria e motivação do crime[106]. Após esse assassinato, alguns MCs de funk, incluindo MC Bio G3, passaram a exigir dos contratantes seguranças no palco e nas imediações, além de rotas de entrada e saída das apresentações, e a recusar shows em locais violentos, chegando a demandar uma autorização do Poder Público para a compra de coletes à prova de balas, de uso controlado pelo Exército[107]. O fato de alguns desses

---

102__Kaique Dalapola, "Abril trágico: mortes de 6 funkeiros paulistas seguem sem solução", *R7*, São Paulo: 1º abr. 2018; William Cardoso, "'PMs do tráfico' teriam executado funkeiro", *O Estado de S. Paulo*, São Paulo: 2 maio 2012.

103__Débora Lopes, "O MC Frajola foi morto durante uma suposta troca de tiros com a PM em Santos", *Vice*, Rio de Janeiro: 6 nov. 2015.

104__"Justiça absolve policiais que mataram cantor de funk em SP", *G1*, Santos: 17 jul. 2017. Não confundir este MC Vitinho com o MC Vitinho do Jacarezinho, Rio de Janeiro.

105__"Após show, cantor de funk é baleado em São Vicente, SP", *G1*, Santos: 25 jun. 2012. Em novembro do mesmo ano, o empresário Ricardo Vatanabe, conhecido como Japonês do Funk e dono de uma das principais casas de shows de São Vicente, foi encontrado enforcado com um fio, em sua casa, em Santos. A polícia descartou a hipótese de suicídio e trabalhava com a de assassinato; Rodrigo Martins, "Após um ano, delegado vê caso do Japonês do Funk perto do fim", *G1*, Santos: 28 nov. 2013.

106__Janaína Ribeiro, "Polícia encerra investigação da morte de MC Daleste sem apontar culpado", *Folha de S.Paulo*, Campinas: 27 jun. 2016.

107__Giba Bergamim Jr., "Após morte de MC, funkeiros querem colete à prova de bala", *Folha de S.Paulo*, São Paulo: 21 jul. 2013.

MCs assassinados cantarem o gênero "proibidão", em que relatavam assaltos, exaltavam o PCC e provocavam a polícia, pode ter facilitado que a opinião pública naturalizasse e legitimasse tais assassinatos. Por outro lado, o PL municipal n. 882/2013, de autoria do vereador Reis (PT), transformado na lei n. 16.070/2014, inclui no calendário de eventos da cidade de São Paulo o Dia do Funk, a ser comemorado anualmente em 7 de julho, justamente o dia do assassinato de MC Daleste. Sua justificativa relaciona o assassinato do MC à criminalização da juventude negra e de suas expressões culturais[108].

Em agosto de 2018, MC G3, cantor de funks "proibidões" a favor do Comando Vermelho e conhecido como General, foi assassinado a tiros em sua casa, em Duque de Caxias, Baixada Fluminense. Uma das linhas de investigação era de que se tratava de um latrocínio praticado por conhecidos do MC. Outra, que a execução tinha relação com seus funks, pois os suspeitos do crime foram encontrados no morro do Dendê, na Ilha do Governador, controlado pelo Terceiro Comando Puro (TCP), rival do Comando Vermelho. Além disso, segundo um amigo de G3, em 2016 uma facção invadiu a comunidade em Cidade Alta, onde o MC morava, e o expulsou de sua casa, além de tomar vários outros imóveis que o MC tinha na região e alugava. Segundo essa fonte, o cantor foi morto por "questão de honra, porque ele cantava funks que não agradavam a facção".

Cada vez mais vinculado ao Comando Vermelho, MC G3 havia sido proibido de fazer shows em favelas rivais. Estava entre os MCs investigados no inquérito policial n. 593/2004, por associação ao tráfico de drogas, conforme será visto adiante. Entre 2006 e 2008, chegou a fazer apresentações ao lado de MC Chuck 22. Enquanto G3 defendia o Comando Vermelho, Chuck defendia a facção Amigos dos Amigos

---

108__Cf. também o PL n. 7.880/2014, de autoria do deputado federal Cândido Vaccarezza (PT-SP), que institui o Dia Nacional do Funk em 7 de julho, data do aniversário do MC Daleste. O PL foi arquivado pela Mesa Diretora em setembro de 2014 por não haver sido comprovada a realização de consultas e/ou audiências públicas.

(ADA)[109]. MC Chuck 22, por sua vez, é uma espécie de substituto de MC Cruel, que também chegou a duelar com MC G3 representando a facção ADA, em Vitória, Espírito Santo, e foi assassinado em 2003, na guerra do tráfico. Em "Boneco menino", MC Chuck 22 supostamente narra a história de MC Cruel, um menino que "viu o pai ser assassinado", foi "criado na lei dos bandidos" e foi "esquartejado, foi despedaçado" depois de um cerco de traficantes rivais[110].

Apesar de não descartada a hipótese de a motivação de assassinatos de MCs estar relacionada ao fato de cantarem "proibidões" que desagradam policiais ou traficantes de facções rivais, a morte de MCs não têm necessariamente uma relação com o funk nem com sua criminalização. Depois de a guerrilha contra a ditadura militar ter sido dizimada, a Polícia Militar se voltou para o combate à criminalidade comum, ao "inimigo interno", sem, entretanto, abdicar do estilo e dos métodos desenvolvidos durante a ditadura, incluindo as execuções extrajudiciais. A ideologia que justifica a ação policial é uma adaptação da ideologia da segurança nacional e considera os criminosos agentes do mal infiltrados no povo, considerado naturalmente pacífico e ordeiro. A única solução para o crime, portanto, seria o enfrentamento armado[111].

Eugenio Raúl Zaffaroni assinala que, nos anos 1990, de consagração do neoliberalismo, aumentaram as desigualdades sociais. Os "mesmos autores dessa política de polarização da sociedade" são os que hoje pedem mais repressão sobre os setores vulneráveis da população, mais guerra entre infratores e policiais, na medida em que essa é uma guerra entre pobres. Segundo o autor, uma vez que os pobres se matem entre si, não terão condições de tomar consciência das suas circunstâncias social

---

109__Yuri Eiras, "MC G3 era a voz do funk proibidão carioca", *Vice*, Rio de Janeiro: 16 ago. 2018; Diego Amorim, "Assassinos de MC G3 eram conhecidos do músico e já haviam frequentado sua casa", *Extra*, Rio de Janeiro: 16 ago. 2018; Camila Juliotti e Ricardo Cruz, "Mãe de MC G3 desabafa após morte do funkeiro: 'É bastante dolorido'", *R7*, Rio de Janeiro: 16 ago. 2018. Não confundir o MC G3 com o MC Bio G3, precursor do funk ostentação de São Paulo.

110__Julio Ludemir, *101 funks que você tem que ouvir antes de morrer*, *op. cit.*, p. 241.

111__Paulo Sérgio Pinheiro, "Polícia e crise política: o caso das polícias militares", em: Maria Célia Paoli *et al.* (org.), *Violência brasileira*, São Paulo: Brasiliense, 1982, pp. 60, 63, 65, 67 e 70.

e, principalmente, política, ou seja, não ameaçarão se unir e colocar em risco as estruturas de classe[112].

Por mais que o assassinato de MCs seja recorrentemente apontado como indício de uma "criminalização do funk", essas mortes devem ser contextualizadas dentro de um cenário em que os conflitos sociais são solucionados a bala em determinados locais, seja por não haver a regulamentação do comércio de drogas, seja pela descrença nas instituições, seja por uma cultura de violência relacionada ao machismo, seja pela disseminação das armas de fogo, seja pelo racismo. Independentemente da afinidade com um gênero musical, são os jovens, negros, pobres e moradores de favelas e periferias as principais vítimas de homicídios no Brasil, muitos deles praticados pela própria polícia.

Segundo o *Atlas da violência 2020*, 75,7% das vítimas de homicídio no Brasil em 2018, ano em que ocorreram 57,9 mil homicídios, eram negras, apesar de os negros representarem 55,8% da população brasileira. Enquanto para negros a taxa de mortes chegava a 37,8 por 100 mil habitantes, para não negros essa taxa era de 13,9. Enquanto a taxa de negros assassinados cresceu 11,5% de 2008 a 2018, a de não negros diminuiu 12,9%. O *Atlas da violência* também mostrou que, entre todas as causas de mortes de jovens, a que aparecia com maior frequência era o assassinato: 55,6% dos óbitos de jovens de 15 a 19 anos, 52,2% para jovens de 20 a 24 anos e 43,7% para jovens de 25 a 29 anos. Em 2018, 30.873 jovens foram assassinados no país, o que representava uma taxa de 60,4 homicídios para cada 100 mil jovens e 53,3% do total de homicídios do país. Entre os jovens do sexo masculino, a taxa chegava a 112,4 em 2018[113]. De acordo com dados do Anuário de Segurança Pública, organizado pelo Fórum Brasileiro de Segurança Pública, mesmo sendo os negros 56,3% da população brasileira, 78,9% das 6.416 pessoas mortas por policiais

---

112___Julita Lemgruber, "A esquerda tem medo, não tem política de segurança pública: Eugenio Raúl Zaffaroni, entrevistado por Julita Lemgruber", *Revista Brasileira de Segurança Pública*, São Paulo: 2007, ano 1, ed. 1, p. 131; Eugenio Raúl Zaffaroni, *Crímenes de masa*, op. cit., pp. 41-2.

113___Instituto de Pesquisa Econômica Aplicada (org.), *Atlas da violência 2020*, Brasília/Rio de Janeiro/São Paulo: Instituto de Pesquisa Econômica Aplicada, 2020.

em 2020 no Brasil eram negras. De 2013 a 2020, houve um aumento de 190% no número de mortes decorrentes de intervenção policial[114].

Nesse sentido, o PL n. 4.127/2021, de autoria da deputada estadual Mônica Francisco (Psol) e de diversos outros deputados de esquerda, inclui no calendário oficial do Rio de Janeiro o Dia Estadual de Luta pelo Fim do Genocídio da Juventude Negra no Estado do Rio de Janeiro, estipulando, em seu artigo 3°, que "o Dia se destina a promover campanhas, atividades e ações públicas durante o mês de maio visando o enfrentamento e a erradicação do genocídio da juventude negra, bem como o fomento do debate público sobre racismo estrutural, violação dos direitos da população negra, violência policial incidente sobre a população negra, seletividade penal e genocídio da juventude negra". No entanto, desviando do Estado para o funk a responsabilidade pelo genocídio, os deputados estaduais Anderson Moraes (PSL), André Ceciliano (PT) e Chiquinho da Mangueira (PSC) propuseram duas emendas modificativas, nas quais incluíam entre os temas a serem debatidos a "cooptação de menores pelo tráfico, uso de drogas, álcool e sexo por jovens em bailes funk clandestinos, financiados pelo narcotráfico", além da "cultura do estupro, violência e ostentação, fomentada aos jovens através do 'Funk e Trap proibidão'".

O BANDIDO "ROBIN HOOD"

A glamorização e idealização de bandidos e a exaltação de seus feitos são recorrentes em músicas, cordéis e lendas populares. Foucault conta que um dos motivos pelos quais os suplícios públicos de bandidos na Idade Média deixaram de ser praticados foi o fato de causarem efeitos políticos imprevisíveis e contrários aos esperados, muitas vezes gerando na população os sentimentos de simpatia pelo criminoso supliciado e de revolta contra o rei opressor. Depois de mortos, os bandidos mártires ganhavam as páginas de libretos populares e representavam uma ameaça ainda maior, pois, ao invés de essas narrativas legitimarem uma justiça rigorosa e intimidarem a população, elas podiam glorificar os bandidos

---

114___Igor Mello, "Anuário: Letalidade policial é recorde no país; negros são 78% dos mortos", *UOL*, Rio de Janeiro: 15 jul. 2021.

e torná-los heróis para as classes populares pela enormidade de seus crimes largamente propalados, pela afirmação de seu arrependimento tardio, por sua irredutibilidade na hora do suplício e por terem travado um combate com os ricos, poderosos, magistrados e policiais.

Esses relatos tornam-se uma espécie de frente de luta em torno do crime, de sua punição e lembrança. Se eram lidos com tanta atenção e curiosidade pelas classes populares, é porque elas encontravam na "epopeia menor e cotidiana das ilegalidades" não só lembranças, mas pontos de apoio político. Essas narrativas de vidas infames foram proibidas, e o crime foi reescrito esteticamente, de maneira que a criminalidade foi apropriada sob formas aceitáveis. Nos romances policiais, os belos assassinatos, considerados uma obra de mestre, são cometidos apenas por membros das classes altas, pois o crime se torna privilégio dos que são realmente grandes, porque revela "a monstruosidade dos fortes e poderosos, porque a perversidade é ainda uma maneira de ser privilegiado"[115].

Até o século XVIII, os crimes eram glorificados de um modo literário quando cometidos por reis ou de um modo popular nos folhetins que contavam as aventuras de assassinos famosos. Por volta de 1840, surge o herói criminoso, que não é nem aristocrata nem popular, mas burguês. É nesse momento que se constitui o corte entre os criminosos e as classes populares: o criminoso não deve ser um herói popular, mas um inimigo das classes pobres[116]. Estava emergindo, à época, uma nova riqueza material, baseada em matérias-primas, máquinas e instrumentos. Para proteger essa riqueza, que estava diretamente nas mãos dos trabalhadores, os quais permitiam a extração do lucro, a sociedade industrial teve de apelar para a moral religiosa. A literatura policial e as páginas policiais dos jornais mostravam, pois, os delinquentes cheios de vícios, perigosos não apenas para os ricos, mas também para os pobres[117].

Hobsbawm, por seu turno, estuda uma espécie de banditismo social que esteve em voga em diversos países e é característica de sociedades agrárias atrasadas. Poemas e baladas narravam os feitos dos bandidos

---

115__Michel Foucault, *Vigiar e punir*, trad. Raquel Ramalhete, 28ª ed., Petrópolis: Vozes, 2004, pp. 54-6.

116__Idem, *Microfísica do poder*, org. Roberto Machado, 20ª ed., Rio de Janeiro: Graal, 2004, pp. 136-7.

117__*Ibidem*, pp. 132-3.

rurais, considerados por sua gente heróis, campeões, vingadores, paladinos da justiça[118]. Na Itália, as tarantelas louvam os mafiosos da Camorra e 'Ndrangheta, irmanadas pelo mesmo código de conduta, a *omertà*. No México, os *narcocorridos* exaltam narcotraficantes, recuperando e atualizando a tradição dos *corridos* de narrar as aventuras de heróis revolucionários como Emiliano Zapata e Pancho Villa[119]. No Brasil, o mais famoso bandido social foi Lampião, cujas façanhas ainda são contadas em poesia de cordel e cujo traje de cangaceiro foi adotado por Luiz Gonzaga, rei do baião[120].

Setores artísticos da contracultura e da subcultura underground costumam adotar a figura do bandido como um transgressor, um rebelde, um marginal que questiona os valores sociais hegemônicos, e o retratam de forma positiva, por sentirem certa identificação com ele. No campo das artes visuais, por exemplo, pode-se citar o bandido Cara de Cavalo, cuja morte rendeu homenagens do amigo Hélio Oiticica. O lema "seja marginal, seja herói" foi associado ao movimento tropicalista como um todo[121].

A confusão entre bandido e revolucionário é criticada pelos criminólogos críticos, segundo os quais o primeiro tem respostas individualistas e adere às metas culturais da sociedade capitalista, apenas utilizando meios alternativos ilícitos para alcançá-las, enquanto o segundo propõe metas culturais diferentes[122]. É emblemático, assim, que as oligarquias

---

118___Eric Hobsbawm, *Bandidos*, trad. Donaldson Magalhães Garschagen, Rio de Janeiro: Forense-Universitária, 1976, p. 11.

119___Maurício da Silva Guedes, *"A música que toca é nós que manda": um estudo do "proibidão"*, op. cit., pp. 72-3; Thiago Braga Vieira, *Proibidão de boca em boca: gritos silenciosos de uma memória subterrânea: o funk proibido como fonte para o estudo da violência armada organizada no Rio de Janeiro (1994-2002)*, op. cit., p. 78; Rodrigo Russano, *"Bota o fuzil pra cantar!": o funk proibido no Rio de Janeiro*, op. cit., p. 12. Sobre os narcocorridos mexicanos, cf. José Manuel Valenzuela Arce, *Jefe de jefes: corridos y narcocultura en México*, Tijuana: El Colegio de la Frontera Norte, 2003; Juan Carlos Ramírez-Pimienta, *Cantar a los narcos: voces y versos del narcocorrido*, México, DF: Planeta, 2011.

120___Cf. Letícia C. R. Vianna, *Bezerra da Silva: produto do morro: trajetória e obra de um sambista que não é santo*, Rio de Janeiro: Jorge Zahar, 1998, pp. 48 e 56.

121___Cf. Zuenir Ventura, *Cidade partida*, op. cit., pp. 37 ss.

122___Jorge Figueiredo Dias e Manuel da Costa Andrade, *Criminologia: o homem delinquente e a sociedade criminógena*, Coimbra: Coimbra, 1992, p. 62.

brasileiras tenham feito do bandido Lampião um capitão para perseguir o revolucionário Luiz Carlos Prestes e sua Coluna. Na década de 1960 e 1970, porém, parte da esquerda brasileira era simpática à ideia do bandido social como um protorrevolucionário, isto é, um rebelde oriundo das classes populares cuja carreira de violência encontrava afinidade com a ação revolucionária. Era considerado pré-político, alienado, limitado em sua consciência dos mecanismos de dominação de classe, mas poderia ser cooptado por meio de uma conscientização política para um projeto revolucionário[123].

O Brasil vivia tempos de guerrilha, em que jovens de classe média largavam os estudos ou empregos para pegar em armas, assaltar bancos e sequestrar embaixadores. Foi nesse período, durante a convivência entre presos políticos de esquerda e presos comuns no presídio de Ilha Grande, que nasceu o embrião do Comando Vermelho e muitas de suas regras estritas de conduta, o chamado "proceder", entre as quais: não delatar; não roubar nem estuprar na cadeia; respeitar mulheres, crianças e pessoas indefesas e garantir o sustento de companheiros presos e de suas famílias. O cenário político internacional nos anos 1970 favorecia interpretações revolucionárias das práticas delinquentes. Muitos relatos levam a crer que os bandidos preferiam imaginar suas aventuras como rebeldia contra o sistema do que como delinquência individualista[124].

Nas décadas de 1960 e 1970, o bandido romantizado no cinema brasileiro tinha justamente o perfil do "bandido formado" vingador[125]. Procurava-se na sua história de vida o bom moço obrigado a assumir o papel de marginal, porque vítima de uma grande violência ou injustiça social. Essa imagem do bandido se coadunava com a imagem que o

---

123__Ismail Xavier, "Da violência justiceira à violência ressentida", em: *Revista Ilha do Desterro*, Florianópolis: jul.-dez. 2006, n. 51, pp. 55 e 57. Cf. Alessandro Baratta, *Criminologia crítica e crítica do direito penal: introdução à sociologia do direito penal*, Rio de Janeiro: Revan, 1997, p. 204.

124__Thiago Braga Vieira, *Proibidão de boca em boca: gritos silenciosos de uma memória subterrânea: o funk proibido como fonte para o estudo da violência armada organizada no Rio de Janeiro (1994-2002)*, op. cit., pp. 32 ss. Para uma análise da legitimidade da violência política na década de 1970, cf. Michel Wieviorka, "O novo paradigma da violência", *Tempo Social*, São Paulo: maio 1997, v. 9, n. 1.

125__Mané Galinha, de Cidade de Deus, Tunicão, de Acari, e Flávio Negão, de Vigário Geral, são exemplos de "bandidos formados".

próprio cineasta de esquerda tinha de si: um porta-voz da comunidade, um revolucionário, um protoguerrilheiro enfrentando a mídia e o Estado repressor, debatendo a tarefa urgente de se completar a formação nacional, com fé na vocação emancipadora do cinema. Sua câmera era seu fuzil, e a estética da violência era associada às guerras de libertação nacional.

Já na década de 1990, a sociedade se mostrou mais fragmentária e conflituosa do que parecia. A sensação era de que a formação nacional havia sido abortada, e o cinema brasileiro passou a exercer o papel de denunciar a barbárie da violência nos grandes bolsões urbanos de miséria, a inépcia das instituições oficiais, o colapso do sistema carcerário e o loteamento das zonas de poder pelo crime organizado. O bandido retratado no cinema brasileiro desde então é vaidoso, consumista, egoísta, ressentido, um homem de negócios que leva ao extremo as regras do jogo capitalista, oprime a população, adere aos valores burgueses e se alia à própria burguesia[126].

Segundo Alba Zaluar, os trabalhadores dos morros cariocas desenvolvem "teorias sociológicas" e "teorias psicológicas" para tentar compreender o bandido, muitas vezes complementares e/ou contraditórias. Por um lado, as teorias espelham a necessidade de discriminar os caminhos escolhidos e diferenciar os bandidos moralmente. Muitos trabalhadores consideram que entrar para a criminalidade é um erro, "atraso", "sina", o sinal de uma vingança de entidades espirituais, uma escolha pessoal de quem tem "mente fraca" e "aprende com os outros garotos já perdidos".

Por outro lado, a reflexão sobre as determinações sociais e a constatação de que "é bandido quem não pode pagar pela impunidade" relativiza a oposição entre trabalhadores e bandidos e acaba por aproximá-los enquanto pobres e sofredores, submetidos às mesmas condições de vida: desemprego, racismo, miséria, ausência do pai, impossibilidade de ter sido cuidado pela mãe, violência policial. A diferença é que o bandido se revolta contra essas injustiças. Todos sabem que o fim dos bandidos pobres é morrer antes dos 25 anos, o que leva muitos a acreditarem que "ninguém é bandido porque quer"[127].

126__Ismail Xavier, "Da violência justiceira à violência ressentida", *op. cit.*, pp. 55 ss.

127__Alba Zaluar, *A máquina e a revolta: as organizações populares e o significado da pobreza, op. cit.*, pp. 152 ss.

Analisando algumas das letras de "proibidões", Rodrigo Russano observa que o perfil traçado dos criminosos é bastante saudosista, idealizado e romântico. Trata-se de um bandido heroico, extinto ou praticamente extinto, associado ao passado, à realeza negra. Ele não se torna bandido simplesmente pelo desejo de empunhar uma arma para tomar o poder e ter acesso a bens materiais. A entrada para o mundo do crime ocorre por meio de um episódio dramático, geralmente alguma injustiça sofrida por causa de sua condição social, violência policial ou de outros bandidos. Sua morte também se dá de forma trágica e mítica.

Além disso, conforme visto anteriormente, esse tipo de bandido apresenta as seguintes características, igualmente reivindicadas por alguns MCs: é integrado à comunidade pobre onde nasceu e cresceu, fiel a certos preceitos morais e ao *éthos* de solidariedade comunitária, é um igual, um representante das pessoas daquele lugar. Possui fama de conquistador e capacidade de gerar muitos filhos, assim como uma forte relação com a religião, o que o ajuda a se desvincular do mal[128]. O mesmo traficante que no plano físico impõe a lei por meio dos fuzis se submete à lei divina, buscando, no plano espiritual, o poder na devoção ao "justo"[129].

Há uma justaposição de religiosidade e criminalidade nas letras de "proibidão", e Deus é mencionado constantemente como um aliado protetor. A exclusão social aparece como motivação para o comportamento criminal ideológico, uma concepção de vida, e não uma infração pontual. A religiosidade legitima esse discurso, pois seus signos, normalmente vistos como positivos, como o combate à hipocrisia, são associados a elementos da criminalidade comumente vistos como negativos. Nessa lógica de "homem-bomba", a atitude violenta de "um guerreiro na fúria do conflito" não é contraditória com "a virtude do bom samaritano". A voz

---

128__Rodrigo Russano, *"Bota o fuzil pra cantar!": o funk proibido no Rio de Janeiro, op. cit.*, pp. 22-3 e 37 ss.; Alba Zaluar, *A máquina e a revolta: as organizações populares e o significado da pobreza, op. cit.*, pp. 134 ss.; Marcos Alvito, *As cores de Acari: uma favela carioca, op. cit.*; Zuenir Ventura, *Cidade partida, op. cit.*

129__Rodrigo Russano, *"Bota o fuzil pra cantar!": o funk proibido no Rio de Janeiro, op. cit.*, pp. 82-3.

que prega a fé em Deus e a união das favelas é a mesma que pede "paz, justiça e liberdade", o lema do Comando Vermelho e do PCC[130].

Em agosto de 2019, a polícia prendeu oito traficantes acusados de integrar o grupo Bonde de Jesus e atacar terreiros de umbanda e candomblé na Baixada Fluminense. Os ataques teriam se intensificado após integrantes da cúpula do Terceiro Comando Puro (TCP) se converterem ao neopentecostalismo, alguns deles dentro dos presídios[131]. Christina Vital da Cunha já observava, na década de 1990, que moradores de Acari, de forma geral, e traficantes compartilhavam a perspectiva teológica e doutrinária dos evangélicos pentecostais, que compreende o mundo como o lugar da guerra contra o inimigo, da luta, de conflitos, de vulnerabilidades, de necessidade de recorrer a um ser superior para sagrar-se vitorioso, que fala do chamamento ao "exército do Senhor", que ritualmente lança mão de arroubos emocionais e de um linguajar bélico. Os salmos eram os textos bíblicos mais presentes nos muros e outdoors da favela, o que poderia ser atribuído à "gramática da guerra".

Além da valorização da guerra contra o inimigo, a dimensão financeira da teologia da prosperidade está em plena consonância com o *éthos* expresso pelos traficantes. As igrejas evangélicas, com destaque para as neopentecostais, possibilitam que os bandidos se aproximem de suas redes de solidariedade e proteção, de seus cultos, ritos e atividades, deixando-os, ao mesmo tempo, moralmente confortáveis: vistos como ainda não libertos e apenas transitoriamente envolvidos com o tráfico para melhorar de vida, não são intensamente culpabilizados por suas ações. Não se pode ignorar, ainda, que muitos traficantes têm amigos próximos e parentes evangélicos, o que deixa a fronteira entre os dois mundos mais fluida[132].

Paul Sneed aponta que a dicotomia entre ser um criminoso bem armado e violento e um religioso temente a Deus desaparece em

---

130__Thiago Braga Vieira, *Proibidão de boca em boca: gritos silenciosos de uma memória subterrânea: o funk proibido como fonte para o estudo da violência armada organizada no Rio de Janeiro (1994-2002)*, op. cit., pp. 5, 58 e 62-3.

131__Roberta Jansen, "Bonde Jesus: após conversão de cúpula, facção passou a atacar terreiros", *Estadão*, Rio de Janeiro: 18 ago. 2019.

132__Christina Vital da Cunha, "'Traficantes evangélicos': novas formas de experimentação do sagrado em favelas cariocas", *op. cit.*, pp. 26, 34-5 e 43.

"Bandidos de Cristo", funk de 2001 de um MC da Rocinha, quando a favela ainda era dominada pelo Comando Vermelho e as inclinações religiosas dos traficantes eram bem variadas. A melodia do refrão foi tomada de uma música do padre Marcelo Rossi. "Fé em Deus", inclusive, é um lema do Comando Vermelho e uma expressão com a qual os traficantes identificam sua lealdade à facção. A menção que a música faz à prisão dos "irmãos" pode ser lida como uma analogia ao exílio da Babilônia. O eu lírico do funk expressa uma fé em Deus messiânica e reverente de que o "patrão" (chefe do tráfico) preso voltará um dia, um dia de redenção. O MC eleva os traficantes ao status de servos espirituais de um bem maior e de uma ordem social não dividida racial ou socialmente. O chefe do tráfico é chamado de Rebelde, encarado como um protetor amoroso e justo de sua comunidade[133].

Nos "proibidões", todos os guetos e todas as populações oprimidas, mesmo que a distância, são entendidos como semelhantes, todos sofredores, o que gera identificação e solidariedade. A vida da "ralé armada carioca" é comparada frequentemente com a de grupos guerrilheiros como as Forças Armadas Revolucionárias da Colômbia (Farcs) ou com a de rebeldes jihadistas, pois todos são vistos como guerreiros populares que lutam contra o sistema opressor. Enquanto os membros das Farcs e os jihadistas são taxados de terroristas, os traficantes são taxados de criminosos. A hipocrisia da intervenção das Forças Armadas estadunidenses no Terceiro Mundo, por sua vez, é comparada com a da atuação policial nas favelas[134].

Há uma identificação entre o cenário de guerra e as favelas do Rio de Janeiro, com menções à Al-Qaeda e o uso da expressão "tipo Colômbia" nas letras de "proibidões". O "proibidão" "Na Faixa de Gaza é assim", de MC Orelha, faz referência a uma das áreas mais violentas do Rio de Janeiro, no bairro de Manguinhos, zona Norte da cidade, e tornou-se um hino do Comando Vermelho. MC Bin Laden, de São Paulo, subia ao palco com

---

133__Paul Sneed, "Bandidos de Cristo: Representations of the Power of Criminal Factions in Rio's Proibidão Funk", *op. cit.*, pp. 233-6.

134__Thiago Braga Vieira, *Proibidão de boca em boca: gritos silenciosos de uma memória subterrânea: o funk proibido como fonte para o estudo da violência armada organizada no Rio de Janeiro (1994-2002)*, *op. cit.*, pp. 48 ss. Cf. Carlos Palombini, "Entrevista com Gustavo Lopes, o MC Orelha", *op. cit.*, pp. 21-2.

dançarinos fantasiados de "árabes" e portando metralhadoras. Os ídolos de Mr. Catra eram o rei Salomão, Moisés, Haile Selassie, Che Guevara, Pablo Escobar e Osama bin Laden – segundo o MC, "todos os caras que lutam contra o imperialismo e a favor da liberdade. Todos os que lutam a favor de sua cultura, de suas raízes"[135].

O bandido justiceiro retratado nos "proibidões" segue e impõe regras de conduta para restaurar a ordem após um tempo de terror. Conhece as regras do jogo e não ultrapassa os limites de sua atuação. É rigoroso, mas só faz uso da violência em último caso, é misericordioso, justo, o vingador de seu povo, o pai. Defende a inviolabilidade do território, impede a prática de crimes dentro de seu "pedaço", não só para garantir a segurança dos trabalhadores, mas também para preservar a honra e a dignidade dos moradores daquele local. Pensa no bem da comunidade, respeita os mais velhos, as crianças e os trabalhadores, defendendo-os dos "pivetes", dos criminosos "alemães" e da polícia corrupta e truculenta, vista muitas vezes como composta por bandidos piores do que os traficantes[136].

No funk "Os dez mandamentos da favela", dos MCs Cidinho & Doca, fica clara a imposição de um código de conduta pelo tráfico, como o de não caguetar, "não mexer com a mulher dos amigos" e não roubar na favela, que conta com o apoio de boa parte dos moradores e, ao mesmo tempo, associa-se a um discurso religioso. De acordo com Paul Sneed, os traficantes são representados nessa canção como Deus foi representado no Velho Testamento, ou seja, capazes de usar a violência, mas tendo autoridade moral. A pessoa que viola as leis da favela deve ser punida não só porque violou essas leis e porque os traficantes têm o poder de punir mas porque as leis da favela são justas e protegem a comunidade.

135__*Apud* Silvio Essinger, *Batidão: uma história do funk*, op. cit., p. 227. Cf. Maurício da Silva Guedes, *"A música que toca é nós que manda": um estudo do "proibidão"*, op. cit., pp. 83 e 91.

136__Paulo Sérgio do Carmo, *Culturas da rebeldia: a juventude em questão*, op. cit., p. 219; Alba Zaluar, *Condomínio do diabo*, Rio de Janeiro: Revan/ Editora UFRJ, 1994, p. 19; idem, *A máquina e a revolta: as organizações populares e o significado da pobreza*, op. cit., p. 157. Cf. Maria Cecília de Souza Minayo et al., *Fala, galera: juventude, violência e cidadania no Rio de Janeiro*, op. cit., pp. 162 ss.; George Yúdice, "A funkificação do Rio", em: Micael Herschmann (org.), "Abalando os anos 90: funk e hip-hop – globalização, violência e estilo cultural", Rio de Janeiro: Rocco, 1997, p. 37.

O "proibidão" difunde a imagem do traficante como uma figura heroica relacionada à abundância, à energia e à intensidade, em contraste com a escassez, a exaustão e a tristeza que caracterizam a vida na pobreza. Como todo poder, o poder das facções não se assenta apenas na força, mas também em uma base mínima de consenso, de hegemonia. A performance do "proibidão", portanto, é apresentada não como uma palestra a um grupo de moradores fracos e oprimidos, mas como uma celebração de força, coragem, esperteza e raiva do povo da favela e da liderança do tráfico[137].

Conforme aponta Adriana Facina, a revolta em relação à polícia é algo generalizado entre a juventude da favela, sobretudo entre os homens, que desde pequenos sofrem rotineiramente mais "esculachos" e humilhações por parte de policiais, como tapas na cara. Feridos em sua virilidade, cantar o "proibidão" acaba representando para eles um momento de acerto de contas, mesmo que não estejam envolvidos diretamente com a criminalidade[138]. Na interpretação dos "proibidões", ocorre muitas vezes uma transmissão de responsabilidade para o público na hora de cantar o trecho mais agressivo da letra, por exemplo quando é retratada uma ação como matar ou quando é dito um palavrão. O cantor afasta o microfone momentaneamente da boca, convocando a plateia para completar o trecho, representando o "problema" que é cantar essas partes das letras, o qual seria resolvido pelo grito da massa e pelo anonimato que ela propicia aos seus componentes. Essa convocação do público parece, pois, gerar uma cumplicidade entre cantor e espectadores, em que estes fortalecem aquele e demonstram que ele não está sozinho[139]. Ao serem dominadas por uma mesma facção, diferentes favelas vinculam-se imediatamente. Essa ligação acaba levando a uma identificação entre os moradores, extrapola o âmbito da criminalidade e torna-se uma identidade da favela[140].

137__Paul Sneed, "Bandidos de Cristo: Representations of the Power of Criminal Factions in Rio's Proibidão Funk", *op. cit.*, pp. 225 ss.

138__Adriana Facina, "'Eu só quero é ser feliz': quem é a juventude funkeira no Rio de Janeiro?", *op. cit.*, p. 10.

139__Rodrigo Russano, *"Bota o fuzil pra cantar!": o funk proibido no Rio de Janeiro*, *op. cit.*, pp. 67-8.

140__*Ibidem*, pp. 9-10 e 85.

Almejando obter o apoio da comunidade, até porque este é necessário para que não seja traído ou delatado, o bandido "Robin Hood" adota práticas assistencialistas e clientelistas, doando alimentos, remédios, roupas, brinquedos e investindo em asfalto, iluminação e lazer para os moradores, como quadras de esporte, piscinas, escolas de samba e, claro, bailes funk[141]. Deve-se considerar, porém, que a imagem do traficante retratada no "proibidão" é idealizada. Se o traficante desenvolve um papel protetor sobre as suas comunidades, é por causa dos laços de vizinhança estabelecidos durante a vida, mas principalmente como estratégia de apoio ao seu negócio, contra as forças de segurança e contra os grupos rivais. Os traficantes atuam para receber guarida da população, criando uma base de legitimidade e de temor para operarem[142]. O que os atrai no tráfico são a fama, o poder e o dinheiro fácil, apesar de serem poucos os que na realidade conseguem isso. Às vezes, tal como milicianos, cobram pedágios e taxas de proteção e reproduzem em suas comunidades as técnicas repressivas que aprenderam na condição de membros das classes subalternas oprimidos pelo Estado[143].

O "proibidão", portanto, muito mais do que fazer uma apologia de crime ou do bandido romântico, faz uma apologia do "banditismo romântico", ideológico[144]. Conforme aponta Thiago Braga Vieira, são pouquíssimos os bandidos contemporâneos vistos como "sociais" durante sua atuação. É após a morte que seu perfil será revisto com cores românticas[145]. A admiração antes direcionada aos antigos "donos" dos morros

---

141__Manoel Ribeiro, "Funk'n Rio: vilão ou big business?", *op. cit.*, p. 29; Alba Zaluar, *A máquina e a revolta: as organizações populares e o significado da pobreza*, *op. cit.*, p. 156.

142__Maria Cecília de Souza Minayo *et al.*, *Fala, galera: juventude, violência e cidadania no Rio de Janeiro*, *op. cit.*, p. 160.

143__Alba Zaluar, *A máquina e a revolta: as organizações populares e o significado da pobreza*, *op. cit.*, pp. 165-7; Silvio Essinger, *Batidão: uma história do funk*, *op. cit.*, pp. 232-4; João Manuel Valenzuela Arce, *Vida de barro duro: cultura popular juvenil e grafite*, *op. cit.*, p. 96; Ana Luiza Albuquerque; Júlia Barbon, "Tráfico de drogas imita milícia e aumenta lucro com extorsões no Rio", *Folha de S. Paulo*, São Paulo: 8 set. 2021.

144__Vera Malaguti Batista, Carlos Bruce Batista e Rafael C. Borges, "Entrevista com Mr. Catra", *op. cit.*, pp. 17-8.

145__Thiago Braga Vieira, *Proibidão de boca em boca: gritos silenciosos de uma memória subterrânea: o funk proibido como fonte para o estudo da violência armada organizada no Rio de Janeiro (1994-2002)*, *op. cit.*, p. 26.

tem encontrado certo tipo de refúgio nas facções. A apologia destas está, na verdade, relacionada à busca pela ordem, por um código de regras ou outros valores que não são mais adotados pelos grupos armados dos morros. O bandido da facção retratado não é apenas qualquer pessoa portando um fuzil, mas um sujeito que pertence a uma organização cheia de princípios, e a facção é usada como um rótulo que confere poder a todos que fazem parte da comunidade[146].

A HISTÓRIA NÃO OFICIAL

Alguns funks considerados "proibidões" são chamados pelos MCs de funks conscientes ou "neuróticos". Essa vertente se aproxima tematicamente do rap, com letras críticas, dramáticas, engajadas, politizadas, ácidas, muitas vezes agressivas, fazendo uma crônica dura do cotidiano das favelas e expressando reivindicações sociais. Esse tipo de funk quase não encontra espaço na mídia, sendo marginalizado e promovido por relativamente poucos MCs, que cantam as músicas na primeira pessoa, como se já tivessem vivido o que é cantado[147].

Defensores dessa vertente de funk sustentam que não é a descrição da realidade feia que deve ser combatida, mas a realidade em si que deve ser mudada. O "proibidão" incomoda porque joga na cara da sociedade uma realidade que ela prefere esconder. Além disso, o funk é um gênero muito popular no Brasil, portanto, sua mensagem tem bastante força e pode influenciar muita gente, o que o torna ameaçador[148]. Há quem defenda até que o "proibidão" tem uma função pedagógica, no sentido de servir de alerta para a juventude se afastar das drogas e do

---

146__Rodrigo Russano, *"Bota o fuzil pra cantar!": o funk proibido no Rio de Janeiro*, op. cit., pp. 44 ss. O próprio lema do Comando Vermelho, "paz, justiça e liberdade", e sua origem mítica no presídio da Ilha Grande apontam para essa questão; *ibidem*, p. 62.

147__Cf. Silvio Essinger, *Batidão: uma história do funk*, op. cit., pp. 222 ss.

148__Suzana Macedo, *DJ Marlboro na terra do funk: bailes, bondes, galeras e MCs*, op. cit., p. 107. Cf. também Janaína Medeiros, *Funk carioca: crime ou cultura? O som dá medo. E prazer*, op. cit., p. 119; Manoel Ribeiro, "Funk'n Rio: vilão ou big business?", op. cit., p. 291; Silvio Essinger, *Batidão: uma história do funk*, op. cit., p. 238.

crime, e que é preciso perceber a ironia das letras, pois "cada um entende o que quer"[149].

De acordo com Magalhães Noronha, "não é apologista quem se limita a justificar ou explicar a conduta delituosa, bem como a apontar qualidades ou atributos do delinquente em contrapeso ao fato criminoso", portanto, o agente que estiver cantando uma determinada música na qual é descrita a forma como um carro é roubado ou como funciona o tráfico de drogas não pode ser criminalizado[150]. Sendo as facções criminosas, bem como as guerras travadas entre elas, parte do cotidiano das favelas, é esperado que sejam tematizadas nessas letras. Há, porém, um limite tênue entre apologia de crime e crônica da realidade, e a origem social e geográfica dos compositores é determinante na interpretação dessas músicas[151].

Thiago Braga Vieira chama a atenção para o fato de que o funk se tornou o palco para o confronto de versões sobre a história e as condutas dos envolvidos na violência armada organizada carioca. O assassinato de uma liderança do tráfico, por exemplo, pode ser cantado como uma covardia, em um "proibidão" de sua facção, ou como uma justa vingança, no "proibidão" da facção rival. Nos "proibidões" são descritas não só a história das guerras entre facções, seus rachas, mas também suas alianças, como a que vigorou entre o Terceiro Comando (TC) e os Amigos

---

149__Silvio Essinger, *Batidão: uma história do funk*, op. cit., pp. 238-9 e 271; Zuenir Ventura, *Cidade partida*, op. cit., p. 60.

150__Magalhães Noronha, *Direito Penal*. São Paulo: Saraiva, 1962, p. 134 *apud* Carlos Bruce Batista, "Uma história do 'proibidão'", em: Carlos Bruce Batista (org.), *Tamborzão: olhares sobre a criminalização do funk*, Rio de Janeiro: Revan, 2013, p. 42.

151__Vera Malaguti Batista, Carlos Bruce Batista e Rafael C. Borges, "Entrevista com Mr. Catra", op. cit., pp. 15-6. Maurício da Silva Guedes critica o discurso de vitimização dos MCs e aponta o teor de fato apologético de alguns "proibidões"; Maurício da Silva Guedes, *"A música que toca é nós que manda": um estudo do "proibidão"*, op. cit., pp. 75-6, 81 e 91 ss.

dos Amigos (ADA), de um lado, e o Comando Vermelho e o Primeiro Comando da Capital (PCC), do outro[152].

Um dos episódios mais marcantes da história da guerra entre facções do Rio de Janeiro foi o assassinato de Uê, líder da facção Amigos dos Amigos e aliado de Celsinho da Vila Vintém, durante uma rebelião no presídio de Bangu 1, por ordem de Fernandinho Beira-Mar, apontado como líder do Comando Vermelho, no dia 11 de setembro de 2002, simbolicamente um ano após o ataque terrorista de 11 de setembro nos Estados Unidos. Na narrativa do Comando Vermelho, Uê havia sido o responsável pelo assassinato do seu próprio padrinho e líder do Comando Vermelho, Orlando Jogador, em 1994, e a facção Amigos dos Amigos teria sido fundada por membros traidores expulsos do CV. É essa narrativa que aparece no funk "Beira-Mar falou", cantado pelo Menor do Chapa, canção de autoria desconhecida que faz também uma cartografia das comunidades no Rio de Janeiro que estavam sob o domínio do Comando Vermelho naquele momento:

Beira-Mar falou
Osama sou eu
O Celsinho chorou
Uê se fodeu
[...]
São João, Sampaio
Jacaré, Matriz
Turano mete bala
Minha raiz
Mas muita fé em Deus
Justiça pro meus manos
Árvore Seca, Lins
Tipos colombianos

152__Thiago Braga Vieira, *Proibidão de boca em boca: gritos silenciosos de uma memória subterrânea: o funk proibido como fonte para o estudo da violência armada organizada no Rio de Janeiro (1994-2002)*, op. cit., p. 74. Sobre a história desses rachas, alianças, conflitos entre facções e sua distribuição de poder pelas favelas do Rio de Janeiro, cf. *ibidem*, pp. 40-1; Cecília Olliveira e Yuri Eiras, "O fim de uma facção", *The Intercept Brasil*, Rio de Janeiro: 13 dez. 2018.

É que o barato é louco
O processo é lento
Liberdade já (pros)
Irmãos no sofrimento
A guerra é noite dia
Não tem caô
Fallet, Fogueteiro
Fé em Deus, Zinco

A instalação de Unidades de Polícia Pacificadora (UPPs) em favelas cariocas também foi alvo de críticas em funks como "UPP filha da puta, sai do Borel e do Andaraí", de autoria desconhecida e interpretação de MC Dido. As UPPs foram instaladas, a partir de 2008, majoritariamente em favelas antes dominadas pelo Comando Vermelho. O enfraquecimento dessa facção auxiliou no fortalecimento das milícias, vistas como um mal menor pelos governantes de então. MC Poze do Rodo, de uma comunidade do bairro de Santa Cruz, zona Oeste do Rio de Janeiro, antes dominada pelo CV e invadida pela milícia Bonde do Ecko, antiga Liga da Justiça, afronta milicianos em funks como "Ai nosso fuzil tá demais e os milícia sai correndo", "Fala que a tropa é Comando Vermelho" e "Elenco do Batô", que traz os versos "Nós tem AK, meiota e G3/Milícia, se brotar, nós vai matar vocês".

Sonic, um chefe do tráfico do Comando Vermelho que mudou de lado e passou a integrar a milícia, levando armas e dinheiro vivo, foi alvo do funk "Recado do Rodo pro Sonic", com versos ameaçadores como "Nós te pega qualquer dia". Vivendo na Cidade de Deus (CDD) – favela dominada pelo Comando Vermelho – e sob a mira da milícia, após a invasão da favelado Rodo, onde nasceu, MC Poze canta em "Na CDD só tem bandido faixa-preta": "Na CDD só tem bandido faixa-preta/tentaram vir pegar o homem e a bala voou/Nós é Comando Vermelhão de natureza/A meta é voltar pro Rodo e voltar pro Batô". Em junho de 2019, Poze foi enquadrado pela polícia na saída de um show no Baile de Manguinhos. Perdeu suas dedeiras de ouro, R$10 mil em dinheiro e foi obrigado a gravar um vídeo cantando em homenagem a um miliciano. O mesmo ocorreu com MC Urubuzinho, vinculado ao Terceiro Comando Puro, rival de Poze[153].

Em setembro de 2020, a Polícia Civil realizou uma ação contra a milícia chefiada por Wellington da Silva Braga, o Ecko, morto em uma operação policial em junho de 2021. Segundo as investigações, Ecko ofereceu R$300 mil para que um policial militar sequestrasse e executasse MC Poze. Já em novembro de 2020, o funkeiro teve a casa, no bairro do Recreio dos Bandeirantes, na zona Oeste do Rio de Janeiro, assaltada. Ele chegou a ser algemado na ação. De acordo com a polícia, três criminosos usando máscaras invadiram a residência e levaram R$5 mil e joias. Ninguém se feriu[154].

Os MCs, assim, podem ser considerados "formuladores e difusores do discurso relacionado às facções" e fonte de narrativa oral para o entendimento da história do tráfico, bem como para o conhecimento do imaginário da juventude pobre, o que demonstra a importância do estudo do "proibidão" por historiadores e cientistas sociais. Durante todo o período em que vigorou a aliança entre o Terceiro Comando e os Amigos dos Amigos (1994-2002), por exemplo, a produção de seus "proibidões" foi unificada. Justamente nesse período, o "proibidão" de facção surgiu como uma forma diferenciada de funk[155]. Por meio das letras dos "proibidões", é possível ter uma ideia de como se encontra a "geografia do tráfico", como os principais comandos estão distribuídos nos morros e favelas da cidade, quem é aliado e quem é inimigo[156]. Jones MFjay, organizador de bailes charme no bairro de Madureira, no Rio de

---

153__GG Albuquerque, "Como o novo funk proibidão reflete a crise de segurança do Rio", *Vice*, Rio de Janeiro: 2 out. 2019. A expansão da guerra de facções para outros estados brasileiros, principalmente do Norte e Nordeste, também foi acompanhada pela expansão do "proibidão". Cf. Gustavo Fioratti, "Com exaltação do crime e de facções, funk proibidão se espalha pelo país", *Folha de S.Paulo*, São Paulo: 1º jul. 2017.

154__Tatiana Campbell, "Polícia investiga MC Poze por baile funk com aglomeração e bandidos armados", *Splash*, Rio de Janeiro: 1 mar. 2021.

155__Thiago Braga Vieira, *Proibidão de boca em boca: gritos silenciosos de uma memória subterrânea: o funk proibido como fonte para o estudo da violência armada organizada no Rio de Janeiro (1994-2002)*, op. cit., pp.5 ss.

156__Maurício da Silva Guedes, *"A música que toca é nós que manda": um estudo do "proibidão"*, op. cit., p.89.

Janeiro, e policial civil, relata que os "proibidões" são ouvidos inclusive pelos investigadores de polícia, pois são uma das fontes de informação[157].

Cada facção criminal tem seu MC favorito, que pode cantar em qualquer favela aliada, mas nunca em uma comunidade dominada por outra facção[158]. Em 2003, Vera Malaguti Batista relatava que funkeiros já não utilizavam, como na década de 1990, nomes de favelas específicas nos funks, pois enunciar a pertença a uma delas podia ser entendido como enunciar a pertença a certa facção criminosa[159]. Paul Sneed, por sua vez, relata que, em abril de 2004, o traficante Dudu e cinquenta homens do Vidigal invadiram a Rocinha. Depois que a polícia matou Lulu, chefe do tráfico na Rocinha e rival de Dudu, a liderança do tráfico da Rocinha resolveu se aliar aos Amigos dos Amigos. A frase "É nós!", associada ao Comando Vermelho, foi banida dessa favela. "Proibidões" de outras favelas dominadas pelo ADA foram trazidos e distribuídos em CDs piratas para traficantes da Rocinha e seus amigos. Num curto período, MCs da Rocinha estavam compondo novas letras de "proibidão" de apoio ao ADA. Surpreendentemente, muitos deles defendiam antes o CV[160]. Por outro lado, traficantes do ADA quase executaram os membros do Bonde Neurose na favela Para-Pedro, zona Norte do Rio de Janeiro, por causa de uma versão "proibidona" do funk "100% neurose", que fazia apologia do CV e fora composta à revelia do grupo[161].

O MC de "proibidão", portanto, representa uma facção e defende uma versão da história, aquela que mais a glorifica e a fortalece. Para Thiago Braga Vieira, os "proibidões" são discursos que lutam contra o silêncio, a invisibilidade e o esquecimento; que questionam a paz e produzem uma memória acerca da criminalidade. São o instrumento para

---

157__Felipe Gutierrez, "Subgênero do funk, proibidão usa metáforas para falar do crime", *Folha de S.Paulo*, São Paulo: 17 ago. 2015.

158__Paul Sneed, "Bandidos de Cristo: Representations of the Power of Criminal Factions in Rio's Proibidão Funk", *op. cit.*, pp. 228-9. Cf. Adriana Carvalho Lopes, *Funk-se quem quiser: no batidão negro da cidade carioca, op. cit.*, pp. 123-4.

159__*Apud* Adriana Carvalho Lopes, *Funk-se quem quiser: no batidão negro da cidade carioca, op. cit.*, p. 137.

160__Paul Sneed, "Bandidos de Cristo: Representations of the Power of Criminal Factions in Rio's Proibidão Funk", *op. cit.*, p. 237.

161__Julio Ludemir, *101 funks que você tem que ouvir antes de morrer*, *op. cit.*, p. 239.

se ouvir a voz dos setores marginais da nossa sociedade, são "a História vista por baixo", uma memória coletiva subterrânea, clandestina, sufocada, que entra em choque com a memória coletiva oficial, a qual uma sociedade majoritária ou o Estado desejam impor[162].

Há ainda "proibidões", ironicamente chamados de "permitidões", que exaltam os feitos de milicianos e dos policiais do Batalhão de Operações Policiais Especiais (Bope), homenageiam seus mortos, ostentam seu poderio bélico, ameaçam inimigos e abordam a disputa territorial entre grupos armados. Afinal, na tentativa de impor seu domínio, todos os grupos envolvidos na violência armada organizada carioca buscam difundir seu imaginário, seu discurso identitário-normativo[163]. "Proibidões" da milícia Tudo 5, por exemplo, trazem versos como "igual à máfia italiana, a nossa fama se espalhou" e são tocados em bailes realizados nas áreas dominadas por ela e pelos traficantes aliados do Terceiro Comando Puro, também inimigos do Comando Vermelho, em uma aliança conhecida como TClícia[164].

Nesse sentido, cabe lembrar que alguns políticos, como os prefeitos Cesar Maia e Eduardo Paes, já deram declarações públicas elogiosas à milícia, e que o presidente Jair Bolsonaro já homenageou publicamente milicianos e notórios torturadores, como Carlos Alberto Brilhante Ustra[165]. Da mesma forma, programas policiais mais de uma vez já incentivaram ou comemoraram ao vivo impunemente a morte de "suspeitos" por policiais, assim como policiais militares de UPPs já postaram nas redes

---

162__Thiago Braga Vieira, *Proibidão de boca em boca: gritos silenciosos de uma memória subterrânea: o funk proibido como fonte para o estudo da violência armada organizada no Rio de Janeiro (1994-2002)*, op. cit., pp. 9 e 43-5.

163__*Ibidem*, pp. 65-6; Maurício da Silva Guedes, *"A música que toca é nós que manda": um estudo do "proibidão"*, op. cit., pp. 90-1.

164__Bruna Fantti, "Milícia usa proibidões para disputas de territórios e ameaças", *O Dia*, Rio de Janeiro: 17 ago. 2020.

165__"Eduardo Paes elogia ações de milícias de PMs em Jacarepaguá", *O Globo*, Rio de Janeiro: 15 set. 2006; Luiz Fernando Vianna, "Oito notas sobre as milícias e o seu improvável fim", *Época*, Rio de Janeiro: 14 abr. 2019; Igor Mello, "Jair Bolsonaro defendeu chefe de milícia em discurso na Câmara", *O Globo*, Rio de Janeiro: 25 jan. 2019.

sociais fotos em que, armados, debochavam da morte de "bandidos" ou de pichações contra a UPP[166].

FUNK EM TEMPOS DE "PACIFICAÇÃO"

Em 2008 já não havia bailes de corredor no Rio de Janeiro. Naquele ano, a Alerj aprovou a lei estadual n.5.265/2008, de autoria do deputado Álvaro Lins (PMDB), oriunda do PL n.1.032/2007, que, sob a justificativa de disciplinar as festas rave e revogar a desatualizada lei estadual n.3.410/2000, impôs uma série de empecilhos para a realização dos bailes funk no Rio de Janeiro, de tal forma que tornou praticamente impossível a organização de um baile lícito. Exigindo a autorização da Secretaria de Estado de Segurança com antecedência mínima de trinta dias úteis, e o "nada a opor da Delegacia Policial, do Batalhão da Polícia Militar, do Corpo de Bombeiros, todos da área do evento, e do Juizado de Menores da respectiva Comarca", a lei conferiu à autoridade policial uma grande margem de discricionariedade para proibir ou fechar bailes em nome da "ordem pública".

Entre as exigências feitas pela lei aos organizadores dos bailes estão o contrato da empresa encarregada da segurança interna do evento e devidamente autorizada pela Polícia Federal; a instalação de detectores de metal e atendimento médico de emergência. A lei permite à autoridade responsável pela concessão da autorização "limitar o horário de duração do evento, que não excederá a 12 (doze) horas, de forma a não perturbar o sossego público, podendo ser revisto a pedido do interessado ou para a preservação da ordem pública", disposição fruto de emenda proposta pelo deputado Tucalo (PSC) na Comissão de Esporte e Lazer. A lei ainda prevê a obrigatoriedade da "instalação de câmeras de filmagem e a gravação das imagens do evento, devendo o vídeo permanecer à disposição da autoridade policial por seis meses após o evento", fruto de emenda proposta no parecer do deputado Luiz Paulo (PSDB) na Comissão de Constituição e Justiça.

166__Caê Vasconcelos, "PMs do Rio fazem postagens com apologia à violência", *Ponte*, São Paulo: 18 jul. 2020.

Álvaro Lins, o autor da lei, é ex-oficial da Polícia Militar do Estado do Rio de Janeiro e ex-delegado da Polícia Civil, de onde foi demitido. Foi denunciado por ligação com o jogo do bicho durante a Operação Mãos Limpas Tupiniquim, promovida pelo Ministério Público Estadual, em 1994. Atuou como chefe da Polícia Civil durante os governos de Anthony Garotinho (PSB) e Rosinha Garotinho (PMDB). Acusado de receber suborno do crime organizado, foi cassado pela Alerj por quebra do decoro parlamentar em 2008. Em 2010, foi condenado pela Justiça Federal a 28 anos de prisão por associação criminosa, corrupção passiva e lavagem de dinheiro. Em 2017, foi condenado pelo Tribunal Regional Eleitoral do Rio de Janeiro a três anos e meio de prisão e multa, além de ficar inelegível por oito anos, devido à omissão de despesas de campanha[167].

Adriana Facina relata que a Apafunk, fundada para lutar pela descriminalização do funk e pelos direitos de seus trabalhadores, mobilizou uma batalha legislativa contra a lei n. 5.265/2008, conhecida como Lei Álvaro Lins. Conforme já visto, a Apafunk organizou rodas de funk que misturavam entretenimento e debate de ideias e divulgava suas reivindicações em favelas, universidades, cadeias, veículos midiáticos e escolas. Em uma audiência pública sobre o funk ocorrida em agosto de 2009, a Alerj foi ocupada por mais de seiscentas pessoas reivindicando a suspensão da Lei Álvaro Lins e a aprovação da Lei Funk é Cultura, escrita por integrantes da Apafunk em conjunto com representantes do mandato de Marcelo Freixo (Psol), à época presidente da Comissão de Direitos Humanos da Alerj.

A pressão feita pela Apafunk sobre deputados estaduais de diferentes tendências políticas resultou em uma grande vitória[168]. No dia 1º de setembro de 2009, o PL n.1.983/2009, de autoria dos deputados Marcelo Freixo (Psol) e Paulo Melo (PMDB), foi aprovado e transformado

---

167__Sergio Torres, "Chefe de polícia volta a ser julgado", *Folha de S.Paulo*, Rio de Janeiro: 25 ago. 2004; Cristina Índio do Brasil, "TRE do Rio de Janeiro condena ex-deputado Álvaro Lins", *Agência Brasil*, Rio de Janeiro: 23 nov. 2017; Marina Ito, "Leia decisão que condenou Garotinho e Álvaro Lins", *Consultor Jurídico*, Rio de Janeiro: 24 ago. 2010; Daniella Clark, "Alerj cassa mandato de Álvaro Lins", *G1*, Rio de Janeiro: 12 ago. 2008; "Álvaro Lins é demitido da Polícia Civil", *G1*, Rio de Janeiro: 11 mar. 2009.

168__Adriana Facina, Cultura como crime, cultura como direito: a luta contra a resolução 013 no Rio de Janeiro, em: 29ª Reunião Brasileira de Antropologia, 3-6 ago. 2014, Universidade Federal do Rio Grande do Norte, Natal, pp.7-8.

na lei n. 5.544/2009, que revoga a lei n. 5.265/2008. Na justificativa, os deputados apontam a contradição de o funk ganhar projeção no cenário musical brasileiro e de outros países ao mesmo tempo que é reprimido, assim como o samba e a capoeira o foram em outros tempos. A lei n. 5.265/2008 é acusada de representar um retrocesso, "reforçando a tendência histórica de criminalização da cultura popular"; de desconsiderar particularidades de bailes funk e festas rave, de realidades culturais e econômicas tão díspares; de não definir o que seriam "bailes do tipo funk" e "festas rave", dando margem à discricionariedade das autoridades de segurança pública; de presumir erroneamente que o conteúdo de uma manifestação cultural popular esteja associado ao uso de psicoativos, ignorando que o problema das drogas perpassa todas as relações da sociedade e que o funk tem sido utilizado por campanhas publicitárias governamentais antidrogas; de ser inconstitucional, por violar o pleno exercício dos direitos culturais e acesso às fontes da cultura nacional, a liberdade de manifestação artística e a liberdade de exercício profissional, independente de censura ou licença; e de oferecer tratamento discriminatório ao funk, conferindo-lhe obrigações excessivas, como se fosse um grande empreendimento ligado ao crime.

No mesmo dia, o PL n. 1.671/2008, de autoria de Marcelo Freixo (Psol) e Wagner Montes (PDT), que define o funk como um movimento cultural e musical de caráter popular, foi aprovado na forma do substitutivo e transformado na lei n. 5.543/2009, conhecida como Lei Funk é Cultura. O substitutivo da Comissão de Orçamento, Finanças, Fiscalização Financeira e Controle excluiu da proteção da lei "conteúdos que façam apologia ao crime" e acatou emenda da Comissão de Constituição e Justiça que suprimiu o artigo que determinava ser da competência do Poder Público garantir as condições para que a diversidade da produção musical funkeira possuísse veículos de expressão mediante incentivos públicos e disponibilização de espaços para apresentações, bem como a promoção da conscientização de seus direitos, de modo a minimizar o monopólio e a cartelização que caracterizavam a produção e sua veiculação.

A lei n. 5.543/2009 determina que compete ao Poder Público assegurar ao movimento funk a realização de suas manifestações próprias, como festas, bailes, reuniões, sem quaisquer regras discriminatórias nem diferentes das que regem outras manifestações da mesma natureza; que os assuntos relativos ao funk deverão ser, prioritariamente, tratados pelos órgãos do Estado relacionados à cultura; que fica proibido qualquer tipo de discriminação ou preconceito, seja de natureza social, racial, cultural ou administrativa contra o movimento funk ou seus integrantes; e que os artistas do funk são agentes da cultura popular e, como tal, devem ter seus direitos respeitados.

Na justificativa, os autores do PL ressaltam que o funk "está diretamente relacionado aos estilos de vida e experiências da juventude de periferias e favelas", assegura empregos direta e indiretamente, representa o sonho de se ter um trabalho significativo e prazeroso, promove a aproximação entre classes sociais diferentes. Os deputados denunciam a superexploração dos artistas e trabalhadores do funk; os contratos abusivos a que são submetidos; a dificuldade em reivindicarem seus direitos; a supressão da diversidade das composições, em razão da censura imposta pelos poucos empresários que monopolizam o mercado, o que faz com que as letras tenham como temática quase exclusiva a "pornografia", no lugar da "crítica social"; a censura velada estatal por meio de leis que criminalizam os bailes e de ordens judiciais que impedem a realização de shows. Para os autores, o PL contribuiria, assim, para a profissionalização de funkeiros, para ampliar a diversidade da produção musical funkeira, proteger os direitos e a imagem dos funkeiros, "combater o preconceito e a discriminação que em geral atingem as manifestações culturais da juventude pobre" e proteger o funk de "arbitrariedades que definem essas manifestações como caso de polícia, de segurança pública e não como assunto cultural". Em comemoração à aprovação das duas leis, os deputados Marcelo Freixo (Psol), Jorge Picciani (PMDB), Paulo Melo (PMDB) e Wagner Montes (PDT) apresentaram o PL n. 2.525/2009, que cria no âmbito do estado do Rio de Janeiro o Dia do Funk, a ser comemorado anualmente em 1º de setembro, passando a integrar o calendário oficial do estado, e que foi anexado ao PL n. 1.123/2003, de autoria do deputado Albano Reis (PMDB), o qual institui 20 de julho como Dia do Funk, incluindo-o no calendário oficial do estado do Rio de Janeiro. A justificativa do PL n. 1.123/2003 é permeada de um discurso religioso, em que o deputado sustenta que hoje o funk "é executado até mesmo em alguns segmentos religiosos, não mais como protesto, mas, principalmente para uma conscientização de que através do amor e da solidariedade para com seu próximo que o ser humano encontrará a verdadeira felicidade, tão procurada mas dificilmente alcançada". O sentido religioso do projeto é realçado ainda quando o deputado diz que "quanto mais ressaltarmos os movimentos nascidos das camadas menos favorecidas mais estaremos dando-lhes a certeza de que todos somos iguais perante os desígnios divinos"[169].

Projetos de lei com teor e justificativas semelhantes à lei n. 5.543/2009, que define o funk como um movimento cultural e musical de caráter popular, também foram apresentados no ano de 2008 em outras esferas da federação. Na Câmara dos Vereadores do Rio de Janeiro, foi apresentado o PL n. 1.841/2008, do vereador Eliomar Coelho (Psol). Curiosamente, em 29 de junho de 2009, o vereador Carlos Bolsonaro (PSC), relator na Comissão de Defesa dos Direitos Humanos, votou favoravelmente ao projeto, sob a justificativa de que o funk carioca é uma manifestação cultural das favelas e da periferia em geral e de que toda forma de expressão cultural deve ser protegida em suas manifestações[170]. Já na Câmara dos Deputados, o deputado federal pelo Rio de Janeiro Chico Alencar (Psol) apresentou o PL n. 4.124/2008. Aprovado pela Câmara, o PL foi encaminhado ao Senado Federal sob o n. 81/2018[171].

Ainda na Câmara dos Deputados, o PL n. 2.229/2021, de autoria do deputado federal Alexandre Padilha (PT-SP) e idealizado pelo Coletivo Funk no Poder, estabelece o dia 12 de julho como o Dia Nacional do Funk, data escolhida por marcar o primeiro Baile da Pesada, em 1970. A apresentação do PL foi precedida por uma audiência pública com a participação de integrantes do Coletivo Funk no Poder, produtores e artistas do funk. No manifesto que embasou a justificativa do PL, defende-se que "este ato, que pode parecer simbólico, possibilitará maior visibilidade ao movimento e à cultura funk, auxiliando na hora de exigir investimentos aos setores artísticos periféricos e de cobrar políticas públicas que

---

169__O PL n. 1.123/2003 foi aprovado por duas comissões e arquivado em fevereiro de 2011, com o término da legislatura anterior. Cf. também a lei n. 7.489/2016, de autoria do deputado André Lazaroni (MDB), ex-secretário de Esporte e Lazer do Rio de Janeiro, que institui no calendário oficial do estado do Rio de Janeiro o "Dia do Funk", a ocorrer, anualmente, no segundo domingo do mês de setembro.

170__O projeto foi arquivado em janeiro de 2017, com o término da legislatura anterior.

171__O PL ainda estava em tramitação no Senado em julho de 2021. No espaço para votação popular no site do Senado, em 20 de julho de 2021, havia 563 votos favoráveis e 3.214 votos desfavoráveis ao PL.

atendam às demandas desses territórios, a fim de que o gênero continue a evoluir, a amadurecer e a mudar vidas"[172].

O deputado estadual Rodrigo Amorim (PSL), que em 2018, ao lado do então candidato ao governo do Rio de Janeiro Wilson Witzel (PSC), quebrou uma placa em homenagem à Marielle Franco e foi o candidato a deputado estadual do Rio de Janeiro mais votado daquele ano, apresentou em 2020 o PL n. 2.855/2020, que declara patrimônio cultural imaterial do estado do Rio de Janeiro a cultura funk e todas suas manifestações artísticas, para fins de tombamento. O PL tem o texto e a justificativa muito semelhantes com o da lei n. 5.543/2009, inclusive quando faz uma ressalva em seu artigo 3º ao estipular que "os artistas da cultura funk são considerados agentes da cultura popular, desde que não façam, através deste gênero musical, apologia à violência, tráfico de drogas e quaisquer outros crimes previstos pela legislação vigente".

Reconhecendo na justificativa o funk como um movimento popular, Rodrigo Amorim também apresentou o PL n. 2.856/2020, que autoriza o Poder Executivo a criar a Escola de Música Popular Carioca no estado do Rio de Janeiro. O deputado registrou que ambos os PLs são sugestões do MC Serginho, morador da comunidade do Jacarezinho, que fazia dupla com a dançarina Lacraia e teria declarado que "as comunidades carecem de tais incentivos, o que tem como consequência a cooptação de inúmeros artistas pelo tráfico de drogas para produção e gravação de músicas exaltando a vida do traficante, violência ou à criminalidade, músicas estas conhecidas por 'proibidões'"[173].

Em julho de 2020, no mesmo mês em que apresentou seus PLs, Rodrigo Amorim protocolou um requerimento à Polícia Civil para instaurar inquérito para investigar os MCs Cabelinho e Maneirinho por apologia de crime. Rodrigo Amorim comemorou no Twitter a intimação do MC Maneirinho para depor em outubro de 2020, chamando-o de "funkeiro defensor de drogas e bandidos"[174]. No Facebook, postou um vídeo onde chama os funkeiros de "vagabundos travestidos de artistas" e publicou um texto em que afirmava que seu pedido se baseou em

---

172__O PL encontrava-se em tramitação em julho de 2021.

173__Ambos os PLs encontravam-se em tramitação em julho de 2021.

174__Arthur Stabile, "Funkeiros viram alvo da polícia a pedido de deputado que rasgou placa de Marielle", *Ponte*, São Paulo: 30 out. 2020.

reclamações que recebeu "de famílias pobres de comunidades, pais e mães que perceberam nos seus filhos uma tendência a valorizar o discurso dessa escumalha"; que protocolou "diversos projetos defendendo o funk como cultura carioca legítima e propondo até a criação de instituições culturais ligadas a esse gênero musical", mas que "o lixo conhecido como 'proibidão', só serve para exaltar o banditismo, as drogas e a lascívia".

O deputado atacou Anitta por defender os MCs acusados, ressaltou que a cultura do funk não tem nada de "drogas, bandidos armados e lascívia", mas que "o bandido usa o funk para propagar sua ideologia"; que "defender o funk não é defender o tráfico e vice-versa"; que "funk é diversão, é cultura, é música", enquanto "tráfico é uma praga social, um crime tipificado na legislação penal, uma doença que precisa ser erradicada da nossa sociedade"; que seu compromisso era "combater as pautas de esquerda, mormente as drogas e a bandidolatria"[175]. Rodrigo Amorim, enfim, diferencia o "funk do bem" do "funk do mal", diferenciação criticada por alguns, mas apoiada inclusive por muitos profissionais do funk.

Em sua defesa, MC Maneirinho se reivindicou um artista; alegou não cantar mais "proibidão", mas sim "o que se passa nas favelas", a "superação". Acusou a polícia de perseguir o funk e ficar "caçando artista", mesmo com problemas reais para cuidar, e questionou se ela investigaria o ator Wagner Moura por interpretar o traficante Pablo Escobar ou iria atrás "dos playboys que sobem o morro para retratar o que acontece na favela nos documentários". Já o MC Cabelinho reclamou que "vão querer prender todo o favelado que consegue espaço e reconhecimento na sociedade"[176].

Percebe-se, assim, pela existência desses projetos de lei que reconhecem o funk como cultura e buscam evitar que seja discriminado e criminalizado que o poder estatal não é homogêneo e que o funk gera contradições e conflitos não só entre os diversos poderes, mas também dentro de um mesmo poder, entre parlamentares do mesmo partido ou entre a Secretaria de Cultura e a Secretaria da Segurança Pública do mesmo governo. Um mesmo deputado pode apresentar um PL em

---

175__Disponível em: https://www.facebook.com/RodrigoPiresAmorim/ posts/2714372768779197. Acesso em: 7 set. 2021.

176__Guilherme Lucio da Rocha, "MC Maneirinho se diz revoltado com intimação: 'Estão perseguindo o funk', *Splash*, São Paulo: 29 out. 2020.

defesa do funk e ao mesmo tempo agir para combater determinados funkeiros e determinados tipos de funk. Além disso, deve-se observar que leis que incluem determinadas manifestações culturais no calendário oficial, ainda que tenham outros objetivos indiretos, são basicamente simbólicas, sem custos para o orçamento e, portanto, encontram menos resistência. Por sua vez, leis que reconhecem o funk como manifestação cultural podem se chocar com dificuldades de ordem prática e política ou com outras normas jurídicas para serem executadas e terem os direitos nelas previstos garantidos.

Adriana Facina relembra que, enquanto a lei que reconhecia o funk como manifestação cultural era aprovada na Alerj, surgiam as UPPs, que, sob o pretexto de retomar territórios dominados pelo tráfico de drogas ostensivo, atuavam como "árbitro geral das formas de sociabilidade presentes em favelas" e, na prática, proibiam os bailes funk, usando para tal a resolução n. 013/2007, da Secretaria da Segurança Pública, a norma de aplicação do decreto n. 39.355/2006, que era, por sua vez, a atualização de decretos do passado, com origem remota em um decreto de 1968 que dava à polícia plenos poderes para proibir eventos "de diversão pública", como forma de implementação da censura federal da ditadura militar. A resolução n. 013/2007 conferia à polícia o papel de autorizar ou proibir eventos "sociais, culturais ou esportivos" no estado do Rio de Janeiro, não diferenciando eventos de pequeno, médio e grande porte, possibilitando ao policial criar motivos com base em subjetividades ou convicções próprias, com total discricionariedade[177].

A primeira UPP foi implementada em dezembro de 2008 no morro Dona Marta, em Botafogo, zona Sul do Rio de Janeiro. Apesar da ausência tanto de uma condenação oficial ao funk como de uma proibição legal, havia uma perseguição que se dava no cotidiano, uma proibição velada na Secretaria de Estado de Segurança, mas declarada abertamente nas favelas[178]. Havia denúncias de que, mesmo em festas menores, em favelas "pacificadas", o funk era censurado pelos policiais militares. Embora a polícia alegasse que a repressão se dava em razão da altura do som e

---

177__Adriana Facina, Cultura como crime, cultura como direito: a luta contra a resolução 013 no Rio de Janeiro, *op. cit.*, pp. 9 ss.

178__Tássia Mendonça, *Batan: tráfico, milícia e "pacificação" na zona Oeste do Rio de Janeiro, op. cit.*, pp. 103-4.

do horário dos eventos, que apenas aplicava a lei e não se tratava de uma perseguição deliberada ao funk, este parecia ser o alvo preferencial. Forrós e pagodes também eram atingidos pela resolução n. 013/2007, mas pesquisas constataram que, enquanto rodas de samba e apresentações de grupos de pagode permaneciam no cotidiano dos moradores, todos os bailes funk foram interditados nessas localidades logo em um primeiro momento, pois eram identificados especialmente com sua versão "proibida"[179].

Os comandantes das UPPs enxergavam os bailes funk como festas de traficantes, e sua proibição, como algo necessário para impor a nova ordem. Em 2011, três anos após a instalação da primeira UPP, alguns "bailes da paz" eram realizados em favelas "pacificadas", mas a prática não era universalizada, pois a permissão e os termos do acordo com os produtores dos bailes dependiam fundamentalmente do arbítrio do comandante responsável pela UPP local. Nos bailes "pacificados" eram tocados funks com letras de apelo sexual explícito, mas o DJ abaixava o volume ou o MC gemia na hora dos versos mais explícitos. Ainda que sem o consumo de drogas ilícitas, havia a venda de bebida alcoólica sem grande regulação e a presença de menores. O horário de término e a presença da polícia variavam conforme o baile, o que podia ter uma relação com o fato de o público majoritário ser da favela ou do "asfalto", sendo o baile com o público do "asfalto" mais policiado e com o horário de término mais avançado.

Embora não houvesse mais traficantes armados nem se pudesse cantar funk "proibidão", os MCs e o público encontravam maneiras de fazer no baile "pacificado" referências ao período em que a facção dominava a favela – algumas bastante sutis e até bem-humoradas. Entre essas referências, foram observadas pessoas empunhando guarda-chuvas para o alto, como se fossem os fuzis usualmente exibidos nos bailes antes da "pacificação"; a empolgação do público quando eram tocadas músicas

---

179__ Raíza Siqueira *et al.*, "O funk está 'pacificado'?", em: André Rodrigues, Raíza Siqueira e Mauricio Lissovsky, *Unidades de Polícia Pacificadora: debates e reflexões*, Rio de Janeiro: Comunicações do Iser, 2012, ano 31, n. 67, p. 81. Cf. o PL n. 370/2011, de autoria do deputado federal Alessandro Molon (PT-RJ). Para uma crítica do conceito de "pacificação" e das arbitrariedades que ela legitima, cf. Adriana Carvalho Lopes, *Funk-se quem quiser: no batidão negro da cidade carioca, op. cit.*, p. 122.

sobre favelas ainda controladas pelo Comando Vermelho, vistas como aliadas; MCs mulheres fazendo com a mão o símbolo de arma e de VL, que significa "vida loka", expressão que remete ao Comando Vermelho; a presença de um MC menor de idade, convidado de honra, cujo funk mais famoso narra de maneira sucinta a história do Comando Vermelho e que, ao repetir "é nós" cantando e conversando com o público, se apropriava de um léxico associado à facção[180]. A proibição de bailes funk pelas UPPs, porém, não implicou sossego para os moradores das favelas da zona Sul carioca. A "pacificação" de favelas, como o Pavão-Pavãozinho, Vidigal e Ladeira dos Tabajaras, trouxe consigo festas frequentadas por turistas e jovens do "asfalto", de classes média e alta, moradores de Ipanema e do Leblon, em busca da vista deslumbrante, com ingressos custando de R$30 a R$120, valores em geral inacessíveis para os moradores das favelas.

Os eventos eram organizados por produtoras como a Rio Prime, criada em 2009 e responsável por festas em boates da zona Sul. Essas festas aconteciam, em sua maioria, onde antes ocorriam os bailes funk proibidos e, apesar de trazerem um novo público e estilos variados, como rap, soul, samba e jazz, incomodavam igualmente os vizinhos com o som ensurdecedor até o amanhecer, gerando reclamações e aumentando a suspeita de que as UPPs serviam também a um projeto de especulação imobiliária. No morro do Vidigal, a média de público das festas era de seiscentas pessoas e, na Ladeira dos Tabajaras, podia chegar a 1,3 mil. Alguns eventos ofereciam lotes de ingressos com preço acessível aos moradores, mas eram pouco divulgados. Por outro lado, as baladas também geravam renda para ambulantes e o comércio local[181]. Um dos bailes funk mais famosos frequentados pela elite carioca, o Baile da Favorita, foi criado em 2011 e realiza-se uma vez por mês na quadra da escola de samba Acadêmicos da Rocinha, reunindo mais de 2 mil pessoas por edição. No site oficial da festa, ela é descrita como a versão alternativa para a juventude dourada do Rio se divertir. Segundo a propaganda oficial, "sem brigas nem intimidação, tornou-se uma fiel representação da transformação que o funk sofreu nos últimos anos. Hoje é parte da identidade dos cariocas de todas as classes. Com seu *line up* formado por

---

180__Raíza Siqueira *et al.*, "O funk está 'pacificado'?", *op. cit.*, pp. 81 ss.
181__"O asfalto invade o morro", *Carta Capital*, São Paulo: 27 fev. 2013.

DJ's e MC's que fogem da vulgaridade exagerada, o público é embalado por um som mais pop e melodioso"[182].

Segundo as fontes de Facina, a resolução n. 013/2007 quase não era aplicada antes da implementação das UPPs e tornou-se importante em um momento em que o movimento funk conquistou na Alerj um respaldo legal. Foi dessa forma que, contraditoriamente, o Estado publicou um edital de apoio à "criação artística no funk", em 2011, e lançou um edital específico para patrocinar a realização de bailes funk, em 2013, mas o I Festival Funk Favela no morro da Providência, projeto contemplado com o edital de 2011, quase não aconteceu, apesar do apoio da Secretaria Estadual de Cultura, porque o comandante da UPP local não queria autorizá-lo. A autorização só foi dada quando se acordou que o evento se encerraria à 1 hora, o que é considerado muito cedo para os padrões do funk. Houve o controle do repertório que seria tocado naquela noite, e a quadra em que se realizou o evento foi cercada por policiais fortemente armados durante todo o tempo[183].

Se, por um lado, a Secretaria Estadual de Cultura contribuiu para a legitimação das atividades dos funkeiros, por outro, legitimou, naturalizou e recrudesceu o poder da polícia como árbitro de manifestações culturais ao incluir um representante da Secretaria de Estado de Segurança e um representante da Polícia Militar na banca de avaliação de projetos submetidos ao edital de 2013, algo inédito nos mecanismos de avaliação de editais culturais, apontando para uma prática discriminatória. Um representante da Secretaria Estadual de Cultura alegava que não havia como falar de funk naquele momento sem envolver os órgãos de segurança e que a estratégia era de validar quais bailes deveriam ser modelos. Não se trataria de criminalizar os bailes, mas de ressignificá-los, colocando o Estado, e não mais o traficante, como financiador e impondo uma série de regras, como horário de término e proibição da entrada de menores.

O Baile do Coroado, realizado na Cidade de Deus, era apresentado pela Secretaria de Estado de Cultura como um modelo a ser seguido pelos demais. A título de curiosidade, em 2006, antes da "pacificação" da

---

182__Disponível em: <http://www.bailedafavorita.com.br/naSuaCidade.php>. Acesso em: 13 ago. 2021.

183__Adriana Facina, Cultura como crime, cultura como direito: a luta contra a resolução 013 no Rio de Janeiro, *op. cit.*, pp. 9 ss.

Cidade de Deus, os traficantes do Comando Vermelho pagavam R$1.500 de arrego para a polícia permitir a realização de cada baile. O Baile da Chatuba, na Penha, conhecido como o Maracanã do Funk, que atraía uma multidão de várias partes da cidade e até de outros estados, era financiado por traficantes do Comando Vermelho e difundia funks apologéticos dessa facção, foi contemplado no edital de 2013. O DJ Byano, seu organizador, cuja casa fora invadida por policiais e que chegara a sofrer queimaduras por parte deles em razão dos funks que produzia, aceitou as restrições de repertório para o baile apoiado oficialmente pelo Estado, declarando que, "se tem que ser light, será light" e que "temos que dançar conforme a música". Os camarotes antes usados pelos traficantes passaram a ser ocupados pela Polícia Militar, deixando clara a demarcação territorial de poder. Jovens moradores picharam os "camarotes da UPP" com tinta preta e inscrições de apoio ao Comando Vermelho, enquanto policiais escreveram a sigla TCP (Terceiro Comando Puro, a facção rival) em mesas de cimento que circundam a quadra onde se realizava o baile.

O DJ Byano entendia que, nessa disputa de poder simbólico, as UPPs proibiam eventos culturais como uma espécie de castigo para a população, demarcando quem eram os novos donos do local. Apesar de o projeto do baile "pacificado" da Chatuba ter sido aprovado pelo edital, de a documentação ter sido apresentada e de a verba ter sido depositada, ele foi adiado por meses, pois o comandante da UPP local, policial tido como rígido e evangélico fervoroso que "odiava funk", recusava-se a conceder a autorização, o que, somado ao baixo valor financiado pelo edital, desestimulava a produção cultural local[184].

Diante desse quadro, surgiu uma campanha contra a resolução n. 013/2007, da qual faziam parte a Apafunk, a Brigada Organizada de Cultura Ativista (Boca), o coletivo Visão da Favela Brasil, a rede Meu Rio e vários grupos e indivíduos relacionados ao campo da produção cultural no Rio de Janeiro. A campanha, cujo manifesto foi baseado em um parecer técnico elaborado por Luiz Fernando Moncau, da Fundação

---

184__Adriana Facina e Pâmella Passos, "Baile modelo!": reflexões sobre práticas funkeiras em contexto de pacificação, em: VI Seminário Internacional de Políticas Culturais, Fundação Casa de Rui Barbosa, Rio de Janeiro: maio 2015, pp. 4 ss.; "Cidade de Deus guarda armas para receber Lula", *G1*, Rio de Janeiro: 1 set. 2006. Cf. a moção n. 479/2019, do deputado estadual pelo Rio de Janeiro Waldeck Carneiro (PT).

Getulio Vargas, realizou debates em favelas e universidades, além de rodas de funk.

Pressionado, o governador Sérgio Cabral (PMDB), no bojo das manifestações de junho de 2013, anunciou em agosto daquele ano a suspensão da resolução. O decreto n. 39.355/2006 foi substituído pelo decreto n. 44.592/2014, e a resolução n. 013/2007, pela resolução conjunta SESEG/SEDEC n. 132/2014, que, entretanto, mantiveram teor muito semelhante, preservando a margem de discricionariedade das polícias para autorizar ou proibir a realização de eventos, aumentando o escopo da norma para eventos "sociais, esportivos, culturais, religiosos e quaisquer outros que promovam concentração de pessoas", excluindo apenas "reuniões de expressão do pensamento" e eventos de menos de 2 mil pessoas[185].

A REPRESSÃO AOS "PROIBIDÕES"

Logo que surgiram os primeiros funks com letras em português, alguns foram acusados de fazer apologia de crime[186]. De acordo com Silvio Essinger, as denúncias de ligação entre os MCs de funk e o crime organizado do Rio de Janeiro começaram em 1995. Os MCs Júnior & Leonardo, da Rocinha, tiveram de depor em inquérito aberto pela Delegacia de Proteção à Criança e ao Adolescente (DPCA). A letra de seu "Rap das armas", escrita ainda em 1992, sobre a base musical da canção "Your love", do grupo britânico The Outfield, listava uma série de armas, era introduzida pela onomatopeia "pa-ra-pa-ra-pa-pá", que imitava o som de metralhadoras, e ganhou diversas versões feitas por MCs de outras

---

185__Adriana Facina, Cultura como crime, cultura como direito: a luta contra a resolução 013 no Rio de Janeiro, *op. cit.*, pp. 9 ss. A resolução n. 132/2014 foi substituída, por sua vez, pela resolução n. 135/2014, que ficou conhecida como resolução 014, devido à sua similaridade com a resolução n. 013/2007. Já o decreto n. 44.592/2014 foi substituído pelo decreto n. 44.617/2014. Para uma comparação entre a resolução n. 013/2007 e a resolução n. 135/2004, cf. Pâmella Passos e Sandro Henrique Rosa, "Funk! Pauta para políticas de segurança pública?", em: VII Seminário Internacional Políticas Culturais, Fundação Casa de Rui Barbosa, Rio de Janeiro: maio de 2016.

186__Cf. Silvio Essinger, *Batidão: uma história do funk, op. cit.*, pp. 89 ss.

comunidades, incluindo Cidinho & Doca, cuja versão foi criticada por Júnior & Leonardo por ter subvertido a mensagem de paz original, substituindo-a pela apologia da violência. Na mesma época, Cidinho & Doca, que pediam "paz, justiça e liberdade", lema do Comando Vermelho, em uma versão do "Rap da diferença", também tiveram de depor.

Por outro lado, apesar das acusações de que o "Rap das armas" fazia apologia de crime, seu clipe concorreu em 1996 ao Video Music Brasil (VMB), prêmio anual do canal de televisão MTV. A música liderou por várias semanas a lista das mais pedidas em países europeus, como Holanda e Suécia, foi cantada pela torcida do time de futebol sueco Djurgårdens IF na arquibancada do estádio, gravada em diversas línguas, adaptada a outros gêneros musicais, como o kuduro angolano e o *dance*, e voltou a fazer ainda mais sucesso nos anos 2000, na trilha sonora do filme *Tropa de elite*, de 2007[187].

Em meados da década de 1990, os jornais relatavam chacinas como a do morro do Turano, envolvendo uma briga de traficantes na saída do baile funk local, sequestros na saída do Baile do Chapéu Mangueira, inclusive do filho do deputado estadual Albano Reis, defensor do funk, e brigas violentas entre galeras em ônibus lotados, no retorno dos bailes ou da praia[188]. Houve, assim, a interdição definitiva dos bailes de comunidade por decisão judicial, durante as Operações Rio I e II (1994/1995), convênios do governo do Rio de Janeiro com o Governo Federal na área de segurança pública, que subordinavam a estrutura policial fluminense ao Comando Militar do Leste, em um contexto de elevada taxa de homicídios e sequestros[189].

Foi nessa conjuntura que os MCs William & Duda, apesar de zelarem pela reputação de bons moços, foram perseguidos durante uma ocupação do Exército no morro do Borel. Ao mesmo tempo que chegaram a participar da gravação do álbum *Eu e Memê, Memê e eu*, de Lulu

---

187__*Ibidem*, pp. 229 e 236-7; Julio Ludemir, *101 funks que você tem que ouvir antes de morrer*, op. cit., pp. 109 e 113; Suzana Macedo, *DJ Marlboro na terra do funk: bailes, bondes, galeras e MCs*, op. cit., p. 91; Janaína Medeiros, *Funk carioca: crime ou cultura? O som dá medo. E prazer*, op. cit., pp. 69-70; Olívia M. G. Cunha, "Cinco vezes favela: uma reflexão", op. cit., p. 207.

188__Micael Herschmann, *O funk e o hip-hop invadem a cena*, op. cit., p. 104; Silvio Essinger, *Batidão: uma história do funk*, op. cit., p. 135.

189__Micael Herschmann, *O funk e o hip-hop invadem a cena*, op. cit., pp. 127-8.

Santos, em 1995, dos programas da Xuxa e do *Criança Esperança* e até a se apresentar na Europa, cantavam "somos Borel, somos CV" em uma versão do "Rap do Borel". Os militares receberam a informação de que a dupla incitava a violência e o tráfico por meio de suas músicas, e os MCs foram pessoalmente se apresentar, no Comando Militar do Leste, para os devidos esclarecimentos, afirmando aos sargentos que eram apenas artistas do funk e fazendo questão de cantar suas músicas[190].

De acordo com Micael Herschmann, o fator decisivo para a proibição, em junho de 1995, do baile de comunidade mais famoso da cidade, o do Chapéu Mangueira, frequentado por mais de 5 mil pessoas, incluindo muitos jovens do "asfalto", não foi a perturbação da ordem, os congestionamentos ou o barulho que incomodava a vizinhança do Leme e de Copacabana, mas as evidências que sugeriam a proximidade do funk com o crime organizado, dentre as quais a ciência, pela polícia, de músicas que faziam apologia de crime, o livre consumo de drogas nos bailes e o fato de as associações de moradores nunca conseguirem provar plenamente quem eram os responsáveis pelo pagamento das equipes de som.

Benedita da Silva (PT), candidata derrotada à Prefeitura do Rio de Janeiro em 1992, futura governadora do estado, senadora, ministra, deputada federal e moradora de uma casa em frente à quadra em que se realizava o baile no Chapéu Mangueira, tentou impedir a operação policial que fechou o baile da comunidade[191]. No mesmo ano de 1995, organizou-se uma CPI municipal, por meio da resolução n. 127/1995, que visava investigar a suposta ligação do funk com o tráfico de drogas no Rio de Janeiro. Como não se conseguiu prová-la, alguns políticos se mobilizaram para regulamentar os bailes e garantir essa forma de lazer[192].

190__Juliana Resende, *Operação Rio*, São Paulo: Página Aberta, 1995, pp. 203-4.

191__Silvio Essinger, *Batidão: uma história do funk*, op. cit., pp. 132 ss.; Micael Herschmann, *O funk e o hip-hop invadem a cena*, op. cit., pp. 105-6 e 170-1. Cf. Janaína Medeiros, *Funk carioca: crime ou cultura? O som dá medo. E prazer*, op. cit., pp. 55-6.

192__Micael Herschmann, *O funk e o hip-hop invadem a cena*, op. cit., p. 181. Uma análise jurídica e criminológica, até o ano de 2006, da legislação que regulava o funk no Rio de Janeiro é feita no capítulo 4 de Denis Martins, *Direito e cultura popular: o batidão do funk carioca no ordenamento jurídico*, monografia – Faculdade de Direito, Universidade do Estado do Rio de Janeiro, Rio de Janeiro: 2006.

A lei municipal n. 2.518/1996, oriunda do PL n. 1.058/1995, de autoria do vereador Antônio Pitanga (PT) – por sinal, marido de Benedita da Silva –, foi a primeira iniciativa legislativa em todas as esferas federativas no sentido de regulamentar os bailes funk. Ela teve pareceres favoráveis de todas as comissões, mas cinco de seus nove artigos foram vetados pelo prefeito Cesar Maia, entre eles o que estabelecia que o Poder Executivo garantiria a disposição dos serviços públicos necessários para a realização dos bailes em ambientes abertos, através de seus órgãos da administração direta ou indireta, ou concessionárias de serviços públicos. A lei atribui ao município a competência para "garantir a realização dessa manifestação cultural de caráter popular" e atribui "aos organizadores a adequação das instalações necessárias para a realização dos bailes sob sua responsabilidade, dentro dos parâmetros estabelecidos na legislação vigente". A Lei Pitanga, todavia, não garantiu que os bailes de comunidade não fossem interditados e migrassem, assim, para territórios "neutros", onde as brigas eram permitidas[193].

No fim dos anos 1990, MC Sapão, da favela Nova Brasília, no complexo do Alemão, foi preso por oito meses, acusado de associação ao tráfico de drogas, e absolvido por falta de provas. Sapão afirmava que a prisão fora motivada pelo tipo de letra que compunha na época. Foi no período da prisão que compôs e conseguiu gravar o seu primeiro sucesso, "Eu sei cantar"[194].

Em 2004, um repórter de São Paulo, membro da Associação Brasileira de Jornalismo Investigativo (Abraji), enviou uma correspondência ao Ministério Público Federal denunciando funks "proibidões" divulgados na internet, indagando sobre os fatos neles narrados e os responsáveis por sua gravação e disseminação. Entre os funks denunciados, eram listados "*É nós Sapinho*", de MC Sabrina; "Vida loka", de MC Menor do Chapa; "Cachorro", de Mr. Catra; e "157 Boladão", de MC Frank. A Procuradoria da

---

193__Micael Herschmann, *O funk e o hip-hop invadem a cena*, op. cit., pp. 170-1; Janaína Medeiros, *Funk carioca: crime ou cultura? O som dá medo. E prazer*, op. cit., p. 56.

194__Jonathan Pereira, "MC Sapão relembra prisão: 'Experiência divisora de águas'", *UOL*, São Paulo: 21 nov. 2018; Mauro Ferreira, "MC Sapão, funkeiro que sabia cantar, fica para sempre associado ao batidão carioca", *G1*, Rio de Janeiro: 19 abr. 2019; Silvio Essinger, *Batidão: uma história do funk*, op. cit., p. 208.

República, por meio do procedimento n. 218-00593/2004, encaminhou em setembro de 2004 um ofício dando conta de possível ocorrência de apologia de crime ou do criminoso à Procuradoria Geral da Justiça do Estado do Rio de Janeiro, por entender não ser da Justiça Federal a competência para atuação.

Tal ofício foi então encaminhado pelo Ministério Público do Estado do Rio de Janeiro à Delegacia de Repressão aos Crimes de Informática (DRCI) para que fosse instaurado inquérito policial a fim de apurar o crime de apologia de crime ou do criminoso, disposto no artigo 287 do Código Penal, considerado de menor potencial ofensivo, com previsão de pena de detenção de três a seis meses ou multa. No entanto, o inquérito policial n. 593/2004, instaurado em 2005 pela delegacia especializada, apurava não o crime de apologia, mas o de associação ao tráfico de drogas (artigo 12, §2, inciso III, da lei n. 6.368/1976), com pena de três a quinze anos de reclusão e equiparado a crime hediondo, ou seja, os MCs não foram acusados de apenas elogiar os traficantes, mas de eles próprios serem traficantes, de fazerem parte da quadrilha, de contribuírem direta e reiteradamente com o tráfico. As notícias veiculadas na imprensa acerca do inquérito policial começaram a pautar diversas operações policiais e a estimular a instauração de outros procedimentos policiais em distintas delegacias, como a Polinter e a Delegacia de Roubos e Furtos de Automóveis, versando sobre o mesmo assunto. Catorze MCs foram indiciados. Além dos MCs Frank, Sabrina, Menor do Chapa e Mr. Catra, os MCs Menor da Provi, G3, Cidinho, Doca, Duda do Borel, Tan, Cula, Sapão, Mascote e Colibri. No episódio que ficou conhecido como "o feirão do funk", alguns dos principais escritórios de advocacia criminal da cidade do Rio de Janeiro se reuniram e organizaram a defesa de todos os MCs. Não bastassem as consequências criminais, os MCs indiciados ainda tiveram de enfrentar problemas comerciais com a recusa de algumas casas de shows em contratar suas apresentações. Em 2008, o inquérito foi finalizado pela Polícia Civil com o entendimento da prática do crime de associação ao tráfico de drogas. No entanto, a promotora de Justiça se manifestou pelo entendimento de que se tratava de delito de apologia e requereu o reconhecimento da prescrição, acatada pela juíza, que determinou o arquivamento dos autos em agosto daquele ano[195].

Além de ter sido identificado como um dos MCs de funks "proibidões" que enaltecia o Terceiro Comando Puro, MC Colibri foi gravado em escutas telefônicas em que pedia para o traficante José Renato da Silva Ferreira, o Batata, um dos líderes da facção, que "descolasse uma paradinha" para ele. O MC foi preso em sua mansão de três andares na Gardênia Azul, Jacarepaguá, em maio de 2006. Na casa, que tinha até circuito interno de TV, foram apreendidos dois carros importados e três papelotes de cocaína. Investigações do Serviço de Repressão a Entorpecentes de Niterói descobriram que um adolescente de classe média, de 16 anos, era o autor de uma comunidade em homenagem ao cantor no site de relacionamentos Orkut. O menor responderia em liberdade por apologia de crime[196].

MC Colibri cresceu com mais nove irmãos. O pai se suicidou por falta de dinheiro. Sua vida começou a melhorar em 2000, quando fez sucesso com a música "Quer bolete?", conseguiu comprar uma casa e passou a pagar escola particular para os filhos. Foi solto sete meses depois de preso, e o processo foi arquivado por falta de provas, mas ele teve dificuldades em retomar a carreira nos primeiros anos após a prisão[197].

Carlos Palombini, Guillermo Caceres e Lucas Ferrari localizam no segundo mandato do presidente Luiz Inácio Lula da Silva (PT) e no primeiro mandato do governador aliado Sérgio Cabral (PMDB) a era da batida tamborzão no funk e a era de ouro do funk "proibidão", uma resposta à política de militarização da segurança pública. O início desse período foi marcado pela chacina do Pan (2007), com um saldo oficial de dezenove mortos e sessenta feridos no complexo do Alemão, ocupado por dois meses por forças estaduais e federais a partir de maio de 2007, e seu final, pela invasão dos complexos da Penha e do Alemão

---

195__Carlos Bruce Batista, "Uma história do 'proibidão'", *op. cit.*, pp. 39 ss.; Adriana Carvalho Lopes, *Funk-se quem quiser: no batidão negro da cidade carioca*, *op. cit.*, p. 60; Eduardo Baker Valls Pereira, *Ensaio por uma criminologia perspectivista*, dissertação (Mestrado em Direito) – Universidade do Estado do Rio de Janeiro, Rio de Janeiro: 2013, pp. 43 ss.

196__"Perícia confirma que voz em funk proibido é de MC preso", *Terra*, Rio de Janeiro: 26 maio 2006.

197__Rodrigo Gomes, "MC Colibri volta a fazer sucesso, após sair da prisão", *Extra*, Rio de Janeiro: 29 set. 2009.

(2010), também por forças estaduais e federais[198]. A era do tamborzão teve sua face visível no funk "putaria" dos MCs da Cidade de Deus e sua face oculta em crônicas da "vida do crime". Seu epicentro foram os bailes da Chatuba, no complexo da Penha, e seus temas, o bandido e o código de ética da facção. No fim dessa era de ouro do "proibidão", a paz da facção – o baile – teria sido substituída pela *pax romana* do silenciamento[199]. Talvez o MC que melhor tenha transitado entre o "proibidão" de facção e o "proibidão" de "putaria" tenha sido Mr. Catra, do morro do Catrambi, na Tijuca.

No ano da invasão dos complexos da Penha e do Alemão, o "proibidão" refletia o acirramento do embate entre o Estado e facções nos morros cariocas. Diminuíram as letras com ataques às facções inimigas, substituídas por críticas ao Estado. Nos anos seguintes, o "proibidão" foi perdendo força devido a uma combinação de motivos, entre eles a guerra do Estado contra o Comando Vermelho, a suspensão dos bailes nas comunidades, os processos e prisões sofridos por alguns MCs, a transferência do centro econômico do funk para São Paulo e o crescimento de outras vertentes do gênero, como o funk ostentação. Isso não significa, no entanto, que o funk "proibidão" tenha acabado. Além de se expandir para as regiões Norte e Nordeste do país, onde o conflito entre facções se intensificou, a vertente continuava no Rio de Janeiro na voz de uma nova geração de MCs, como MC Poze do Rodo, Meno Tody, MC Pelé Johnson, MC PQD e MC Urubuzinho[200].

Apesar do discurso de que o território da Vila Cruzeiro e do complexo do Alemão tinha sido retomado pelo Estado após a invasão pelas Forças Armadas e pelas polícias Federal, Civil e Militar em novembro de 2010, os chefes do tráfico não foram capturados. Por outro lado, os MCs Frank, Max, Tikão, Dido e Smith tiveram ordem de prisão temporária decretada e foram presos ou se entregaram em meados de dezembro,

---

198__Guillermo Caceres, Lucas Ferrari e Carlos Palombini, "A era Lula/tamborzão: política e sonoridade", *op. cit.*, pp. 157 e 164 ss. Sobre o assassinato de três jovens do morro da Providência, entregues por soldados do Exército a traficantes do morro da Mineira, controlado por uma facção rival, em 14 de junho de 2008, cf. *ibidem*, pp. 172-3.

199__*Ibidem*, p. 205.

200__GG Albuquerque, "Como o novo funk proibidão reflete a crise de segurança do Rio", *op. cit.*

acusados de incitação ao crime; apologia de crime ou do criminoso; indução, instigação ou auxílio ao uso indevido de droga e associação para o tráfico de drogas. Após ingresso de *habeas corpus* no Superior Tribunal de Justiça (STJ), tiveram a prisão temporária relaxada e foram soltos na véspera do Natal[201].

Os irmãos MCs Tikão e Frank se apresentavam nos bailes supostamente organizados por traficantes do Comando Vermelho, dos quais teriam começado a se aproximar por intermédio do amigo MC Sapão, também criado em uma das favelas do complexo do Alemão. Tikão e Frank viveram no complexo do Alemão até que o chefe do tráfico pediu para que o pai deles, policial, deixasse a comunidade. Uma das músicas que rendeu a acusação de apologia de crime e a prisão em 2010 foi "A firma é forte"[202].

Em dezembro de 2010, MC Galo foi preso durante uma blitz no Leblon, na zona Sul do Rio de Janeiro, por associação ao tráfico. O MC já respondia por receptação e tinha um mandado de prisão preventiva expedido por porte de drogas. Os policiais reconheceram MC Galo como o cantor de um vídeo postado no YouTube, com músicas que supostamente faziam apologia de armas e de traficantes de drogas do conjunto habitacional Cruzada São Sebastião que estariam escondidos na Rocinha[203].

Em outubro de 2017, MC Tikão, autor dos funks "Piloto de fuga" e "Bonde do 157", número do artigo do Código Penal que corresponde ao crime de roubo, foi preso novamente, em uma casa de luxo na Taquara, zona Oeste do Rio de Janeiro, suspeito de ajudar na fuga do traficante Rogério 157, seu amigo, quando as Forças Armadas e a Polícia Militar entraram na favela da Rocinha, em setembro daquele ano, para tentar acabar com a guerra entre traficantes motivada pelo rompimento de Rogério 157 com Nem, chefe da facção Amigos dos Amigos. O funkeiro também foi acusado de apresentar Rogério 157 a Paulinhozinho do Fallet, chefe do tráfico na comunidade do Fallet/Fogueteiro e um dos

---

201__*Ibidem*, pp. 174 e 177.

202__Julio Ludemir, *101 funks que você tem que ouvir antes de morrer*, op. cit., p. 23.

203__"Preso cantor de funk por suspeita de associação ao tráfico no Rio", *G1*, Rio de Janeiro: 14 dez. 2010.

principais nomes do Comando Vermelho, no qual Rogério 157 ingressou[204]. Em setembro de 2018, MC Tikão, então candidato a deputado federal pelo Solidariedade, apareceu em vídeo cantando e pedindo a liberdade de traficantes do Comando Vermelho no Baile da Gaiola, no complexo do Alemão, com a presença de traficantes armados[205].

Na Baixada Santista, MC Danilo Boladão, que formava dupla com o MC Fabinho, foi preso em 2001 e ficou quatro anos na prisão. A dupla santista Renatinho e Alemão chegou a ser intimada a prestar esclarecimentos ao Ministério Público por cantar "proibidões". Alemão, no entanto, não via razão para ser criminalizado e comparava as letras com filmes de ação e séries de TV que também falam sobre violência[206]. Os ataques do PCC em maio de 2006 renderam alguns "proibidões" que exaltavam a facção. Entre eles, "Cinco dias de terror", dos MCs Keké e NB, da Baixada Santista, com os versos "Cinco dias de terror/ Que o Brasil parou pra ver/ Quem manda/ Quem manda/ Quem manda é o PCC". MC Zói de Gato, do Grajaú, zona Sul de São Paulo, morto aos 16 anos em um acidente de carro, foi o autor de "Primeiro Comando", com os versos "Foi cinco dias de terror/ Que a zona Sul tremeu/ Quem abalou a zona Sul foi o Bonde do Zebedeu". MC Daleste, do bairro paulistano da Penha, gravou "*É só bala de AK*", em que cantava: "É só ataque soviético contra a opressão/ E pro sistema carcerário adotado na prisão/ Foi cinco dias de terror que o Brasil parou pra ver/ Provado veneno, sentiu desespero, porque a Penha é o poder". Já MC Primo, de São Vicente, gravou "PCC contra-ataca"[207].

Para escapar da repressão, a partir de 2013, aproximadamente, o "proibidão" ganhou uma nova roupagem em São Paulo e na Baixada Santista. As referências explícitas ao PCC foram trocadas por metáforas e códigos que só têm sentido para quem está familiarizado com os símbolos

---

204__Leslie Leitão e Pedro Bassan, "Preso funkeiro MC Tikão, suspeito de ajudar na fuga de Rogério 157 da Rocinha e de negociar troca de facção", *G1*, Rio de Janeiro: 20 out. 2017.

205__"Polícia investiga vídeo em que MC Tikão, candidato a deputado, canta em baile com traficantes armados", *G1*, Rio de Janeiro: 2 set. 2018.

206__Guilherme Lucio da Rocha, "Consolidação: Baixada Santista, a 'segunda casa' do funk no Brasil", *G1*, Santos: 27 maio 2015. Cf. Guilherme Lucio da Rocha, "Menores 'celebram' assalto cantando funk e criador da música lamenta; veja", *G1*, Santos: 5 jun. 2015.

207__Beatriz Moura, "O Salve Geral do PCC dado pela música", *Vice*, São Paulo: 13 maio 2016.

da facção. Os principais representantes do "neoproibidão" paulista são os MCs Bin Laden, do hit "Tá tranquilo, tá favorável", e MC Kauan. Um dos maiores sucessos do MC Bin Laden, "Bololo haha", tem versos como "os irmão tá de AK", "Vai, que o 190 os vizinho até discou", "Faz o sinal da vida loka, joga a pistola pro ar" e "cabelo da Tony Country pra mostrar que é de vilão". Tony Country é o apelido dado ao símbolo do yin-yang, que foi incorporado como logo pela marca de roupas Town & Country e, depois, pelo PCC. Segundo MC Bin Laden, as pessoas associam o branco ao bem e o negro ao mal, "mas ninguém sabe ao certo qual é qual", o que seria uma metáfora para uma confusão sobre quem é mocinho e quem é bandido. O MC conta que começou a cantar "proibidão" por uma questão de mercado. Como já havia gente fazendo funk ostentação e falando sobre sexo, ele resolveu trilhar um caminho menos explorado.

Em novembro de 2014, durante um show de MC Bin Laden e MC Tchesko em uma boate em Porto Alegre, um tiroteio entre gangues rivais deixou dezesseis baleados, incluindo um rapaz de 19 anos que não resistiu aos ferimentos. Em julho de 2016, Bin Laden ironicamente se apresentaria no MoMA, Museu de Arte Moderna de Nova York, mas teve o visto negado pelo Consulado dos Estados Unidos. O empresário de Bin Laden disse que o Consulado pedira um exame toxicológico e que a equipe do cantor não conseguira marcá-lo a tempo.

MC Kauan, por sua vez, chegava a citar o PCC explicitamente em suas letras mais antigas, mas passou a mencioná-lo de forma encoberta em funks como "Facção", em que cita os números 15, 3, 3, que correspondem notoriamente à sigla PCC, tomando os números como a ordem das letras no alfabeto. Outra marca do "neoproibidão", segundo Renato Martins, do site Funk na Caixa, são shows com muitos elementos cenográficos cheios de conotações ligadas ao universo do crime. Enquanto Bin Laden subia ao palco com dançarinos fantasiados de "árabes" com metralhadoras, Kauan, apelidado de Koringa por se apresentar de cara pintada, com cabelo verde e boca vermelha, era acompanhado de palhaços, que representam inimigos da polícia[208].

O MC da Baixada Santista Dinho da VP, no entanto, foi mais explícito ao lançar em 2019 "Mandelão do 1533", que faz referência a um baile funk de rua e tem os versos: "respeita o comando/ tem mais de mil fuzis/ 1533 é a maior do Brasil". Sua música de maior sucesso, "O patrão mandou avisar", levou-o a prestar esclarecimentos na Polícia Civil. Dinho da VP também demonstrava inconformismo, declarando que, "se for para censurar, tinha que censurar também os filmes que ensinam a matar, a usar um fuzil, e também as novelas que ensinam traição e sexo". O MC, que se dividia em 1995 entre o emprego de gari da Prefeitura de Santos e as apresentações nos bailes, declarou que começara a cantar funk não só porque gostava da música, mas também porque queria dar "uma condição melhor" para sua família[209].

Não são apenas os MCs, no entanto, que foram presos ou condenados por causa de funks "proibidões". Em alguns julgamentos do Tribunal de Justiça do Rio de Janeiro e de São Paulo, o fato de o réu escutar funk "proibidão" é considerado um indício a mais de que pratica o crime de receptação ou de tráfico de drogas, não simplesmente o de uso, e de que pertence a uma facção criminosa, o que justificaria a decretação de sua prisão preventiva ou o aumento de sua pena[210]. Cantar ou ouvir funk "proibidão" é apontado pelo Ministério Público como falta disciplinar grave na prisão, levando o presidiário a perder benefícios[211].

Nilo Batista faz, porém, uma ponderação em relação ao crime de apologia de crime. Uma das conquistas do Iluminismo foi a consagração do princípio da lesividade no direito penal. Segundo esse princípio,

---

208__Felipe Gutierrez, "Subgênero do funk, proibidão usa metáforas para falar do crime", *op. cit.*; "Seguranças foram rendidos antes de tiroteio em baile funk no RS, diz polícia", *G1*, Porto Alegre: 3 nov. 2014; Carol Prado, "MC Bin Laden é barrado por consulado e cancela show nos EUA", *G1*, São Paulo: 20 jul. 2016. Não confundir MC Kauan com o MC Koringa, MC carioca com diversos funks de sucesso em trilhas sonoras de telenovelas.

209__Kaique Dalapola, "Não é apologia, é a real: o proibidão segue firme no baile funk da favela", *R7*, São Paulo: 24 out. 2019.

210__TJRJ, apelação n. 0003868-41.2006.8.19.0205 (2006.050.06047), Rio de Janeiro: 13 mar. 2007; TJSP, apelação n. 0014385-20.2013.8.26.0576, São Paulo: 13 mar. 2014.

211__TJSP, agravo de execução penal n. 0036405-21.2012.8.26.0000, São Paulo: 16 ago. 2012.

só deveria ser crime a conduta que causasse um dano concreto, que se exteriorizasse no mundo, o que vedaria a criminalização de crenças e opiniões[212]. Se a manifestação do sujeito acusado de apologia tem o sentido e a aptidão de convencer outras pessoas a praticarem um crime, esse sujeito deveria responder pelo próprio crime praticado, como instigador (vulgo mandante), e não por apologia. Se a manifestação não tem esse sentido nem essa aptidão, o sujeito punido por apologia responderia apenas pela manifestação do pensamento, o que seria inconstitucional[213].

O PL n. 286/2004, de autoria do senador pela Paraíba Ney Suassuna (PMDB), inclui entre as circunstâncias agravantes do crime de apologia o fato de o agente ser personalidade pública com acesso a meio de comunicação de massa, sob a justificativa de que haveria um "efeito demonstração", ou seja, de que essas personalidades seriam mais influentes. O objetivo do PL era desestimular debates públicos, televisivos e/ou radiofônicos acerca da descriminalização de determinadas condutas, como o uso de maconha, mas a iniciativa foi arquivada.

De acordo com a teoria da identificação diferencial, de Daniel Glaser, uma variante da teoria da aprendizagem social que destaca a importância dos meios de comunicação de massa no comportamento humano, "a aprendizagem da conduta delitiva não ocorre pela via da comunicação ou interação pessoal, senão pela da identificação". Alguém inicia ou segue uma carreira criminosa na medida em que se identifica com outras pessoas reais ou fictícias, seja mediante uma relação positiva com os papéis representados pelos delinquentes, inclusive em filmes e músicas, seja como reação negativa contra as forças que se opõem à criminalidade, como policiais. Os criminosos, assim, poderiam ser eleitos o grupo de referência que oferece modelos de conduta, os quais servem para o sujeito justificar sua ação como aceitável, em um mecanismo de racionalização da consciência[214].

Os estudos culturais, no entanto, problematizaram a tese de que a indústria cultural manipula a consciência das pessoas de forma direta,

---

212__Nilo Batista, "Sobre a criminalização do funk carioca", em: Carlos Bruce Batista (org.), *Tamborzão: olhares sobre a criminalização do funk*, Rio de Janeiro: Revan, 2013, p. 186.

213__Nilo Batista, "Sobre a criminalização do funk carioca", *op. cit.*, pp. 196-7.

214__*Apud* Antonio García-Pablos de Molina e Luiz Flávio Gomes, *Criminologia, op. cit.*, p. 302.

automática, sem resistência nem ambiguidades. Uma mesma mensagem é recebida de forma diferente por diferentes receptores, que possuem valores e contextos sociais distintos e particulares. Um funk "proibidão", portanto, tem um sentido e um impacto completamente diferentes para um jovem de classe média, com perspectivas de entrar em uma universidade e arranjar um bom emprego, além de acesso a diversos equipamentos culturais, e para um jovem que convive no seu dia a dia com membros de facções criminosas, que sente na pele a violência policial e está mais vulnerável por razões econômicas e sociais ao assédio que a vida de ostentação no tráfico oferece.

Ainda no âmbito do Poder Legislativo, o PL n. 3.291/2015, do deputado federal Bacelar (PTN-BA), institui uma causa excludente de ilicitude no delito de apologia de crime ou do criminoso, determinando que não constitui crime a manifestação de natureza artística. O deputado justificou o PL com base no direito constitucional à livre expressão da atividade intelectual, artística, científica e de comunicação, independentemente de censura ou licença.

Bacelar fez referência na justificativa do PL a uma decisão judicial de 2013 que rejeitou a denúncia de apologia de crime feita pelo Ministério Público contra uma pessoa que estaria cantando "proibidões". Trata-se, provavelmente, da decisão do juiz Marcos Augusto Ramos Peixoto, da 37ª Vara Criminal do Tribunal de Justiça do Rio de Janeiro, de 1º de julho de 2015, em que ele afirma que as músicas ou a cultura do funk não são incitadoras de crimes e de violência, mas sim fruto de um cotidiano com o qual "pode-se concordar/gostar ou não, [...] porém jamais proibir ou, pior, criminalizar". Para o magistrado, os proibidões "não são crimes, mas forma de arte" que retratam o cotidiano das favelas cariocas.

O juiz ainda cita Chico Buarque como "um recordista de proibidões", vítima da censura da ditadura militar. Afirma que o Poder Judiciário não poderia compactuar com a criminalização das músicas, pois se trata de "uma política de controle da voz dos excluídos, daqueles que não estão inseridos dentro do padrão cultural hegemônico (bonitinho, limpinho...)". Para o juiz, essa tentativa de "pacificar" as músicas surge para "controlar os corações e mentes dos excluídos" que já viram seus territórios serem "invadidos e controlados por Unidades de Polícias Pacificadoras (UPPs)"[215].

O relatório do deputado Efraim Filho (DEM-PB) na Comissão de Cultura foi favorável ao PL n. 3.291/2015, sob a justificativa de que

> a multiplicidade das representações artísticas, muitas delas concretizadas em forma de protesto, discordância ou mesmo consideradas extravagantes, insuportáveis, repugnantes ou mesmo inaceitáveis para os valores dominantes no meio social não deve ser tolhida ou censurada, sob pena de se impedir a circulação das ideias, comprometer o sentido de alteridade e, em última instância, implodir a base democrática de nosso Estado.

O relatório, no entanto, não foi apreciado, e, na mesma comissão, foi apresentado outro, pelo deputado Jean Wyllys (Psol-RJ), que elaborou substitutivo para excluir não apenas as manifestações artísticas do delito de apologia de crime ou do criminoso, mas também as manifestações políticas, como as que defendem, no espaço público, a legalização das drogas. O parecer de Jean Wyllys não foi apreciado, e a nova relatora, Erika Kokay (PT-DF), manifestou-se favorável ao PL, que foi enfim aprovado pela Comissão de Cultura.

Por outro lado, em votos separados na Comissão de Cultura, os deputados Flavinho (PSB-SP), Diego Garcia (PHS-PR), Lincoln Portela (PR-MG) e Felício Laterça (PSL-RJ) manifestaram-se contrários ao PL, com argumentos semelhantes: mais do que criar um excludente de ilicitude, o PL descriminalizaria na prática o crime de apologia de crime e do criminoso, pois o acusado sempre poderia dizer que estava agindo sob a cobertura de uma manifestação artística ou política; os direitos constitucionais, incluindo o direito à livre expressão, não são absolutos e devem ter seu exercício limitado em nome do bem-estar coletivo e caso entrem em colisão com outros princípios igualmente assegurados pela Constituição, como o repúdio ao racismo e ao terrorismo; o artigo 13 do Pacto de São José da Costa Rica prevê a possibilidade de censura prévia de espetáculos públicos, "com o objetivo exclusivo de regular o acesso

---

215__ "Juiz absolve homem preso por ouvir funks 'proibidões' e compara músicas às de Chico Buarque", *R7*, Rio de Janeiro: 8 jul. 2015.

a eles, para proteção moral da infância e da adolescência", e recomenda que a lei proíba "toda propaganda a favor da guerra, bem como toda apologia ao ódio nacional, racial ou religioso que constitua incitação à discriminação, à hostilidade, ao crime ou à violência"; a censura prévia seria diferente da responsabilização, *a posteriori*, de eventuais danos causados a terceiros, que seria prejudicada com a aprovação do PL.

Os deputados Rocha (PSDB-AC) e Diego Garcia solicitaram que o projeto fosse enviado para a apreciação de seu mérito na Comissão de Segurança Pública e Combate ao Crime Organizado, mas a Mesa Diretora da Câmara dos Deputados indeferiu os requerimentos, sob a justificativa de que o projeto não se enquadrava no campo temático da referida comissão. Na Comissão de Constituição e Justiça e de Cidadania, o relator Diego Garcia aprovou o PL formalmente, no que diz respeito à constitucionalidade, juridicidade e técnica legislativa, mas o rejeitou no mérito, com os mesmos argumentos utilizados em seu voto em separado na Comissão de Cultura[216].

Sobre o argumento de que o acusado por apologia de crime sempre poderá dizer que estava agindo sob a cobertura de uma manifestação artística ou política, Nilo Batista relembra que o delito de apologia remonta ao Código Zanardelli, de 1889, que tutelava moralmente as obras de arte, mas que o Código Rocco, o código fascista italiano de 1930, dispunha no artigo 529 que "não se considera obscena a obra de arte ou a obra de ciência", criminalizando apenas sua venda para menores de 18 anos, e ainda assim ressalvada a venda por motivos acadêmicos. A estratégia jurisprudencial fascista para trair o claro comando legal estava, portanto, em desqualificar a obra de arte como tal, segundo a lógica de que, se o juiz sente ofensa ao pudor, então não se trata de arte e podemos condenar à vontade[217].

Nilo Batista critica o risco de repetir a fórmula do mau exemplo italiano e de o juiz arrogar-se do poder de determinar se a manifestação artística criminalizada constitui ou não obra de arte. Ocorre que a formação jurídica não outorga a nenhum bacharel em Direito tal habilitação, e socorrer-se o juiz de um perito – um crítico, um professor de estética etc. – só pioraria as coisas, restando assim, para Nilo Batista, empregar

---

216__O PL encontrava-se em tramitação em julho de 2021.

217__Nilo Batista, "Sobre a criminalização do funk carioca", *op. cit.*, pp. 193-5.

o critério da autodeclaração e considerar que é arte toda obra cujo autor pretendeu que fosse arte, sob o risco de sucumbir ao discurso nazista sobre "arte degenerada" ou às regras temáticas e estéticas do "realismo socialista". Afinal, embora muitas letras de "proibidões" sejam ásperas e chocantes, esses mesmos adjetivos já foram empregados diversas vezes para qualificar uma vanguarda artística[218].

A desqualificação do funk enquanto obra de arte é, portanto, estratégica para que ele possa ser criminalizado. O senso comum muitas vezes diz que o funk nem é música, pois não teria melodia, harmonia, ritmo, instrumentos musicais e notas. No entanto, Carlos Palombini recorda que as vanguardas musicais do século XX procuraram justamente superar ou negar as noções de melodia, harmonia e ritmo; que a música concreta mostrou a musicalidade intrínseca de microfones, alto-falantes e toca-discos; e que em inúmeros gêneros, entre eles a música eletroacústica, a notação inexiste[219]. O funk pode não ser musicalmente agradável a todos os ouvidos, mas deve-se levar em conta o contexto para o qual suas músicas são feitas: o baile[220]. Da mesma forma como o funk pode ser considerado "música ruim" para se ouvir em casa, sozinho, tomando um café em um dia frio, uma música erudita dodecafônica pode ser considerada "música ruim" para animar uma pista de dança lotada. Questionando justamente a exclusão do funk do universo da arte, MC Carol apresentou em julho de 2021, como capa de seu segundo álbum, *Borogodó*, uma releitura do quadro *O nascimento de Vênus*, do pintor renascentista Sandro Botticelli, transposto para o ambiente da favela e no qual se pode ler uma placa com os dizeres "Funk é arte".[221]

Quanto à criminalização de letras de rap, Lily Hirsch aponta a seguinte contradição: os tribunais admitem que o rap seja um reflexo das ações e pensamentos do compositor, de acordo com ideias românticas da música como arte elevada, mas a acusação apresenta no tribunal a letra sem o contexto e até sem a música, o que a destitui de sua significância

---

218__*Ibidem*, pp. 202-3.

219__Carlos Palombini, "Entrevista com Gustavo Lopes, o MC Orelha", *op. cit.*, pp. 136-7.

220__Cf. Rodrigo Faour, *História sexual da MPB: a evolução do amor e do sexo na canção brasileira*, Rio de Janeiro: Record, 2006, p. 266.

221__Mauro Ferreira, "MC Carol recria quadro do pintor italiano Botticelli na capa do álbum 'Borogodó'", *G1*, Rio de Janeiro: 15 jul. 2021.

cultural como arte[222]. Por sua vez, Adriana Facina critica que as possibilidades presentes em qualquer fazer artístico de assumir um personagem, encarnar uma persona, uma máscara fabular, criar e recriar, reinventar, ressignificar, reconstruir e mimetizar a realidade sejam negadas aos MCs de funk "proibidão". Suas músicas são identificadas como um realismo jornalístico bruto, como uma verdade absoluta, sem mediações. A narrativa se transforma em crime. Cantar "como se fosse" bandido se torna "ser bandido", e narrar histórias se torna confessar crimes. Facina chama a atenção para a prática de "contar vantagem", de usar o exagero para fins dramáticos ou cômicos, traços típicos da cultura popular e que também aparecem no "proibidão"[223]. No entanto, contraditoriamente, os próprios funkeiros, com seu discurso de que apenas "retratam a realidade", acabam reforçando a tese de que as letras exaltam crimes reais tal como ocorreram e legitimam a criminalização do "proibidão".

Em 2011, alguns meses após as Forças Armadas ocuparem os complexos da Penha e do Alemão, no Rio de Janeiro, foi divulgada uma gravação do funk "Bala na Dilma sapatão", de MC Vitinho, que tinha cerca de 14 anos na época e cantava os seguintes versos: "Não vamos entregar assim, desentoca o arsenal/ É bala no viado do Sérgio Cabral/ Tomaram o nosso quartel-general, que era o complexo do Alemão/ É bala na piranha da Dilma sapatão".

Em 1992, o rapper branco de classe média Gabriel O Pensador teve proibida, por ação do Governo Federal, a execução de sua música "Tô feliz (matei o presidente)", direcionada a Fernando Collor, que passava pelo processo de impeachment[224]. Quando, porém, em 2017, fez uma nova versão da música, "Tô feliz (matei o presidente) 2", para Michel Temer, Gabriel, já um rapper respeitado, teve o cuidado de deixar claro na letra que o eu lírico era agora um "autor de livro infantil", contra a violência ("Que é isso?! Eu sou da paz, detesto arma de fogo/ Deve ter outro jeito

---

222__*Apud* Carlos Palombini, "Entrevista com Gustavo Lopes, o MC Orelha", *op. cit.*, pp. 151-2.

223__Adriana Facina, "Quem tem medo do proibidão?", em: Carlos Bruce Batista (org.), *Tamborzão: olhares sobre a criminalização do funk*, Rio de Janeiro: Revan, 2013, pp. 68-9; Julio Ludemir, *101 funks que você tem que ouvir antes de morrer, op. cit.*, p. 159.

224__Leonardo Lichote, "Gabriel O Pensador conta por que fez 'Matei o presidente 2' para Temer, *O Globo*, Rio de Janeiro: 26 out. 2017.

de o Brasil virar o jogo") e que não pretendia matar o presidente literalmente ("Eu não matei nem vou matar literalmente um presidente").

Da mesma forma, enquanto "Fogo no x-9", dos MCs Cidinho & Doca, considerado um funk "proibidão", faz referência ao fato de traficantes queimarem vivos informantes e é acusada de apologética, em "República dos parentes", de Chico César, o eu lírico clama por "fogo nos fascistas". O contexto político em que esta última foi lançada era o primeiro ano do governo Bolsonaro, 2019. No entanto, talvez por Chico César ser um artista de MPB respeitado, por seu público não ser visto como capaz de incendiar literalmente pessoas, por essa não ser uma música de sucesso popular e por haver na letra a referência explícita à Babilônia em chamas, uma metáfora de opressão, de origem bíblica, presente em várias letras de reggae, "fogo nos fascistas" foi provavelmente encarado como uma figura de linguagem, e a música não teve problemas com as autoridades policiais. Por outro lado, em agosto de 2020 a Câmara Municipal de João Pessoa, sob protestos de alguns vereadores, aprovou em bloco um voto de repúdio a Chico César por causa da letra da música "Bolsominions", que traz os versos "Bolsominions são demônios que saíram do culto para brincar de amigo oculto com Satã no condomínio". A autora do requerimento, a vereadora Eliza Virgínia (PP), alegou que a canção incentivava a intolerância religiosa[225].

Em dezembro de 2019, o cabo Junio Amaral, deputado federal pelo PSL-MG, registrou uma notícia-crime contra a funkeira Ludmilla na Polícia Federal, solicitando uma investigação por apologia às drogas após o lançamento de "Verdinha", pela Warner Music Brasil. A música traz o refrão "Eu fiz um pé lá no meu quintal/ Tô vendendo a grama da verdinha a um real". No dia 2 de dezembro de 2019, um dia após nove jovens morrerem pisoteados no baile da Dz7, em Paraisópolis, Junio Amaral requereu ainda, por meio do requerimento n. 179/2019 da Comissão de Segurança Pública e Combate ao Crime Organizado da Câmara dos Deputados, a aprovação de moção de repúdio contra Ludmilla, acusando a cantora de fazer na música "Verdinha" "clara apologia à prática de condutas criminosas, como o plantio, a venda e o consumo de drogas", e de ser uma má

225__Angélica Nunes, "Música de Chico César contra 'bolsominions' recebe nota de repúdio da Câmara de João Pessoa", *Jornal da Paraíba*, João Pessoa: 13 ago. 2020.

influência para crianças e adolescentes. O requerimento foi subscrito pelos deputados Major Fabiana (PSL-RJ), Sargento Fahur (PSD-PR), Delegado Antônio Furtado (PSL-RJ), Aluísio Mendes (PSC-MA), Capitão Guilherme Derrite (PP-SP), Mara Rocha (PSDB-AC) e Edna Henrique (PSDB-PB). Ele foi aprovado, e a moção, encaminhada.

Na época, Ludmilla ironizou no Twitter a moção: "Milhões de brasileiros desempregados, sem moradia, hospitais sem vagas, a violência predominante, poluição, a questão ambiental, a rede pública de educação miserável, mas o maior problema que o Brasil tem no momento é uma música que fala de alface. Brinca mais". O deputado rebateu também no Twitter: "Muitas vagas nos hospitais são ocupadas por viciados e por vítimas da violência gerada pelo tráfico. Milhões de famílias destruídas por causa das drogas e você incentivando essa desgraça. Esse lixo de música não é só mais um crime, mas uma ferramenta de tragédias no país... Se dependesse só de mim, legalizaria a rinha de maconheiro"[226]. O deputado ainda chamou Ludmilla de "garota propaganda do tráfico". Em março de 2021, o plenário do STF rejeitou queixa-crime apresentada por Ludmilla contra Junio Amaral pelos crimes de calúnia, difamação e injúria. Os ministros entenderam que o deputado estava amparado por sua imunidade parlamentar ao criticar a música "Verdinha"[227].

Ludmilla, assim como Bezerra da Silva em "A semente" e "Malandragem dá um tempo", não cita expressamente a maconha, mas joga com a ironia e o subtexto para passar a mensagem sem se comprometer, uma estratégia para denunciar e debochar da impossibilidade de falar abertamente sobre a maconha e para moldar seu discurso, a fim de atingir públicos distintos. Foi assim que, em meio à defesa de que "Verdinha" se tratava de uma música sobre alface, Ludmilla declarou ter passado a receber mensagens de mães agradecendo, relatando que seus filhos

---

226__"Ludmilla rebate deputado sobre 'Verdinha': 'Não vou ajudar a ficar famoso. Você que lute'", *Extra*, Rio de Janeiro: 6 dez. 2019; "Deputado rebate Ludmilla sobre 'Verdinha': 'Se dependesse só de mim, legalizaria a rinha de maconheiro'", *Extra*, Rio de Janeiro: 6 dez. 2019.

227__Teo Cury e Gabriela Coelho, "Maioria do STF rejeita queixa de Ludmilla contra deputado do PSL", *CNN*, Brasília: 19 mar. 2021.

passaram a comer alface por causa do clipe, e divulgou em sua conta no Instagram vídeos de crianças comendo a verdura[228].

"Verdinha" não foi a primeira música de Ludmilla com referência à maconha, mas as demais não foram alvo de repúdio por parte de parlamentares. "Onda diferente", que gravou com Anitta e Snoop Dogg em 2019, traz os versos: "As minhas pernas já vão dar um nó/ O meu sangue já ferveu/ A minha onda já bateu/ Então sai, sai, sai da minha frente/ [...]/ Hoje eu vou dar trabalho numa onda diferente". "Não encosta no meu baseado", de 2018, que tem a versão *light* "Não encosta no meu namorado", por sua vez, diz: "Pode me tirar tudo que eu tenho/ Pode falar tudo que eu faço/ Mas eu só te faço um pedido/ Não encosta no meu baseado". Da mesma forma, MC Carol, mais de uma vez acusada de apologia às drogas pelo vereador de Niterói Carlos Jordy (PSL) nas redes sociais, além de "Tô usando crack", de 2015, gravou em 2013 "Bateu uma onda", dos versos "Novinho interesseiro/ Vou te deixar forte/ Pra fumar maconha segurando o meu malote". O PL n. 5.194/2019, de autoria do deputado Charlles Evangelista (PSL-MG), altera o Código Penal para incluir na pena por apologia de crime ou do criminoso aquele que, por meio de qualquer estilo musical que contenha expressões pejorativas ou ofensivas, estimule o uso e o tráfico de drogas e armas; a prática de pornografia, pedofilia ou estupro; ofensas à imagem da mulher e ódio a polícia. Na justificativa, o deputado defendeu que a criminalização de estilos musicais "seria uma forma de garantir a saúde mental das famílias e principalmente de crianças e adolescentes que ainda não têm o discernimento necessário para diferenciar o real do imaginário" e que "vão formando em sua postura social a concepção de que fazer o que diz nas letras de canções da moda é normal e bonito, porque quem não segue o que tá no auge é taxado de desatualizado". Disse ainda: "os estilos musicais que fazem apologia a situações descritas nesse projeto de lei não se referem à manifestação dos linguajares e costumes de uma parcela da população que é obrigada a viver a realidade que retratam nas músicas,

---

228__"Ludmilla diz receber mensagens de mães após 'Verdinha': 'filhos passaram a comer verdura'", *Extra*, Rio de Janeiro: 1º dez. 2019.

pelo contrário, essa proposição visa inibir a linguagem que degrada a imagem de boa parte da sociedade"[229].

Em 2020, a deputada federal Policial Katia Sastre (PL-SP) apresentou o PL n. 361/2020, que altera os artigos 286 e 287 do Código Penal, regulando a incitação e a apologia de crime, acrescentando a previsão de que incorre nas mesmas penas aquele que se utiliza de manifestações artísticas para a prática dos crimes previstos naqueles artigos, aumentando-se a pena até a metade se a incitação ou apologia criminosa envolver direta ou indiretamente criança ou adolescente. Na justificativa, a deputada diz que "não pode uma pessoa sob o escudo de sua liberdade artística, esculpida em nossa constituição e seu artigo 5°, inciso IX, incitar a prática de crimes e o ódio". Segundo Sastre, a prática de incitação ou apologia de crime contida em manifestações artísticas "é um abuso do direito de manifestação do pensamento e da liberdade artística, que faz com que se tornem gradativamente mais aceitos na sociedade os comportamentos citados, é um claro fator desagregador da sociedade".

Ironicamente, no entanto, o presidente da Câmara dos Deputados, Arthur Lira (PP-AL), devolveu a proposição à autora em julho de 2021, alegando que não estava "devidamente formalizada e em termos" e que "não será autorizada a publicação de pronunciamentos ou expressões atentatórias do decoro parlamentar", de acordo com o Regimento Interno da Câmara dos Deputados. A decisão foi tomada provavelmente porque a justificativa do PL trazia a letra de um funk, chamado pela deputada de "pseudomanifestação artística", com versos como "estupra mãe, estupra pai e também estupra filho/ Vô tacá fogo nocê, vô estuprá o seu bebê" e "Se sua mãe tá viva, melhor se despedir/ Vamo abrir o crânio dela e depois vamo cuspir". Versos como esses, todavia, parecem ter mais o objetivo de chocar justamente por sua agressividade exagerada do que o potencial de incentivar pessoas a de fato estuprar bebês ou cuspir em crânios abertos de mães. A música citada, "Bonde da mutilação", é da banda mineira de rock satírico U.D.R e não pertence ao universo dos bailes funk.

229__O PL foi retirado a pedido do autor. Rafael Borges analisa outros projetos de lei que criam novos crimes de apologia ou endurecem as sanções penais respectivas no artigo "A produção legislativa em torno das 'apologias'", em: Carlos Bruce Batista (org.), *Tamborzão: olhares sobre a criminalização do funk*, Rio de Janeiro: Revan, 2013.

Por fim, o projeto de resolução n. 389/2020, de autoria do deputado estadual Alexandre Knoploch (PSL), requer a criação de CPI na Alerj destinada a investigar e apurar situações de apologia ao tráfico e ao consumo de drogas no Rio de Janeiro. Na justificativa, o deputado reclama que "o que se vê é um grande desrespeito à moral pública, com a reprodução de canções que contêm expressões pejorativas ou ofensivas em ambientes públicos" e que "nossas crianças e adolescentes, com certeza, são vítimas dessa apelação musical de cultura de massa". Defende que eles tenham acesso à "alta cultura em todas as suas vertentes"; que o direito à liberdade de expressão não é absoluto; e denuncia o "forte apelo e influência que esses artistas exercem sobre os jovens em plena formação de suas personalidades". Cita, entre os artistas, Gabriel O Pensador, Gilberto Gil, Marcelo D2 e os funkeiros Mr. Catra, MC Poze e Ludmilla.

AS ACUSAÇÕES DE INCITAÇÃO E APOLOGIA DE CRIME EM OUTROS GÊNEROS MUSICAIS

Ao contrário do que muitos MCs de funk alegam, as acusações de apologia de crime não são novidade no campo artístico nem estão restritas ao universo do funk "proibidão". Nem todas as acusações, no entanto, resultam em ações policiais e judiciais. Chico Buarque, pelo menos após o fim da ditadura militar, não foi censurado ao cantar músicas que descrevem a vida de personagens relacionados a atos criminosos, como "Pivete" e "Meu guri", nem Jorge Benjor teve censurada a sua "Charles, anjo 45", que versa sobre um bandido estilo Robin Hood. Talvez porque tais canções não foram encaradas pelas autoridades como apologéticas de um criminoso real ou de episódios reais, como são alguns funks "proibidões". No terreno do samba, Bezerra da Silva representou a figura do malandro com bastante ironia, inaugurando um gênero que foi taxado pela imprensa de "sambandido". Muito antes dos funkeiros, ele foi acusado de ser amigo de bandidos, como Escadinha, e de fazer apologia de crime, motivos pelos quais teve problemas com a polícia e a censura[230].

A cantora branca e de classe média Fernanda Abreu, que flerta com o pop, a MPB e o funk, já declarou numa entrevista de 2001: "Não sou a favor de moleque de 12 anos fumar maconha, mas a partir dos 21 que fume o que quiser, cheire e seja pansexual. Nessa idade a vida está estruturada e se pode decidir. Fumo um de vez em quando, sem vício. Com certeza vou ensinar as minhas filhas que drogas não é legal"[231]. Em 1995, Fernanda lançou o álbum *Da lata*, que trazia a canção "Veneno da lata", sua parceria com Will Mowat, uma referência ao episódio conhecido como "verão da lata", em que 22 toneladas de latas de maconha foram despejadas de um navio, espalhando-se pelo litoral brasileiro durante todo o verão de 1987-1988. A letra de seu sucesso "Rio 40 graus", em parceria com Fausto Fawcett e Carlos Laufer, gravada em 1992, faz referência a "comandos de comando" e "sub-uzi equipadinha com cartucho musical". Já em "Kátia Flávia, a Godiva do Irajá", de Fausto Fawcett e Carlos Laufer, gravada por ela em 1997, o eu lírico "ex-miss Febem" rouba uma viatura e provoca a polícia pelo rádio. Não foi noticiado, porém, que Fernanda tenha tido problemas policiais por essas músicas.

Em fevereiro de 2005, o procurador-geral da República Claudio Fonteles mandou arquivar a representação feita pela ONG Mensagem Subliminar contra o ministro da Cultura Gilberto Gil, acusado de fazer apologia do uso da maconha no videoclipe da música "Kaya N'Gan Daya", versão da música de Bob Marley, e nas capas do CD e do DVD de mesmo título. A ONG alegou que "kaya" significa maconha, mas o

---

230__Bezerra da Silva, "*Discursos Sediciosos* entrevista Bezerra da Silva", *Discursos Sediciosos: Crime, Direito e Sociedade*, Rio de Janeiro: Instituto Carioca de Criminologia/Freitas Bastos, ano 4, n. 7-8, 1999, pp. 12 ss.; Letícia C. R. Vianna, *Bezerra da Silva: produto do morro: trajetória e obra de um sambista que não é santo, op. cit.*, p. 45.

231__"Não sou mulherzinha", *IstoÉ Gente*, São Paulo: 9 abr. 2001.

procurador-geral sustentou que não se pode ser incriminado por apologia de crime fazendo-se uso de mensagens subliminares[232].

Há que se mencionar, da mesma forma, o Bonde do Rolê, trio fundado em 2005, com forte influência do funk, por três jovens brancos de Curitiba, que conquistaram os hipsters, fizeram turnê internacional e foram elogiados até pelo *The New York Times*. Em 2014, lançaram o single "Vida loka", em que sampleavam MC Rodolfinho e cantavam: "Eu e meus amigos vamos abrir uma padaria/ Não vai vender pão pronto/ Só vai vender farinha/ [...]/ Quer ficar doidão?/ Bonde do Rolê proibidão". Apesar da ironia ao definir o grupo como "proibidão", não só a música não teve problemas com a Justiça ou a polícia como ainda ganhou na categoria Melhor Clipe do Prêmio Multishow de 2014.

Em 2015, o Bonde do Rolê lançou "Maria Joana", uma paródia da música de Roberto e Erasmo Carlos, em que o eu lírico diz "Eu quero fumar, mas não posso/ senão minha mãe tem um troço/ Eu quero Maria Joana/ Viajo mais alto que a lua/ E tem pra vender na minha rua". Já em "Rainha dos darks", lançada no mesmo ano e paródia de "Iansã", de Caetano Veloso e Gilberto Gil, a estética do "proibidão" aparece mais uma vez nos versos "A luta continua/ Segura esse boquete/ Somos ninjas transfiníssimas de AK47/ De dia, guerrilheira/ Lutamos tipo Farc/ De noite, realeza/ Somos rainha do dark".

Ironicamente, Pedro D'Eyrot, um dos integrantes do trio, é fundador e uma das principais lideranças do grupo político de direita Movimento Brasil Livre (MBL), que também tinha entre seus quadros Fernando Holiday, vereador que combateu, na Câmara Municipal de São Paulo, os "pancadões". O MBL protestou em setembro de 2017 contra a exposição Queermuseu, que ocorreu no Santander Cultual, em Porto Alegre, e tinha como temática a diversidade sexual. Segundo D'Eyrot, não houve censura e os motivos do protesto foram haver visitas escolares para ver

---

232__Débora Pinho, "Gilberto Gil não deve responder por apologia ao uso de maconha", *Conjur*, São Paulo: 9 fev. 2005. Algumas músicas de sucesso que fazem referência à maconha, ainda que nem sempre explícita ou elogiosa, mas não tiveram problemas com a polícia e a Justiça, foram "Sábado de sol" (1995), da banda Mamonas Assassinas; "Bagulho no bumba" (1997), da banda Os Virgulóides; "Cachimbo da paz" (1997), de Gabriel O Pensador e Lulu Santos; "Folha de bananeira" (2002), de Armandinho; e "Bateu" (2018), de Iza.

um conteúdo adulto e o fato de a exposição usar dinheiro público de um edital do BNDES[233].

Há alguns episódios em que roqueiros brancos de classe média, alguns até consagrados, foram censurados, presos ou ameaçados de prisão por apologia de crime, em pleno regime democrático. Em junho de 1995, os Paralamas do Sucesso foram ameaçados de prisão e proibidos por três oficiais de Justiça do Ministério Público Federal de tocar a música "Luiz Inácio (300 picaretas)" em um show em Brasília, com base em pedido do procurador-geral da Câmara dos Deputados, deputado Bonifácio Andrada (PTB-MG), sob a justificativa de que a música era "ofensiva à honra dos membros da Casa Legislativa"[234]. Em janeiro de 2012, Rita Lee, a autora dos versos "roqueiro brasileiro sempre teve cara de bandido", da canção "Orra meu", foi presa após o show de despedida de sua carreira, em Aracaju, acusada de desacato, por agredir verbalmente policiais que abordavam pessoas fumando maconha na plateia, e apologia de crime, por pedir um "baseado" para fumar no palco[235].

No carnaval de 2020, as bandas de rock Devotos e Janete Saiu para Beber sofreram censura e foram ameaçadas de prisão pela Polícia Militar depois de tocarem em Recife a música "Banditismo por uma questão de classe", de Chico Science, lançada originalmente em 1994, que apresenta os versos "Em cada morro, uma história diferente/ que a polícia mata gente inocente/ e quem era inocente hoje já virou bandido/ Pra poder comer um pedaço de pão todo fodido". Foi aberto então inquérito civil do Ministério Público Estadual para investigar "possíveis violações à cultura da população e à liberdade de expressão e artística dos músicos"[236].

No mesmo período, em fevereiro de 2020, foi aberto inquérito policial para investigar cartazes do Facada Fest, um festival de música punk em Belém, que trazia críticas ao presidente Jair Bolsonaro. O ministro da Justiça Sérgio Moro apoiou o inquérito, acusando os punks de

---

233__André Shalders, "Como um fundador do MBL deu o 'pontapé inicial' para a carreira de Pabllo Vittar, *BBC Brasil*, São Paulo: 18 jan. 2018.

234__Lucas Figueiredo, "Câmara censura os Paralamas", *Folha de S.Paulo*, Brasília: 26 jun. 1995.

235__"Rita Lee é levada à delegacia após show de despedida", *Agência Estado*, São Paulo: 30 jan. 2012.

236__Aliny Gama, "MP investiga censura da PM em músicas de Chico Science no carnaval", *UOL*, Maceió: 3 mar. 2020.

fazerem apologia de crime, por retratarem, nos cartazes, cenas como a do presidente empalado[237]. Em dezembro de 2020, a pedido do vereador Carlos Bolsonaro, um artista conhecido como Diadorim foi indiciado pela Delegacia de Repressão aos Crimes de Informática pelos crimes de apologia de crime e crime contra a segurança nacional por postar uma foto de uma drag queen segurando uma réplica da cabeça do presidente Jair Bolsonaro, como se fosse uma bola de futebol, em uma performance artística chamada Freedom Kick[238].

Por outro lado, em agosto de 2021 o cantor sertanejo Sérgio Reis foi alvo de um inquérito da Polícia Civil do Distrito Federal que investigava a suposta associação de pessoas para o cometimento dos crimes de ameaça, dano e "expor a perigo outro meio de transporte público" no dia 7 de setembro. Sérgio Reis havia convocado uma greve de caminhoneiros, a obstrução de estradas, e ameaçava, em um áudio, invadir o Supremo Tribunal Federal para pressionar o Senado a aprovar o voto impresso e o impeachment de ministros do Supremo, pautas bolsonaristas. A Polícia Federal cumpriu mandados de busca e apreensão, expedidos pelo ministro do STF Alexandre de Moraes, em endereços ligados ao cantor. Um grupo de 29 subprocuradores-gerais da República, por sua vez, ingressou com uma representação junto à Procuradoria da República no Distrito Federal contra Sérgio Reis pelos crimes de incitação à subversão da ordem política ou social, além de incitação ao crime[239]. Neste caso, porém, os crimes não teriam sido cometidos por meio de uma letra de música ou outra obra artística.

Funkeiros se queixam de que, além do rock, o rap também receberia tratamento mais leve por parte das autoridades[240]. Ocorre que as letras "demoníacas" de punk e heavy metal muitas vezes não são em

---

237__"Moro diz que pedido de inquérito contra punks não foi dele, mas que 'poderia ter sido'", *IstoÉ*, São Paulo: 28 fev. 2020.

238__Henrique Coelho e Matheus Rodrigues, "Polícia indicia artista por foto com cabeça do presidente após pedido de Carlos Bolsonaro", *G1*, Rio de Janeiro: 03 dez. 2021.

239__Mônica Bergamo, "Sérgio Reis é alvo de representação de 29 subprocuradores por subversão e incitação ao crime", *Folha de S.Paulo*, São Paulo: 17 ago. 2021; "Entenda por que Sérgio Reis é alvo de operação da Polícia Federal", *Splash*, São Paulo: 20 ago. 2021.

240__*Apud* Janaína Medeiros, *Funk carioca: crime ou cultura? O som dá medo. E prazer, op. cit.*, pp. 71-2.

português. Por outro lado, esses gêneros não são vistos tradicionalmente como "música de favelado"[241]. Quanto ao rap, de fato, na época da prisão de Marcelo D2 e de sua banda Planet Hemp (Planeta Cânhamo, em inglês) por apologia às drogas, em 1997, eles receberam a solidariedade de diversos artistas da chamada MPB, assim como o rapper MV Bill, quando foi acusado em 2001 de apologia de crime por causa do clipe de "Soldado do morro", no qual apareciam crianças armadas e traficantes encapuzados com metralhadoras nas mãos. A polícia o intimou a prestar depoimento na Delegacia de Repressão a Entorpecentes (DRE), no Rio de Janeiro, para explicar as cenas gravadas. Até o ministro da Justiça da época, José Gregori, defendeu-o e definiu o clipe como uma "tentativa de documentar uma fatia dos problemas sociais das favelas"[242]. Já em julho de 2020, a Polícia Civil do Rio de Janeiro apreendeu doze réplicas de armas usadas no videoclipe do *trap* "Caminhos perdidos", gravado no Jacarezinho, Rio de Janeiro, por MC 50, MC Vitinho e Chris Beats Zn. Foi instaurado um inquérito para apurar, entre outros crimes, a prática de incitação ao crime, violação de normas sanitárias por conta da pandemia de covid-19, e corrupção de menores, pois, segundo a polícia, além de os "atores empunharem simulacros de arma de fogo e agirem como se pertencessem a uma organização criminosa, aparentemente ainda faziam consumo de drogas quando das filmagens na presença de crianças e adolescentes". Os três veículos usados na gravação foram apreendidos. Foi constatado que foram alugados e não apresentavam irregularidades. As armas foram periciadas e foi constatado que de fato se tratava de réplicas[243].

O rap, em geral, é mais respeitado artisticamente do que o funk pelos críticos musicais por ser considerado um gênero mais politizado e progressista, com letras mais elaboradas, e por ter representantes que transitam com maior eficiência entre diferentes universos musicais,

---

241__Olívia M. G. Cunha, "Cinco vezes favela: um reflexão", *op. cit.*, p. 207; Rodrigo Faour, *História sexual da MPB: a evolução do amor e do sexo na canção brasileira*, *op. cit.*, p. 267.

242__Janaína Medeiros, *Funk carioca: crime ou cultura? O som dá medo. E prazer*, *op. cit.*, p. 51.

243__"'Bonde do tráfico' do Jacarezinho viraliza na internet, mas PM diz que vídeo é gravação de clipe, *G1*, Rio de Janeiro: 21 jul. 2020; "RJ: Polícia investiga armas na gravação de clipe no Jacarezinho", *RedeTV*: 22 jul. 2020.

sendo cada vez mais legitimados como artistas de MPB, assim como os roqueiros dos anos 1980 o foram – neste caso, favorecidos também pela identificação de classe social[244].

Muitos rappers, apesar de terem a mesma origem dos funkeiros e um vocabulário muito similar, faziam questão de se distinguirem deles, pois consideravam os MCs do funk, com raras exceções, mais comerciais e aparentemente muito mais comprometidos com a diversão. Quando os funkeiros faziam críticas sociais, estas vinham permeadas pelo bom humor e pelo deboche[245]. Nesse ponto, o funk carrega o humor tipicamente carioca que já existia em outros gêneros difundidos no Rio de Janeiro para o resto do país, como o maxixe, o samba, a marchinha carnavalesca e parte do rock nacional[246]. Até a libertinagem do funk era criticada por alguns rappers, que cobravam uma atitude consciente e uma vida sem vícios[247].

O avanço do funk e o refluxo do rap em São Paulo se deve em grande parte ao fato de o primeiro conceder mais espaço à dança, onde as mulheres teriam um papel fundamental. A grande presença de mulheres nos bailes funk, por sua vez, atrairia homens. Além disso, enquanto em letras de rap o suposto apego de mulheres ao consumo e sua maior atração por homens com poder econômico são criticados, nas letras de funk ostentação essas características são exaltadas. Para Alexandre Barbosa Pereira, não se pode construir, no entanto, particularmente em São Paulo, uma dicotomia entre funk e hip-hop, pois muitas músicas do primeiro trazem referências do segundo e MCs de funk incluem raps no repertório de seus shows, principalmente dos Racionais MC's[248].

244__Sobre o processo de legitimação do Brock como parte da MPB, cf. Gustavo Alonso, *Cowboys do asfalto: música sertaneja e modernização brasileira*, Rio de Janeiro: Civilização Brasileira, 2015, pp. 252 ss.

245__Micael Herschmann, *O funk e o hip-hop invadem a cena*, op. cit., pp. 108 ss., 123, 163, 183, 198, 203 e 208.

246__Rodrigo Faour, *História sexual da MPB: a evolução do amor e do sexo na canção brasileira*, op. cit., p. 274; Janaína Medeiros, *Funk carioca: crime ou cultura? O som dá medo. E prazer*, op. cit., pp. 43 ss.

247__Micael Herschmann, *O funk e o hip-hop invadem a cena*, op. cit., pp. 193-4.

248__Alexandre Barbosa Pereira, "Funk ostentação em São Paulo: imaginação, consumo e novas tecnologias da informação e da comunicação", op. cit., pp. 12-4.

As letras dos rap são encaradas pelos MCs como armas contra a sociedade, na medida em que retratam sem pudores nem verniz pacificador a dura realidade das favelas e periferias, abordando assuntos como miséria, exploração social, exclusão, racismo, rivalidades de bairro, prisão, tráfico, criminalidade, desemprego e violência policial. A postura combativa e muitas vezes agressiva do hip-hop acaba chocando aqueles que ainda creem no mito da democracia racial. A abordagem nua e crua da temática da violência e as críticas à polícia são confundidas com apologia de crime. As fronteiras ficaram ainda mais tênues com a ascensão do gênero gangsta rap, no final da década de 1980, no qual os MCs, muitos deles ex-membros de gangues, ex-traficantes e com histórico de prisões, recitam letras quilométricas em que narram em primeira pessoa, com palavrões e gírias de gangues, a crescente deterioração das condições de vida no gueto da era pós-crack e o cotidiano de criminosos, destilando seu ódio à polícia.

O gangsta rap é acusado de glamorizar a violência, as drogas, as armas, o sexo, o consumo de carros de luxo, correntes grossas de ouro e roupas esportivas, os mesmos objetos que conferem status a traficantes e jogadores de basquete provenientes dos guetos negros estadunidenses[249]. Sue Vander Hook aponta que as calças saggy, calças largas, adquiridas um ou dois números a mais que o necessário por seus usuários, foram adotadas pelos rappers em alusão aos uniformes penitenciários, que, pela padronização, muitas vezes têm tamanho maior do que o utilizado normalmente pelos detentos. Ademais, a impossibilidade de usar cintos, para evitar suicídios e outros atos de violência, fazia com que as calças caíssem, mostrando parte da roupa íntima. Ao saírem da prisão, muitos ex-detentos continuavam a utilizar esse tipo de calça, como uma espécie de indicação a respeito de seu passado, e acabaram

---

249__Paulo Sérgio do Carmo, *Culturas da rebeldia: a juventude em questão*, *op. cit.*, pp. 175 ss.; Micael Herschmann, *O funk e o hip-hop invadem a cena, op. cit.*, pp. 109 e 209; Janaína Medeiros, *Funk carioca: crime ou cultura? O som dá medo. E prazer, op. cit.*, p. 44. Sobre a origem do rap e sua disseminação pelos guetos e periferias do mundo, cf. José Manuel Valenzuela Arce, *Vida de barro duro: cultura popular juvenil e grafite*, trad. Heloisa B. S. Rocha, Rio de Janeiro: Editora UFRJ, 1999, pp. 86 ss.

influenciando os rappers com os quais conviviam[250]. A morte misteriosa dos rappers estadunidenses Tupac Shakur e The Notorious B.I.G, que gravavam para empresas rivais, é atribuída à associação de ambos a gangues igualmente rivais. Tupac era da Costa Oeste, onde tinha conexões com membros da gangue Crips, e Notorius, da Costa Leste, onde predominavam os Bloods[251].

O gangsta rap caminha nos Estados Unidos sobre uma corda bamba: se por um lado conserva um quê de marginalidade e raízes no gueto, e é reprimido pelas autoridades, por outro foi absorvido pela indústria cultural, gerando enormes lucros[252]. Apesar de boa parte dos rappers pregarem a paz nos guetos, declararem-se contra as drogas e armas e defenderem o hip-hop como um caminho alternativo à criminalidade, a mídia reforça a ideia do rap como algo perigoso, associando-o apenas à vertente gangsta e legitimando sua repressão[253].

No Brasil, todos os integrantes do grupo de rap Pavilhão 9 cantavam mascarados nos anos 1990 para garantir o anonimato, pois a banda sofrera perseguição ao ganhar fama, em 1992, com o sucesso "Otários fardados", que fazia críticas à polícia paulista[254]. Em novembro de 1994, a Polícia Militar deteve integrantes dos grupos de rap Racionais MC's e RMN durante um show no vale do Anhangabaú, em São Paulo, e os levou para a delegacia, sob a justificativa de que as músicas dos rappers, com críticas às ações da polícia, incitavam o crime e a violência. No mês anterior, a polícia já havia prendido o rapper Big Richard pelo mesmo motivo[255].

Na Virada Cultural de 2007, na praça da Sé, os Racionais MC's foram novamente acusados de incitar o público de seu show contra a

---

250__Apud Deyse Pinto de Almeida, *Os diferentes papéis da moda no universo hip hop*, dissertação (Mestrado em Artes) – Instituto de Artes e Design, Universidade Federal de Juiz de Fora, Juiz de Fora: 2015, p. 78.

251__Micael Herschmann, *O funk e o hip-hop invadem a cena, op. cit.*, p. 109.

252__*Ibidem*, pp. 122-3.

253__Paulo Sérgio do Carmo, *Culturas da rebeldia: a juventude em questão, op. cit.*, pp. 182-4; Micael Herschmann, *O funk e o hip-hop invadem a cena, op. cit.*, pp. 196-7 e 209. Cf. também Olívia M. G. Cunha, "Conversando com Ice-T: violência e criminalização do funk", *op. cit.*, p. 93.

254__Lívia Machado, "De volta, Pavilhão 9 faz show para público modesto e saudoso", *G1*, São Paulo: 7 abr. 2012.

255__"Polícia prende grupos de rap durante show", *Folha de S.Paulo*, São Paulo: 28 nov. 1994.

polícia. Segundo a Polícia Militar, o tumulto se iniciou quando pessoas do público tentaram subir em uma banca de jornal e até invadir apartamentos pelas janelas para acompanhar o show, o que fez com que os policiais respondessem atirando balas de borracha e bombas de gás lacrimogêneo, sendo atacados de volta com pedradas e garrafadas[256].

Em junho de 2000, o clipe da música "Isto é uma guerra", do grupo de rap paulistano Facção Central, teve a sua exibição vetada judicialmente, com base em representação do Grupo de Atuação Especial de Combate ao Crime Organizado, do Ministério Público Estadual de São Paulo, que acusou o videoclipe de incitar a prática de crimes como roubo, sequestro e homicídio, além de ser racista e preconceituoso, pois os criminosos representados eram negros e moradores da zona Leste de São Paulo. O vocalista Eduardo classificou a proibição como censura e "algo da ditadura", declarou que a intenção da música era "mostrar o criminoso dando um toque para a sociedade e mostrar que ela pode ajudar" e que, para provar que não fazia apologia de crime, o grupo divulgaria a música "Não quero ser o próximo defunto", cuja letra diz que os moradores da periferia não querem ser traficantes nem roubar, mas precisam de uma chance[257].

Em junho de 2015, o rapper Cert, do grupo ConeCrew Diretoria, foi preso durante um show em Paty do Alferes, sul do estado do Rio de Janeiro, por apologia ao tráfico de drogas, desobediência e desacato. O grupo afirmou na época que nunca escondeu ser a favor da legalização da maconha, assim como ex-presidenciáveis também são, e exigiu liberdade de expressão. Em fevereiro daquele ano, Cert já havia sido preso por tráfico de drogas, por ter uma plantação de maconha em sua casa, e por desacato, pois teria agredido verbalmente os policiais quando foi levado para a delegacia[258].

256__Diógenes Muniz, "Virada Cultural se transforma em campo de batalha no centro de SP", *Folha de S.Paulo*, São Paulo: 6 maio 2007. O vocalista Mano Brown foi detido pela polícia em outros episódios por desacato, desobediência e resistência (Paulo Toledo Piza, "Mano Brown é liberado pela polícia após ser detido durante abordagem", *G1*, São Paulo: 6 abr. 2015).

257__Fabiane Leite, "Justiça veta vídeo de rap do grupo Facção Central na MTV", *Folha de S.Paulo*, São Paulo: 29 jun. 2000.

258__"Cantor da banda ConeCrew Diretoria é preso durante show no RJ", *R7*, Rio de Janeiro: 07 jun. 2015.

Como se vê, alguns rappers brasileiros, assim como MCs de funk, também já foram presos por tráfico de drogas. O rapper e ator Sabotage, assassinado em janeiro de 2003, teve uma passagem pela polícia por porte de drogas e outra por tráfico, ambas em 1995, e dizia que o rap o salvara do crime[259]. O grupo Detentos do Rap foi fundado por presos da Casa de Detenção de São Paulo, o Carandiru, na década de 1990. Em 1998, lançou o CD de estreia, *Apologia ao crime*, e chegou a gravar um clipe no presídio[260]. Já o rapper Dexter, após seis assaltos, cumpriu pena em regimes aberto e semiaberto, de 1998 a 2011, período que ele chama de "exílio". Em 1999, formou com Afro-X a dupla 509-E, o número da cela que dividiam no quinto andar do pavilhão 7 do Carandiru. A dupla produziu dois CDs. Dexter seguiu para uma casa de detenção em São Vicente, litoral de São Paulo, onde gravou o álbum solo *Exilado sim, preso não*. Em 2009, durante o regime semiaberto em Guarulhos, conseguiu gravar seu primeiro DVD, com participação de nomes como Mano Brown, Edi Rock, Paula Lima e Thaíde[261].

Após os ataques do PCC na cidade de São Paulo em 2012, Dexter comparou a facção criminosa ao Movimento dos Trabalhadores Rurais Sem Terra (MST): "São formas de organização do povo, para reivindicar direitos". Por sua vez, o rapper Cascão, que tinha passado quinze anos na vida do crime e oito na cadeia, lançou com seu grupo Trilha Sonora do Gueto a música "Fala que é *nóis*", em que faz uma ode ao PCC: "Os atentado é pra mostrar que o comando é de verdade/ O sistema tá ligado que o comando tá crescendo/ Que a cada dia mais armado, nóis não tá podendo/ Se cansamo de ficar vendo a polícia matar". Cascão declarou que conhecia os líderes da facção citados na música e que alguns até pediram para ser citados. O rapper comparava o PCC ao Hamas, o grupo político armado palestino: "São pessoas que lutam contra as patifarias

---

259__Luciana Cavalcanti, "Rapper Sabotage é morto a tiros em SP", *Folha de S.Paulo*, São Paulo, 25 jan. 2003.

260__"Presos gravam clipe e levam revista pornô como cachê", *Folha de S.Paulo*, São Paulo, 29 nov. 1998.

261__Amon Borges, "Ex-detento do Carandiru, Dexter comemora 6 anos de liberdade em SP", *Folha de S.Paulo*, São Paulo, 17 abr. 2017; Peu Araújo, "Dupla de rap criada no Carandiru se reúne 20 anos depois e celebra história", *TAB*, São Paulo: 24 jun. 2019. Sobre a relação do rap com a prisão, cf. Bruno Zeni, "Literatura e rap na/da prisão", *Literatura e Autoritarismo*, n. 31, Santa Maria: jan.-jun. 2018.

do sistema". Tanto Cascão como Dexter defendiam, pelas próprias experiências de vida, que o PCC ajudara a pacificar as penitenciárias e os bairros periféricos[262]. Foi na Casa de Detenção do Carandiru que André do Rap, líder do PCC responsável pelo tráfico internacional de cocaína, compôs seus primeiros raps. Alguns chegaram a ser gravados e disponibilizados no Spotify[263].

Deve-se mencionar ainda o trap, subgênero de rap nascido em Atlanta, capital da Geórgia, nos Estados Unidos, nos anos 1990, que trata de violência e criminalidade nas letras. "*Trap*", ao pé da letra, significa "armadilha" e faz referência às *traphouses*, casas onde ocorre o tráfico de drogas. Muitos *trappers* de sucesso nos Estados Unidos, como XXXTentacion, que foi assassinado em 2018, lidaram com acusações ou sentenças criminais, e alguns tiveram a carreira alavancada justamente pelos crimes que cometeram. No Rio de Janeiro, Meno Tody refere-se a si mesmo como o "trapster do CV" e faz diversas referências diretas e indiretas ao Comando Vermelho em suas letras. A cantora Juju Rude, por sua vez, cita em "Marginal Adidas" as "três listras", uma referência à marca Adidas, mas também ao Terceiro Comando Puro. Já o rapper QTZ Tivityn ataca Meno Tody em "Foda-se o Meno Tody", admitindo que não é do Terceiro Comando Puro, que tem amigos das duas facções, que quer que sua música chegue a todos, mas que se contrapor a Meno Tody e ao Comando Vermelho foi uma forma de obter visibilidade[264].

No pagode baiano, gênero bastante popular na Bahia, com muitas letras e coreografias de forte apelo sexual, também há casos de acusações de apologia de crime. Ledson Chagas atribui o desenvolvimento da temática social no pagode baiano, com a incorporação de personagens como o caguete, o patrão (do tráfico) e o "alemão", à difusão em Salvador da cultura funk e de alguns filmes, como *Cidade de Deus* e *Carandiru*; ao aumento da violência urbana em Salvador e em outras cidades da Bahia, que atinge diretamente o público e os produtores do pagode, em razão de classe social e raça; a uma necessidade de fugir das críticas à temática sexual e ao machismo; à constante necessidade de assunto para letras e,

---

262__Rodrigo Bertolotto, "Rappers ex-detentos defendem PCC como grupo de resistência", *UOL*, São Paulo: 7 dez. 2012.

263__João Wainer, "O bandido do rap", *Folha de S.Paulo*, São Paulo: 26 jul. 2021.

264__Amanda Cavalcanti, "Trap proibidão bomba no Rio com letras de alusão a facções criminosas", *TAB UOL*, São Paulo: 5 mar. 2020.

daí, ao desejo de narrar sua cotidianidade (vivida e imaginada); além da busca por demarcar um território de mercado em relação aos produtores de outros gêneros musicais. Outro ponto em comum do pagode baiano com o funk é a recorrente menção ao universo evangélico, mesmo em bandas que se dedicam apenas à vertente sexual.

Entre as bandas de pagode baiano com músicas de temática social, destacam-se Fantasmão, Guettho é Guettho e, principalmente, A Bronkka, surgida entre 2008 e 2009. Seu vocalista era Igor Kannário, conhecido como Príncipe do Gueto, que canta letras sobre a favela e tem um discurso que confere a si legitimidade, como um dos autênticos representantes da favela e de suas leis próprias, onde "o caguete é fritado que nem peixe", como diz a letra de "A favela frita que nem peixe (Caguete)". Ledson Chagas chama a atenção para o risco de as letras acabarem contribuindo para a normalização da violência que de fato ocorre nas favelas e periferias de Salvador, mas que se deve levar em conta o contexto específico e circunscrito do consumo dessas letras, "em seu ambiente de festa – não como receituário de condutas"[265].

Igor Kannário foi preso diversas vezes, acusado de desacato, tráfico e porte de maconha, o que não o impediu de cantar no carnaval de Salvador, a convite da Prefeitura[266]. Kannário mais de uma vez se disse perseguido pela polícia e reivindicou sua origem social. Afinal, apesar de não ser um músico de funk, sua origem social e a de seu público é a mesma que a dos funkeiros: jovens negros, pobres e periféricos que convivem cotidianamente com a violência policial.

Em 2016, o cantor foi eleito vereador de Salvador pelo PHS com mais de 11 mil votos, sendo o 14° candidato mais votado daquela disputa. Em 2018, foi eleito deputado federal pelo PHS com mais de 50 mil votos, em coligação com o PSL. Seu PL n. 2.358/2019 declara que os movimentos

---

265__Ledson Chagas, *Corpo, dança e letras: um estudo sobre a cena musical do pagode baiano e suas mediações*, dissertação (Mestrado em Cultura e Sociedade) – Universidade Federal da Bahia, Salvador: 2016, pp. 152 ss.

266__Alessandro Isabel, "Major chama Igor Kannário de irresponsável e mau exemplo para os jovens", *B News*, Salvador: 28 jan. 2014; "Igor Kannário é detido com droga na Bahia; 2ª vez no mês de janeiro", *G1*, Salvador: 23 jan. 2015; "Após polêmica, Igor Kannário tem apoio do governo e agita carnaval da Bahia", *Estadão Conteúdo*, São Paulo: 16 fev. 2015; "Igor Kannário faz acordo e vai pagar R$ 9 mil para entidades sociais após denúncia por desacato policial", *G1*, Salvador: 18 set. 2019.

artísticos presentes na periferia são patrimônio cultural e manifestação da cultura popular nacional. Entre os movimentos listados, inclui-se o funk[267]. No carnaval de 2019, durante desfile no circuito Barra-Ondina, o cantor subiu ao trio vestindo um uniforme de policial com a inscrição "Comando da Paz", nome de uma organização criminosa que atua no tráfico de drogas em Salvador. A Associação dos Policiais e Bombeiros Militares e de seus Familiares do Estado da Bahia (Aspra Bahia), presidida pelo deputado estadual soldado Prisco (PSC), informou que processaria Kannário por apologia de crime e por promover uma facção criminosa.

O cantor, valendo-se da ambiguidade e da ironia características de MCs de funk "proibidão", justificou que a vestimenta, intitulada "PM do Futuro", era uma homenagem à Polícia Militar baiana e que o nome da facção era uma infeliz coincidência[268]. O deputado estadual Capitão Alden (PSL), por outro lado, afirmou que representaria contra Kannário no Ministério Público e encaminharia à Câmara dos Deputados uma denúncia para que o Conselho de Ética julgasse a sua conduta "desafiadora da moral e dos bons costumes[269].

No carnaval de 2020, ao desfilar no circuito Osmar, Igor Kannário provocou a Polícia Militar, criticando sua truculência e declarando: "Eu quero uma vaia para a Polícia Militar da Bahia. Agressores. Venha me bater aqui em cima, seu bunda-mole! [...] Se acontecer alguma coisa comigo, quem mandou me matar foi alguém da Polícia Militar"[270]. Capitão Alden afirmou, em resposta, que Kannário atentou contra a democracia, merecia perder o mandato de deputado federal por quebrar o decoro parlamentar e ser preso por cometer desacato, incitação ao crime e atentar contra a Lei de Segurança Nacional. Já o comando da Polícia Militar emitiu nota de repúdio dizendo que a atitude do cantor e deputado fora irresponsável

---

267__Os artigos do PL têm teor semelhante aos do PL n. 4.124/2008, de Chico Alencar (Psol-RJ). Em julho de 2021, o PL de Igor Kannário ainda estava em tramitação.

268__Alexandre Santos, "Prefeito de Salvador defende cantor-deputado acusado de apologia ao crime", *UOL*, Salvador: 3 mar. 2019.

269__"Associação de policiais e deputado vão processar Kannário por apologia ao crime", *Correio 24 Horas*, Salvador: 2 mar. 2019.

270__Matheus Morais e Rayllanna Lima, "Em passagem pelo Campo Grande, Kannário chama policiais de agressores; assista", *Bahia.Ba*, Salvador: 24 fev. 2020.

e criminosa, incitara os foliões contra os policiais militares e tentara comprometer a honra da instituição[271].

O prefeito ACM Neto, que já havia defendido o cantor outras vezes, declarou que o episódio não tinha nada a ver com questões partidárias, parlamentares ou políticas de Igor Kannário, já filiado ao DEM, mas sim com sua condição de artista. Disse que a gestão municipal não pode censurar nenhum artista no que diz respeito a se posicionar numa apresentação em cima do trio elétrico, enquanto o governador Rui Costa (PT) saiu em defesa da Polícia Militar e acionou a Procuradoria Geral do Estado para que adotasse as medidas legais contra o cantor[272].

Pelo fato de Igor Kannário ser um artista muito popular na periferia de Salvador, ter feito parte da base de apoio de ACM Neto na Câmara Municipal e, depois, ter virado seu correligionário na Câmara dos Deputados, era natural que o prefeito de Salvador, um político de direita, quisesse manter as melhores relações com Kannário, independentemente do gênero musical que canta ou do teor de suas letras. Curiosamente, ao mesmo tempo, percebe-se que Kannário é alvo de críticas de deputados de extrema direita do PSL ligados à Polícia Militar e do governador petista Rui Costa, de um partido considerado de esquerda, de oposição a ACM Neto, que na posição de governador ainda se viu constrangido a apoiar sua força policial.

BAILE FUNK E DROGAS

Livio Sansone observou em sua pesquisa, na década de 1990, que uma parte do intercâmbio entre asfalto e morro que acontecia no baile funk e em seus arredores girava em torno do consumo ao ar livre de cocaína e, em menor medida, de maconha. Os jovens subiam o morro para fazer o que não podiam no asfalto. Uma parte da paquera entre meninos do morro e meninas do asfalto também utilizava a cocaína como atrativo. Sansone acreditava, porém, que a mistura sociorracial do baile era

---

271__Estela Marques, "Kannário atentou contra democracia e merece ser preso, diz Alden", *Bahia.Ba*, Salvador: 24 fev. 2020.

272__Rodrigo Daniel Silva e Matheus Caldas, "ACM Neto diz que DEM não vai punir Kannário por declarações contra PM", *Bahia Notícias*, Salvador: 25 fev. 2020.

exagerada pelos entusiastas do funk e que, consequentemente, também eram exageradas as estimativas de jornalistas, traficantes e imprensa em relação aos lucros das bocas de fumo[273].

Em novembro de 2011, foi noticiado que desde 2008 que ocorria o baile funk da favela de Heliópolis, em São Paulo, conhecido como Pancadão Bonde 3, que reunia cerca de 1,5 mil pessoas nas madrugadas de sábado. O baile reunia não apenas jovens da comunidade, mas principalmente grupos de classe média de outras regiões da cidade que iam em busca de drogas, como cocaína, maconha, ecstasy e lança-perfume, vendidas à vontade e consumidas no meio da rua. Pessoas ligadas ao tráfico diziam que o lucro médio na festa era de R$8 mil, R$5 mil a mais que o obtido em dias sem o "pancadão"[274]. Não importa tanto, porém, na óptica da criminologia crítica, o fato de haver consumo de drogas nos bailes funk, mas sim questionar se o consumo de drogas justifica o fechamento dos bailes, uma vez que ele não se limita ao espaço do baile funk e prescinde desse espaço[275]. Mesmo com os bailes interditados, o tráfico permaneceu. O que se conseguiu foi apenas acabar com uma das raras formas de lazer dos jovens das favelas[276].

Alexandre Dumans e Vera Malaguti Batista denunciam que a "guerra contra as drogas" tem uma função política muito clara de ampliar os poderes punitivos do Estado e o controle social, criminalizar e demonizar populações inteiras, as mesmas de sempre (negros, pobres, imigrantes). Por outro lado, essa guerra legitima até interferências militares e político-econômicas em países produtores (ou supostamente produtores) da droga, obrigados a exercer esse papel justamente pelo capital financeiro, pela nova divisão internacional do trabalho, pelas crises econômicas e novas políticas de ajuste econômico, as quais favorecem

---

273__Livio Sansone, "Funk baiano: uma versão local de um fenômeno global?", em: Micael Herschmann (org.), *Abalando os anos 90: funk e hip hop: globalização, violência e estilo cultural*, Rio de Janeiro: Rocco, 1997, p. 172. Cf. também Juliana Resende, *Operação Rio*, op. cit., pp. 64-5.

274__Marici Capitelli, "Tráfico mantém baile funk em Heliópolis", *O Estado de S. Paulo*, São Paulo: 30 nov. 2011.

275__Bezerra da Silva, "Discursos sediciosos entrevista Bezerra da Silva", *op. cit.*, p. 15; Silvio Essinger, *Batidão: uma história do funk*, op. cit., pp. 134-5.

276__Micael Herschmann, *O funk e o hip-hop invadem a cena*, op. cit., p. 178.

a expansão dessa produção voltada para o comércio globalizado[277]. De acordo com o Anuário Brasileiro de Segurança Pública de 2021, o Brasil tinha em 2020 759.518 presos, sendo 30,1% deles provisórios, ou seja, sem condenação, e 94,4% do sexo masculino. Em termos de faixa etária, 24,6% dos presos tinham de 18 a 24 anos e 24,0% tinham de 25 a 29 anos, as maiores percentagens. Do total de presos com informações sobre cor/raça, 66,3% eram negros, o que inclui pretos e pardos, sendo que os negros representavam 56,1% da população brasileira em geral. Enquanto houve um aumento de 13,5% de presos negros entre 2005 e 2020, houve uma diminuição de 18,3% de presos brancos[278]. Segundo os dados do Departamento Penitenciário Nacional de 2019, do total de incidências por tipo penal pelas quais as pessoas foram presas no sistema penitenciário estadual, 50,98% eram de crimes contra o patrimônio e 20,27% eram de violações à Lei de Drogas, as maiores percentagens.

A proibição das drogas leva a um sobrepreço que faz com que valha a pena para o traficante correr riscos. Por tratar-se de um mercado altamente lucrativo e não regulado, quadrilhas rivais disputam espaços à bala, e as que triunfam têm poder econômico para corromper policiais e outros agentes do Estado[279]. A indústria do crime segue exatamente a mesma racionalidade de acumulação de capital que a das empresas vencedoras do mercado lícito. Assim como qualquer empresa, a indústria do crime se organiza para atender a uma demanda existente, almeja o acúmulo de capital, pode assumir grande escala produtiva, recruta e treina mão de obra, estabelece focos territoriais de oferta e procura, faz lobby na imprensa e na política, questiona o poder decisório do Estado e investe em responsabilidade social. A indústria do crime ainda tem um papel fundamental para movimentar a economia, já que aciona recursos diretos e indiretos para produzir e distribuir seu produto, estende

---

277__Alexandre Moura Dumans e Vera Malaguti Batista, "Nada de novo no *front*", *Revista Ciência Hoje*, São Paulo: abr. 2002, n.181. Cf. Loïc Wacquant, *Punir os pobres: a nova gestão da miséria nos Estados Unidos*, Rio de Janeiro: Freitas Bastos, 2001, pp.29-30.

278__Fórum Brasileiro de Segurança Pública, "Anuário Brasileiro de Segurança Pública 2021".

279__Cf. Luciana Boiteux de Figueiredo Rodrigues, *Controle penal sobre as drogas ilícitas: o impacto do proibicionismo no sistema penal e na sociedade*, tese (Doutorado em Direito) – Universidade de São Paulo, São Paulo: 2006, pp.195 ss.

suas teias para negócios complementares e gera emprego e renda, tanto direta quanto indiretamente, inclusive na correspondente indústria do controle do crime[280]. O tráfico de drogas não é, portanto, antagônico às economias de mercado, mas sim sua extensão selvagem, com lucros astronômicos formados com base em trabalho escravo (voluntário)[281].

O termo "traficante", largamente utilizado para nomear o comerciante varejista de drogas que atua nas favelas, superdimensiona o papel dos bandidos locais num comércio internacional que envolve substâncias ilícitas e armamentos que não são produzidos nas comunidades pobres[282]. Em nosso país, conforme visto, a maioria dos condenados por tráfico de entorpecentes, que lotam nossas cadeias, não são os verdadeiros "chefões" das drogas, mas jovens negros e pobres recrutados pelo mercado ilegal. Por essa razão, criminólogos críticos problematizam o emprego dos termos criminalizantes e essencializadores "traficante" e "bandido" para designar comerciantes varejistas de substâncias psicotrópicas criminalizadas. Afinal, eles estão na ponta, se expondo mais à criminalização, à prisão e à morte, mas obtendo a menor parte dos lucros. Responsabilizar o baile funk pelo tráfico de drogas e encarar o comerciante varejista como o malfeitor que "desvirtua nossas crianças" é, portanto, ingênuo, mais cômodo e funcional do que enxergar e combater o tráfico em toda a sua dimensão político-econômica[283].

Alguns acórdãos do Tribunal de Justiça do Rio de Janeiro, no entanto, transparecem uma visão criminalizante do baile funk que o associa ao ambiente propício para a prática do tráfico de drogas. O fato de o "suspeito" estar se dirigindo a um baile ou se encontrar em suas cercanias é considerado um indício que já o incrimina[284]. A esse respeito, cabe

---

280__Luiz Guilherme Piva, "A economia do crime", *Revista Consultor Jurídico*, São Paulo: 24 maio 2006. Sobre a indústria do controle do crime, cf. Nils Christie, *A indústria do controle do crime*, Rio de Janeiro: Forense, 1998.

281__Maria Rita Khel, "As asas quebradas", *Folha de S.Paulo*, São Paulo: 26 mar. 2006.

282__Adriana Facina, "'Eu só quero é ser feliz': quem é a juventude funkeira no Rio de Janeiro?", *op. cit.*, p.3.

283__Sylvia Moretzsohn, "O caso Tim Lopes: o mito da 'mídia cidadã'", *op. cit.*, pp.304-5.

284__TJRJ, apelação n. 0034701-17.2002.8.19.0000 (2002.050.05724), Rio de Janeiro: 2 set. 2003; TJRJ, apelação n. 0038324-96.2007.8.19.0038 (2008.050.05205), Rio de Janeiro: 26 fev. 2009.

frisar que a lei n. 11.343/2006, conhecida como Lei de Drogas, dispõe em seu artigo 40, inciso III, que a pena de tráfico de drogas aumenta de um sexto a dois terços se tiver ocorrido nas dependências ou imediações de recintos onde se realizem espetáculos ou diversões de qualquer natureza. A mesma previsão já se encontrava na antiga Lei de Drogas, lei n. 6.368/1976, em seu artigo 18, inciso IV. Essa causa de aumento da pena já foi aplicada em uma sentença, por exemplo, sob a justificativa de que dentro de um táxi foram apreendidos, junto com os réus, "farto material para endolar a droga e diversos convites para um baile 'Noite das Popozudas'"[285].

Já no que diz respeito à repressão ao consumo de drogas, Becker acentua o papel dos criadores de regras, empreendedores morais que, como reformadores cruzados, operam com uma ética absoluta, muitas vezes hipócrita. Eles julgam que nada pode estar certo no mundo até que se façam regras para corrigi-lo. Apesar de parecerem intrometidos, interessados em impor sua própria moral aos outros, muitos cruzados morais têm fortes motivações humanitárias, pois acreditam que, se as outras pessoas fizerem o que é certo, será bom para elas[286].

Segundo Becker, três valores legitimavam a repressão ao uso de álcool e ópio nos Estados Unidos no século XX. A ética protestante afirma que o indivíduo deve exercer completa responsabilidade pelo que faz e pelo que lhe acontece e nunca deve fazer nada que possa causar a perda do autocontrole. Por outro lado, a cultura do pragmatismo e utilitarismo condena as ações empreendidas com o único intuito de alcançar estados de êxtase, os chamados "prazeres ilícitos". Por fim, o humanitarismo diz que pessoas escravizadas pelo uso de álcool e ópio, bem como suas famílias, seriam beneficiadas por leis que tornassem impossível para elas ceder à sua fraqueza[287].

Alguns projetos de lei estaduais de São Paulo e Rio de Janeiro buscaram supostamente coibir o consumo de bebidas alcoólicas e drogas ilícitas em contextos de lazer, elegendo expressamente como alvos principais bailes funk e festas rave, proibindo festas "open bar" e/ou com

---

285__TJRJ, apelação n. 0036602-54.2001.8.19.0000 (2001.050.02211), Rio de Janeiro: 26 fev. 2002.

286__Howard Becker, *Outsiders: estudos de sociologia do desvio*, Rio de Janeiro: Zahar, 2009, pp. 153-5.

287__*Ibidem*, pp. 142-3.

distribuição gratuita de bebidas e tornando obrigatórias campanhas educativas nesses locais[288]. Por um lado, alguns projetos condenam o consumo de bebidas alcoólicas especificamente por crianças e adolescentes, manifestando a preocupação pela saúde dos jovens e escapando da condenação hipócrita que recai muitas vezes apenas sobre as drogas ilícitas. Por outro, ao citar também as festas rave, os projetos escapam da acusação de que criminalizam apenas os bailes funk.

Na Câmara dos Vereadores do Rio de Janeiro, Veronica Costa apresentou diversos projetos com o objetivo de combater o consumo de álcool e drogas ilícitas, sobretudo por jovens, de forma preventiva e interdisciplinar, envolvendo ações principalmente no âmbito da saúde, educação e assistência social, o que é simbólico e até estratégico, tratando-se da vereadora mais associada ao funk, gênero acusado de fazer apologia do uso de drogas. Percebe-se que, em seus projetos, a Mãe Loira do Funk não distingue drogas lícitas das ilícitas, encarando também o abuso de álcool como um problema de saúde pública[289].

Alguns projetos de lei estadual de São Paulo, sem citar bailes funk em seus artigos ou em sua justificativa, mas mencionando poluição sonora, brigas, "rachas" e acidentes automobilísticos, buscaram proibir o consumo de bebidas alcoólicas nas dependências dos postos de combustíveis do estado. Tais projetos foram anexados e transformados na lei n.16.927/2019, de autoria de Wellington Moura (PRB)[290]. Outros PLs, mais rigorosos, do deputado Jooji Hato (PMDB), sem citar bailes funk, buscaram proibir atos de venda, compra e ingestão de bebidas alcoólicas em locais públicos no âmbito do estado de São Paulo (PL n.486/2011) e o trânsito e a permanência de menores de 18 anos desacompanhados

---

288__No âmbito da Alerj, cf. o PL n.1.556/2008, de autoria do deputado Dionísio Lins (PP); e o PL n.1.642/2008, do deputado Zito (PP). Ambos os PLs foram arquivados em fevereiro de 2011, com o término da legislatura anterior. Na Alesp, cf. o PL n.1.397/2007, de autoria do ex-promotor de Justiça e deputado estadual Fernando Capez (PSDB); e o PL n.416/2017, do deputado e pastor Cezinha de Madureira (DEM), ambos em tramitação em julho de 2021.

289__Cf. a lei n.3.656/2003, o PL n.2.291/2004, o PL n.720/2014, a lei n.5.916/2015, a lei n.6.147/2017, o PL n.517/2017, a lei n.6.382/2018, o PL n.865/2018, a lei n.6.467/2019 e a lei n.6.693/2019.

290__Cf. o PL n.323/2011, de Jooji Hato (PMDB); o PL n.553/2005, de Jonas Donizette (PSB); o PL n.359/2011, de Gilmaci Santos (PRB); e o PL n.1.014/2014, de João Caramez (PSDB).

de mãe, pai ou responsável nas ruas e locais de frequência coletiva, das 23h30 às 5h00 (PL n. 768/2011).

É digno de nota que, por meio de emenda ao PL n. 768/2011, o deputado Edson Ferrarini (PTB), coronel reformado da Polícia Militar, excluiu essa corporação das rondas e da comissão responsáveis por aplicar a lei, sob o argumento de que ela ficaria sobrecarregada e de que "o problema não se resolve apenas com a utilização de força policial, mas sim com o envolvimento de diversas entidades estatais e municipais que atuam na área e possuem recursos e formação mais adequada para sanar o problema". Ferrarini sustentou ainda que o toque de recolher para menores não é uma limitação válida, pois pune e coloca sob suspeita "toda uma camada de jovens", sendo que "apenas uma minoria pratica atos infracionais e necessita de uma atenção especial". Considera que é infundado "tentar suprir a ineficiência estatal no combate à delinquência com a restrição de direitos das crianças e adolescentes"[291].

Alguns projetos de lei da Alesp e da Câmara dos Vereadores de São Paulo, fazendo referência aos bailes funk em suas justificativas, visavam proibir o acesso a determinados produtos químicos por menores de 18 anos, para combater especificamente a fabricação do lança-perfume, vulgo "loló", uma das drogas mais consumidas nos "fluxos" de São Paulo, por ser fácil de produzir e de transportar e mais barata que a cocaína, com o vidrinho custando entre R$5 e R$10 em 2015[292]. O "loló" baforado nos "fluxos" é mais potente que a mistura consumida nos carnavais de antigamente e tem apelo entre jovens de 13 a 15 anos por conta do efeito rápido da risada e do zunido no ouvido logo após o consumo, apelidado de "tuim". Há inclusive quem atribua à "chapação" do lança-perfume a origem do passinho do Romano, grande sucesso nos "fluxos" em 2014,

---

291__O PL n. 486/2011 foi rejeitado pela Comissão de Segurança Pública e Assuntos Penitenciários, inclusive com o apoio do deputado estadual Major Olímpio (PDT), e ainda estava em tramitação em julho de 2021. O PL n. 768/2011 também foi rejeitado nas comissões e arquivado em março de 2015.

292__Cf. o PL n. 1.031/2015, de autoria da deputada Beth Sahão (PT); a lei n. 16.150/2016, de autoria do deputado Caio França (PSB) e o PL n. 143/2015, do vereador Eliseu Gabriel (PSB).

uma coreografia desengonçada em que o dançarino coloca as mãos no rosto, como se estivesse com vergonha[293].

Segundo a viúva de Magrão, um morador do Jardim Romano, bairro da zona Leste de São Paulo, que morreu em um acidente de moto em 2013, ele não sabia dançar e, tentando fazer passos de black, acabou criando o passinho do Romano. Outra versão aponta que Magrão estava justamente imitando os jovens sob o efeito do "loló". MC Bruno IP viu um vídeo de Magrão dançando e se inspirou para fazer uma música sobre o passinho. A coreografia viralizou também na internet, onde há milhares de vídeos de jovens dançando. O mais célebre deles, Fezinho Patatyy, chegou a participar da gravação do clipe "Mais ninguém", da Banda do Mar, formada por Mallu Magalhães, Marcelo Camelo e Fred Pinto Ferreira[294].

A preocupação com o consumo de drogas por adolescentes nos bailes funk também chegou ao Senado Federal. O PL n. 486/2018, de autoria da CPI dos Maus-Tratos, de 2017, presidida pelo senador Magno Malta (PR-ES) e relatada pelo senador José Medeiros (Pode-MT), altera o Estatuto da Criança e do Adolescente (ECA) para proibir a admissão e a permanência de crianças ou adolescentes em bailes funk e eventos como aqueles com livre fornecimento de bebidas alcoólicas, impondo multa e autorizando o fechamento do estabelecimento que permita a admissão ou permanência, em caso de reincidência.

A senadora Marta Suplicy (MDB-SP), por sua vez, propôs emenda para suprimir a expressão "em bailes funk", sob a justificativa de que "especificar a proibição apenas no caso de bailes funk é discriminar contra esse estilo musical" e de que, "se o problema é o acesso de crianças e adolescentes a eventos com livre distribuição de bebidas alcoólicas, basta estabelecer a proibição em caráter geral e os bailes funk que se enquadrarem nessa condição serão atingidos, assim como quaisquer outros eventos, independentemente de estilo musical"[295].

293__Felipe Maia, "A silenciosa epidemia do lança-perfume no Brasil", *Vice*, São Paulo: 13 fev. 2015.

294__"Passinho do Romano vira febre em São Paulo e na internet", *G1*, Rio de Janeiro: 21 set. 2014. O passinho do romano também é citado em "Sarrada no ar", do MC Crash, de 2014.

295__Aprovado em duas comissões com a supressão da expressão "bailes funk" para evitar um tratamento discriminatório, o PL ainda estava em tramitação em julho de 2021.

Quanto a esse ponto, deve-se ressaltar que Zila Sanchez, professora do Departamento de Medicina Preventiva da Universidade Federal de São Paulo (Unifesp), considera que o crescimento dos blocos de rua de carnaval acabou facilitando para menores de idade o acesso a bebidas alcoólicas, pois antes "só era possível beber em alguma balada fechada, onde necessariamente tinha que apresentar documento". Para Sanchez, a opção dos jovens é pelo que for acessível e barato. Já Sandra Scivoletto, coordenadora do Ambulatório de Adolescentes e Drogas do Instituto de Psiquiatria do Hospital das Clínicas de São Paulo, ressalta que "o abuso do álcool pelos adolescentes reflete o comportamento dos adultos. Se os adultos exageram na bebida no carnaval, por que adolescentes fariam diferente?"[296].

Rodrigo Magalhães observou que os seguranças das festas de aparelhagem em Belém realizam a identificação e revista minuciosa do público na entrada, visando impedir o ingresso de menores de idade e de possíveis armas. Um dos proprietários de casa de show relatou a ele que a presença de menores nas festas é um motivo constante de preocupação, pois existem fiscalizações frequentes do Juizado de Menores e, caso seja encontrado algum menor na festa, o estabelecimento pode ser multado ou até fechado[297]. Quanto ao consumo de drogas nas festas de aparelhagem, à primeira vista a droga que mais se destaca é o álcool. Além de contribuir para a animação da festa, o álcool cumpre outra função. Apesar de não possuírem condições financeiras favoráveis, em sua maioria, os homens consomem baldes de cerveja para demonstrar que têm dinheiro, pois acreditam que ostentar bebidas chama a atenção das mulheres, e é costume pagarem bebidas para elas. Em relação às drogas ilícitas, em geral o consumo não é realizado abertamente por serem proibidas[298].

Por outro lado, Vladimir Cunha, jornalista paraense e diretor do documentário *Brega S/A*, declarou em janeiro de 2011 que a chegada do tráfico e das gangues às festas de aparelhagem teve início em 2005, fase em que os DJs começaram a tocar *psy trance*, que acabou encontrando no *eletromelody* sua versão local. O público, mantido "no pique" pela

---

296__Carlos Minuano, "Atravessando o samba", *UOL*, São Paulo: 4 mar. 2019.

297__Rodrigo Moreira Magalhães, *Experiências do lugar: uma etnografia de festas de aparelhagem nas periferias de Belém do Pará, focada em seus frequentadores, op. cit.*, pp. 95-7.

298__*Ibidem*, pp. 132-4.

cocaína e pelo ecstasy, "passou a se comportar como nas raves". Em vez de dançar, os jovens subiam um nas costas dos outros, apenas faziam o "hey, hey" e o "treme-treme" e brigavam. O público adulto começou então a abandonar o tecnobrega em direção aos bailes da saudade, que tocam músicas dos anos 1970, 1980 e 1990, mais calmas, pra se dançar agarrado e bebendo cerveja[299].

Na década de 1980, Hermano Vianna relatava que muita gente no baile funk passava a festa inteira sem beber, pois não tinha dinheiro para gastar, e que não existia um consumo ostensivo de maconha ou cocaína, como era comum em boates ou shows de rock da zona Sul[300]. Zuenir Ventura testemunhou, no início dos anos 1990, frequentadores de bailes funk com baixo poder aquisitivo que chegavam a pegar copos usados para apanhar água da torneira[301]. Em 2008, uma pesquisa da FGV constatou que, dos produtos vendidos por camelôs nas portas dos bailes funk de clubes e boates da Região Metropolitana do Rio de Janeiro, o pacote de balas Halls era o mais vendido (18,1%), seguido de alimentos (16,7%). Apenas depois vinham a cerveja (15,3%), chiclete (15,3%) e bebidas (10,4%)[302].

Bailes funk e tráfico de drogas, portanto, são atividades que podem se encontrar, mas são independentes, tanto que o tráfico já existia antes do funk e permaneceu mesmo após a proibição dos bailes. O acesso a drogas ilícitas se dá em locais de lazer, como boates, praias e discotecas, mas também em locais de trabalho, hospitais e escolas. A história social mostra que não existe comunidade humana que não registre experiências de consumo de substâncias que provocam alterações significativas dos estados de consciência e da personalidade. Assim como as condutas criminosas são fruto de um processo de criminalização historicizado, o conceito de droga ilícita também é relativo. Inúmeras substâncias proscritas em determinados contextos históricos e locais são de uso lícito

---

299__Apud Lydia Gomes de Barros, *Tecnobrega: a legitimação de um estilo musical estigmatizado no contexto do novo paradigma da crítica musical*, tese (Doutorado em Comunicação) – Centro de Artes e Comunicação, Universidade Federal de Pernambuco, Recife: 2011, pp. 261-2.

300__Hermano Vianna, *O mundo funk carioca*, op. cit., p. 75.

301__Zuenir Ventura, *Cidade partida*, op. cit., p. 125.

302__CPDOC FGV e FGV Opinião, *Configurações do mercado do funk no Rio de Janeiro*, op. cit.

em outras culturas, lugares e tempos. Como qualquer outro bem de consumo, a qualidade da droga varia conforme o preço, criando diferentes nichos de mercado, de maneira que algumas drogas são mais acessíveis e outras menos, o que pode ser determinante na escolha de quais serão criminalizadas[303].

Da mesma forma como já houve investidas policiais em "pancadões universitários" por causa do barulho, estudantes de colégios e universidades privadas de São Paulo, como o Mackenzie, já foram presos sob a acusação de tráfico de drogas nas imediações da instituição, mas o fato de a prisão ser noticiada revela por si só que se trata de um fato inusitado, digno de nota, raro ou tratado como surpreendente, que foge do esperado[304]. Ainda que jovens de classes média e alta se queixem de eventuais incursões policiais em shows de rock e raves, onde o consumo de drogas é comum, a prisão de jovens dessa camada social trata-se mais de exceção do que de regra.

Para os criminólogos críticos, a prisão de um ou outro membro das classes superiores serviria justamente para legitimar um sistema penal estruturalmente discriminatório. A maioria dos policiais que está na rua, no entanto, é oriunda da classe média baixa. Mais do que esboçar um ideal igualitário, policiais brasileiros entrevistados em Minayo *et al.* elaboravam um discurso ressentido, no qual projetavam a concepção de que a única forma de os jovens de classes média e alta, "filhinhos de papai", aproveitarem os privilégios era a delinquência, como dirigir em alta velocidade, fumar maconha ou cheirar cocaína, causar brigas e tumultos nos bailes e discotecas. Como esses jovens pertenciam a famílias de alto poder aquisitivo e gozavam de influência na sociedade, ficavam imunes ao exercício da lei. Nesse caso, mesmo cumprindo a lei, era o policial que acabava sendo punido[305]. Esse ressentimento fica bastante evidente, por exemplo, na visão que o policial Matias, de classe

---

303__Sobre a criminalização da maconha, cf. Howard Becker, *Outsiders: estudos de sociologia do desvio, op. cit.* Sobre consumo de drogas ilícitas por jovens, cf. Maria Cecília de Souza Minayo et al., *Fala, galera: juventude, violência e cidadania no Rio de Janeiro, op. cit.*, pp. 75 ss.

304__"Blitz antidrogas revista e detém jovens ao redor de universidades", *Folha de S.Paulo*, São Paulo: 19 jun. 2010.

305__Maria Cecília de Souza Minayo et al., *Fala, galera: juventude, violência e cidadania no Rio de Janeiro, op. cit.*, pp. 173-4 e 179. Cf. Robert Reiner, *A política da polícia, op. cit.*, pp. 142-3.

média baixa, tem de seus colegas universitários de classe média alta, no filme *Tropa de elite*, vistos todos como burgueses "maconheiros" e com uma visão negativa da polícia[306].

Funkeiros como Mr. Catra, Tati Quebra Barraco, MC Guimê, MC Kevin e MC Hariel já foram detidos por porte de maconha[307], mas cabe mencionar também episódios em que roqueiros e cantores de MPB foram presos por porte e tráfico de drogas, ainda que por um período comparativamente curto em relação a jovens negros e pobres. Nelson Gonçalves foi preso por tráfico de drogas em 1966. Gilberto Gil e Rita Lee, por porte de drogas em 1976. Na turnê do álbum *Maior abandonado*, de 1984, os membros da banda Barão Vermelho foram presos por porte de drogas no hotel em que estavam hospedados, após uma denúncia anônima, e liberados após pagarem fiança. Em um show realizado após o episódio, o público atirou "baseados" e sacolés de cocaína no palco[308]. Em 1985, foi a vez de os Titãs Arnaldo Antunes e Tony Bellotto serem presos e condenados, o primeiro por tráfico e o segundo, por porte de drogas, o que, inclusive, motivou a composição de "Polícia" por Tony Bellotto. Lobão chegou a ficar preso durante três meses em 1987 por porte de drogas, período que inspirou sua canção "Vida bandida" e o álbum de mesmo nome. O roqueiro declarou ter virado, nesse período, "mascote do Comando Vermelho"[309]. Já em 2003, Sander Mecca, da boy band Twister, foi preso por tráfico de drogas com dez comprimidos de ecstasy e LSD, permanecendo encarcerado por quase dois anos[310].

306__Paulo Menezes, "Tropa de elite: perigosas ambiguidades", *op. cit.*, pp. 67-8 e 71.

307__Karilayn Areias, "'Não foi nada demais', diz Mr. Catra após detenção por posse de maconha", *O Dia*, Rio de Janeiro: 8 out. 2014; "'Na Tijuca anda uma escassez danada, e eu estava doido para fumar um baseado', disse Mr. Catra ao ser preso, em 2002", *O Globo*, Rio de Janeiro: 13 set. 2018; Mario Hugo Monken, "Tati Quebra-Barraco é detida com maconha", *op. cit.*; Maria Lucia Gontijo e Tábata Poline, "MC Kevin é preso em BH por uso de drogas", TV Globo, Belo Horizonte: 30 jun. 2019; "MC Guimê é detido com maconha em Minas Gerais", *R7*, São Paulo: 9 maio 2016.

308__"Prisão, drogas e 'bromance': as histórias do documentário do Barão Vermelho", *UOL*, São Paulo: 22 abr. 2018.

309__Claudio Tognolli e Lobão, *Lobão: 50 anos a mil*, Rio de Janeiro: Nova Fronteira, 2010.

310__Isabella Menon, "'Muitos presos choraram quando fui embora', diz ex-Twister que esteve na cadeia e agora canta no metrô", *Folha de S.Paulo*, São Paulo: 7 jul. 2017.

A REPRESSÃO ÀS RAVES

Diante da hipótese de os bailes funk serem desproporcionalmente perseguidos pela polícia em comparação a raves, festas frequentadas por jovens de classes média e alta em que o consumo de drogas ilícitas é abundante, cabe verificar se pelo menos no âmbito legislativo elas se diferenciam do funk na forma como foram disciplinadas e/ou reprimidas, em projetos de lei do Rio de Janeiro e São Paulo. O uso de psicoativos nas raves é essencial para a pessoa entrar na *vibe*, um transe, um estado de emoções e sensações apenas reprodutível coletivamente.

As raves começaram na Inglaterra, no final da década de 1980. Eram festas ilegais, realizadas em prédios abandonados ocupados por estudantes e desempregados ou em sítios nos arredores das grandes cidades. A divulgação era feita "boca a boca", por meio de *flyers* e rádios piratas. Essas festas chegaram ao Brasil em meados da década de 1990, quando a cena londrina já entrava em decadência por conta da perseguição policial. Ao contrário do que ocorreu na Inglaterra, em que elas sempre foram eventos marginais, no Brasil a primeira rave foi organizada por uma empresa. Em 1998 essas festas tornaram-se eventos semanais de jovens paulistanos, geralmente provenientes das classes média e alta, que chegavam a reunir regularmente 2 mil participantes em média[311].

Talvez festas rave sejam menos alvo da polícia do que bailes funk pelo maior poder político, social e econômico de seus frequentadores, mas também pelo número consideravelmente menor de pessoas que mobilizam no Brasil e porque são muitas vezes realizadas em locais onde a polícia não está tão presente, como na zona rural. Por outro lado, pelo menos no terreno legislativo, houve algumas tentativas de reprimi-las, tanto quanto os bailes funk.

Conforme visto, na Assembleia Legislativa do Rio de Janeiro, foi aprovada a lei estadual n. 5.265/2008, de autoria do deputado Álvaro Lins (PMDB), que impôs uma série de empecilhos para a realização dos bailes funk, de tal forma que tornou praticamente impossível a organização de um baile lícito e conferiu à autoridade policial uma grande

---

311__Carolina de Camargo Abreu, *Raves: encontros e disputas*, dissertação (Mestrado em Comunicação) – Faculdade de Filosofia, Letras e Ciências Humanas, Universidade de São Paulo, São Paulo: 2005, pp. 19, 24, 28 e 34 ss.

margem de discricionariedade para proibir ou fechar bailes em nome da "ordem pública". Na justificativa, entretanto, Álvaro Lins declara que o objetivo do PL é controlar a realização de bailes funk, mas em especial as festas rave, que, por sua contemporaneidade, supostamente não estavam regulamentadas pela lei n. 3.410/2000, que ele buscava revogar, por estar desatualizada. Ele alega que seu PL responde aos anseios dos frequentadores e dos próprios organizadores de bailes funk e raves, "que clamam por normas mais específicas e que permitam o exercício de suas atividades dentro da legalidade". Critica o "desvirtuamento dos objetivos" desses eventos, especificamente das raves, que estariam então "associadas ao consumo de drogas, quando na verdade, a música eletrônica não está vinculada a esse contexto".

Foram anexados ao PL de Álvaro Lins na Alerj dois outros PLs – PL n. 1.206/2007 e PL n. 1.089/2007 – que impõem uma série de requisitos para a realização de festas rave, como duração limite; detectores de metais; presença de policiais miliares; autorização do Ministério Público Estadual, Polícia Civil, Polícia Militar, Corpo de Bombeiros, Guarda Municipal, Prefeitura Municipal da localidade da festa e Juizado da Infância e Adolescência. Jorge Babu (PT), coautor do PL n. 1.089/2007, é ex-inspetor da Polícia Civil e foi condenado a sete anos de prisão em 2010, acusado de integrar uma milícia na zona Oeste do Rio de Janeiro. Em 2004, já tinha sido preso numa rinha de galo, em Jacarepaguá. Foi ainda condenado a três anos por formação de quadrilha e concussão (tirar vantagem de cargo público), acusado de montar um esquema para liberar a realização de bailes funk com o Juizado, em troca de propina. Os deputados Natalino (DEM), Álvaro Lins e Domingos Brazão (PMDB), também coautores do PL n. 1.089/2007, foram apontados no relatório final da CPI das Milícias, de 2008, além de Jorge Babu, como suspeitos de serem associados a esse tipo de organização criminosa[312]. Já Flávio Bolsonaro (PP), coautor do mesmo PL, foi denunciado pelo Ministério Público do Rio de Janeiro em novembro de 2020 pelos crimes de peculato, lavagem de dinheiro, organização criminosa e apropriação indébita, suspeito de ligações com milicianos[313].

Na Assembleia Legislativa de São Paulo, o PL n. 234/2007, da deputada Patrícia Lima (Prona), proíbe a realização de festas rave no estado de São Paulo, associando-as na justificativa ao tráfico de drogas. Na Comissão de Segurança Pública, o relator Jorge Caruso (PMDB) atribuiu a uma restrição da autorização para que casas noturnas permanecessem abertas a noite toda no Canadá a diminuição de problemas como "brigas, vandalismo, tráfego intenso e excesso de lixo – sem mencionar o barulho". Na Comissão de Finanças e Orçamento, no entanto, os deputados Enio Tatto (PT), Mário Reali (PT) e Bruno Covas (PSDB) julgaram absurdo proibir raves em razão do consumo de entorpecentes, pois este não seria determinado pela realização daquele tipo de festa[314].

O PL n. 1.388/2007, de Fernando Capez (PSDB), regulamenta a realização das festas rave, exigindo dos organizadores a autorização das autoridades competentes, com antecedência mínima de trinta dias úteis, mediante a apresentação de 21 documentos, tais como laudos de engenheiro; cópia do contrato firmado entre os promotores do evento e empresa de segurança, de atendimento médico emergencial e de locação de sanitários químicos; comprovante da instalação de detectores de metal; e declaração informando o horário de início e término do evento, não podendo exceder dez horas de duração. Na prática, portanto, são

---

312__"Jorge Babu é condenado a 7 anos de prisão em mais um processo no Rio", *G1*, Rio de Janeiro: 20 set. 2010. Cf. o PL n.1.206/2007, de autoria da deputada Beatriz Santos (PRB), e o PL n.1.089/2007, de autoria dos deputados Alessandro Calazans (PV), Antônio Pedregal (PTdoB), Comte Bittencourt (PPS), Edson Albertassi (PMDB), Flávio Bolsonaro (PP), Jorge Babu (PT), Natalino (DEM), Pedro Augusto (PMDB), Walney Rocha (PTB) e Domingos Brazão (PMDB). Cf. Rio de Janeiro (estado), *Relatório final da Comissão Parlamentar de Inquérito destinada a investigar a ação de milícias no âmbito do estado do Rio de Janeiro, de 14 de novembro de 2008*, Rio de Janeiro: Assembleia Legislativa, 2008.

313__Felipe Betim, "Flávio Bolsonaro é denunciado por lavagem de dinheiro e organização criminosa no caso da 'rachadinha'", *El País*, São Paulo: 4 nov. 2020.

314__O PL encontrava-se ainda em tramitação em julho de 2021.

tantos os requisitos burocráticos exigidos, que a realização de uma rave legalizada é consideravelmente restringida. Na justificativa do PL, o deputado manifesta sua preocupação com conforto, higiene, segurança e saúde dos frequentadores[315].

Por outro lado, o PL n. 605/2015, de autoria do deputado Coronel Telhada (PSDB), um forte opositor dos "pancadões", inclui raves, festivais, concertos e shows musicais entre os eventos cujos organizadores ficam obrigadas a contratar seguro de acidentes pessoais coletivo em benefício dos espectadores, contra eventuais acidentes que estes possam sofrer. Na justificativa, o deputado sustenta que é impossível e mesmo indesejável a erradicação dos riscos existentes em aglomerações de pessoas, "visto que o espírito lúdico e o desejo de divertimento são inerentes à natureza humana"[316].

Alguns PLs visavam combater o abuso de consumo de bebidas alcoólicas nas raves[317]. Destaca-se, entre eles, o PL n. 1.329/2007, do deputado Fernando Capez (PSDB), que proíbe a venda de bebida alcoólica, de qualquer natureza, nas festas rave realizadas no estado de São Paulo. Na justificativa, o deputado atribui ao elevado consumo de drogas e bebidas alcoólicas a violência nessas festas. O então deputado Bruno Covas, correligionário de Capez, sugeriu uma emenda ao PL para que a proibição de bebida alcoólica nas raves se restringisse aos menores de idade. Segundo Covas, embora o excesso de bebida seja um problema, qualquer adulto teria "discernimento suficiente para realizar as suas escolhas, sendo a compra de bebida alcoólica exercício pleno de sua liberdade como cidadão". Covas chama a atenção para o fato de que o excesso de bebida ocorre em raves, festas de casamento, bares, restaurantes, festas de aniversário e até em quermesses. Sustenta que a proibição de uma festa não coibiria o consumo, podendo, inclusive, incentivá-lo, e que

---

315__O PL foi aprovado na Comissão de Constituição e Justiça na forma do substitutivo, sob a relatoria de Paulo Alexandre Barbosa (PSDB), aumentando o número de documentos necessários para a realização das raves de 21 para 33. O PL encontrava-se ainda em tramitação em julho de 2021. Cf. também o PL n.1.346/2007, de Gilmaci Santos (PRB), arquivado em abril de 2011 após parecer desfavorável na Comissão de Constituição e Justiça.

316__O PL encontrava-se ainda em tramitação em julho de 2021.

317__Cf. o PL n.349/2016, de autoria de Celso Giglio (PSDB) e o PL n.59/2017, de autoria de Raul Marcelo (Psol), ambos de caráter educativo.

a única forma de se intervir no consumo alcoólico de pessoas maiores seria por intermédio de políticas públicas informacionais, sendo qualquer tipo de ato proibitivo "um atentado às liberdades públicas fundamentais conquistado a sangue suor [sic] pelo povo"[318].

Percebe-se assim, mais uma vez, que deputados não adotam a distinção entre drogas lícitas e ilícitas, condenando também o abuso de álcool por adolescentes; que não há um discurso homogêneo sobre a melhor forma de combater o consumo de álcool por adolescentes sequer dentro de um mesmo partido; que a preocupação com o abuso de álcool por adolescentes é compartilhada também por deputados de esquerda e não resulta necessariamente de um mero moralismo conservador; e que, ao contrário do que alguns discursos de funkeiros fazem parecer, no terreno legislativo há alguns projetos de lei que dificultam a realização de festas rave tanto quanto de bailes funk.

"QUE É ISSO, NOVINHA?": O FUNK "PUTARIA"

A pesquisa *Cultura nas capitais*, realizada entre junho e julho de 2017 pela JLeiva Cultura & Esporte em parceria com o Instituto Datafolha em doze capitais brasileiras, constatou que o funk era o gênero musical preferido de 13% dos entrevistados, ficando atrás de sertanejo (37%), MPB (27%), gospel (21%), rock (20%), pagode (17%), pop (17%), forró (16%) e samba (14%). No entanto, entre os entrevistados de 12 a 15 anos, o funk era o gênero preferido de 55%, ficando em primeiro lugar. Entre os entrevistados de 16 a 24 anos, era o gênero preferido de 28%, ocupando o segundo lugar, empatado com o pop e atrás do sertanejo. Quanto maior a faixa etária dos entrevistados, menor a percentagem dos que declararam ter no funk o seu gênero musical preferido: 11% entre pessoas de 25 a 34 anos; 5%, de 35 a 44 anos; 2%, de 45 a 59 anos; e 2%, de 60 anos ou mais.

Entre os entrevistados da classe A, o funk era o gênero preferido por 15% (53% entre os de 12 a 15 anos). Entre os da classe B, 13% (53% entre os de 12 a 15 anos). Entre os da classe C, 14% (55% entre os de 12

318__O projeto encontrava-se ainda em tramitação em julho de 2021. Cf., igualmente, o PL n.1.397/2007, também de autoria de Fernando Capez.

a 15 anos). Entre os da classe D/E, 12% (58% entre os de 12 a 15 anos). Entre os entrevistados brancos, o funk era o gênero preferido por 10% (52% entre os de 12 a 15 anos). Entre os pardos, 14% (56% entre os de 12 a 15 anos). Entre os pretos, 17% (55% entre os de 12 a 15 anos). Entre os entrevistados heterossexuais, o funk era o gênero preferido por 10%. Entre os entrevistados homossexuais/bissexuais, 16%. Entre os entrevistados católicos, o funk era o gênero preferido por 13%. Entre os evangélicos pentecostais, 14%. Entre os evangélicos não pentecostais, 14%. Entre os espíritas, 8%. Entre os de religião de matriz africana, 17%. Por fim, entre os que tinham outra religião ou não tinham religião, 15%[319].

De acordo com tais dados, não se pode afirmar que funk seja música de pobre, tendo em vista que as variações de preferência entre as classes sociais foi mínima, a maioria dentro da margem de erro, sendo a preferência pelo funk na classe D/E até ligeiramente inferior à preferência pelo funk na classe A. Da mesma forma, excetuando uma preferência ligeiramente maior entre os adeptos de religiões de matriz africana e menor entre os espíritas, a preferência pelo funk foi a mesma para todos os grupos religiosos, incluindo o dos evangélicos pentecostais, e a amostra geral, dentro da margem de erro. De fato, a preferência pelo funk é maior quanto mais escura a cor de pele, mas a diferença entre os pretos e os brancos foi de apenas 5% fora da margem de erro. Se há uma afirmação, no entanto, que pode ser feita com base nos dados dessa pesquisa, é a de que o que distingue o grupo em que se encontram as maiores percentagens de preferência pelo funk é a idade. Funk é música de pré-adolescente e adolescente, ou ao menos é esse grupo que não tem vergonha de admitir o seu gosto pelo funk.

Paul Sneed observou em sua etnografia na Rocinha que os MCs cantavam "proibidões" inclusive nas matinês para crianças[320]. O apelo do "proibidão" alcança os jovens ainda na infância e instrumentaliza

---

319__JLeiva Cultura & Esporte e Instituto Datafolha, *Cultura nas capitais*, Ministério da Cultura, 2017. Foram entrevistados 10.630 indivíduos, de 14 de junho a 27 de julho de 2017, em Belém, Belo Horizonte, Brasília, Curitiba, Fortaleza, Manaus, Porto Alegre, Recife, Rio de Janeiro, Salvador, São Luís e São Paulo. A margem de erro é de 1 ponto percentual e o nível de confiança é de 95%.

320__Paul Sneed, "Bandidos de Cristo: Representations of the Power of Criminal Factions in Rio's Proibidão Funk", *op. cit.*, pp. 228-9.

boa parte das brincadeiras infantis. Não é raro ver coros formados por crianças nas gravações de "proibidão". Afinal, as facções se julgam protetoras das crianças da favela. Além disso, no mundo do crime, como no mundo do funk, ser "de menor" não é desqualificativo nem resulta em exclusão, muito pelo contrário[321]. Já em 1989, no álbum *Super quente*, lançado pelo DJ Grandmaster Raphael pouco depois do álbum *Funk Brasil*, do DJ Marlboro, a letra do "Melô da Funabem", em referência a uma instituição de internação de menores infratores, diz: "eu vim, eu vim, eu vim da Funabem/Agora eu sou do bicho e não dou mole pra ninguém".

Se a inclusão do barulho de tiros nos "proibidões" pode representar uma espécie de tática de resistência a uma realidade em que tiros são de fato a trilha sonora, uma encenação do medo, um modo de musicar o trauma para escapar do silêncio e da paralisia, conforme nos lembra Adriana Facina[322], "proibidões" como "Escravos do pó", paródia de "Escravos de Jó", falam, ao ritmo de cantigas de roda, de crianças obrigadas a conviver desde cedo com todo tipo de violência e infantilizam, de certa forma, o terror existente na favela[323].

Além de supostamente serem palco para a apologia de crime e do tráfico de drogas, uma das acusações mais recorrentes que recaem sobre os bailes funk é a de que neles ocorrem apologia da pedofilia ou da pornografia infantil, consumo de drogas e práticas sexuais por crianças e adolescentes. Ainda no final da década de 1980, quando o funk tocado nos bailes era instrumental ou estrangeiro, os dançarinos inventavam refrões em português, nos quais exaltavam suas galeras ou faziam menções pornográficas para preencher o vazio, como "o marimbondo mordeu a buceta da vovó"[324]. Hermano Vianna relata que dançarinas eróticas percorriam vários bailes por noite para fazer striptease ao som dos últimos sucessos do funk e que os dançarinos simulavam relações sexuais

---

321__Thiago Braga Vieira, *Proibidão de boca em boca: gritos silenciosos de uma memória subterrânea: o funk proibido como fonte para o estudo da violência armada organizada no Rio de Janeiro (1994-2002)*, op. cit., pp. 77-8.

322__Adriana Facina, "A sobrevivência de Eros", em: Congresso de Sonologia, São Paulo: 11 abr. 2019, pp. 2-3.

323__Micael Herschmann, *O funk e o hip-hop invadem a cena*, op. cit., p. 169.

324__Hermano Vianna, *O mundo funk carioca*, op. cit., pp. 82-3 e 102; Fátima Cecchetto e Patrícia Farias, "Do *funk* bandido ao *pornofunk*: o vaivém da sociabilidade juvenil carioca", op. cit., p. 38; Zuenir Ventura, *Cidade partida*, op. cit., p. 124; Silvio Essinger, *Batidão: uma história do funk*, op. cit., p. 85.

no palco. Em uma das "brincadeiras", o dançarino que tivesse uma ereção no palco poderia escolher o local onde daria um beijo na dançarina[325].

Em julho de 1997, motivada por denúncias, a polícia apreendeu a fita de vídeo *Rio funk proibido*, anunciada como "60 minutos de porrada, som e sexo agitando as galeras". A fita, gravada ao vivo, era vendida por telefone e encontrada em qualquer locadora de subúrbio do Rio de Janeiro. Nela, dançarinas tiravam a roupa ao lado têm jovens, alguns com menos de 10 anos de idade. Uma dançarina aparentando ter 15 anos de idade chega a tirar a calça de um rapaz, acariciando-o na altura da genitália. Há simulação de sexo oral, mas nenhum sexo explícito.

O presidente da Liga das Equipes de Som na época, Romulo Costa, declarou à imprensa que a fita era uma fraude, que levaram garotas de programa para o baile e que aquilo não acontecia normalmente. O irmão de Zezinho, dono da equipe ZZ, por sua vez, apesar de negar que as filmagens tivessem sido feitas em seus bailes, admitiu que situações como as do vídeo de fato existiam, que seu irmão oferecia R$20 para meninas tirarem a blusa sem perguntar sua idade e que algumas tinham 15 anos, mas eram "totalmente desenvolvidas"[326].

Já em abril de 2020, em meio à explosão de transmissões ao vivo no Instagram em decorrência do isolamento social causado pela pandemia de covid-19, algumas lives de funk, com um público de até 230 mil pessoas acompanhando simultaneamente, como as dos funkeiros Gabriel do Borel e PK Delas, mostravam, em uma das janelas, fãs de idade desconhecida dispostas a tirar a roupa, rebolar, masturbar-se e receber sexo oral de seus parceiros enquanto os funkeiros faziam um DJ set na outra janela[327].

Conforme visto anteriormente, a fase do baile de briga foi sucedida no começo dos anos 2000 pela fase do funk "putaria", em que a lógica da guerra é transposta para a disputa sexual, de ter e dar prazer. Grande parte dessa vertente de funk foi gestada nos bailes da Cidade de Deus, que revelaram Deize Tigrona, Tati Quebra Barraco e Bonde do Tigrão, anteriormente chamado de Os Putão da Loira. Se em "O baile todo" o

---

325__Hermano Vianna, *O mundo funk carioca*, op. cit., pp. 92-3.

326__Silvio Essinger, *Batidão: uma história do funk*, op. cit., pp. 186-7.

327__Braulio Lorentz, "Lives de funk no Instagram têm fãs fazendo sexo e até 230 mil views simultâneos por show", *G1*, Rio de Janeiro: 22 abr. 2020.

Bonde do Tigrão classificava as mulheres do baile em "cachorras", "preparadas" (as que vinham sem calcinha) e "popozudas" ("bundudas"), seu outro sucesso de 2001, "Cerol na mão", é repleto de metáforas para o ato sexual, como "passar cerol na mão", "cortar na mão", "aparar pela rabiola", "dar muita pressão" e "martelão".

Em março de 2001, em meio a uma onda de grande sucesso do funk entre os jovens de classes média e alta, foi divulgado pelos jornais o caso de meninas de até 12 anos de idade que iam aos bailes de saias curtas, sem calcinha, e participavam de "trenzinhos" nos quais mantinham relações sexuais em plena pista de dança. As "grávidas do funk" não sabiam quem era o pai da criança e algumas alegavam até ter contraído HIV nessas orgias. O juiz da 2ª Vara da Infância e da Juventude do Rio de Janeiro, Guaraci Vianna, afirmava que os donos do baile escolhiam as melhores meninas para passar pelo corredor do sexo. O primeiro que segurasse a menina tinha direito a ter relações sexuais com ela, independentemente da vontade dela[328].

Diante dessas notícias, no mesmo ano o deputado da Alesp Marcio Araujo (PL), lembrando que a violência é presumida no caso de relações sexuais com menores de 14 anos, apresentou a moção n. 41/2001, em que comparava bailes funk a "cavernas primitivas da Antiguidade" e a Sodoma e Gomorra, responsabilizava a mídia pelo alastramento da "onda funk" por todo o país e requeria ao presidente da República que, por intermédio dos órgãos competentes, tomasse "urgentes providências no sentido de reprimir essa violência praticada contra crianças e adolescentes no interior dos recintos onde acontecem os bailes funk, buscando coibir, pelos meios legais de que dispõe o Poder Público, essa absurda violência e falta de respeito cometidos contra crianças e adolescentes".

Por sua vez, o PL n. 2.077/2001, de autoria do deputado estadual do Rio de Janeiro Eduardo Cunha (PP), torna obrigatória a prévia autorização da Secretaria de Estado de Segurança Pública, até 48 horas antes do evento, para realização de qualquer baile público com ingresso pago em todo o estado do Rio de Janeiro; determina que as letras das músicas

---

328__Silvio Essinger, *Batidão: uma história do funk*, op. cit., pp. 186-7, 192 e 213-4. Para uma crítica das matérias sobre as "grávidas do funk", cf. Adriana Carvalho Lopes, *Funk-se quem quiser: no batidão negro da cidade carioca*, op. cit., pp. 53-4.

a ser executadas deverão ser previamente examinadas e autorizadas pela Secretaria de Estado de Segurança e não poderão conter "conceitos que incitem atos de violência, prática de crime e sexo"; e estabelece que deverá haver classificação prévia do Juizado de Menores, que se pronunciará quanto à idade e ao horário, não podendo, no entanto, este se estender após as 4 horas. As sanções previstas no PL são suspensão e interdição do estabelecimento e multa.

Na justificativa, o deputado faz referência a "recentes acontecimentos envolvendo os chamados bailes funk", incluindo contágio por HIV em adolescentes, várias denúncias de utilização de drogas e cenas de violência. O deputado considerava que "as letras das músicas, contendo incitação à violência, à prática de crimes e ao sexo, acabam por contaminar a família, pois crianças acabam inocentemente divulgando estas letras, assim como adolescentes presentes neste tipo de baile acabam prejudicando a sua formação". Com o conhecimento prévio, a Secretaria de Segurança poderia fiscalizar e policiar os bailes, evitando os abusos que neles ocorriam.

Os deputados estaduais Chico Alencar, Carlos Minc, Cida Diogo, Hélio Luz, Artur Messias (todos então do PT) e Nilton Salomão (PSB) apresentaram emenda para suprimir a obrigação de submeter as letras das músicas ao prévio exame e autorização da Secretaria de Estado de Segurança e para suprimir a proibição de que contenham "conceitos que incitem atos de violência, prática de crime e sexo". O deputado Chico Alencar apresentou emenda para substituir a expressão "conceitos que incitem atos de violência, prática de crime e sexo" por "trechos que incitem a violência, prática de crime e prostituição". O deputado Edmilson Valentim (PCdoB) também apresentou emenda para substituir a expressão "sexo" por "prostituição".

Os deputados Chico Alencar, Carlos Minc, Cida Diogo, Hélio Luz e Artur Messias apresentaram emenda para suprimir a necessidade de que o Juizado de Menores se pronunciasse quanto ao horário do evento e emenda para substituir a exigência de prévia autorização da Secretaria de Estado de Segurança pela exigência de prévia comunicação a ela. A deputada Cidinha Campos (PDT), por outro lado, apresentou emenda substituindo a expressão "qualquer baile público com ingresso pago" por "evento público de qualquer natureza", evitando a discriminação contra o funk, mas ampliando ainda mais o âmbito da obrigação[329]. Por meio da moção n. 3.552/2001, o deputado estadual do Rio de Janeiro Blandino Amaral (Prona) manifestou repúdio às "músicas que expressam apologia à sexualidade, a violência e ao consumo de drogas". O deputado diz na justificativa que sua intenção não é "estabelecer paradigmas do que é boa música e má música", mas "revelar o descontentamento ao vulgar". Idealizando o passado, lamenta que em outros tempos a música "expressava engajamentos sociais e políticos de classes determinadas", incluindo o "tema amor", e que "antes os menores dançavam músicas salutares", enquanto atualmente "nossos menores convivem com a banalização da violência e do erótico", o que poderia até influenciá-los do ponto de vista biológico, "no que tange ao desenvolvimento precoce". O deputado questiona se as músicas que fazem apologia de sexualidade, violência e consumo de drogas "refletem os anseios sociais" e também faz referência a notícias de jornal sobre "grávidas do funk" e bailes funk em que "menores consomem drogas, dançam eroticamente, se relacionam sexualmente, e tudo ao som de músicas de conteúdo sexual exacerbado".

Blandino Amaral também apresentou o PL n. 2.647/2001, que proíbe todas as emissoras de rádio do estado do Rio de Janeiro de tocarem "músicas cujas letras façam alusão ao sexo e que contenham letras com palavras de baixo calão (palavrões), entre 6 horas e às 23 horas, todos os dias da semana". Na justificativa, o deputado alega que "músicas Funk que falam de sexo foram veiculadas sem nenhuma restrição na Rádio 94 FM, veículo oficial do Poder Executivo", e que seu projeto de lei "não se trata de uma censura prévia do conteúdo da programação das emissoras de rádio do Governo do Estado e sim de uma maneira de impedir que famílias decentes sejam bombardeadas por músicas com letras ofensivas e que podem desvirtuar nossas crianças e jovens"[330].

Já em São Paulo, em meados de 2013, com a decadência do funk ostentação, surgiu uma nova geração de MCs muito jovens, vários com

---

329__O PL foi aprovado em sete comissões, mas foi arquivado em fevereiro de 2011, com o término da legislatura anterior.

330__O parecer do relator Paulo Albernaz (PDT) na Comissão de Constituição e Justiça foi desfavorável, sob a justificativa de que o PL violava o direito constitucional à livre expressão da atividade intelectual, artística, científica e de comunicação, independentemente de censura ou licença. O PL foi, assim, rejeitado e arquivado.

o nome artístico no diminutivo ou com referência ao universo infantil, que adotaram uma nova vertente de funk "putaria", conhecida como funk ousadia, funk "pesadão" ou funk "picante", com forte apelo sexual, mas ao mesmo tempo com um componente de humor. Seus principais representantes eram MC Livinho, MC Pedrinho, MC Brinquedo, MC Pikachu, MC Tati Zaqui, MC Lan, MC Bin Laden e MC Kevinho. Muitos deles iniciaram a carreira na KL Produtora. Entre os primeiros grandes sucessos, "Dom dom" (2014), do MC Pedrinho; "Pepeca do mal" (2014), do MC Livinho; "Baile de favela" (2015), de MC João; e "Deu onda" (2016), de MC G15.

"Deu onda", inclusive, é um dos exemplos de funk "putaria" que, obtendo popularidade e atingindo um público mais amplo por meio de grandes veículos de comunicação, ganham outra versão mais light e são chamados de funk "sensual"[331]. É assim que os versos "Que vontade de foder, garota/ Eu gosto de você/ Fazer o quê?/ Meu pau te ama" viraram "Que vontade de te ter, garota/ Eu gosto de você/ Fazer o quê?/ O pai te ama". Depois de liderar o ranking das músicas mais virais do mundo no Spotify no Réveillon de 2016, "Deu onda" ocupou em janeiro de 2017 o terceiro lugar no *ranking* mundial das músicas mais tocadas no YouTube[332]. Da mesma forma, "Baile de favela", do MC João, que foi tema da apresentação do solo da ginasta e medalhista Rebeca Andrade nas Olimpíadas de Tóquio de 2020, motivo de orgulho não só para os funkeiros, também ganhou uma versão light. MC João defendeu-se da acusação de apologia do estupro argumentando que fica claro o consentimento da mulher na letra, pois ela "veio quente", mas na versão light, para poder tocar em todos os lugares, trocou os versos "mexeu com o R7, vai voltar com a xota ardendo" e "os menor preparado pra foder com a xota dela" por "mexeu com MC João, vai ter que mostrar o seu talento" e "e os menor preparado tudo pra dançar com ela", respectivamente.[333]

Em 2002, Fátima Cecchetto e Patrícia Farias já apontavam para versões de funk que podiam "tocar no rádio" e atrair um público jovem

---

331__Paulo Menotti Del Picchia, "Por uma etnografia dos sistemas de som do funk", *Emblemas*, Catalão, GO: jan.-jun. 2018, v.15, n.1, p.89.

332__"'Deu onda' é a 3ª música mais tocada do mundo no YouTube", *Exame*, São Paulo: 17 jan. 2017.

333__"Trilha da prata de Rebeca, 'Baile de Favela' fala de sexo explícito; ouça", *UOL*, São Paulo: 29 jul. 2021.

de regiões mais abastadas da cidade, enquanto outras eram reservadas para bailes e CDs piratas. A ambiguidade de algumas letras podia ser vista "pelo ângulo da exploração de um lado mais lúdico, cômico, e também como suavizador da carga erótica dos termos chulos". Para as autoras, "a citação de programas infantojuvenis nas letras pode indicar também a proximidade desses jovens com o universo infantil. Ao mesmo tempo, eles marcam sua distância desse universo, através da sátira. A distância entre a adolescência e a infância, deste modo, é construída através do alardear da atividade sexual"[334].

É preciso levar em consideração que, assim como muitos adolescentes gostam de se afirmar simulando filiação a uma facção criminosa, há uma distância entre o que é cantado e o que efetivamente ocorre nos bailes funk. As coreografias são bastante sensuais, mas isso não significa que os jovens, muitos deles reprimidos sexualmente, de fato pratiquem sexo nos bailes, ou seja, muitos jovens gostam apenas de "contar vantagem". As letras e danças têm um componente de humor, "zoação" e diversão que não pode ser levado tão a sério[335].

Em 2003, MC Serginho, que cantava funks com conteúdo sexual explícito como "Vai Serginho", acompanhado da dançarina Lacraia, explicava seus sucessos de duplo sentido entre o público infantil dizendo que "cada um interpreta como quiser" e recorrendo justamente ao universo infantil. "Eguinha Pocotó" teria sido composta por Serginho, segundo o próprio, para fazer dormir sua filha de 7 anos. "A cadelinha", por sua vez, que trazia os versos "Você não é gatinha/ Você é minha cadela", teria sido composta supostamente para a cachorrinha de sua filha[336].

Em 2001, quando MC Vanessinha colocava a filha de uma amiga para dormir, recebeu o pedido da mãe da criança para que fizesse um funk de ninar e teve a ideia de "Pikachu", um funk de duplo sentido em que o personagem da série infantojuvenil *Pokémon* é comparado a um

---

334__Fátima Cecchetto e Patrícia Farias, "Do *funk* bandido ao *pornofunk*: o vaivém da sociabilidade juvenil carioca", *op. cit.*, pp. 45-6.

335__Fátima Cecchetto e Patrícia Farias, "Do *funk* bandido ao *pornofunk*: o vaivém da sociabilidade juvenil carioca", *op. cit.*, p. 60; Zuenir Ventura, *Cidade partida*, *op. cit.*, p. 79; Rodrigo Faour, *História sexual da MPB: a evolução do amor e do sexo na canção brasileira*, *op. cit.*, p. 276.

336__Marcos Pinho, "O sucesso do verão pode chegar a galope", *Época*, Rio de Janeiro: 14 fev. 2003.

pênis[337]. MC Beth, para compor a letra de "Só um tapinha", inspirou-se nos momentos em que sua mãe e principalmente seu pai a espancavam quando insistia para ir aos bailes. Seu parceiro MC Naldinho, por sua vez, declarou ter se inspirado numa cena em que ele próprio dera um tapinha no bumbum da filha. Segundo o MC, o primeiro refrão era "dói, na bundinha não dói", e a alteração para "um tapinha não dói" teria sido sugerida por Veronica Costa[338].

Na era do funk ousadia paulista, "Picada fatal", de MC Livinho, sampleou e parodiou em 2014 a música "Bibbidi-bobbidi-boo", tema cantado pela fada madrinha de Cinderela, na animação homônima da Disney. Enquanto o componente sexual subvertia a inocência original da canção, os termos escolhidos pelo MC para se referir ao órgão sexual masculino infantilizavam a "putaria", causando um efeito cômico: "Sarra na pica, ai, vai menina, vou te tacar-lhe o peru/ Te ponho o pipi de um jeito sensual/ Toma picada fatal". MC Magrinho, no mesmo ano, sampleou a trilha sonora do desenho Tom & Jerry em "Senta em mim, xerecão". Tati Zaqui, por sua vez, com "Parara tibum", parodiou também em 2014 "Heigh-ho", música cantada pelos sete anões no filme da Disney *Branca de Neve e os sete anões*. Trata-se de um funk rasteirinha, uma vertente de funk mais lenta e melódica, com influência de reggaeton, samba-rock, kuduro e axé[339]. A letra traz termos muito recorrentes no funk ousadia, como "sentar" e "novinha", a garota pré-adolescente ou adolescente alvo de investidas sexuais.

Na mesma época, foi aprovada em Ribeirão Preto, interior do estado de São Paulo, a lei n. 13.030/2013, de autoria da vereadora Glaucia Berenice (PSDB), que regulamenta a exploração da atividade recreativa por meio de veículos automotores e rebocáveis caracterizados e conhecidos por "trenzinhos da alegria". O trenzinho mais famoso de Ribeirão Preto era a Carreta Furacão, cujos integrantes, vestidos de personagens infantis, como Fofão, Mickey e Popeye, viralizaram nas redes sociais fazendo coreografias, inclusive de funk. O artigo 4°, inciso VIII, da referida lei dispõe, no entanto, que "as músicas veiculadas nos 'Trenzinhos da

---

337__Julio Ludemir, *101 funks que você tem que ouvir antes de morrer*, op. cit., p. 85.

338__*Ibidem*, p. 147.

339__Sobre o funk rasteirinha, cf. Renato Martins, "Rasteirinha é o mais novo ritmo do funk", *Vice*, São Paulo: 6 dez. 2013.

Alegria' devem respeitar o decoro, principalmente quando as atividades forem voltadas para o público infantil e adolescente, sendo que quando do transporte de crianças as músicas devem manter cunho infantil e serem escolhidas, expressamente, pelo Contratante".

Deve-se, porém, diferenciar funks eróticos cantados por MCs maiores de idade, mas que têm apelo entre o público infantil; funks cantados por MCs maiores de idade, mas que fazem referência à prática sexual com "novinhas"; MCs mirins que cantam funks com conteúdo não erótico; e MCs mirins que cantam funks com conteúdo erótico. Adriana Carvalho Lopes percebeu, por exemplo, ao longo de seu trabalho de campo, que a figura que causava mais polêmica dentro e fora do mundo funk era a personagem "novinha". Muitas críticas eram feitas pelos próprios funkeiros, principalmente por aqueles pertencentes à vertente do "funk de raiz", mas até por MCs que cantavam "putaria"[340]. Ainda em 2001, aparecerem as primeiras denúncias sobre MCs mirins que cantavam funks com forte apelo sexual. Um dos primeiros casos foi o de Jonathan Costa, filho de Romulo Costa, dono da equipe de som Furacão 2000, e Veronica Costa. Naquela época, quando tinha apenas 7 anos de idade, fez sucesso cantando os seguintes versos: "Dance, potranca/ Dance com emoção/ Eu sou o Jonathan da nova geração/ Mas eu já estou crescendo/ Cheio de emoção/ E eu já vou pegar um filé com popozão". O juiz titular da 1ª Vara da Infância e Juventude do Rio de Janeiro, Siro Darlan, sustentava que a música tinha caráter erótico e era inadequada para a idade do cantor. O juiz se dizia "a favor do funk como expressão cultural, mas contra qualquer música que utilize crianças para propagar a pornografia". Além de multados, os pais de Jonathan poderiam perder a guarda do filho. Na época, Romulo Costa tinha 67 autos de infração na 1ª Vara da Infância e Juventude por irregularidades praticadas em bailes, e as multas chegavam a R$200 mil[341].

Em 2003, aos 7 anos de idade, a filha de MC Cidinho, Sindy Ohana, após uma passagem pelo grupo infantil As Tigresinhas, fazia sucesso em carreira solo com "Chupetinha", feita supostamente para a irmãzinha

---

340__Adriana Carvalho Lopes, *Funk-se quem quiser: no batidão negro da cidade carioca, op. cit.*, p.174.

341__Drault Ernanny Filho, "Pais de cantor mirim de funk podem perder guarda do filho", *Consultor Jurídico*, Rio de Janeiro: 2 mar. 2001.

que chorava[342]. Em 2004, Yuri Lourenço da Silva, filho de Tati Quebra Barraco – que seria morto aos 19 anos em uma operação policial em 2016 – lançou a música "Yuri Juventude" em um álbum da mãe, *Boladona*, em que cantava, também aos 7 anos de idade: "Fico doido quando vejo as novinhas rebolar/ Sou novo, mas não sou bobo/ Quero ver você dançar".

MCs adultos afirmavam que as crianças não cantam as letras de duplo sentido com malícia e que quem tem maldade é o adulto[343]. Já a vereadora Veronica Costa (PL) apresentou, na Câmara Municipal do Rio de Janeiro, o PL n. 118/2001, transformado na lei n. 3.433/2002, que proíbe a pessoa jurídica que utilizar, em trabalho noturno, perigoso ou insalubre, menores de 18 anos ou, em qualquer trabalho, menores de 16 anos, salvo na condição de aprendiz, de assumir contratos com o município e dele receber benefícios ou incentivos fiscais e creditícios. Na justificativa, a vereadora defende que "à infância e início da adolescência estão reservadas as atividades educacional e lúdica, nunca o mundo do trabalho". Veronica Costa também apresentou o PL n. 832/2002, que dispõe sobre a aplicação de sanções à firma individual e à pessoa jurídica de direito privado que, operando no município, desrespeite os direitos do adolescente à profissionalização e à proteção no trabalho, nos termos do Estatuto da Criança e do Adolescente[344].

Em 2013, o Bonde das Maravilhas, grupo de Niterói formado por cinco meninas, fazia sucesso na internet com suas coreografias, principalmente a do "quadradinho de oito", ensinada na música "Aquecimento das Maravilhas". Em maio daquele ano, no entanto, o Ministério Público Estadual do Rio de Janeiro instaurou um procedimento administrativo para apurar as músicas e o eventual cunho pornográfico das coreografias do grupo. A investigação foi motivada por uma denúncia do Conselho Tutelar de São Fidélis, no Norte Fluminense, de que houvera possivelmente a violação aos artigos 17 e 18 do Estatuto da Criança e do Adolescente (ECA), que garantem à criança e ao adolescente o direito à preservação da imagem e de que esta não seja explorada de nenhuma forma. Da formação original, apenas uma integrante era maior de idade.

342__Silvio Essinger, *Batidão: uma história do funk*, op. cit., p. 145.
343__*Ibidem*, pp. 145, 200 e 274.
344__O PL foi arquivado em janeiro de 2009, com o término da legislatura anterior.

Em agosto de 2013, a Vara da Infância e da Juventude de Foz do Iguaçu, por sua vez, proibiu a apresentação de três adolescentes integrantes do grupo, de 13, 16 e 17 anos, em um balneário na cidade, atendendo a um pedido do Conselho Tutelar 2 que apontava a violação de artigos do ECA. A juíza Luciana Assad Luppi Ballalai justificou a decisão apontando que ao "apresentarem-se praticamente seminuas, dançando coreografias altamente sensuais, elas estão inseridas em contexto erotizante que lhes deturpa a boa formação moral e sexual, com aberto convite à prostituição". Já o presidente do Conselho Tutelar 2 de Foz do Iguaçu, Paulo Batista, lembrou que o público do Bonde das Maravilhas era "basicamente de adolescentes", que o próprio material de divulgação do show apontava que era "liberada a entrada de bebidas" e que os organizadores do show deveriam ter comunicado a Vara de Infância e da Juventude e os órgãos competentes com no mínimo cinco dias de antecedência, mas isso não havia sido feito.

O empresário do grupo, Henrique Milão, chegou a afirmar que a denúncia partira de "pessoas incomodadas com o sucesso" das meninas e que o perfil do Bonde das Maravilhas mudaria, lançando músicas voltadas para as crianças. No entanto, em setembro de 2013, duas das quatro menores integrantes do grupo foram legalmente emancipadas, para poderem participar de shows e programas de TV. O empresário declarou, na ocasião, que o Bonde das Maravilhas não mudaria a coreografia porque a música "não tem apelo sexual nenhum"[345].

Em maio de 2015, foi a vez de o Ministério Público de São Paulo obter uma liminar para proibir shows de MC Pedrinho, sob o fundamento de que as canções interpretadas por ele tinham "alto teor de erotismo, pornografia, e palavras de baixo calão, incompatíveis com a condição peculiar de pessoa em desenvolvimento". A Vara da Infância determinou a retirada do conteúdo do MC das redes sociais e estipulou uma multa de R$50 mil por show realizado no Brasil. Pedrinho, de 12 anos de idade, vinha realizando uma média de vinte apresentações por mês, com mais de 600 mil fãs no Facebook e 35 milhões de visualizações no YouTube.

345__Fabiula Wurmeister, "Justiça proíbe apresentação de menores do Bonde das Maravilhas", *G1*, Foz do Iguaçu: 17 ago. 2013; "MP-RJ investiga cunho pornográfico de músicas do Bonde das Maravilhas", *G1*, Rio de Janeiro: 18 maio 2013; "Funkeiras menores de idade do Bonde das Maravilhas são emancipadas", *UOL*, São Paulo: 17 set. 2013.

Seu grande sucesso "Dom dom" tinha versos como "Vi logo uma novinha que faz um boquete bom", "Ajoelha, se prepara e faz um boquete bom" e "A novinha experiente já nasceu com esse dom".

"Dom dom" também teve uma versão *light* para tocar nas rádios, sem menções a sexo oral. A mãe de MC Pedrinho, que trabalhava como empregada doméstica, dizia que pedia para seu filho nunca beijar nenhuma fã apaixonada e que não via problema no funk pesadão do filho, desde que ele não cantasse na sua frente. Em abril de 2014, seu cachê por show era de R$5 mil. Chegava a fazer cinco shows por fim de semana e sonhava em comprar uma casa. Cursando a sétima série em uma escola pública, morava com a mãe e três irmãos em um quartinho na zona Norte de São Paulo.

Também em 2015, a Promotoria de Justiça de Defesa dos Interesses Difusos e Coletivos da Infância e da Juventude da Capital, do Ministério Público de São Paulo, abriu o inquérito civil n.103/2015 para investigar "forte conteúdo erótico e de apelos sexuais" em músicas e coreografias de crianças e adolescentes músicos. Um dos alvos da investigação era a cantora de funk MC Melody, de 8 anos, que, segundo uma das representações publicadas no inquérito, "canta músicas obscenas, com alto teor sexual e faz poses extremamente sensuais, bem como trabalha como vocalista musical em carreira solo, dirigida por seu genitor". Além dela, também eram alvo de investigação músicas e videoclipes de outros funkeiros mirins, como MCs Princesa e Plebeia, MC 2K, MC Bin Laden, MC Brinquedo, MC Pikachu e MC Vilãozin, de 6 anos de idade, dono do hit "Tapa na bunda", com versos como "senta com a pepeca" e "dá tapa na bunda dela". Constava na denúncia que a KL Produtora, que empresariava os MCs Brinquedo e Pikachu, "lança cantores menores de idade com letras de músicas de funk com termos depreciativos, apologia a drogas, crimes e prostituição"[346].

O caso de MC Melody gerou a retirada de seus perfis do Facebook e do Instagram, após denúncias de internautas sobre "sexualização", e uma petição no site Avaaz que alcançou mais de 23 mil assinaturas em

---

346__Eduardo Ribeiro, "Depois de MC Pedrinho, a Justiça quer barrar outros MCs mirins", *Vice*, São Paulo: 28 maio 2015; Leandro Machado, "MCs mirins ganham fama com letras sobre sexo e luxo", *Folha de S.Paulo*, São Paulo: 27 abr. 2014.

quatro dias e pedia "intervenção e investigação de tutela" ao Conselho Tutelar de São Paulo. A própria sociedade civil e o mercado também pressionaram, assim, o pai de MC Melody a se comprometer a mudar a gestão da carreira da filha. O pai de MC Melody, MC Belinho, na época com 27 anos, argumentava que a razão da investigação sobre a filha não eram as letras, já que não tinham palavrões nem forte apelo sexual, mas as roupas curtas e decotadas que ela usava e o fato de ela ser uma menina, e não um menino. Disse que muitos MCs só estouraram porque cantavam "putaria", já que era disso que o povo gostava. Reclamou que havia preconceito contra o funk, mesmo reconhecendo que algumas letras fossem realmente pesadas; que no sertanejo e no axé havia muita letra de duplo sentido que as crianças cantavam sem entender e que ninguém reclamava de coreografias sensuais de axé feitas por crianças, como a de "Na boquinha da garrafa", de 1995. Lembrou até de "Maria Chiquinha", da dupla infantil Sandy & Junior, que trata de sexo e violência contra a mulher e era cantada por dois irmãos, ambos crianças[347].

De fato, em uma sociedade machista, a "erotização precoce" de meninos não é vista necessariamente como um problema, sendo até motivo de orgulho para alguns pais. Não se pode ignorar, contudo, que MCs mirins meninos também foram alvo de investigação. Algumas comparações entre contextos não equivalentes são indevidas e contaminadas por anacronismos, em nome de um discurso que atribui toda tentativa de responsabilização individual dos pais ou empresários dos MCs à criminalização do funk. Letras de duplo sentido e letras de conteúdo erótico explícito são coisas distintas. Além disso, coreografias de axé sensuais feitas por crianças nos anos 1990 também eram alvo de críticas, conforme registros da imprensa[348]. O grupo Mulekada, por exemplo, formado por três crianças com menos de 10 anos de idade, dançava em 1999, em programas de TV, coreografias de axé inspiradas no grupo

---

347__Eduardo Ribeiro, "Para o pai da MC Melody, o processo contra a MC mirim é um problema de gênero", *Vice*, São Paulo: 29 maio 2015; Ricardo Senra, "Ministério Público abre inquérito sobre 'sexualização' de MC Melody", *G1*, São Paulo: 24 abr. 2015; Rodolfo Vicentini, "Após polêmica, Melody volta ao Instagram com dezenas de fotos apagadas", *UOL*, São Paulo: 24 jan. 2019.

348__Silvia Pavesi Sborquia, *A dança no contexto da educação física: os (des)encontros entre a formação e a atuação profissional*, dissertação (Mestrado em Educação Física) – Faculdade de Educação Física, Universidade Estadual de Campinas, Campinas: 2002, pp. 57 ss.

É o Tchan e cantava em "Foi de brincadeira" versos como "Na hora da dança/ requebra gostoso/ rebola a bundinha/ vai até o chão". Por outro lado, algumas letras voltadas ao público infantil que eram aceitas sem maiores problematizações nos anos 1990 passaram a ser problematizadas nos anos 2010. Assim, em um show em julho de 2019, em Fortaleza, a dupla pop Sandy & Junior mudou a letra de "Maria Chiquinha" (1991) por considerar que não eram mais aceitáveis os versos em que Junior cantava que iria "arrancar a cabeça" de Maria Chiquinha e "aproveitar o resto"[349].

Em 2015, por meio do requerimento n. 34/2015 da Comissão de Ciência e Tecnologia, Comunicação e Informática da Câmara dos Deputados, o deputado federal Roberto Alves (PRB-SP) requereu convidar representantes do YouTube, do Vimeo, do Twitter, do SoundCloud, do Dailymotion, do UOL, da Last.fm, o coordenador do Comitê Gestor da Internet no Brasil, Virgílio Augusto Fernandes Almeida, e o promotor de Justiça do Ministério Público do Estado de São Paulo Eduardo Dias de Souza Ferreira para debater em uma audiência pública "políticas públicas de proteção à criança e adolescentes frente veiculação de conteúdos artísticos ou diversos que promovam a sexualização de crianças e adolescentes, tendo como referência para o debate, videoclipes e músicas interpretadas por menores de idade, sucessos de visualizações e downloads nestas mídias sociais". A justificativa para a convocação, que foi aprovada, foi o referido inquérito aberto pelo Ministério Público de São Paulo em 2015.

Já no requerimento de convocação e convite n. 35/2015 da CPI destinada a apurar as causas, razões, consequências, custos sociais e econômicos da violência, morte e desaparecimento de jovens negros e pobres no Brasil, o mesmo deputado requereu e teve aprovada a convocação de Emerson Martins, proprietário da KL Produtora, que agenciava MCs menores de 18 anos, para prestar esclarecimentos perante a CPI, e convidou o promotor Eduardo Dias de Souza Ferreira, na qualidade de testemunha, para audiência pública que tinha como objetivo debater medidas de proteção a crianças e jovens. O convocado havia sido acusado pelo Ministério Público do Estado de São Paulo pela "exploração infantil de menor que se apresenta em diversas casas de shows com

---

349__ "Sandy & Junior mudam letra de 'Maria Chiquinha': 'Não é mais aceitável'",
Veja SP, São Paulo: 22 jul. 2019.

músicas com letras de forte conotação sexual promovendo a sexualização da infância e adolescência".

O deputado Roberto Alves também apresentou o PL n.1.770/2015, que determina, entre outras sanções, a cassação da eficácia da inscrição no Cadastro Nacional da Pessoa Jurídica (CNPJ) de

> estabelecimentos e empresas que promoverem a violação ao direito, ao respeito e à dignidade de crianças e adolescentes por meio de venda de produtos, apresentação musical, teatral ou de qualquer manifestação artística realizada por menores de 18 anos com ênfase na sexualização de crianças e adolescentes, assim como a permissão ao ingresso de menores nas respectivas apresentações, crimes prescritos no Estatuto da Criança e Adolescente – ECA.

Na justificativa, o deputado denuncia o surgimento de um "subproduto de consumo", qual seja, meninas e meninos que passaram a se apresentar de forma erotizada imitando dançarinos de grupos musicais de axé, pagode e funk em apresentações musicais, em shows e casas de espetáculo dos mais diversos matizes, com gestual sexualizado e letras com duplo sentido de conotação erótica, muitas vezes incentivados por "pais gananciosos", que passaram a ver nos dotes artísticos naturais dos filhos uma forma de ganharem dinheiro, "sob a falsa justificativa da liberdade de expressão cultural". O deputado apela ao clamor contra a sexualização infantil especificamente no caso de MC Melody.

O deputado Eduardo Barbosa (PSDB-MG) fez um parecer favorável ao PL na Comissão de Seguridade Social e Família, na forma de um substitutivo, com alguns ajustes nas punições, criticando a utilização de crianças e adolescentes em propagandas com conotação sexual, em eventos musicais e culturais nos quais se acentuam a sensualidade, como novelas, e citou uma CPI realizada pela Câmara que constatou a exploração de crianças e adolescente em boates, agências de turismo, agências de modelos, escolinhas de futebol e trabalho escravo. Neste caso, portanto, não houve uma acusação seletiva contra o funk.

Já na Comissão de Desenvolvimento Econômico, Indústria, Comércio e Serviços, o relator deputado Jesus Sérgio (PDT-AC) votou pela rejeição do PL, por acreditar que, no que tange ao mérito econômico, a proposição oferecia riscos e inseguranças consideráveis a empresários dos setores de shows e eventos. Apontou a dificuldade de se definir o que seja uma manifestação artística com ênfase na sexualização, pois "muitas vezes o que é normalidade para uns apresenta-se como escândalo para outros". Questionou quem seria o fiscal da lei; ponderou que o empresário, ainda que quisesse, não seria capaz de controlar a expressão artística de quem ele agencia; criticou a excessiva cláusula penal e a injustiça de um único deslize obrigar um empresário a cessar suas atividades por cinco anos; e, por fim, recomendou que, na ocorrência de abusos, a punição deva recair sobre as pessoas físicas que lhe derem causa, enquadrando o ato em disposições do Código Penal e do ECA[350].

O PL n. 2.141/2015, de autoria do deputado federal Ronaldo Carletto (PP-BA), acrescenta no ECA o crime de "compor, gravar, produzir, compartilhar ou executar música que contenha apologia a práticas sexuais com crianças e adolescentes ou fazer apologia a essas práticas por quaisquer meios" e prevê uma pena de dois a quatro anos de reclusão e multa. Na justificativa, o deputado afirma que "temos visto crescerem casos de raps e funks que sexualizam muito cedo as crianças e estimulam adolescentes a adotarem comportamentos sexuais inadequados".

O deputado dr. João (PR-RJ) manifestou-se favoravelmente ao PL, na forma de substitutivo, na Comissão de Seguridade Social e Família, denunciando a exploração financeira de "funkeiros mirins" erotizados precocemente; a prática de orgias por crianças e adolescentes, sob o efeito de álcool e drogas, em "pancadões" controlados por traficantes armados, e letras que estimulam esses comportamentos, além de objetificarem e depreciarem as meninas; o crescimento de casos de meninas que engravidam nos bailes funk e não sabem quem são os pais e de contágio por doenças sexualmente transmissíveis nesses contextos. O deputado alega não estar criticando o "rap", o "funk" e outros gêneros musicais, "mas sim o conteúdo desses gêneros que fazem apologia a ilícitos". Propôs no substitutivo criminalizar também a apologia do consumo de bebidas alcoólicas ou drogas por crianças e adolescentes, aumentar a pena e incluir na proibição todas as possíveis condutas vinculadas à produção e à difusão desse tipo de conteúdo de natureza visual ou audiovisual[351].

350__O PL encontrava-se ainda em tramitação em julho de 2021.
351__O PL encontrava-se ainda em tramitação em julho de 2021.

Em março de 2015, a vereadora de São Paulo Sandra Tadeu (DEM) apresentou o requerimento D com processo n. 09/2015, visando à constituição de uma CPI para "apurar todas as irregularidades praticadas nos eventos denominados 'pancadões' bem como a fiscalização dos locais onde são realizados e a efetiva atuação do poder público quanto à aplicação da lei e as providências para coibir os abusos ocorridos nesses eventos". O requerimento foi arquivado em janeiro de 2017, com o término da legislatura anterior. Na justificativa, a vereadora reconhece que o "pancadão" é considerado por muitos o entretenimento de quem reside na periferia, onde a diversão é escassa, e que o funk é uma "arte musical que incita a dança". No entanto, lembra que o "pancadão" recebe tal denominação pela altura do som e que as músicas vêm carregadas de "letras bem chulas, muitas atacando a polícia e tratando a mulher como simples objeto, incitando a dança de uma forma mais sexualizada", o que a vereadora classifica como "funk pesado (*heavy funk*)".

Sandra Tadeu alegava que o Poder Público deveria agir para fazer cumprir o Estatuto da Criança e do Adolescente e que, mesmo com a vigência da lei municipal n. 15.777/2013, que proíbe a realização de "pancadões" na cidade de São Paulo, tais eventos continuavam a acontecer, sem nenhum tipo de punição. Para a vereadora,

> É comum nesses bailes um espetáculo de vulgaridade, como aqueles "trenzinhos" de sexo, em que a maioria das adolescentes do sexo feminino são, "presumidamente", estupradas por muitos, tendo, muitas vezes, como consequência, uma gravidez indesejada e sem a mínima noção de quem seja o pai da criança. Não há dúvida de que muitos encontros para a realização de "pancadões" auxiliam e incitam a prática de diversos crimes, dentre eles, o uso e tráfico de entorpecentes; a venda e o consumo de bebidas alcoólicas por menores; o porte ilegal de armas e o estupro de vulnerável (art. 217-A do CP), cujos organizadores bem poderiam ser incursos nas sanções do crime previsto no artigo 283 do Código Penal (Incitação ao crime). Sem contar, a prática de desobediência à lei do silêncio.

Em 2017, o vereador Ricardo Teixeira (Pros) apresentou na Câmara Municipal de São Paulo o PL n. 502/2017, que propõe a proibição de participação de crianças e adolescentes em bailes funk no município de

São Paulo, salvo expressa autorização judicial, e prevê multa em caso de descumprimento. Na justificativa, o deputado sustenta que "é inegável perceber, por meio das imagens e reportagens das mídias sociais, televisivas e impressas, que o Baile Funk é um local com exposição de nudez, consumo de drogas e bebidas alcoólicas e incentivo a atos violentos, como estupros e atentado contra o pudor". Mais um projeto de lei, assim, tem especificamente o baile funk como alvo e parte da premissa de que todo baile funk viola o Estatuto da Criança e do Adolescente[352]. Nesse sentido, uma parte da jurisprudência, principalmente relativa à aplicação do ECA, também deixa transparecer uma visão negativa do funk, como uma espécie de ambiente criminógeno deformador da personalidade dos adolescentes, e o fato de o adolescente frequentar o baile funk é um dos motivos para aplicação de medida socioeducativa[353].

Nenhuma proposta relacionada ao funk teve tanta repercussão, porém, quanto a ideia legislativa n. 65.513/2017, de autoria do cidadão Marcelo Alonso, que, sob o título de "Criminalização do funk como crime de saúde pública a criança aos adolescentes e a família" [sic], alcançou, no período de 24 de janeiro de 2017 a 16 de maio de 2017, apoio superior a 20 mil manifestações individuais no portal e-Cidadania do Senado Federal, transformando-se na sugestão n. 17/2017. O proponente da ideia legislativa a embasou nos seguintes termos:

> É fato e de conhecimento dos Brasileiros difundido inclusive por diversos veículos de comunicação de mídia e internet com conteúdos podre alertando a população o poder público do crime contra a criança, o menor adolescentes e a família. Crime de saúde pública desta "falsa cultura" denominada "funk". [...] Os chamados bailes de "pancadões" são somente um recrutamento organizado nas redes sociais por e para atender criminosos, estupradores e pedófilos a prática de crime contra a criança e o menor adolescentes ao uso, venda e consumo de álcool e drogas, agenciamento, orgia e exploração sexual, estupro

---

352__O projeto foi aprovado em duas comissões na forma de substitutivo. Em dezembro de 2019, encontrava-se ainda em tramitação.

353__TJRJ, apelação n. 0328650-64.2009.8.19.0001, Rio de Janeiro: 7 jul. 2010; TJRJ, apelação n. 0055491-12.2008.8.19.0000, Rio de Janeiro: 19 ago. 2008.

e sexo grupal entre crianças e adolescente, pornografia, pedofilia, arruaça, sequestro, roubo e etc.

Tendo em vista que apenas o Poder Legislativo Federal pode criminalizar condutas, conforme o disposto na Constituição Federal, essa foi a primeira vez que a criminalização do funk no sentido estrito do termo tornou-se objeto de discussão, já que, quando se fala em criminalização do funk, geralmente se trata de repressão policial a bailes por violarem normas de direito administrativo ou da associação do funk a condutas que já se encontram criminalizadas, como o tráfico de drogas e a apologia de crime. Por meio do requerimento n. 68/2017-CDH, o senador Romário (Pode-RJ) requereu a realização de audiência pública, no âmbito da Comissão de Direitos Humanos e Legislação Participativa, para tratar da sugestão n. 17/2017. A audiência foi realizada no dia 13 de setembro de 2017, com a presença de Mylene Mizrahi, antropóloga; Bruno Ramos, representante da Secretaria Nacional da Juventude e colaborador na construção do Plano Nacional da "Juventude Viva"; MC Bob Rum; MC Koringa; e Anderson Pavin Neto, presidente do Conselho Nacional de Juventude (Conjuve). O deputado estadual por São Paulo Coronel Telhada candidatou-se para realizar a defesa da sugestão no lugar de seu autor, que não poderia comparecer.

O parecer do senador Romário na Comissão de Direitos Humanos e Legislação Participativa foi pela rejeição da sugestão, sob a justificativa de que os bailes trazem divertimento para uma grande parcela da população, "justamente para aquela que já se sente marginalizada pela pobreza e exclusão social"; de que o funk é uma forma de os jovens manifestarem seu pensamento, serem vistos e se sentirem participantes da sociedade civil; de que a violência, o desrespeito ao próximo, os atos de vandalismo, o uso excessivo de álcool e a exploração sexual são comuns a todas as festividades conhecidas, inclusive o carnaval, não sendo exclusividade dos bailes funk; de que o direito penal já oferece solução adequada para perseguir os autores dos crimes praticados nos bailes funk; de que a criminalização do funk enquanto gênero musical e manifestação artística viola o direito de livre manifestação do pensamento, constitucionalmente garantido; de que o samba já foi considerado ritmo lascivo e pertencente à gente da "ralé", e o jazz, um estilo musical degenerado, de gente "impura", mas, embora se tenha tentado, o Estado nunca conseguiu proibir a manifestação da cultura popular.

O senador lembrou, por fim, que "a sabedoria do tempo ensinou que não se consegue algemar o pensamento; ele sempre encontrará um caminho para se libertar".

A sugestão foi, assim, arquivada. O resultado da consulta pública no site do Senado Federal, no entanto, foi de 52.858 votos favoráveis à sugestão e 38.477 desfavoráveis. O senador Romário acerta quando faz menção a outros gêneros musicais que em outros tempos escandalizaram a sociedade. Ainda que letras com "conteúdo sexual explícito" estejam presentes principalmente no funk, coreografias sensuais e eróticas executadas por crianças e adolescentes, bem como letras de duplo sentido, não são exclusivas do funk, sendo muito comuns no axé, nas marchinhas de carnaval, no forró e no pagode. Fazem parte, na realidade, de uma verdadeira tradição brasileira, marcada por irreverência, humor e sensualidade[354].

Se nos anos 2010 os casos de "erotização infantil" denunciados pela imprensa e citados por parlamentares para justificar projetos de lei eram de MCs de funk, talvez fosse não só em razão da estigmatização do gênero, mas também porque nesse período tais cantores fizessem muito mais sucesso e tivessem uma visibilidade bem maior do que artistas de outros gêneros musicais, principalmente no Sudeste, o que não significa que letras de outros gêneros musicais que não o funk não tenham sido igualmente acusadas de fazer apologia da pedofilia, ainda que não pelo Estado.

Se em "Nosso sonho" (1996), dos funkeiros Claudinho & Buchecha, o eu lírico, dirigindo-se a uma fã que se oferece a ele, diz "teus 12 aninhos permitem somente um olhar", reconhecendo a impossibilidade de consumar o ato sexual, em "Me lambe" (1999), da banda de rock Raimundos, o eu lírico reconhece que ter relações sexuais com uma menor "dá cadeia e é contra o costume", mas diz que ela "já sabe rebolar" e que "com a sua idade já dá pra brincar de fazer neném". Em agosto de 2006, um acordo entre o Ministério Público do Rio Grande do Sul e a empresa Ame o Rock definiu que a banda gaúcha de rock Bidê ou Balde não reeditaria em suas gravações nem tocaria mais em shows, no rádio e na TV a música "E por que não?", acusada de fazer apologia da pedofilia e do incesto. A letra

---

354__Janaína Medeiros, *Funk carioca: crime ou cultura? O som dá medo. E prazer*, *op. cit.*, pp. 13-4.

contém os versos: "Eu estou adorando/ ver a minha menina/ com algumas colegas/ dela da escolinha/ [...]/ Teu sangue é igual ao meu/ teu nome fui eu quem deu/te conheço desde que nasceu/ E por que não?"[355].

No carnaval baiano de 2010, o sucesso "Lobo mau", do grupo de pagode O Báck, foi acusado de incitar a pedofilia, com os versos "Sou o lobo mau, vou te comer" e "menina danada, merenda boa, feita pela vovozinha". A música foi cantada por Ivete Sangalo, mas artistas como Tatau, que participava na época de uma campanha de combate à violência sexual contra crianças, realizada pelo Ministério Público, recusaram-se a cantá-la[356]. Em 2012, a dupla sertaneja Henrique & Juliano lançou "Vem novinha", e a banda de pagode baiano Black Style, "Arrebenta novinha". A menção às "novinhas" também estava presente em "Mete", da banda de pagode baiano La Fúria, de 2013. Essa vertente de pagode baiano ficou conhecida como pagofunk justamente em virtude da influência do funk[357]. Rodrigo Faour mostra como é idealizado o discurso das pessoas que dizem "no meu tempo não era assim" para condenar o funk, traçando uma espécie de "linha evolutiva da sacanagem na MPB". Uma figura da elite portuguesa, Ribeiro Santos, que ouviu as modinhas em sua terra no século XVIII, afirmou: "Eram cantigas de amor tão descompostas que corei de pejo, como se me achasse de repente em bordéis ou com mulheres de má fama"[358]. Já o erudito doutor António Ribeiro dos Santos, como se estivesse criticando o poder do funk de corromper a juventude, escreveu no final do século XVIII um artigo criticando Domingos Caldas Barbosa, considerado o primeiro compositor brasileiro de que se tem notícia, um carioca pardo que viveu aproximadamente entre 1740 e 1800:

> Hoje só se ouvem cantigas amorosas de suspiros, de requebros, de namoros refinados, de garridice. Isto é com que embalam as

---

355__"Vetada música que é acusada de apologia à pedofilia", *Agência Folha*, Porto Alegre: 31 ago. 2006.

356__"Ivete Sangalo levanta polêmica ao popularizar música acusada de incitar a pedofilia", *Extra*, Rio de Janeiro: 14 fev. 2010.

357__Ledson Chagas, *Corpo, dança e letras: um estudo sobre a cena musical do pagode baiano e suas mediações*, op. cit., pp. 128 e 139.

358__José Carlos Leal, *Trovadores e seresteiros/Anotações para estudo da seresta*, Rio de Janeiro: Leymarie, 2000, p. 22 *apud* Rodrigo Faour, *História sexual da MPB: a evolução do amor e do sexo na canção brasileira*, op. cit., p. 249.

crianças; o que ensinam aos meninos; e o que cantam os moços e o que trazem na boca donas e donzelas. Que grandes máximas de modéstia e temperança, e de virtude aprendem nestas canções. Esta praga é hoje geral, depois que o Caldas começou a pôr em uso os seus romances e versejar para as mulheres [em torno de 1763]. Eu não conheço um poeta mais prejudicial à educação particular e pública do que este trovador de Vênus e Cupido[359].

O maxixe, surgido na segunda metade do século XIX nos guetos mais miseráveis do Rio de Janeiro, foi perseguido pela polícia e pela intelectualidade, considerado licencioso e imoral pela elite, que o escutava às escondidas. As letras tinham duplo sentido, e as coreografias, alto teor libidinoso. Um dos maxixes de maior sucesso foi "Corta-jaca", de Chiquinha Gonzaga, lançado em 1895. As revistas musicais, que ajudaram a popularizar o maxixe, comparavam a "jaca" à genitália feminina.

Se em 2004 o Ministério da Cultura recebeu inúmeras críticas por ter convidado a funkeira Tati Quebra Barraco para representar o Brasil no Ladyfest, um festival feminista alemão[360], Rui Barbosa reagiu de forma indignada ao fato de a primeira-dama do país, Nair de Teffé, nos idos de 1914, ter dedilhado o maxixe "Corta-jaca" no violão, nos salões do Palácio do Catete: "É a mais baixa, a mais chula, a mais grosseira de todas as danças selvagens, irmã gêmea do batuque, do cateretê e do samba! Mas, nas recepções presidenciais, o Corta-jaca é executado com todas as honras da música de Wagner, e não se quer que a consciência deste país se revolte!"[361]

Quanto aos gêneros estrangeiros, Elvis Presley, o rei do rock, sofreu duras críticas após se apresentar em 5 de junho de 1956, no programa de TV *Milton Berle Show*, cantando "Hound dog" e balançando o quadril, sem sua guitarra, o que o fez ganhar o apelido de "Elvis, the Pelvis". Jack Gould, jornalista do *The New York Times*, escreveu na época: "Sr. Presley

---

359__Domingos Caldas Barbosa, *Viola de lereno*, Rio de Janeiro: Civilização Brasileira/INL-MEC, 1980, p. 20 *apud* Rodrigo Faour, *História sexual da MPB: a evolução do amor e do sexo na canção brasileira*, op. cit., p. 253.

360__Rodrigo Faour, *História sexual da MPB: a evolução do amor e do sexo na canção brasileira*, op. cit., p. 276.

361__*Apud* Rodrigo Faour, *História sexual da MPB: a evolução do amor e do sexo na canção brasileira*, op. cit., pp. 255 ss.

não tem capacidade de canto discernível. Para o ouvido, ele é um grande indecifrável [...]. Sua especialidade é um movimento acentuado do corpo que até então foi identificado principalmente com o repertório feito por loiras das passarelas burlescas. O *gyration* nunca teve nada a ver com o mundo da música popular e ainda não tem nada". Ben Gross, do *New York Daily News*, opinou que o número era "o tipo de animalismo que deveria ser confinado a bordéis", enquanto o FBI o classificou como "um striptease com roupas, uma autossatisfação sexual no palco". A Igreja católica divulgou um artigo intitulado "Cuidado com Elvis Presley", o *Milton Berle Show* recebeu cartas lamentando a aparição e uma apresentação agendada no *The Tonight Show* quase foi cancelada pela NBC[362].

Uma das maiores influências do funk carioca no início da década de 1990 foi o miami bass, de artistas como o 2 Live Crew, que trazia letras picantes. O fato de as letras estarem em inglês, todavia, e de o gênero musical ser, ainda que negro, estadunidense, pode fazer com que ele não seja encarado no Brasil com o mesmo horror com que se encara o funk. Para Rodrigo Faour, a repulsa que o maxixe e o funk encontram entre a elite intelectual se deve ao fato de ambos os gêneros terem sido criados por negros e pobres, vistos por essa elite como a escória da sociedade, e falarem de forma explícita sobre sexo, ferindo as sensibilidades de uma classe média e alta moralista e hipócrita[363]. Ledson Chagas relata, da mesma forma, como as letras "baixas" e coreografias sexualizadas de pagode baiano e funk, cantadas e dançadas por adolescentes em tom de brincadeira, humor e provocação em Salvador, pareciam causar mais contrariedade entre pessoas de classe média[364].

A repulsa às "grávidas do funk" deve ser historicamente contextualizada. A criminologia marxista sustenta que a moralidade se altera conforme as necessidades do mercado de trabalho. No fim do século XVI, por exemplo, a escassez de mão de obra implicou o aumento dos ordenados, de modo que, na França, o mesmo Estado que aderiu mais tarde à teoria malthusiana adotou uma política de estímulo à taxa de

---

362__Thiago Lincolins, "Elvis, the Pelvis: quando o cantor pisou nos calos da Igreja católica e até mesmo do FBI", *Aventuras na História*, São Paulo: 14 jan. 2020.

363__Rodrigo Faour, *História sexual da MPB: a evolução do amor e do sexo na canção brasileira*, op. cit., pp. 263-4.

364__Ledson Chagas, *Corpo, dança e letras: um estudo sobre a cena musical do pagode baiano e suas mediações*, op. cit., pp. 233 ss.

natalidade, apoiada pelo clero e por seu dogma "crescei e multiplicai-vos". Famílias com numerosos filhos tinham seus impostos reduzidos; proibiu--se a punição das mães solteiras para diminuir os casos de infanticídios; editou-se o decreto contra o ano de luto das viúvas, que as impedia de contrair matrimônio nesse prazo; garantiu-se posição legal favorável a crianças ilegítimas. Já a dinastia Stuart favoreceu na Inglaterra as festividades populares e pagãs do May Day, em celebração da primavera[365].

No começo do século XIX, quando já havia um excedente de mão de obra, a imoralidade, principalmente a sexual, era encarada pelos donos das fábricas como um problema considerável, menos em função da natalidade, que se controlava mal, e mais devido ao fato de o patronato não suportar a devassidão e a sexualidade operárias[366]. Já na era do neoliberalismo, de desemprego estrutural e enormes contingentes populacionais considerados supérfluos, busca-se associar a pobreza à criminalidade e defende-se a tese de que as verbas dos programas sociais, além de extremamente dispendiosas, são ilegítimas, uma vez que recompensariam a inatividade e beneficiariam pais irresponsáveis, mães solteiras e demais "parasitas sociais", que gastam mal o dinheiro dos contribuintes com drogas ou têm muitos filhos justamente com o objetivo de receber mais verbas sociais. O conservadorismo moral, deslocando a causalidade do nível social para o individual e ignorando a opressão que pode se ocultar em uma família tradicional mantida a qualquer custo, vê na família monoparental a origem do crime, na medida

---

365__Georg Rusche e Otto Kirchheimer, *Punição e estrutura social*, 2ª ed., Rio de Janeiro: Revan/Instituto Carioca de Criminologia, 2004, pp. 43 ss. Cf. Michel Foucault, *Microfísica do poder, op. cit.*, pp. 289 ss.

366__Michel Foucault, *A verdade e as formas jurídicas*, Rio de Janeiro: Nau, 1996, pp. 116 ss.; Michel Foucault, *Vigiar e punir, op. cit.*, p. 149.

em que não estaria apta a socializar a criança nos seus primeiros anos, assim como controlar seus impulsos[367].

Em etnografia realizada em 2009 em um baile funk na periferia ao sul da cidade de São Paulo, Gilberto Moreno verificou um público formado por jovens, pré-adolescentes e até algumas crianças. As meninas, vestidas com roupas que acentuavam o corpo, faziam coreografias sensuais, simulando relações sexuais, porém não se aproximavam dos rapazes, que apenas as observavam e comentavam sobre o corpo delas, estabelecendo um ranking das mais gostosas. As "novinhas" eram as mais cobiçadas, por sua provável virgindade. Com o avançar da hora, algumas jovens mais desinibidas subiam no capô dos carros e faziam um striptease até ficar só de calcinha. Foi constatado no entorno do baile o comércio e o consumo intenso de drogas, incluindo álcool, ecstasy, cocaína e maconha[368].

Del Picchia também testemunhou, em 2016, que os frequentadores do "fluxo" de Heliópolis, em São Paulo, em sua maioria, estavam na faixa etária de 15 a 25 anos. O funk "putaria" era o estilo predominante na época, e as meninas dançavam coreografias que simulavam atos sexuais, mas beijos entre casais eram raros e não foram testemunhadas situações de assédio desrespeitoso nem práticas sexuais, ao contrário da imagem que parte da opinião pública tem sobre os "fluxos". Todos se divertiam bebendo, cheirando lança-perfume e ouvindo o som[369].

No entanto, Albertina Duarte Takiuti, coordenadora do Programa da Adolescência do Estado de São Paulo, afirmava que 3,4 mil meninas

---

367__Alessandro Baratta, *Criminologia crítica e crítica do direito penal: introdução à sociologia do direito penal*, op. cit., p. 195; Loïc Wacquant, *As prisões da miséria*, Rio de Janeiro: Jorge Zahar, 2001, p. 22; Nils Christie, *A indústria do controle do crime*, op. cit., p. 59; Theodore G. Chiricos e Miriam A. Delone, "Labor Surplus and Punishment: a Review and Assessment of Theory and Evidence", *Social Problems*, New York: nov. 1992, v. 39, n. 4, pp. 424-5; Jock Young, *A sociedade excludente: exclusão social, criminalidade e diferença da modernidade recente*, op. cit., p. 88; Malcolm Feeley e Jonathan Simon, "The New Penology: Notes on the Emerging Strategy of Corrections and its Implications", *Criminology*, nov. 1992, v. 30, n. 4, p. 468.

368__Gilberto Geribola Moreno, "Novinhas, malandras e cachorras: jovens, funk e sexualidade", *Ponto Urbe*, São Paulo: 2011, n. 9.

369__Paulo Menotti Del Picchia, "Por uma etnografia dos sistemas de som do funk", *op. cit.*, pp. 86-7.

entre 10 e 14 anos de idade foram mães e registraram seus bebês em 2013, tendo 340, ou seja, 10%, engravidado no baile funk, o que representava quase uma por dia. Em agosto de 2015, fez um novo levantamento com 96 jovens e adolescentes que procuraram as casas de apoio e constatou que apenas 37% condenavam o fato de ter uma relação ou gravidez no baile funk; 47% não achavam bom nem ruim; e os outros 16% disseram que não viam problema em ter relação sexual nos bailes. Vera Blondina Zimmermann, coordenadora do Centro de Referência da Infância e Adolescência da Unifesp, acreditava que a gravidez na adolescência podia fazer as jovens perderem o interesse pelos planos, projetos e sonhos[370]. Cabe questionar, porém, se não é justamente a falta de planos, projetos e sonhos, causados por outros fatores, que leva tantas meninas a engravidar.

É plenamente razoável encarar como um problema social e de saúde pública um adolescente de 14 anos ou menos que ingere bebidas alcoólicas e outras drogas. Da mesma forma, frequentar bailes funk ou quaisquer outros tipos de festa de madrugada pode ser nocivo à saúde e ao desenvolvimento de um adolescente dessa idade, dependendo da frequência. Porém não se deve tomar o funk como bode expiatório de problemas bastante complexos, como o abuso de álcool e drogas ilícitas, a pedofilia e a gravidez na adolescência, causados por múltiplos fatores e com soluções muito mais complexas e interdisciplinares do que apenas proibir bailes funk indistintamente, uma solução simples, de curto prazo e, portanto, com forte apelo popular, porém ineficaz.

Tendo em vista que meninas de classe alta também dançam funk e dançavam axé nos anos 1990, fazendo coreografias sensuais, o fato de haver mais mães adolescentes de classe social baixa indica que o funk tem um papel apenas secundário ou coadjuvante nesse cenário. Adriana Lippi Waissman aponta que as adolescentes de classe social mais alta também engravidam, mas contam mais com a possibilidade de interromper a gravidez, se desejarem. Além disso, do ponto de vista biológico, alguns autores destacam que a primeira menstruação vem ocorrendo cada vez mais cedo, o que, de certa forma, pode favorecer o início precoce da atividade sexual. É preciso recordar, no entanto, que a gravidez

---

370__Patrícia Falcoski, "Estatística aponta uma gravidez por dia nos bailes funk de São Paulo", *G1*, São Paulo: 2 set. 2015.

na adolescência não é novidade e nem sempre foi vista como um problema. Em gerações passadas, as mulheres se casavam muito jovens, e o papel social reservado a elas era o de mãe[371]. Não se pode desprezar ainda que, em casas de famílias em que todos os membros têm de dividir o mesmo cômodo, o contato das crianças com relações sexuais pode se dar de maneira precoce.

Ana Cristina Garcia Dias e Marco Antônio Pereira Teixeira compilaram na literatura especializada algumas razões para o fenômeno complexo da gravidez na adolescência. O advento da pílula anticoncepcional e a revolução sexual dos anos 1960 associaram o sexo mais fortemente ao prazer e o desvincularam da procriação, sendo paradoxalmente difícil para o adolescente, hoje, diante dessa desvinculação, adotar um comportamento contraceptivo eficaz. Ao mesmo tempo que se sentem reprimidos sexualmente por sua família e/ou por uma moralidade rígida e punitiva, os jovens de ambos os sexos se sentem pressionados por seus pares a viver plenamente a sexualidade.

O não uso de anticoncepcionais não parece ser causado pela falta de informação sobre a necessidade de se utilizarem métodos contraceptivos nas relações sexuais. As razões citadas por adolescentes para não usar os métodos contraceptivos são "não pensar nisso na hora", desejar engravidar ou não se importar em engravidar, não ter a expectativa de uma relação sexual naquele momento, não conhecer nenhum método contraceptivo, a recusa dos parceiros em usar, o preço ou a inconveniência de usar algum contraceptivo.

Além disso, numa sociedade machista, espera-se da mulher um comportamento passivo, enquanto do homem é esperado um comportamento ativo. Adotar um comportamento contraceptivo adequado implica assumir e expressar a sexualidade e o desejo, uma postura ativa da mulher que colocaria em xeque a moralidade feminina. Por outro lado, os adolescentes homens não são educados para se responsabilizar pelos cuidados anticoncepcionais, deixando-os muitas vezes apenas para as meninas.

Os adolescentes, particularmente os mais jovens, têm dificuldade em controlar seus impulsos, em avaliar a extensão e o impacto das

---

371__Maria Helena Varella Bruna, "Gravidez na adolescência", *Drauzio*, São Paulo: 5 out. 2011.

consequências do próprio comportamento, por isso podem se sentir invulneráveis, não acreditando que a gravidez vá acontecer com eles, apesar de ocorrer com outros jovens, ou podem considerar que, como nenhum de seus amigos adolescentes passou por isso, também não acontecerá com eles. A gravidez na adolescência pode ser também resultado de um processo inconsciente no qual a jovem, impossibilitada de assumir sua autonomia emocional e de identidade, por não conseguir separar-se psicologicamente da mãe, tentaria transferir essa dependência de vínculo à figura do filho ou filha, ainda mais quando sua mãe também foi mãe precoce ou quando a avó se torna "mãe do próprio neto".

A carência afetiva (solidão, brigas com a família), associada à ausência ou à limitação das perspectivas de construção de um projeto de vida, podem ser fatores determinantes para a ocorrência de uma gestação na adolescência, ao menos nas classes mais baixas. A maternidade, para uma grande parcela das jovens, é desejada e se configura como um dos únicos projetos possíveis de reconhecimento social. Enquanto para adolescentes de classe mais alta a gestação nesse momento de vida representa, além de um comprometimento dos planos futuros, uma sobrecarga financeira e a sensação de que algo aconteceu na hora errada, quebrando as expectativas do que seria uma adolescência normal, para meninas mais pobres, ter um filho pode ser encarado como uma bênção divina, algo natural à identidade feminina e que lhes permitiria constituir sua própria família.

Ana Cristina Garcia Dias e Marco Antônio Pereira Teixeira lembram, por fim, que, no contexto socioeconômico das jovens de classe baixa, o papel materno é extremamente valorizado como uma ocupação, algo que dá sentido à vida. A gravidez implica uma mudança no status social da adolescente, que passa a ser reconhecida como adulta/mulher pela família, por professores e colegas de escola. Além disso, contraintuitivamente, propicia às jovens a reafirmação de projetos de ascensão social, pois a busca por continuidade dos estudos é motivada pela busca por melhores condições de vida para si e para a futura criança[372].

372__Ana Cristina Garcia Dias e Marco Antônio Pereira Teixeira, "Gravidez na adolescência: um olhar sobre um fenômeno complexo", *Paidéia*, Ribeirão Preto: jan.-abr. 2010, v. 20, n. 45.

Para adolescentes de classe social mais baixa, a gravidez pode representar uma forma de ascensão social também porque muitas vezes seus companheiros possuem nível socioeconômico um pouquinho melhor que o delas. Às vezes as avós acabam assumindo o papel das mães, e a menina engravida de novo porque tem a ilusão de que é fácil cuidar de um bebê, justamente por ter alguém que cuide por ela. Já os meninos muitas vezes gostam da gravidez de suas companheiras porque isso representa uma maneira de afirmar a própria masculinidade, de provar que já são homens, e porque veem na gravidez da garota um modo de perpetuar a família, de criar algo próprio[373]. Há que se distinguir, neste caso, a gravidez resultante de um relacionamento entre namorados e a gravidez resultante de uma relação sexual pontual, ocorrida em um baile funk.

Se o baile funk é responsabilizado pela gravidez na adolescência em discursos parlamentares e da mídia, por outro lado, na página 99 do relatório n. 02/2015 da Subcomissão Especial da Câmara dos Deputados destinada a avaliar as políticas de assistência social e saúde da população negra, da Comissão de Seguridade Social e Família, consta que eram desenvolvidas atividades educativas de aderência ao exame pré-natal de gestantes em escolas de samba e rodas de samba, feiras de saúde e bailes funk.

Um ano após as denúncias na mídia sobre as "grávidas do funk", Veronica Costa (PL), a Mãe Loira do Funk, apresentou na Câmara dos Vereadores do Rio de Janeiro o PL n. 808/2002, transformado na lei n. 3.455/2002, que autoriza o Poder Executivo a criar a Política Municipal de Serviços e Programas para a Prestação de Atenções à Educação da Sexualidade. As ações previstas incluem programa de educação sexual para os alunos da rede municipal de ensino público; programa de incentivo à paternidade responsável, de planejamento familiar, de regulação de fertilidade e de liberdade individual de concepção da mulher; serviço de orientação da sexualidade, sobre a problemática da gravidez na adolescência e sobre as doenças sexualmente transmissíveis e suas formas de contágio e prevenção. A lei ainda prevê sanções à firma individual e à empresa jurídica de direito privado em cujo estabelecimento seja

---

373__Maria Helena Varella Bruna, "Gravidez na adolescência", *op. cit.*

praticado ato vexatório, discriminatório ou atentatório contra a sexualidade, tanto do homem quanto da mulher[374].

Paulo Cesar Rodrigues Carrano questiona, por outro lado, se o fato de um adolescente viver plenamente sua sexualidade, para além das aulas teóricas de educação sexual nas escolas, tão combatidas por pais mais conservadores, seria necessariamente um problema, uma vez que "a sexualidade não se resolve no plano teórico" e

> precisa ser exercitada pelos jovens, não apenas como alunos, mas como sujeitos livres para a prática autônoma do próprio corpo no tempo livre. Neste sentido, as desconfianças quanto à utilização "sadia" do tempo e a interdição estigmatizante de espaços sociais de aprendizagem e experimentação não podem ser qualificadas como propostas de caráter democrático e cidadão[375].

Adriana Facina segue a mesma linha argumentativa ao lembrar que

> o contato que os jovens têm com o tema sexo na escola ou em materiais voltados para a sua faixa etária (e mesmo em conversas familiares) sempre destaca perigo, medo e nunca o prazer e a diversão que o ato sexual proporciona. Sexo é igual a aids e outras doenças sexualmente transmissíveis, gravidez precoce, entre outras mazelas. O funk é um dos únicos veículos de comunicação e expressão estética que trata o sexo de forma lúdica e destacando a dimensão do prazer carnal que lhe é inerente[376].

374__Veronica Costa também é a autora da lei n. 6.001/2015, que institui ciclos de palestras sobre prevenção à gravidez precoce para os alunos do 2º ciclo do ensino fundamental da rede municipal pública de ensino da cidade do Rio de Janeiro ao menos uma vez durante o ano letivo.

375__Paulo Cesar Rodrigues Carrano, *Os jovens e a cidade: identidades e práticas culturais em Angra de tantos reis e rainhas*, Rio de Janeiro: Relume-Dumará/Faperj, 2002, pp. 62-3.

376__Adriana Facina, "'Eu só quero é ser feliz': quem é a juventude funkeira no Rio de Janeiro?", *op. cit.*, p. 9.

FUNK E MACHISMO

Em 2008, o sucesso de MC Créu e de Andressa Soares, a dançarina que o acompanhava fazendo coreografias sensuais, apelidada de Mulher Melancia em virtude do tamanho dos seus seios, fez surgir uma sucessão de outras "mulheres-fruta" no funk, como a Mulher Pera e a Mulher Melão, levantando novamente o recorrente debate sobre a objetificação da mulher no funk. A situação, no entanto, fica mais delicada quando funks são acusados não só de serem machistas em razão de uma coreografia ou do papel destinado às mulheres nos shows, mas principalmente em razão de letras que alimentariam a cultura do estupro.

Se os projetos de lei que têm como alvo os "proibidões" acusados de fazer apologia das facções criminosas são de autoria de parlamentares de direita, há alguns projetos de lei de autoria de parlamentares de esquerda nos níveis municipal, estadual e federal que visam combater músicas acusadas de objetificar e degradar a mulher, embora nem todos citem explicitamente o funk ou tenham apenas este como alvo. Parte do movimento feminista acusa o funk de ser extremamente machista e defende medidas para reprimi-lo, na maioria dos casos usando o direito administrativo, como normas que proíbem o Poder Público de contratar artistas acusados de cantar músicas machistas ou de enunciar algum outro tipo de discurso de ódio. Em casos extremos, movimentos feministas mais identificados com a esquerda já acusaram funks de fazer apologia do estupro, ainda que não necessariamente demandassem a aplicação do Código Penal.

Os funkeiros, tradicionalmente vistos como vítimas de elitismo e racismo, podem ser extremamente machistas e homofóbicos, mas uma visão simplista e maniqueísta idealiza grupos marginalizados e ignora sua diversidade e seus conflitos internos, bem como o fato de que eles também reproduzem relações de opressão e discursos de ódio. Quando tem de lidar com essa contradição, a esquerda é acusada de ser ingênua ou hipócrita. Deputadas feministas de esquerda acabam, ainda que circunstancial e involuntariamente, tendo o apoio de deputados neopentecostais fundamentalistas de direita, que saem supostamente em defesa das mulheres, com argumentos moralistas e machistas, para atacar o funk, elegendo-o como bode expiatório e ocultando outros agentes de machismo, como as próprias interpretações religiosas fundamentalistas.

Na justificativa do PL n. 5.351/2019, por exemplo, o deputado federal Pastor Sargento Isidório (Avante-BA) relembrou a pioneira lei n. 12.573/2012, do estado da Bahia, de autoria da deputada Luiza Maia (PT), que ficou conhecida como Lei Antibaixaria. Apesar de declarar que sua intenção era combater o machismo, o deputado chamou as mulheres na justificativa do PL de "o elo mais próximo de DEUS e eixo garantidor de paz, tranquilidade e dignidade do lar", "nossas princesas e rainhas"[377]. Já o deputado estadual do Rio de Janeiro Rodrigo Amorim (PSL), que quebrou a placa em homenagem a Marielle Franco na campanha eleitoral de 2018, enviou ofício em julho de 2020 à Presidente da Comissão de Defesa dos Direitos da Mulher da Alerj, deputada Enfermeira Rejane (PCdoB), denunciando a objetificação, banalização e "vulgarização explícita" da mulher em clipes de funk, fazendo referência a campanhas contra o estupro, a violência doméstica contra a mulher e o tráfico internacional de mulheres brasileiras[378].

Em 2015, a deputada federal Keiko Ota (PSB-SP), por meio do requerimento da Comissão Mista de Combate à Violência contra a Mulher n. 34/2015, requereu realização de diligência à Secretaria da Segurança Pública do Estado de São Paulo para "solicitar medidas de segurança contra violência que ocorre em bailes funk e pancadões, na periferia de São Paulo, contra meninas adolescentes". O funk voltou a ser fortemente associado à violência contra a mulher em maio de 2016, quando a mídia repercutiu a notícia do estupro de uma adolescente de 16 anos por no mínimo trinta homens, ocorrido em uma comunidade na zona Oeste do Rio de Janeiro. Segundo a família, a adolescente havia saído de casa

---

377__O PL foi apensado ao PL n. 508/2019, do Pastor Marco Feliciano (Pode-SP), que, por sua vez, foi apensado ao PL n. 5.941/2013, de Anderson Ferreira (PR-PE).

378__Disponível em: https://rodrigoamorim.com.br/wp-content/uploads/2020/09/OFICIO-COMISSAO-DA-MULHER-LUDIMILA-E-MC-MANEIRINHO.pdf. Acesso em: 3 ago 2021.

para ir a um baile funk na favela e só retornou dois dias depois, visivelmente drogada[379].

No âmbito municipal, a vereadora do Rio de Janeiro Veronica Costa, a Mãe Loira do Funk, apresentou o PL n. 1.204/2007, transformado na lei n. 4.774/2008, que estabelece medidas destinadas ao combate de toda e qualquer forma de discriminação por orientação sexual no município. Entre as ações descritas pela lei como discriminatórias, está "praticar, induzir ou incitar, pelos meios de comunicação, a discriminação, o preconceito ou a prática de qualquer conduta discriminatória". A mesma vereadora apresentou projetos de lei de enfrentamento à violência contra a mulher, mas sem fazer referência à repressão a discursos machistas presentes em gêneros musicais[380].

O PL n. 622/2015, de autoria da deputada federal Moema Gramacho (PT-BA), dispõe sobre a proibição do uso de recursos públicos para contratação de artistas que, em suas músicas, desvalorizem as mulheres, incentivem a violência contra elas ou as exponham a situação de constrangimento, bem como contenham manifestações de homofobia, discriminação racial ou apologia do uso de drogas ilícitas. O relatório da deputada Ana Perugini (PT-SP) na Comissão de Defesa dos Direitos da Mulher foi favorável ao PL e contrário à emenda do deputado Vinicius Carvalho (PRB-SP), que pretendia suprimir do texto do PL a menção às manifestações de homofobia.

Embora o projeto pareça ter sido motivado mais por gêneros musicais baianos, como o axé e o pagode baiano, a relatora transcreveu as letras de alguns funks, incluindo "Só um tapinha", de MC Naldinho e MC Beth, em que MC Bella canta que "um tapinha não dói", letra que chegou a ser citada por Caetano Veloso na gravação de "Dom de iludir", no álbum *Noites do Norte (ao vivo)*, de 2001. A relatora cita decisão do

---

379__Cf. o RCP n. 36/2017, de autoria da deputada federal Laura Carneiro (PMDB/RJ), que "requer a instituição de Comissão Parlamentar de Inquérito para investigar e avaliar o aparelhamento estatal para educar, coibir e impedir os resultados da noticiada banalização de uma cultura de estupro no País, averiguando se há mudanças na ocorrência desse tipo de crime, e as ações do poder público para educar, esclarecer, impedir e promover a eficiência da persecução penal no Brasil dos crimes de estupro, nos últimos cinco anos".

380__Cf. o PL n. 1.772/2016, a lei n. 6.274/2017, o PL n. 316/2017, a lei n. 6.612/2019 e o PL n. 1.155/2019.

Tribunal Regional Federal da 4ª Região, que condenou, em outubro de 2015, a produtora musical Furacão 2000 ao pagamento de R$500 mil de indenização, relativo à ocorrência de dano moral difuso, em ação civil pública movida pelo Ministério Público Federal e pelo grupo de assessoria jurídica e estudos feministas Themis – Gênero e Justiça.

O desembargador federal Luís Alberto d'Azevedo Aurvalle entendeu que houve abuso no exercício da liberdade de expressão artística, rejeitando se tratar de um caso de censura. A decisão considerou que músicas e letras como "Tapa na cara" e "Tapinha" não se mostram simples sons de gosto popular, "narrativas de relações privadas íntimas" ou "manifestação artística" de prazer feminino masoquista, mas "abominável incitação à violência de gênero ou aval a tais criminosas e nefastas condutas, ao transmitir a jovens e público em geral a noção errônea de que a regra é a mulher gostar de sofrer". Os relatórios de Erika Kokay (PT-DF) na Comissão de Cultura, na Comissão de Direitos Humanos e Minorias e na Comissão de Trabalho, de Administração e Serviço Público foram favoráveis ao PL, nos termos de um substitutivo que ampliou ainda mais o âmbito da proibição, fazendo a ressalva de que a proibição deve se voltar a uma obra específica, não a um artista, e que não deve atingir obras históricas. Segundo a relatora, "a produção de músicas com apelo pornográfico, preconceituoso e violento [...] embora não possa ser abolida – em razão da liberdade de expressão da atividade intelectual e artística assegurada constitucionalmente (art. 5º, IX, CF) – não deve ser apoiada, estimulada ou patrocinada pelo Estado"[381].

O PL n. 5.941/2013, de autoria do deputado federal Anderson Ferreira (PR-PE), da mesma forma, altera a Lei de Licitações e a Lei Rouanet para vedar o uso de recursos públicos em práticas que importem induzimento ou instigação de terceiros ao uso indevido de drogas ou à prática de crimes contra a dignidade sexual. Em seu parecer contrário na Comissão de Cultura, a relatora Jandira Feghali (PCdoB-RJ) concordou que a preocupação revelada pelo PL era válida, porém encarou como um problema as autoridades responsáveis pela concessão de incentivos julgarem antecipadamente uma conduta que ainda não

---

381__O PL foi arquivado em janeiro de 2019, após o término da legislatura anterior.

ocorreu, simplesmente supondo que determinado beneficiário praticará ato de induzimento.

A relatora defendeu a liberdade de expressão, em contraposição à censura; questionou o que seria uma obra que induz ao uso indevido de drogas; e indagou se, ao admitir o gosto pelo que é ilegal, alguém estaria instigando outras pessoas ao crime, bem como se estariam a Jovem Guarda, os tropicalistas, a música sertaneja, as marchas de carnaval, o funk ou todo o rock nacional dos anos 1980 induzindo o público a condutas criminosas; se obras que retratam determinadas realidades, como o filme *Tropa de elite*, deveriam ser proibidas de captar recursos via Lei Rouanet e se filmes premiados que trazem cenas fortes de estupro ou uso de drogas induzem a tais crimes ou são um importante instrumento de reflexão sobre temas que devem ser debatidos, e não ignorados. Por fim, defendeu que as condutas criminosas, assim julgadas pelo Judiciário, devem ser punidas pela legislação penal, e não pela legislação de apoio à cultura[382].

Diversos outros projetos de lei de teor semelhante, apresentados por deputados homens e mulheres, de direita e de esquerda, foram apensados ao PL n. 5.941/2013[383].

A quantidade de projetos semelhantes e sua alta concentração no ano de 2019, mais do que indicar que músicas machistas e homofóbicas se tornaram recorrentes naquele ano, sinalizam que o que sempre existiu, mas não era visto como um problema, passou a sê-lo, e o que antes não estava em pauta passou a estar. Isso pode ser resultado do fortalecimento de movimentos dito "identitários", como os movimentos feminista e LGBTQIA+, mas também de uma onda de criminalização dos artistas, e principalmente da Lei Rouanet, que se deu naquele período.

382__O PL ainda estava tramitando em julho de 2021.

383__PL n. 508/2019, do deputado Pastor Marco Feliciano (Pode-SP); PL n. 1.381/2019, do deputado Júnior Bozzella (PSL-SP); PL n. 1.650/2019, da deputada Marília Arraes (PT-PE); PL n. 5.042/2019, do deputado Marcelo Brum (PSL-RS); PL n. 5.351/2019, do deputado Pastor Sargento Isidório (Avante-BA); PL n. 4.048/2020, do deputado Deuzinho Filho (Republicanos-CE), que cita em sua justificativa acusações de assédio sexual contra o tenor espanhol Plácido Domingo. O PL n. 9.123/2017, do deputado Carlos Henrique Gaguim (Pode-TO), de mesmo teor, foi retirado pelo autor.

Não se pode ignorar, porém, as respostas que a própria sociedade civil dá aos funks acusados de serem machistas e reforçarem a cultura do estupro. O caso de "Só surubinha de leve", de MC Diguinho, é emblemático. Nos versos originais da música, o eu lírico cantava: "Só uma surubinha de leve, surubinha de leve com essas filha da puta/ Taca a bebida, depois taca a pica e abandona na rua". Thiago Cazarim aponta que, em janeiro de 2018, nas redes sociais, militantes de esquerda e de direita, assumindo a literalidade da canção, acusaram o funk em questão de fazer apologia ou incitação ao estupro. A repercussão negativa foi tamanha que o próprio mercado interveio. A plataforma Spotify excluiu a música de suas paradas, quando já estava em primeiro lugar na Brazil Viral 50 e em 27º no top 50 Brasil. MC Diguinho lançou, então, uma nova versão da música, mais light, para poder tocar na grande mídia, com os versos "Só uma surubinha de leve, surubinha de leve com essas mina maluca/ Taca a bebida, depois taca e fica, mas não abandona na rua". Na época, MC Carol respondeu a "Só surubinha de leve" postando "A vingança", um de seus funks de 2016, em que ela diz que um homem queria deixá-la "doidona" no baile para "comê-la", mas que foi ela, sagaz, que "sabotou" a cerveja dele sem que ele percebesse, deixando-o "doidão", e os amigos dele é que iriam comê-lo no final[384]. Podem-se citar várias outras respostas de uma MC mulher a um funk machista. Em "Lanchinho da madrugada" (2003), de Os Magrinhos, por exemplo, a dicotomia entre a esposa/namorada que fica em casa e a amante de baile que serve só para sexo descompromissado é reforçada, bem como a rivalidade feminina. O eu lírico alardeia que deixa a "mina de fé" dormindo no sofá enquanto vai pro baile "pegar" uma mulher, comparada a um "lanchinho da madrugada". A reação veio rápida, por meio da música "Resposta do lanchinho", da Gaiola das Popozudas, em que a mulher zomba que o homem, "pensando que é o bambambam", vem "lanchar" no baile enquanto, sem que ele saiba, sua mulher está sendo "lanchada" no sofá de casa pelo amante.

Como se vê, as próprias MCs mulheres respondem às letras machistas do funk "esculachando" os homens. O movimento feminista não

---

384_Thiago Cazarim, "'Que tiro [no pé] foi esse?': quando progressistas fazem da canção um crime". Cf. também "'Só surubinha de leve', de MC Diguinho, é excluída das paradas do Spotify após ser acusada de fazer apologia do estupro", *G1*, São Paulo: 17 jan. 2018.

é homogêneo, sendo mais apropriado se falar em feminismos do que em feminismo. Mariana Gomes Caetano defende que MCs mulheres como Valesca Popozuda e MC Carol representam um neofeminismo, embora não sejam reconhecidas como feministas por setores feministas mais ortodoxos e acadêmicos. Gomes Caetano alega que as próprias MCs se reivindicam feministas e que seria autoritário outras feministas ditarem o que é ou não feminismo, pois o feminismo para uma mulher negra da favela é diferente do feminismo para uma mulher branca, universitária, de classe média[385].

Em 2017, foi fundada a Frente Nacional de Mulheres no Funk, por Renata Prado, dançarina, funkeira e produtora da edição paulistana da festa Batekoo, com o objetivo de organizar conversas, workshops e eventos para discutir machismo e sexualidade feminina no universo do funk[386]. Por outro lado, Del Picchia constatou que mulheres de Heliópolis também viam o "fluxo" como lugar de objetificação da mulher[387], assim como Moreno testemunhou que as manifestações de uma sexualidade assertiva/desregrada por parte das meninas que frequentam o "pancadão" é motivo de reprovação mesmo entre as mulheres da "quebrada", especialmente as que frequentam o samba. As "novinhas" têm seu valor e sua capacidade de "ser mulher de verdade" questionados pelas mulheres mais experientes ("malandras" ou "cachorras")[388].

As letras explícitas cantadas por mulheres, ainda vistas como pessoas frágeis e românticas, passivas, que não separam o sexo do sentimento amoroso, chocam muita gente. Tati Quebra Barraco cantava, em 2004, na música "Sou feia, mas tô na moda", os versos "Sou feia, mas tô na moda/ tô podendo pagar hotel pros homens/ isso que é mais importante". Já em 2019, junto de MC Carol, autointitulada "bandida" e

---

385__Mariana Gomes Caetano, *My pussy é o poder – Representação feminina através do funk: identidade, feminismo e indústria cultural*, dissertação (Mestrado em Cultura e Territorialidades) – Universidade Federal Fluminense, Niterói: 2015.

386__Nathalia Zaccaro, "Vamos abusar da roupa curta e terão que aceitar", *TPM*, São Paulo: 13 abr. 2018.

387__Paulo Menotti Del Picchia, "Por uma etnografia dos sistemas de som do funk", *op. cit.*, p. 90.

388__Gilberto Geribola Moreno, "Novinhas, malandras e cachorras: jovens, funk e sexualidade", *op. cit.*

"piranha", cantava para os homens em "Mamãe da putaria": "Se eu mandar chupar, tu vai chupar/ Se eu mandar botar, bota tudo".

Enquanto homens machistas não admitem que a mulher exija deles a satisfação de seus desejos sexuais e reivindique o direito de também se divertir ou até de trair, algumas feministas consideram essas letras vulgares e acusam as MCs de simplesmente inverterem o polo da relação sexista ao ridicularizarem a performance sexual dos homens (como em "Propaganda enganosa", de MC Carol) e o tamanho de seu pênis (como em "Miniatura de lulu", de Deize Tigrona) ou colocarem-se nas letras na posição de objeto sexual de forma interesseira, para serem sustentadas financeiramente pelos homens (como em "Um otário pra bancar", da Gaiola das Popozudas), até por rejeitarem atividades desenvolvidas comumente pelas mulheres das classes populares, como a faxina. As MCs ainda são acusadas de estimular a rivalidade feminina em situações como as dos duelos em que MC Katia incorpora a "fiel" (esposa/namorada) e MC Nem incorpora a amante para se "esculacharem". As "brigas" entre as MCs apareceram também no reality show *Lucky Ladies Brasil*, que estreou em junho de 2015, no canal Fox Life. No programa, Tati Quebra Barraco orientava as funkeiras Karol Ka, Mary Silvestre, MC Carol, MC Sabrina e Mulher Filé a formarem um grupo musical para um show, enquanto conviviam em uma luxuosa cobertura em Copacabana.

As MCs relatam, porém, que esses duelos não passam de encenações bem-humoradas para agradar ao público, como na tradição das pelejas e repentes nordestinos, em que os desafiantes se ofendem mutuamente. Nos bastidores, as MCs seriam amigas. Além disso, Mariana Gomes Caetano aponta que feministas mais ortodoxas partem da premissa equivocada de que as funkeiras usam roupas justas e fazem coreografias sensuais para agradar os homens, quando podem fazer isso simplesmente com o objetivo de se divertirem sozinhas ou com suas amigas[389].

Gilberto Geribola Moreno aponta, por sua vez, que o exagero caricatural das performances, como uma "surra de bunda" que uma

---

389__Mariana Gomes Caetano, *My pussy é o poder – Representação feminina através do funk: identidade, feminismo e indústria cultural, op. cit.*; Fátima Cecchetto e Patrícia Farias, "Do *funk* bandido ao *pornofunk*: o vaivém da sociabilidade juvenil carioca", *op. cit.*, p. 48.

dançarina dá em um homem no palco, ocorre quase como paródia e subversão daquilo que se espera de uma mulher e gera ambiguidades entre as dimensões submissas/dominadoras dessas mulheres, além de banalizar as posturas e manifestações sexuais, absorvidas pela plateia, aparentemente, como uma brincadeira[390].

Por outro lado, Rodrigo Faour defende que o funk mexe com os estereótipos de gênero quando meninos heterossexuais fazem coreografias bastante sensuais para o padrão masculino. São danças rebolativas, às vezes imitando o movimento de animais, exibicionistas, apontadas como sinônimo de virilidade[391]. O Bonde dos Magrinhos, uma das principais referências para os demais bondes, como Os Prostitutos e Os Facinhos, inspira-se, entre outros artistas, na dançarina Lacraia, que com seu parceiro Serginho ironizava a figura do "machão"[392].

Boa parte dos nomes de bondes masculinos, aliás, destaca significados sexuais. Adriana Carvalho Lopes reconhece, assim, que, quando as MCs se apropriam de termos como "puta", "piranha" e "cachorra" com um sinal positivo e reivindicam seu desejo, parece haver uma subversão das posições de gênero, pois desafiam a autoridade masculina no jogo da sedução e abandonam a posição de passividade sexual. Porém, não romperiam nem com a lógica machista nem com a objetificação de seu corpo, pois em muitas letras oferecem sexo para o homem visto como provedor[393]. Além disso, enquanto o "jovem macho sedutor" pode circular entre o espaço do sexo por prazer e o do casamento, a mulher "fiel" está restrita ao espaço do casamento e a "amante", ao espaço da sexualidade[394].

A mesma autora aponta que, com raras exceções, como a das MCs empresariadas por Veronica Costa, a maioria delas tem empresários homens, muitas vezes seus irmãos ou maridos, com grande poder de decisão sobre o que elas cantam e a respeito de como se apresentam no palco. É simbólico, assim, que Tati Quebra Barraco cante funks compostos

---

390__Gilberto Geribola Moreno, "Novinhas, malandras e cachorras: jovens, funk e sexualidade", *op. cit.*

391__Rodrigo Faour, *História sexual da MPB: a evolução do amor e do sexo na canção brasileira*, *op. cit.*, pp. 275-6.

392__Adriana Carvalho Lopes, *Funk-se quem quiser: no batidão negro da cidade carioca*, *op. cit.*, p. 191.

393__*Ibidem*, pp. 184-5.

394__*Ibidem*, p. 171.

em parceria com seu irmão e que "A porra da buceta é minha", lançada em 2006 por Juliana e as Fogosas e regravada por Deize Tigrona, com o verso "eu dou pra quem quiser/ que a porra da buceta é minha", tenha sido composta por um dos integrantes do Bonde dos Magrinhos, sob encomenda de Juliana.

Com raríssimas exceções, tanto as moças quanto os rapazes integrantes de bondes que Adriana Carvalho Lopes entrevistou relataram que cantavam funk "putaria" seguindo a lógica compulsória dos gêneros porque é a que "vende" e não se declararam preocupados em desafiar as rígidas regras de gênero ou lutar por seus direitos sexuais. Assim como alguns cantores de funk "proibidão" admitem cantar sobre facções criminosas mais por razões financeiras do que por ideologia, na grande indústria funkeira, durante muito tempo, as mulheres, inclusive evangélicas, só entravam ou só conseguiam se manter em cena quando assumiam a performance de "putas", uma performance com potencial subversivo, mas que, por sua contínua repetição, corre o risco de se tornar um clichê, principalmente no contexto em que o sexo e a própria subversão têm um valor de mercado. Cabe lembrar que Dandara e Cacau foram as únicas MCs que tiveram projeção no funk carioca na década de 1990, antes da era do funk "putaria"[395].

Deize Tigrona, por exemplo, trabalhava como empregada doméstica desde os 12 anos de idade. Foi com o funk de duplo sentido "Injeção" que ganhou projeção nacional e até internacional. O DJ Diplo, produtor da cantora anglo-cingalesa M.I.A., conheceu Deize durante as filmagens do documentário *Favela on Blast*, deu tratamento eletrônico a "Injeção" e acompanhou-a no Skol Beats de 2006. Já em 2019, após um quadro de depressão, Deize, então gari hospitalar no Rio de Janeiro, fazia uma turnê por oito países europeus[396].

Na justificativa da lei estadual n. 5.543/2009, de autoria de Marcelo Freixo (Psol) e Wagner Montes (PDT), que define o funk como um movimento cultural e musical de caráter popular, os deputados lamentam a supressão da diversidade das composições, em razão da censura temática

---

395__*Ibidem*, pp. 157, 164-8, 177, 180 e 200; Janaína Medeiros, *Funk carioca: crime ou cultura? O som dá medo. E prazer*, op. cit., pp. 82-3; Fátima Cecchetto e Patrícia Farias, "Do *funk* bandido ao *pornofunk*: o vaivém da sociabilidade juvenil carioca", op. cit., pp. 56 ss.

396__Julio Ludemir, op. cit. p. 47.

imposta pelos poucos empresários que monopolizam o mercado, o que faz com que as letras tenham como temática quase exclusiva a "pornografia", no lugar da "crítica social". A repressão ao "proibidão" de facção, com temática social, porém, é outro estímulo para os MCs e as MCs cantarem "proibidão" de "putaria".

É emblemático, por outro lado, que o estigma de que é alvo o funk "putaria" possa contaminar até as pesquisas acadêmicas sobre ele e reforçar a criminalização das universidades. Nesse sentido, o deputado estadual Anderson Moraes (PSL) apresentou na Alerj em abril de 2021 a Moção n. 1.124/2021, em que repudia o trabalho de conclusão de curso da graduação em Comunicação Social da Universidade do Estado do Rio de Janeiro – Uerj intitulado "Cai de boca no meu bucetão: uma análise do funk como potência do empoderamento feminino", apresentado pela estudante Tamiris de Assis Coutinho, "pelo conteúdo obsceno e abusivo à liberdade de expressão, responsabilidade social, além de desprovido de qualquer fim informativo e moral, desqualificando a graduação em Comunicação Social da Uerj e a profissão como um todo", declarando ainda que "este trabalho acadêmico não deve nortear o espírito dos estudantes do estado do Rio de Janeiro e o caráter social dos nobres profissionais da Comunicação Social".

O trabalho, que recebeu nota dez da banca julgadora, foi alvo de críticas também do deputado federal Eduardo Bolsonaro (PSL-SP), de Olavo de Carvalho e do presidente da Fundação Palmares, Sérgio Camargo, que escreveu em uma rede social que "as letras do funk reduzem mulheres a cadelas submissas a traficantes que as entopem de drogas e estupram, mas para a estudante de humanas da Uerj isso é positivo (empoderamento) e, bancada por dinheiro público, produz TCC que legitima a putaria e o crime". Ainda escreveu que tudo que o funk tem a oferecer é "degradação moral, intelectual e comportamental", e que "isso explica o grande interesse dos acadêmicos marxistas em legitimá-lo como 'expressão cultural'"[397].

Nota-se nos últimos anos, entretanto, uma transformação das letras cantadas pelas MCs mulheres. A estética do "empoderamento" que acompanhou o fortalecimento do movimento feminista na década

---

397__Thaiza Pauluze, "TCC da Uerj sobre funk e empoderamento feminino vira alvo de bolsonaristas", *Folha de S.Paulo*, São Paulo: 16 abr. 2021.

de 2010, inclusive nas redes sociais, parece ter influenciado também as funkeiras. Em 2010, MC Nem deixou de lado o tema da rivalidade feminina e lançou "Piranha é o caralho, você não sabe o que eu sofria em casa", abordando a violência doméstica. Se em 2013 Valesca Popozuda mandava um "beijinho no ombro" e desejava vida longa para as "inimigas" e "recalcadas", posteriormente gravou uma nova versão de "Beijinho no ombro" para estimular a sororidade. Da mesma forma, em 2016 MC Carol lançou com Karol Conka "100% feminista", um protesto à violência contra a mulher e uma exaltação às mulheres negras.

Sendo a sociedade machista, é natural que isso se reflita nas letras do funk, assim como nas letras de outros gêneros musicais mais respeitados pela elite cultural, como a MPB, o samba e o rap. Sendo a sociedade progressivamente transformada pelo feminismo, porém, as transformações chegam ao funk – não sem conflitos e contradições. A postura "empoderada", desbocada e escrachada das MCs as transformou em divas LGBTQIA+. Afinal, não é de hoje que esse público, tão perseguido e vulnerável, identifica-se com o discurso de mulheres fortes e poderosas que reivindicam sua sexualidade e colocam os machões no seu devido lugar.

Ainda são poucos, no entanto, assim como em outros gêneros musicais, os artistas de funk assumidamente LGBTQIA+ com visibilidade. Durante muito tempo, o mais famoso deles foi a dançarina Lacraia, que fez muito sucesso acompanhando MC Serginho no começo dos anos 2000 e morreu em 2011. Em um país em que a expectativa de vida de transexuais não ultrapassa 35 anos, MCs trans como Mulher Pepita, MC Xuxú, MC Trans, Mulher Banana (Garota X) – cujo nome artístico parodiava de forma bem-humorada as mulheres-fruta do funk – e MC Beyonda encontraram espaço no funk, uma alternativa à prostituição, tendo como inspiração a própria Lacraia, MCs mulheres cis e cantoras internacionais pop[398].

Por um lado, em janeiro de 2019, o DJ Rennan da Penha, produtor do funk "Me solta", organizou a primeira edição LGBTQIA+ do Baile da Gaiola, com o objetivo de combater comportamentos homofóbicos e

---

398__"Na margem da margem: quão inclusivo é o funk para uma MC transgênero?", *Vice*, Rio de Janeiro: 21 se 2015.

transfóbicos por parte do público do baile[399]. Em dezembro daquele ano, Ludmilla, uma das mais bem-sucedidas artistas do funk, assumiu publicamente seu casamento com a dançarina Brunna Gonçalves, beijando-a na boca no clipe caseiro de "Amor difícil"[400], lançado em maio de 2020.

Por outro lado, Nego do Borel, após aparecer no clipe de "Me solta" interpretando a personagem Nega da Borelli com roupas femininas e beijando um ator na boca, foi acusado nas redes sociais, em julho de 2018, de usar a causa LGBTQIA+ apenas para autopromoção, sem se preocupar com representatividade, pois sua interpretação teria sido caricata e o cantor havia aparecido anteriormente em uma foto com Jair Bolsonaro, inimigo declarado da causa LGBTQIA+. No mesmo mês, Jojo Todynho, ao lançar "Arrasou viado", música em coautoria com Anitta, cantora com vasto público LGBTQIA+, foi criticada por querer lucrar com esse público de forma oportunista[401]. Não se pode ignorar, porém, que o mercado também se apropria de pautas identitárias e que um discurso libertário pode ser adotado, inclusive, por razões mercadológicas, o que não exclui necessariamente o seu componente progressista e transgressor. É um debate, enfim, que transcende o funk e está longe de acabar.

399__ "A primeira Parada LGBT no Baile da Gaiola foi um sonho – trailer", *Vice*, Rio de Janeiro: 10 dez. 2019.

400__ "Ludmilla lança clipe caseiro com um beijão na mulher", *UOL*, São Paulo: 10 maio 2020.

401__ "Jojo Toddynho lança 'Arrasou Viado', música com coautoria de Anitta", *O Estado de S. Paulo*, São Paulo: 12 jul. 2018.

CONCLUSÕES

Afinal, podemos falar que no Brasil há um processo de criminalização do funk?

Em primeiro lugar, é preciso problematizar o conceito de criminalização. Para uma conduta ser criminalizada, é preciso haver uma lei penal que descreva com o máximo de precisão qual é a ação ou a omissão que está sendo criminalizada. Tecnicamente, gêneros musicais, pessoas e lugares não podem ser criminalizados, apenas condutas. Por outro lado, a legislação penal no Brasil é de competência exclusiva do Poder Legislativo Federal, ou seja, do Congresso Nacional. Houve, até o presente momento, apenas uma iniciativa para criminalizar o funk no Brasil, em 2017, fruto de uma sugestão legislativa, oriunda de uma ideia legislativa de um cidadão comum, e uma iniciativa para criminalizar bailes funk realizados sem autorização das autoridades competentes, em 2020 (PL 200/2020).

No Brasil, a repressão ao funk se dá, contudo, por meio de normas de direito administrativo, que podem ser criadas pelas assembleias legislativas estaduais, pelas câmaras municipais de vereadores e pelos poderes executivos federal, estadual e municipal. Muitas dessas normas disciplinam o uso do espaço público e visam combater a poluição sonora. Mais do que aplicar friamente a lei, a polícia conta com uma dose enorme de arbitrariedade para impor a ordem, diante de uma zona cinzenta gigantesca de condutas ilegais, imorais ou simplesmente desordeiras que podem ser enquadradas como contravenção penal de perturbação do sossego ou crime ambiental de poluição, a depender de quem comete e de sua relação com a polícia e com grupos de poder político e econômico.

Embora a maioria dos policiais provenha das camadas populares e muitos sejam negros, dois grupos bastante identificados com o funk, a tradicional desconfiança que a polícia tem com quem desafia sua autoridade, o moralismo que permeia sua cultura profissional e o fato de haver funks que atacam a polícia abertamente em suas letras faz com que bailes funk, principalmente em espaços abertos, sejam vistos por ela com desconfiança e hostilidade. Nesse sentido, não se pode ignorar que o funk é um gênero prestigiado principalmente por pré-adolescentes e adolescentes, grupos sociais que têm uma relação particularmente conflituosa com a autoridade e estão numa fase de afirmação de sua identidade, o que envolve a experimentação e a transgressão de normas, a busca pela adrenalina e a fuga do tédio.

O baile funk é visto por parte do Poder Público e da sociedade civil como o cenário propício para a poluição sonora, a prática de crimes e de outras condutas socialmente danosas, como o abuso de álcool e de drogas ilícitas, bem como a prática de sexo desprotegido por adolescentes. Tais problemas – além da falta de interesse dos adolescentes pela escola, o assédio que o tráfico de drogas exerce e a visão negativa que grande parte dos jovens negros e pobres tem da polícia – têm causas múltiplas e complexas. No entanto, elegendo-se o funk como bode expiatório e a repressão generalizada aos bailes como solução, se oferece uma resposta rápida e simples, muito ao gosto de uma população infantilizada, moralista, maniqueísta, com sensação de urgência e impotência e que terceiriza para a polícia todas as suas responsabilidades – responsabilidades que nem a própria polícia deseja assumir – pelo menos, não sozinha.

Apenas a repressão aos bailes dificilmente resolve os problemas que a justificam, haja vista a persistência do tráfico de drogas em outros espaços, incluindo escolas, e a retomada do baile e do barulho assim que a polícia deixa o local. Sem negar a influência que produções culturais podem ter para reforçar ou estimular certos valores e comportamentos do público, não se pode esquecer que uma mesma mensagem tem efeitos distintos conforme o contexto social do receptor e que a produção cultural também reflete valores previamente existentes em um meio social, não necessariamente criados por ela.

Ainda que já existam leis que criminalizem condutas como tráfico de drogas, apologia de crime e corrupção de menores e que combatam a poluição sonora na cidade, a apresentação de um novo projeto de lei dá mais visibilidade ao político do que a cobrança da execução das leis já existentes, transmitindo para seu eleitorado a mensagem de que algo está sendo feito para solucionar o problema. Assim, a apresentação do projeto de lei muitas vezes cumpre mais uma função meramente simbólica, sobretudo em um cenário em que falta fiscalização da execução de leis já existentes. Sentindo-se pressionados para atender à demanda de seu eleitorado e incapazes ou sem real vontade política de enfrentar desafios complexos que exijam a conciliação e a negociação entre múltiplos interesses, deputados estaduais e vereadores aprovam leis que, sem criminalizar os bailes funk, na prática os proíbem, por meio da imposição de normas de direito administrativo que trazem numerosos requisitos para sua realização, muito difíceis de serem cumpridos por jovens que não contam com infraestrutura profissional e organizam os bailes na base do improviso e gambiarras.

A repressão aos bailes funk de rua se insere em um debate maior sobre a falta de opções de lazer nos bairros pobres e sobre o controle da presença e da circulação de jovens, negros, pobres e periféricos pelo espaço público, historicamente vistas como ameaçadoras quando realizadas mediante aglomerações e por motivos não relacionados ao trabalho. Se a briga lúdica entre galeras foi confundida em 1992 com um arrastão no Rio de Janeiro, porque já havia uma cultura preconceituosa que amparava essa interpretação, e questionou tanto o reconhecimento das praias da zona Sul carioca como espaço público quanto o mito da democracia racial, os rolezinhos em shoppings de São Paulo, em 2013, embora não fossem violentos como brigas e ocorressem em shoppings da periferia já frequentados individualmente pelos jovens, também foram confundidos com arrastões, escancarando o medo que a aglomeração de jovens negros, pobres e periféricos, associados à imagem de criminosos, causa em boa parte da população, imagem essa que é instrumentalizada por tais jovens para afirmar poder e reivindicar visibilidade.

O fato de parlamentares de São Paulo que apresentaram projetos de lei para combater "pancadões" serem autores de outros projetos de lei para combater a poluição sonora sem mencionar os "pancadões", antes mesmo de o funk ter chegado à periferia de São Paulo ou citando especificamente outras fontes de barulho, é um indício de que, por mais que possam fazer discursos preconceituosos e generalizantes a respeito do funk, demonstram uma preocupação com a poluição sonora em geral, não agindo de forma seletiva para reprimir apenas os "fluxos". Nesse sentido, cabe ressaltar que um mesmo parlamentar pode ser a favor de leis rigorosas que proíbam os bailes funk na rua e, ao mesmo tempo, de leis que disponibilizem espaços públicos adequados para sua realização, longe de zonas residenciais, outro indicativo de que, independentemente de discursos preconceituosos e criminalizantes usados para justificar os projetos de lei, o alvo principal é a poluição sonora, e não propriamente o funk.

Não eleger os "pancadões" como alvo específico, no entanto, não exime os parlamentares da falta de sensibilidade para perceber que os cidadãos não têm as mesmas condições de cumprir a legislação relativa ao combate à poluição sonora. Construir um edifício, realizar um culto religioso e organizar um baile funk atendem a interesses bastante distintos, e é preciso entender a especificidade de cada violação da legislação para apresentar as respostas adequadas, inclusive preventivas, em vez de somente aplicar as punições genericamente previstas. Da mesma forma, em cidades do tamanho do Rio de Janeiro e de São Paulo, não é razoável confinar o funk em um único lugar nem querer padronizar o baile a ponto de ignorar as especificidades locais.

Jovens de classes média e alta têm poder aquisitivo para dançar funk em locais fechados, com isolamento acústico, onde o consumo de drogas fica menos exposto à vigilância policial. Houve episódios de repressão policial a "pancadões" universitários realizados nas ruas próximas a universidades privadas, em bairros paulistanos de classe média.

Da mesma forma, ações policiais no carnaval de rua de São Paulo em bairros centrais demonstraram que a repressão pode atingir também jovens de classe média, ainda que não com o mesmo nível de frequência e principalmente violência que atinge jovens pobres, embora haja notícias de que em grande parte dos casos a repressão tenha se dado na dispersão dos blocos, em um horário em que o barulho já não era mais permitido, o público já não era majoritariamente formado por integrantes dos blocos e o som tocado era justamente funk. Se também é exigido dos blocos, para que desfilem, o cumprimento de uma série de regras relacionadas a horários e trajetos pré-acordados com a Prefeitura, disciplinar o funk é um desafio ainda maior: além de a aproximação do Poder Público ter como contrapartida regras que nem todos estão dispostos a respeitar, dentro de uma complicada negociação com o objetivo de conciliar interesses igualmente legítimos, como o direito ao sossego e a proibição do consumo de álcool e outras drogas por adolescentes, os transtornos que os "pancadões" causam não se restringem a duas ou três semanas do ano, ao contrário do que ocorre no carnaval, quando a tolerância a transgressões é maior.

Um indício de criminalização do funk é sua menção expressa em justificativas de leis e projetos de lei que visam combater comportamentos presentes também em outros contextos de lazer. Porém, para além do fator discriminatório, é esperado que o alvo da repressão sejam os contextos de lazer com maior visibilidade, com maiores dimensões, com maior pressão para que sejam reprimidos. Daí a importância da imprensa ao pautar o poder político. Houve na Assembleia Legislativa do Rio de Janeiro uma CPI para investigar os bailes de corredor, mas também houve na mesma época outra para investigar os pitboys que arranjavam briga nas boates da zona Sul carioca. Raves também foram alvo de uma legislação bastante rigorosa, tanto quanto ou até mais do que a legislação que disciplinou os bailes funk, embora na prática possam ter sido menos reprimidas, por diversas razões.

Por um lado, um indício de que o alvo da criminalização, mais do que o funk, é o setor da população mais identificado com ele – jovens, negros e pobres – é o fato de que, no Brasil, o pagode baiano e o tecnomelody, outros gêneros musicais fortemente identificados com esse público, sofrem acusações muito similares às que atingem o funk. O mesmo ocorre, em outros países, com gêneros musicais associados a jovens pobres e periféricos, como o gangsta rap estadunidense, o narcocorrido mexicano e a *cumbia villera* argentina. Os assassinatos de MCs de funk, portanto, não podem ser dissociados de um contexto em que as principais vítimas da violência armada no Brasil são justamente jovens negros, pobres e periféricos, seja em conflitos interpessoais potencializados pelo machismo e pela disseminação das armas de fogo, seja na guerra de facções causada pela criminalização das drogas, seja pelas mãos da própria polícia, em execuções extrajudiciais.

Por outro lado, seria simplista afirmar que o funk é criminalizado apenas por sua associação com jovens negros, pobres e periféricos. Afinal, a música gospel também faz sucesso entre essa parcela da população, inclusive entre traficantes, sem que seja criminalizada, e igrejas evangélicas são comumente alvo de reclamações de vizinhos pelo barulho, sem que sejam estigmatizadas como os bailes. No entanto, ao contrário da música gospel, o funk é considerado uma música hedonista, que faz apologia de crime e do sexo. Da mesma forma, ao contrário do charme, outro gênero musical muito associado ao público negro e suburbano do Rio de Janeiro, o funk é frequentemente visto, inclusive pelos próprios charmeiros, como mais propício a episódios de violência.

Outra maneira pela qual se daria a criminalização do funk por via indireta seria por meio da acusação de que os organizadores dos bailes, DJs e MCs praticam condutas já criminalizadas, como associação ao tráfico de drogas, apologia de crime, porte ilegal de armas e corrupção de menores. A prisão de artistas de outros gêneros musicais que cometeram esses crimes ora pode enfraquecer a hipótese da criminalização do funk, ora ser a exceção que comprova a hipótese. Deve-se ter em mente, de qualquer maneira, que o universo do funk é bastante heterogêneo, e artistas que nunca cantaram o gênero "proibidão", optando pela vertente do melody romântico, do funk ostentação ou do funk ousadia, por exemplo, conseguem espaço na grande mídia e não sofrem com a repressão policial. O que esses funkeiros pedem, muitas vezes, é justamente que se separe o joio do trigo e se punam apenas os funkeiros que cometam crimes, sem estigmatizar todo o gênero musical, demanda malvista por alguns pesquisadores, que criticam a diferenciação entre "funk do bem" e "funk do mal", mas que muitas vezes tendem a ignorar os conflitos internos do funk e a banalizar a referência à criminalização do gênero.

Ademais, a hipótese de que funkeiros cometem crimes e a de que são discriminados não são excludentes. Sem negar que organizadores de bailes e artistas do funk possam estar de fato envolvidos com condutas consideradas criminosas, deve-se questionar a seletividade da mídia e do sistema penal, que joga o foco em alguns tipos de crimes e na criminalidade de alguns, mas oculta ou é condescendente com outros, seletividade guiada por critérios classistas, etários e raciais.

O funk não é alvo, porém, apenas dos setores politicamente conservadores. Uma parcela da esquerda, grupo ideológico que tampouco é homogêneo, influenciada por teóricos da escola de Frankfurt, expressa a visão de que o funk é uma música pobre, descartável, alienada, alienante, machista e imposta de cima para baixo pela indústria cultural. Nesse caso, outros gêneros musicais populares sofrem a mesma acusação, como o sertanejo e o pagode. Além de não haver critérios objetivos para sentenciar a suposta "pobreza" musical e de letra dos funks, muitos críticos ignoram o contexto para o qual essas músicas são feitas e no qual são veiculadas, o baile. Afinal, uma música pode ser "boa" para despertar a reflexão social e política, mas ruim para divertir e dançar. Além disso, muitos críticos de esquerda prendem-se a referências estéticas de gerações passadas, a um passado idealizado, insistem em uma dicotomia estanque entre arte e entretenimento, dentro de uma moral que condena a diversão pela diversão, e idealizam a cultura popular como uma cultura "pura", inocente, autopiedosa, tudo o que o funk não é, ou resistente. Em suma, por meio de uma postura elitista, autoritária e paternalista, parte dos críticos muitas vezes apenas disfarça sua vontade de generalizar o próprio gosto musical e reprimir o alheio.

Se os temas dos funks sofrem de uma mesmice monótona e previsível, isso não é exclusividade desse gênero musical, estando presente em diversos outros que atingem sucesso de público, por menor que seja, e tendem a reproduzir à exaustão a "receita" bem-sucedida. A "pobreza" das músicas e das letras dos funks pode refletir a dificuldade de acesso a outros bens culturais por parte de muitos jovens da periferia, sem o que não conseguem expandir seu repertório cultural, e a falta de estrutura e recursos financeiros para realizar produções musicais mais aprimoradas. Gravar e distribuir um funk, ao contrário do que acontece com outros gêneros musicais, pode ser bastante simples, sendo suficientes para isso, muitas vezes, apenas um celular, o canto e o beatboxing. Sem assumir, no entanto, o papel de vítimas, esses jovens mobilizam uma criatividade surpreendente para superar suas carências. Além disso, os funks trazem narrativas sobre a vida nas favelas e periferias que estão ausentes em produções artísticas das classes média e alta, constituindo, portanto, um repertório cultural rico.

Mais do que imposto pela indústria cultural ou pela grande mídia, o funk desde os primórdios esteve conectado com a música negra que vinha dos Estados Unidos, mas inventou e reinventou sua própria linguagem, sendo ignorado por muitos anos pelas classes média e alta, até que foi descoberto da pior forma possível, no episódio do suposto "arrastão" do Arpoador de 1992. Acabou sendo posteriormente apropriado pela indústria cultural, conquistando espaço, mas nunca dependeu desse meio para formar o seu público e jogou com a ambiguidade e a ironia a fim de transitar entre públicos distintos, sem perder a marginalidade, que ao mesmo tempo reforça sua glamorização, sua legitimidade e sua criminalização.

Apesar de os músicos e dançarinos do funk investirem mais no humor, na diversão e na sensualidade de suas letras e danças, o que motivou as acusações ao gênero de ser alienado, ele conserva um papel político subversivo, ainda que diferente de movimentos políticos tradicionais. Expressa, por meio da ocupação do espaço público, a demanda por direitos: à cidade, ao reconhecimento, à visibilidade e à liberdade de circular sem ser alvo de racismo e classismo. Os corpos dançando até o chão no baile celebram um espaço em que não são criminalizados, mas valorizados. A diversão pela diversão se contrapõe ao cotidiano massacrante e tedioso de subempregos. O funk canta abertamente a sexualidade, ferindo a sensibilidade e a moralidade de um público mais conservador, mas muitas vezes hipócrita. Reflete em suas letras o machismo estrutural de nossa sociedade, assim como gêneros mais respeitados, como o rap, mas é no próprio universo do funk que vêm surgindo MCs mulheres, cis e trans, para afirmar outro discurso, considerado neofeminista, que também entra em conflito com setores mais ortodoxos e acadêmicos do feminismo.

Os "proibidões" incomodam por trazer uma narrativa sobre a violência que alguns setores sociais prefeririam que fosse invisibilizada. Ajudam-nos a compreender não só os valores de parte relevante da sociedade e a imagem que ela possui do Estado, mas também a distribuição de poder entre facções criminosas, milícias e Estado, suas alianças e conflitos, enfim, a história não oficial, sem perder de vista que muitos jovens performatizam uma personagem para obter status, sem que necessariamente vivam aquilo que cantam. Os funkeiros incomodam ainda a esquerda ao reivindicarem participação no mundo do consumo, sendo acusados de aderir a valores da ordem hegemônica capitalista, como o consumismo, ainda que recusem outros, como a ética do trabalho. Ao mesmo tempo, a ostentação, ainda que imaginada, de jovens negros, pobres e periféricos entra em confronto com o desejo de distinção social das elites, gerando reações intolerantes também por parte da direita.

Enfim, o discurso sobre a criminalização do funk muitas vezes é banalizado e simplifica a realidade, servindo a interesses políticos que não deixam de ser legítimos. Ao contrário do que comumente se alardeia, o funk não recebe apenas uma resposta criminalizadora na mídia, na legislação e nas políticas públicas. Os conflitos sociais e culturais e a diversidade do próprio funk se refletem nas disputas de narrativas midiáticas e dentro do aparelho do Estado, o que faz com que muitas vezes o tratamento dado a ele pelo Estado e pela grande mídia seja contraditório, ora o reconhecendo como manifestação cultural, prestigiando-o e estimulando-o, ora o marginalizando e criminalizando. A mesma emissora que dá espaço para MCs de funk cantarem no programa vespertino de sábado faz, em seu programa jornalístico noturno, uma matéria sensacionalista sobre bailes. O mesmo Estado que cria editais de cultura de modo a valorizar o funk envia policiais para prender MCs, atendendo a interesses diversos. Espremido entre a batida do DJ e a batida policial, o funk continua dando um nó na cabeça de quem tem a pretensão de entendê-lo, enquanto, apesar de tudo e de todos, permanece colocando muita gente para dançar.

AGRADECIMENTOS

Agradeço a Sergio Salomão Shecaira, orientador da dissertação de mestrado que originou este livro, pela confiança, cumplicidade e coragem em encarar este desafio comigo. Ao Conselho Nacional de Desenvolvimento Científico e Tecnológico (CNPq), cujo auxílio foi imprescindível para que eu pudesse me dedicar à pesquisa. A Renato Barreiros, por abrir as portas do funk paulista para mim. Ao Sesc São Paulo, à minha família e a todos os amigos que, de uma forma ou de outra, contribuíram para que este livro existisse. Muito obrigado.

BIBLIOGRAFIA FUNDAMENTAL

ARCE, José Manuel Valenzuela. *Vida de barro duro: cultura popular juvenil e grafite*. Trad. Heloisa B. S. Rocha. Rio de Janeiro: Editora UFRJ, 1999.

BATISTA, Carlos Bruce (org.). *Tamborzão: olhares sobre a criminalização do funk*. Rio de Janeiro: Revan/Instituto Carioca de Criminologia, 2013.

BATISTA, Vera Malaguti. *O medo na cidade do Rio de Janeiro: dois tempos de uma história*. 2ª ed. Rio de Janeiro: Revan, 2003.

CACERES, Guillermo; FERRARI, Lucas; PALOMBINI, Carlos. "A era Lula/tamborzão: política e sonoridade". *Revista do Instituto de Estudos Brasileiros*. São Paulo: jun. 2014, n. 58.

CAETANO, Mariana Gomes. *My pussy é o poder – Representação feminina através do funk: identidade, feminismo e indústria cultural*. Dissertação (Mestrado em Cultura e Territorialidades) – Universidade Federal Fluminense. Niterói: 2015.

CALDEIRA, Teresa. "Qual a novidade dos rolezinhos? Espaço público, desigualdade e mudança em São Paulo". *Novos Estudos Cebrap*. São Paulo: mar. 2014, ed. 98, v. 33, n. 1.

CARMO, Paulo Sérgio do. *Culturas da rebeldia: a juventude em questão*. São Paulo: Editora Senac, 2001.

CARRANO, Paulo Cesar Rodrigues. *Os jovens e a cidade: identidades e práticas culturais em Angra de tantos reis e rainhas*. Rio de Janeiro: Relume-Dumará/Faperj, 2002.

CECCHETTO, Fátima. "As galeras funk cariocas: entre o lúdico e o violento". Em: VIANNA, Hermano (org.). *Galeras cariocas: territórios de conflitos e encontros culturais*. Rio de Janeiro: Editora UFRJ, 1997.

_____. *Violência e estilos de masculinidade*. Rio de Janeiro: Editora FGV, 2004.

CECCHETTO, Fátima; FARIAS, Patrícia. "Do *funk* bandido ao *pornofunk*: o vaivém da sociabilidade juvenil carioca". *Interseções: Revista de Estudos Interdisciplinares*. Rio de Janeiro: PPCIS/Uerj, 2002, ano 4, n. 2.

CHALHOUB, Sidney. "Medo branco de almas negras: escravos libertos e republicanos na cidade do Rio". *Discursos Sediciosos: Crime, Direito e Sociedade*. Rio de Janeiro: Instituto Carioca de Criminologia/Relume-Dumará, 1996, ano 1, n. 1.

CUNHA, Olívia M. G. "Bonde do mal: notas sobre território, cor, violência e juventude numa favela do subúrbio carioca". Em: MAGGIE, Yvonne; REZENDE, Cláudia B. (org.) *Raça como retórica: a construção da diferença*. Rio de Janeiro: Civilização Brasileira, 2002.

DEL PICCHIA, Paulo Menotti. "Por uma etnografia dos sistemas de som do funk". *Emblemas*. Catalão, GO: jan.-jun. 2018, v. 15, n. 1. Disponível em: <https://menodelpicchia.com.br/wp-content/uploads/2019/02/Artigo-Emblemas.pdf>. Acesso em: 26 set. 2020.

DIÓGENES, Glória. "Gangues e polícia: campos de enfrentamento e estratégias de diferenciação". Em: PEREIRA, Carlos Alberto Messeder *et al.* (org.). *Linguagens da violência*. Rio de Janeiro: Rocco, 2000.

ESSINGER, Silvio. *Batidão: uma história do funk*. Rio de Janeiro: Record, 2005.

FACINA, Adriana. "'Eu só quero é ser feliz': quem é a juventude funkeira no Rio de Janeiro?". *Revista EPOS*. Rio de Janeiro: out. 2010, v. 1, n. 2.

_____. Cultura como crime, cultura como direito: a luta contra a resolução 013 no Rio de Janeiro. Em: 29ª Reunião Brasileira de Antropologia, 3-6 ago. 2014, Universidade Federal do Rio Grande do Norte, Natal.

FAOUR, Rodrigo. *História sexual da MPB: a evolução do amor e do sexo na canção brasileira*. Rio de Janeiro: Record, 2006.

FERRELL, Jeff. "Tédio, crime e criminologia: um convite à criminologia cultural". *Revista Brasileira de Ciências Criminais – RBCCRIM*. São Paulo: Editora Revista dos Tribunais, jan.-fev. 2010, ano 18, n. 82.

GOMES, Luiz Flávio; GARCÍA-PABLOS DE MOLINA, Antonio. *Criminologia*. 7ª ed. São Paulo: Editora Revista dos Tribunais, 2010.

GUEDES, Maurício da Silva. "*A música que toca é nós que manda*": um estudo do "proibidão". Dissertação (Mestrado em Psicologia) – Pontifícia Universidade Católica. Rio de Janeiro: 2007.

GUIMARÃES, Eloísa. *Escola, galeras e narcotráfico*. 2ª ed. Rio de Janeiro: Editora UFRJ, 2003.

HERSCHMANN, Micael. *O funk e o hip-hop invadem a cena*. Rio de Janeiro: Editora UFRJ, 2000.

HERSCHMANN, Micael (org.). *Abalando os anos 90: funk e hip-hop – globalização, violência e estilo cultural*. Rio de Janeiro: Rocco, 1997.

LOPES, Adriana Carvalho. *Funk-se quem quiser: no batidão negro da cidade carioca*. Rio de Janeiro: Bom Texto/Faperj, 2011.

LUDEMIR, Julio. *101 funks que você tem que ouvir antes de morrer*. Rio de Janeiro: Aeroplano, 2013.

MACHINI, Mariana Luiza Fiocco; ROZA, Erick André. "'É tradição e o samba continua': percursos, disputas e arranjos do carnaval de rua na cidade de São Paulo". *Ponto Urbe*. São Paulo: 2018, v.23.

MATTOS, Carla dos Santos. "Da valentia à neurose: criminalização das galeras funk, 'paz' e (auto)regulação das condutas nas favelas". *Dilemas: Revista de Estudos de Conflito e Controle Social*. Rio de Janeiro: out.-dez. 2012, v.5, n.4. Disponível em: <https://revistas.ufrj.br/index.php/dilemas/article/view/7411/5958>. Acesso em: 27 set. 2020.

MEDEIROS, Janaína. *Funk carioca: crime ou cultura? O som dá medo. E prazer*. São Paulo: Terceiro Nome, 2006.

MENDONÇA, Kleber. "A onda do arrastão: produção de sentidos na mídia impressa". *Discursos Sediciosos: Crime, Direito e Sociedade*. Rio de Janeiro: Instituto Carioca de Criminologia/Freitas Bastos, 1999, ano 4, n.7-8.

MINAYO, Maria Cecília de Souza et al. *Fala, galera: juventude, violência e cidadania no Rio de Janeiro*. Rio de Janeiro: Garamond, 1999.

MONET, Jean-Claude. *Polícias e sociedades na Europa*. Trad. Mary Amazonas Leite de Barros. Rio de Janeiro/São Paulo: Ford Foundation/NEV/Edusp, 2001.

MORETZSOHN, Sylvia. "O caso Tim Lopes: o mito da 'mídia cidadã'". *Discursos Sediciosos: Crime, Direito e Sociedade*. Rio de Janeiro: Instituto Carioca de Criminologia/Revan, 2002, ano 7, n.12.

PEREIRA, Alexandre Barbosa. "Funk ostentação em São Paulo: imaginação, consumo e novas tecnologias da informação e da comunicação". *Revista de Estudos Culturais*. São Paulo: EACH/USP, 2014, n.1.

_____. "Os 'rolezinhos' nos centros comerciais de São Paulo: juventude, medo e preconceito". *Revista Latinoamericana de Ciencias Sociales, Niñez y Juventud*. Manizales, Colômbia, 2016, v.14, n.1.

_____. "As imaginações da cidade: práticas culturais juvenis e produção imagética". *Iluminuras*. Porto Alegre: jan.-jul. 2017, v. 18, n. 44.

PINHEIRO-MACHADO, Rosana; SCALCO, Lucia Mury. "Rolezinhos: marcas, consumo e segregação no Brasil". *Revista de Estudos Culturais*. São Paulo: 2014, n. 1. Disponível em: <http://www.revistas.usp.br/revistaec/article/view/98372>. Acesso em: 30 mar. 2020.

RIBEIRO, Manoel. "Funk'n Rio: vilão ou big business?". *Revista do Patrimônio Histórico e Artístico Nacional*. Rio de Janeiro: Instituto do Patrimônio Histórico e Artístico Nacional, 1996, n. 24.

RUSSANO, Rodrigo. *"Bota o fuzil pra cantar!": o funk proibido no Rio de Janeiro*. Dissertação (Mestrado em Música) – Unirio. Rio de Janeiro: 2006.

SHECAIRA, Sergio Salomão. *Criminologia*. São Paulo: Editora Revista dos Tribunais, 2004.

SNEED, Paul. "Bandidos de Cristo: Representations of the Power of Criminal Factions in Rio's Proibidão Funk". *Latin American Music Review*. Austin: University of Texas Press, 2007, v. 28, n. 2.

VENTURA, Zuenir. *Cidade partida*. Rio de Janeiro: Companhia das Letras, 1994.

VIANNA, Hermano. *O mundo funk carioca*. 2ª ed. Rio de Janeiro: Zahar, 1997.

VIANNA, Hermano (org.) *Galeras cariocas: territórios de conflitos e encontros culturais*. Rio de Janeiro: Editora UFRJ, 1997.

VIEIRA, Thiago Braga. *Proibidão de boca em boca: gritos silenciosos de uma memória subterrânea: o funk proibido como fonte para o estudo da violência armada organizada no Rio de Janeiro (1994-2002)*. Monografia – Centro de Filosofia e Ciências Humanas, Universidade Federal do Rio de Janeiro. Rio de Janeiro: 2009.

VITAL DA CUNHA, Christina. "'Traficantes evangélicos': novas formas de experimentação do sagrado em favelas cariocas". *Plural: Revista de Ciências Sociais*. São Paulo: 2008, v. 15.

ZALUAR, Alba. *A máquina e a revolta: as organizações populares e o significado da pobreza*. São Paulo: Brasiliense, 1985.

LINHA DO TEMPO

1970

Bailes da Pesada

1989

Álbum *Funk Brasil*, do DJ Marlboro; era dos melôs com bases de músicas estrangeiras, funks com coreografia e batida volt mix

1992

Era dos raps pedindo paz, das duplas de MCs e dos concursos de galeras

"Arrastão" do Arpoador

1994

Era do funk melody; desenvolvimento do funk na Baixada Santista

1995

"Rap das armas"; CPI na Câmara Municipal do Rio de Janeiro; fechamento dos bailes de comunidade; início da era do baile de corredor

1996

Lei n. 2.518/1996 na Câmara dos Vereadores do Rio de Janeiro (Lei Pitanga)

1999

CPI na Alerj para investigar os bailes de corredor; fechamento dos bailes de clube

2000

Eleição de Veronica Costa para a Câmara Municipal do Rio de Janeiro; Lei n. 3.410/2000 na Alerj

2001

Era do funk "putaria" (MCs e bondes de Cidade de Deus); batida tamborzão

2002

Assassinato de Tim Lopes e de Uê (ADA); fim da aliança entre o Terceiro Comando e os Amigos dos Amigos e criação do Terceiro Comando Puro (TCP)

2005

Novela *América*; inquérito policial n. 593/2004, que investigava catorze MCs por associação ao tráfico de drogas, no Rio de Janeiro; chegada do funk a Cidade Tiradentes

2006

Era dos "proibidões" em São Paulo

Ataques do PCC em São Paulo

2007
Início da era de ouro do funk "proibidão" (Chatuba); resolução n.013/2007 da Secretaria de Estado de Segurança do Rio de Janeiro

---

Chacina do Pan

2008
CPI das milícias na Alerj; início das UPPs

Era do funk ostentação em São Paulo; lei n.5.265/2008 na Alerj (Lei Álvaro Lins)

2009
Lei estadual n.5.543/2009 na Alerj (Lei Funk é Cultura)

2010
Prisão dos MCs Frank, Max, Tikão, Dido e Smith; fim da era de ouro do funk "proibidão"; início da onda de assassinatos de MCs da Baixada Santista

---

Invasão do complexo do Alemão

2011
Batida beatbox; clipe de "Megane" (KondZilla); Batalha do Passinho

---

2013
Assassinato de MC Daleste em Campinas; lei n.15.777/2013 na Câmara Municipal de São Paulo (Lei Antipancadão); funk "neoproibidão" em São Paulo; início da Operação Pancadão em São Paulo

---

Jornadas de Junho; início do crescimento exponencial do carnaval de rua de São Paulo; rolezinhos nos shoppings de São Paulo

2014
Decadência do funk ostentação e ascensão do funk ousadia; substituição da resolução n.013/2007 pela resolução n.132/2014 no Rio de Janeiro

---

Crise econômica

2015
Lei n.16.049/2015 na Alesp (Lei Antipancadão); inquérito civil n.103/2015 no Ministério Público de São Paulo para investigar MCs mirins; condenação da Furacão 2000 pelo Tribunal Regional Federal da 4ª Região ao pagamento de R$500 mil de indenização por dano moral difuso

---

2016

Funk 150 BPM

Fim da aliança entre Comando Vermelho (CV) e Primeiro Comando da Capital (PCC)

2017

Sugestão n. 17/2017 no Senado Federal visando criminalizar o funk; guerra da Rocinha

2018

"Bum bum tam tam", de MC Fioti, atinge 1 bilhão de visualizações no YouTube

2019

Prisão do DJ Rennan da Penha; mortes no Baile da Dz7, em Paraisópolis

2020

PL n. 200/2020, que criminaliza a organização de "festas ao ar livre, como bailes funk, com o emprego de aparelho sonoro, sem autorização do Poder Público, causando perturbação dos moradores da área ou do trânsito"

2021

Em meio à pandemia de covid-19, a polícia de São Paulo pede a prisão de catorze MCs pelos crimes de infração de medida sanitária preventiva, epidemia e associação ao tráfico de drogas, enquanto uma nova versão do funk "Bum Bum Tam Tam" vira o hino da vacinação; o funk é incluído na categoria de premiação "música urbana" do Grammy Latino; a ginasta Rebeca Andrade ganha medalha de prata nas Olimpíadas de Tóquio usando o funk "Baile de favela" como trilha sonora de seu solo.

LISTA DE SIGLAS DOS PARTIDOS

DEM _____ Democratas
MDB _____ Movimento Democrático Brasileiro
PCdoB _____ Partido Comunista do Brasil
PDT _____ Partido Democrático Trabalhista
PFL _____ Partido da Frente Liberal
PHS _____ Partido Humanista da Solidariedade
PL _____ Partido Liberal
PMB _____ Partido da Mulher Brasileira
PMDB _____ Partido do Movimento Democrático Brasileiro
Pode _____ Podemos
PP _____ Partido Progressista ou Progressistas
PPB _____ Partido Progressista Brasileiro
PPS _____ Partido Popular Socialista
PR _____ Partido da República
PRB _____ Partido Republicano Brasileiro
Prona _____ Partido de Reedificação da Ordem Nacional
Pros _____ Partido Republicano da Ordem Social
PSB _____ Partido Socialista Brasileiro
PSC _____ Partido Social Cristão
PSD _____ Partido Social Democrático
PSDB _____ Partido da Social Democracia Brasileira
PSDC _____ Partido Social Democrata Cristão
PSL _____ Partido Social Liberal
Psol _____ Partido Socialismo e Liberdade
PT _____ Partido dos Trabalhadores
PTB _____ Partido Trabalhista Brasileiro
PTC _____ Partido Trabalhista Cristão
PTdoB _____ Partido Trabalhista do Brasil
PTN _____ Partido Trabalhista Nacional
PV _____ Partido Verde

SOBRE O AUTOR

Danilo Cymrot é mestre (2011) e doutor (2015) pelo Departamento de Direito Penal, Medicina Forense e Criminologia da Faculdade de Direito da Universidade de São Paulo, sob a orientação do professor titular Sergio Salomão Shecaira. Foi bolsista de iniciação científica e de mestrado do CNPq- Conselho Nacional de Desenvolvimento Científico e Tecnológico. Sua dissertação de mestrado tratou da criminalização do funk sob a perspectiva da teoria crítica. É autor de artigos científicos, artigos de jornal e capítulos de livros. Desde 2013 é pesquisador do Centro de Pesquisa e Formação do Sesc São Paulo.

fontes _____ Edit Serif, GT Flexa
papel _____ Pólen Natural 80 g/m², Supremo Duo Design 250 g/m²
impressão ____ Ogra indústria gráfica ltda.
data _____ junho de 2023